한국사

25

조선 초기의 사회와 신분구조

국사편찬위원회

자문위원

이 재 룡　　차 문 섭

편찬위원

김 태 영　　이 수 건　　최 승 희

집필(조선 초기의 사회와 신분구조)

김 진 봉　　박 성 실　　손 홍 렬
신 영 훈　　신 해 순　　유 승 원
윤 서 석　　이 범 직　　이 성 무
이 수 건　　전 형 택　　최 재 석

기획 · 편집

신 재 홍　　변 승 웅　　이 근 택
고 혜 령　　권 영 국　　김 영 미
나 애 자　　박 남 수　　박 한 남

복간 간행 : 김 용 곤 · 장 득 진

한국사 간행취지

우리 겨레가 앞으로 어떻게 살아갈 것인가 하는 문제는 우리들은 물론 우리와 더불어 살아가는 세계인들의 관심사일 것이다. 이에 대한 해답은 과거에 어떻게 살아왔는가 하는 우리 역사에 대한 인식을 통해 찾을 수 있을 것이라고 생각된다.

본 위원회에서는 이미 1970년대에 『한국사』 25권을 간행하여 해방 이후 한국사의 연구성과를 집대성함으로써 한국사에 대한 인식을 새롭게 한 바 있다. 그 이후 한국사회는 놀라운 성장과 발전을 이루었고 역사학계도 상당한 연구성과를 축적하였다. 이러한 변화에 발맞추어 한국사학계는 새로운 『한국사』 편찬의 필요를 느끼게 되었다.

이에 본 위원회는 일차적으로 한국사 연구지원비를 마련하여 역사학계로 하여금 1980년대 중반까지 연구성과가 미진하다고 생각되는 분야를 연구할 수 있도록 하였다. 이어서 1989년부터 1990년까지의 준비를 거쳐 1991년에는 '신편 한국사 편찬위원회'를 따로 구성하고 총 60권에 달하는 새로운 『한국사』를 편찬하기로 하였다. 그리고 다음과 같은 『한국사』 편찬의 목표를 세웠다.

① 한국의 역사와 문화에 대한 객관적 인식의 토대를 제공할 수 있는 한국사를 편찬한다.

② 민족의 창조적 문화활동과 민족사의 내재적 발전을 드러내는 한국사를 편찬한다.

③ 최근까지의 연구성과를 체계화하고 새로운 영역을 개척함으로써 한국사 연구의 지평을 넓힌다.

④ 한국사 연구와 관련하여 고고학·인류학·사회학·경제학 등 인접학문의 연구성과를 수용하여 한국사 인식의 폭을 넓히는 데 기여한다.

새로운 『한국사』를 펴내면서 우리 모두가 바라는 바는, 민족의 통일에 대비해야 하고 급격히 변화하는 시대상황 속에서, 한국사 연구자의 깊이 있는 연구를 도와주고 독자들의 역사인식을 드높일 수 있는 길잡이 구실을 할 수 있었으면 하는 것이다.

국사편찬위원회 위원장

목　차

Ⅱ. 가족제도와 의식주 생활

Ⅲ. 구제제도와 그 기구

개　　요

I

고려 말기에서 조선 초기사회로의 전환은 단순한 왕조 교체에 그친 것이 아니라, 정치·경제·사회·문화 등 여러 방면에 걸친 커다란 진전을 가져왔다. 고려 말의 정치·사회적 혼란과 北虜·南倭의 침입이 계속되는 가운데 새 사회를 지향하는 사대부정권이 수립되었다. 특히 그들은 전통적인 불교와 도교 및 淫祀 등 잡다한 토속신앙과 관습을 유교적인 의례로 개혁하는 한편 양반 중심의 엄격한 신분제도와, 명분과 인륜을 강조하는 가부장적 가족제도를 발전시켜 나갔다. 즉 유·불 교체를 비롯하여 신분계층과 향촌구조, 가족제도와 혼·상·제례 등의 변화가 수반되었고, 다른 한편에서는 민생의 안정과 권농정책의 적극적인 추진으로 의식주 생활이 크게 향상되고 인구와 농지 또한 획기적으로 증가되었다.

사회 신분구조에 있어서는 士族과 吏族의 분화에 따른 양반과 중인의 구분, 처첩 분간에 따른 적서의 차대문제와 함께 친족·가족·상속제도에도 변화가 뒤따르게 되었다. 또한 지방제도의 정비에 따라 향촌 지배세력이 종래의 향리에서 재지사족으로 교체되어 갔고, 속현 및 향·소·부곡의 直村化와 자연촌의 성장에 따라 面里制가 정착되었다.

따라서 다음에는 이러한 변화를 보이고 있는 조선 초기의 사회와 신분구조를 보다 자세히 이해하기 위해 필요하다고 생각되는 중요 항목들인 인구동향과 사회신분, 가족제도와 의식주 생활, 진휼·의료제도와 그 기구 등에 대하여 각 항목 집필자들의 논지를 중심으로 간략하게 그 개요를 정리해 보기로 하겠다.

II

국가가 보유하고 있는 인적 자원을 파악하기 위해서는 호적제도를 정비하고 정기적인 인구조사가 실시되어야 한다. 조선왕조는 고려 말의 전제개혁에 이어 국초부터 奴婢辨正事業과 함께 호구 파악에 정력을 쏟았다. 호구시책 가운데 호적법의 제정과 호구 成籍의 勵行 및 이의 실시를 돕는 호패법·인보법의 실시와 노비변정사업, 군액확보책, 流移民 방지책 등은 가장 중요한 사업이었다.

조선 초기 호구의 파악은 국정 운영상 매우 중대한 과제였다. 이는 전 인구수를 파악하는 것보다는 역의 부담자를 알아내려는 목적이 앞섰으므로 항상 丁의 조사에 중점이 두어졌다. 호구의 파악은 3년마다 하는 호적의 정비를 통해서 이루어졌다. 호적에 기재되는 사항은 주소·본인의 직역·성명·연령·四祖·처의 성씨와 연령 및 四祖·솔거자녀의 성명과 연령, 그리고 노비 및 雇工의 성명과 연령 등이었다.

법제적인 호의 등급은 그 호의 丁數·가산 또는 가옥 間架數의 다과에 따라 대·중·소의 3등급으로 나누는 것이 고려 말 이래의 통례였다. 고려 말의 計丁法에 따라 정해진 3등호제는 국초의 計丁·計田 절충법을 거쳐 계전법으로 바뀌면서 호의 등급도 大·中·小·殘·殘殘의 5등호제가 되었다. 한편 자연호의 경우는 신분과 빈부의 차이에 따라 수십 명에 이르는 대가족이 있는가 하면 불과 서너 명의 소가족도 있었는데, 일반 서민들의 경우는 호구수가 평균 4~5명인 소가족이었다. 호적 정리와 함께 五家作統法이라는 切隣의 공동책임제와 호패라는 신분증명의 패용을 아울러 실시하게 한 것도 호구의 파악을 위한 제도였다. 국초의 호구 파악 노력은 마침내 세조 7년(1461)에 이르러 종전과는 다른 차원의 전국적인 호수조사가 실시되어 호 70만, 구 400만이라는 결과를 얻게 되었다. 이를 근거로 세종조에서 성종조에 이르는 기간의 전국의 실제 호구수, 즉 자연호는 대략 100만에서 150만 내외이고 인구수는 600만에서 700만 내외가 되며, 국역을 지는 남정수는 100만 내외가 되었다고 추정해 볼 수 있을 것이다.

조선 초기 인구의 지역적 이동은 크게 흉황·전란으로 인한 유이민과 국가정책에 의한 북방이민 등에 의해 이루어졌다. 여말 이래 왜구의 침입으로 삼남의 연해지방이 많은 피해를 입어 인구의 유출이 많았던 것에 비해 상대적으로 양계와 중부 내륙지방은 인구의 유입으로 충실한 편이었다. 그러나 세종조부터 왜구가 종식되고 정치·사회적인 안정과 함께 주민 안집책과 권농책 등으로 삼남지방에서 인구의 유입이 많은 대신, 강원도와 서북지방은 주민의 유망으로 점차 피폐해 갔다. 이에 조선 개국과 더불어 추진된 북방개척과 徒民入居 정책이 세종·세조·성종조에 걸쳐 활발히 추진되었다. 이러한 전국적인 인구이동 외에도 수도가 개성에서 한양으로 천도됨에 따라 수도권의 인구이동이 있었는가 하면, 중앙에서는 집권세력의 교체에 따른 신흥세력의 上京從仕와 실각세력의 낙향이 수반되었으며, 지방에서는 사족과 이족의 분화에 따라 종래의 읍치지역에서 향촌지역으로 인구가 확산되어 갔다. 이러한 인구이동의 결과 국초에는 반대로 삼남지방은 유이민의 유입과 활발한 개간으로 인해 전결수가 증가하여 여말에 100만 결 미만이었던 것이 세종조에는 160여만 결로 격증하게 되었다.

조선 초기의 신분제도는 고려 말·조선 초에 걸쳐 이루어진 사회·경제적 변화와 성리학적 신분관념을 기반으로 형성되었다. 새 왕조의 개국과 함께 직면한 신분 재편성의 문제는 지배신분의 이원화와 양인신분의 확대로 해결의 방향을 잡게 되었다. 즉 지배층인 양반의 배타적·신분적 우위의 확보, 중인신분의 창출과 고정화, 국역을 부담할 양인층의 확대 및 노비신분의 확정을 시급히 시행하여야 했다.

조선시대의 사회신분은 학자에 따라 달리 분류될 수도 있겠으나 대체로 법제적인 구분과 사회 통념상의 구분이 있다. 먼저 법제적으로는 크게 良·賤으로 나누어져 있었는데, 양인은 과거 응시자격과 관료로의 진출이 허용된 자유민으로서 조세·국역 등의 의무를 지녔으며, 천인은 부자유민으로서 개인이나 국가기관에 소속되어 賤役을 담당하였다. 양인은 직업·가문·거주지 등에 따라 양반·중인·상민으로 나누어져 있었다. 그러나 사회 통념상으로는 士族이란 지배계급이 고려시대부터 피지배층인 일반 양인(상민)과는 구분되어 있었고, 그 사족은 조선 초기에는 양반과 동의어로 사용되었던 것이다. 대체로 15세기에는 양반(사족)·상민·천인의 세 계층으로, 16세기 이후에는 중인층의 형성으로 양반·중인·상민·천인의 네 계층으로 대별된다. 그런데 조선시대 신분사 연구에 있어 많은 의견이 대립하게 된 근본적인 이유는, 법적 제도에는 양천의 규정만 보이는 데 비해 실제적으로는 良身分에서 양반·중인·양인이 별도로 파생되어 나간 적지 않은 사례를 당시의 사료나 사회관습에서 찾아볼 수 있기 때문이다.

15세기는 사회의 신분층이 크게 개편되어 간 시기로, 양인층의 확대와 함께 지배층의 계층 분화가 진행되었다. 양인층의 확대책으로는 노비의 변정, 승려의 환속, 身良役賤層의 설정, 新白丁의 양인화 등을 들 수 있다. 또한 집권사대부들은 향리·서리·기술관·서얼 등이 관료로 진출하는 길을 크게 제약하는데, 그 가운데 향리의 과거 응시자격의 제한, 원악향리의 처벌, 군현개편에 따른 향리의 대폭적인 이동, 그리고 限品敍用制 등을 대표적인 것으로 들 수 있다.

전근대사회에 있어 신분관계는 그 시대의 모든 제도·기구를 운영하는 하나의 기본적인 표준이 되었던 것이니, 즉 신분관계의 여하에 따라 官途에 나아가는 데에 한도가 있고, 납세와 군역의 의무에도 경중의 차가 있으며 형벌과 의례, 의식주와 혼인, 그리고 기타 일상생활에 있어서 그 기준을 달리했던 것이다.

고려 후기 이래 지방 향리자제들의 계속적인 관인화로 인해 지배층이 비대해졌기 때문에, 집권사대부들은 자신들의 기득권을 지키기 위하여 이들 지배층을 축소, 정리하지 않으면 안되었다. 따라서 그들은 그 때까지 실직이든 산직이든 가리지 않고 문무양반의 관직을 받은 바 있는 자신들만을 사족(양반) 신분으로 인정하였다. 반면에 현직 향리층을 비롯하여 중앙관청의 서리와 기술관·군교·역리들은 하급 지배신분(중인)으로 격하시켰다. 또한 양반들은 천인의 피가 섞였거나 첩에서 난 소생들을 서얼로서 과감히 자기 도태를 시켰다. 이렇게 형성된 중인층은 양반과는 현저하게 다른 신분적 지위를 감수해야 하였고, 그들의 임무는 성리학적 관념에 의하여 비하되고 권력과는 거리가 있는 실무행정·기술·업무보조 등에 국한되었다. 국가

정책의 결정과 경제적 부 및 사회적 위세 등은 양반만이 가질 수 있는 특권이며 의무가 되었다.

조선시대 신분의 완성시기와 종류에 대해서는 여러 견해가 있지만, 아직 의견의 일치를 보지 못하고 있다. 먼저 신분의 완성시기에 관한 견해로는 15세기설 · 16세기설 · 17세기설이 있고, 그 종류에 대해서는 4종 · 3종 · 2종설 등이 있다. 이렇게 상이한 학설들이 정리되기 위해서는 신분의 개념과 각 신분에 대한 구체적이며 실증적인 연구가 보다 더 축적되어야 하지만 여기서는 종래의 통설인 4분설에 의하여 고찰하기로 한다.

양반은 원래 문반과 무반을 아울러 부르는 명칭이었는데, 뒤에 지배계층인 사족을 의미하는 말로 변하였다. 양반은 토지와 노비를 소유한 지주가 대부분이었으며, 과거 · 음서 · 군공 등을 통하여 국가의 고급관직을 독점하였다. 또 양반은 국가권력을 이용하여 그들의 특권을 보장받고 있었다. 다시 말하면 양반은 이른바 士 · 農 · 工 · 商 가운데 士族에 해당되는 최상급의 사회신분으로서, 경제적으로는 지주층이며 정치적으로는 관료층이었다. 또 유학을 업으로 하고 아무 제한 없이 관료로 승진될 수 있는 신분으로서, 실제로 중요한 관직과 제반 특권은 모두 이들이 독점하였으며 名敎와 禮法을 준수하는 사회의 지도적 계급으로서의 정신적 의무만을 지녔던 것이다. 그들은 생산에는 종사하지 않고 오직 현직 또는 예비관료 내지 유학자로서의 소양과 자질을 닦던 신분이었다. 전통사회의 신분은 법적 제도와 사회적 통념으로 결정되므로 양반의 자격 기준도 그 점에서 먼저 찾아야 하는데, 조선 초기에는 사회적 통념보다는 국가권력이 더 크게 작용하였다. 사실 조선왕조는 양반의 계급적 이익을 보장하기 위하여 세워진 국가로 각종 법률과 제도로써 양반의 신분적 특권을 규정하였다.

중인은 기술관 및 향리 · 서리 · 토관 · 군교 · 역리 등 경 · 외의 아전직과 양반에서 격하된 서얼 등을 일컫는다. 중인에는 양반과 상민 사이의 중간 신분계층이라는 넓은 의미의 중인과, 기술관만을 지칭하는 좁은 의미의 중인이 있었다. 이 가운데 넓은 의미의 중인은 15세기부터 형성되기 시작하여 조선 후기에 이르러 하나의 독립된 신분층을 이루었다. 양반과 상민의 중간에 있는 중간신분으로서의 중 · 외 관청의 서리와 향리 및 기술관은 직역을 세습하고 신분 내에서 혼인하였으며 관청에 근접한 곳에서 거주하였다. 그들의 성향은 기회주의적이고 이해 타산적이나 모나지 않고 세련된 처세 등의 측면에서 서로 유사한 점을 많이 공유하며 양반층에서 도태된 서얼층과 함께 중인층을 형성하였다. 군교는 중앙에서 궁중의 사역을 맡은 掖隷와 각 군영 소속이 있었고 지방에는 군관이라는 직역이 있었다. 그들은 향리와 함께 '吏校'라고 합칭되기도 하지만, 향리보다 그 지체가 좀 낮은 것으로 여겨졌다. 또한 서얼은 중인과 같은 신분적 처우를 받았으므로 '中庶'라고 합칭되었다. 그들은 문과에 응시하지 못하여 동반직 등용이 금지되었고 간혹 서반직에 등용되었으나 한품서용의 규제를 받았다.

이러한 중인층은 양반지배 체제하에서 양반들로부터 멸시와 하대를 받았으나 대개 전문적인 기술이나 행정의 실무를 세습적으로 담당하였으므로 실속이 있었고 나름대로 행세할 수 있었다. 예컨대 역관이 사신을 수행하여 무역의 이득을 본다든지, 향리가 토착적 세력으로 수령을 조정하여 세도를 부린다든지 하는 따위이다. 한편 중인층은 시대적·사회적 변화에 따라 신분 상승의 기회가 왔을 때는 그 기회를 잘 포착하였다.

상민은 평민·양인이라고도 부르며, 백성의 대부분을 차지하는 농민·공장·상인을 말한다. 이들은 원칙적으로 출세에 법적 제한을 받지 않았지만, 교육을 받을 기회가 거의 없었기 때문에 관료로서의 진출이 거의 불가능하였다. 또 이들은 조세·역·공납 등의 무거운 의무를 지고 있었다. 공장은 관영이나 민영의 수공업에 종사하였다. 상인에는 시전상인과 행상인 보부상 등이 있었는데, 초기에는 국가의 통제 아래 상거래에 종사하였다. 그런데 조선사회에서는 務本·抑商 정책의 영향으로 농민은 공장이나 상인보다 우대되었다.

상민은 보통 농·공·상업에 종사하는 생산계급으로서 납세·공부·군역·요역 등을 주로 담당하는 계층이다. 특히 병역은 양인을 주체로 하며 실제 입번하는 군정과 그 비용을 지변하는 奉足(保)과의 연대로써 단위를 이룬다. 당시에는 피지배층 가운데 양인·천인의 신분상 구별이 있어 천인은 천역을, 양인은 양역을 담당하되, 양인으로서 천역을 담당하는 수도 있어 이것이 신량역천이라 하였다. 초기에 이들은 干 또는 尺으로 불리웠고 뒤에는 皂隷·

羅將·日守·漕卒·水軍·烽軍·驛保 등의 '七般賤役'이라 하여 신량역천 가운데서도 가장 고역으로 여겼다. 상민은 법제적으로는 과거에 응시할 수 있으며, 의복·가옥·일상거동 등에서 관직이 없는 양반과 비슷한 생활을 할 수 있었다. 그러나 당시의 경제적·사회적 여건으로 인하여 실제 그들의 관계 진출은 극히 제한되어 있었다.

조선시대 천인에는 노비와 함께 白丁·廣大·社堂·巫覡·娼妓·樂工 등이 포함되는 것으로 이해되고 있으나, 이들은 모두가 천인은 아니었으며 사회적으로 천시되었을 뿐이다. 즉 노비와 그 노비에서 파생된 창기·의녀·악공 등은 명실상부한 천인이었으나 백정·광대·사당·무격은 원래 천인은 아니었다. 그러나 이들의 직업이 사회적으로 천시되면서 그 직업에 종사하는 사람까지 천시되어 조선 중기 이후에는 천인화된 것으로 보인다. 천인 중에서 대부분을 차지한 것은 노비였다. 노비에는 국가에 속해 있는 공노비와 개인에게 속해있는 사노비가 있었다. 이러한 공·사노비는 또한 立役奴婢와 納貢奴婢로 구분되기도 한다. 전자는 관부의 노역이나 집주인의 잡역에 종사해야 하며, 후자는 관부나 주인으로부터 독립적으로 생활을 영위하면서 일정한 身貢을 바칠 의무가 있었다. 이들은 각각 솔거노비와 외거노비로 불리기도 하였다. 특히 사노비는 주인에 의하여 세전됨으로써 재물처럼 취급되어 매매·상속·증여되기도 하였다. 부모 중 어느 한쪽만이 노비인 경우에도 그 자식은 노비가 되었다. 노비가 양인과 결혼하는 것은 원칙적으로 금지되어 있었으나, 양반들의 노비 증식책에 따라 공공연히 자행되었다.

양반사회는 노비제도를 기반으로 운영되었다고 해도 과언이 아니다. 신분의 귀천과 역의 귀천이 맞물려 있었기 때문에 국가기관이나 사가에 있어서나 노비는 필수 불가결한 존재였다. 국가기관의 온갖 천역에 公賤이 동원되듯이, 私賤은 주인 내외의 신분과 같은 존재로서 온갖 사환과 잡역에 종사하였고 외거노비는 주인의 전지를 경작하거나 일정한 신공을 바쳤다. 자식 없는 노비의 재산은 그 주인에게 귀속되며 노비가 개간한 토지는 그 주인의 소유가 되기도 하였다. 이처럼 노비제도는 사회·경제적 조직에 있어서 실로 중요한 기능을 담당했을 뿐만 아니라 계급적 질서를 유지하고 禮俗과 風敎를 진작시키는 데도 필수적인 존재로 인식되었다.

조선시대의 신분은 아주 고정된 것은 아니었다. 양반이 반역죄를 저질러 노비가 되거나, 몰락하여 중인이나 상민이 되기도 하였으며, 반대로 중인과 상민이나 노비가 과거나 군공 등을 통하여 양반이 되기도 하였다. 그러나 이러한 신분간의 이동이 그리 자유로운 것은 아니었다. 그런데 조선 초기는 신분제가 재편성되는 과정에 있었으므로 중기 이후보다는 신분이동이 어느 정도 개방적이었다고 할 수 있다.

Ⅲ

조선 초기는 고려적인 불교의식과 토속적인 음사 및 비종법적 가족제도가 《朱子家禮》와 《小學》 교육을 기반으로 하여 점차 성리학적 유교사회로 바뀌어 갔는데, 이러한 변화는 17세기를 분기점으로 후기사회로 넘어가는 시대적 특징을 보여주고 있다. 즉 夫妻兩邊的 방계가족의 형태, 동성결혼과 異姓收(侍)養, 男歸女家婚과 자녀균분 상속제, 부처 또는 부자의 異財, 가계상속에 있어서의 '兄亡弟及', 자식이 없는 경우 불입양 및 자녀 윤회봉사와 같은 전통적인 유제를 이어받은 조선왕조는, 국초부터 주자학적 禮制와 종법적 가족제도에 입각하여 종래의 유제를 부계친족 중심의 가부장적 가족제도, 동성불혼과 이성불양, 親迎禮와 장자봉사제, 자녀 차등상속제와 같은 가족제도로 개혁하려고 노력하였다. 한편 상·제례와 장법도 대체로 15세기 전반까지는 전통적인 불교의식에서 크게 벗어나지 못하였고 소수의 사대부 가정에 한해 《주자가례》가 수용되다가 성종조 이후에 가서 점차 유교적인 상례와 제사 절차에 따르게 되었다. 특히 남귀여가혼·자녀 균분상속제·자녀 윤회봉사를 특징으로 하는 조선 초기의 가족 및 상속제도는 그것이 서로 인과관계를 가지면서 성씨, 본관 의식과 족보 편찬에도 영향을 미쳤다. 남귀여가혼은 결과적으로 딸(사위)과 그 소생(외손)을 아들 또는 친손과 동일시하면서 부처·부모·자녀·내외손을 각기 대등한 위치에서 간주하려는 쌍계적[兩側的]친족체계를 낳게 하였다. 그러한 혼인풍속과 가족제도는 다시 자녀 균분상속제를 낳게 하였으며, 그 균분제는 다시 부모의 제사를 균분받은 자녀들로 하여금 돌아가면서 봉사하는 관행을 낳게 하였다. 그리고 딸이 있으면 아들이 없다 하더라도 입양하지 않는 것이 보편화되어 있었다. 이러한 관습은 다시 자녀와 그 내·외손들을 한 마을에 모여 살게 하는 居住相을 낳게 하였다. 한편 각자의 혈통과 재산은 부모 양쪽을 비롯한 내·외 조상으로부터 이어받게 되고 그 양변의 혈통과 재산의 유래를 소급, 추적하는 데서 世系圖·八高祖圖·族圖 등이 만들어지게 되었다. 양반사회에 있어서 혈통의 유래와 승음·응시·출사 및 재산의 傳係와는 서로 불가분의 관계에 있었으며, 당시 성과 본관에 대한 의식과 그 姓貫 자료인 족보의 편찬체제와도 긴밀한 관계에 있었다.

유교사회의 진전에 따라 종법적 가족·친족제도의 수용과 함께 譜學의 숭상과 족보 편찬이 성행하기 시작하였다. 내외 친척과 종족 내부의 의례를 규제하는 것이 예학이라면, 보학은 종족의 종적인 내력과 횡적인 族派관계를 확립시켜 주는 기능을 하였다. 따라서 성과 본관, 혈통과 신분을 증빙하는 자료는 양반사회가 발달하면 할수록 관심이 고조되어 족보를 편찬하게 되었다. 이러한 족보는 그 체제상 크게 세 시기로 나눌 수 있는데, 15세기 전반 이전의 족보와 최초로 편간된《安東權氏成化譜》(1476)를 비롯한 조선 전기 족보 및 17세기 이후의 후기 족보가 바로 그것이다. 이러한 족보의 시기별 구분은 친족·가족 및 상속제도의 변화와도 대체로 흐름을 같이 하였다. 자녀의 기재를 출생순으로 한다든지, 父→子系와 父→女(사위)系를 동일한 비중으로 등재하며, 자식이 없는 경우에도 불입양·적서불분·생몰연월일과 妻系不錄 등을 특징으로 한 전기의 족보는 17세기부터 가족·상속제도의 변화와 함께 서서히 변모해 갔다. 그것이 바로 부계친족 위주로 하되 '詳內略外'와 '先男後女'의 원칙을 지키며 또한 등재인의 생몰 연월일·관직·처계·묘소가 비로소 구체적으로 기재되었는데, 이러한 변화는 당시 심화된 성리학적 유교윤리의 반영이었다.

조선 초기의 의식주 생활은 유교적인 합리주의와 사대부의 검약정신에 영향을 받아 보다 실용적인 방향으로 향상되어 갔다. 목면 재배가 전국적으로 확산되어 종래의 마포·저포와 함께 국민 衣料의 주종으로 자리잡게 되고, 중국으로부터 각종 예복과 견직물이 유입되면서 옷감도 다양해져서 의생활에 획기적인 발전을 가져왔다. 한편 고려 말 이래 새 선진농법의 적용으로 새로운 품종이 개량되고 시비법 및 재배법이 개발됨으로써 주곡을 비롯한 여러 가지

곡류·채소류·과일류가 생산되고 풍부한 어패류 등으로 식품이 다양해졌다. 궁중의 연회를 비롯하여 사대부의 봉제사·접빈객에 이르기까지 각종의 음식과 요리가 개발되었다. 또한 온돌이 전국적으로 보급되고 공·사의 건물은 춥고 더운 계절에 맞추어 따뜻한 방과 서늘한 마루를 갖춤으로써 보다 쾌적한 주거환경을 마련할 수 있었다. 특히 세종 때부터 화재 예방책으로 초가대신 기와를 권장하자, 중외 관아·누정·창고 및 사대부·토호들의 가옥이 기와집으로 바뀌어 갔다.

조선 초기의 복식문화는 고려의 유제를 따르면서도 한편으로 자주적 성격을 띠고 있었다. 조선왕조는 개국 초부터 엄격한 신분제도를 확립하였으며 이는 복식구조에 그대로 반영되었다. 왕실의 복식은 왕과 왕비·세자·세자빈·후궁·왕자·왕녀(배우자) 등의 복식이 포함되는데, 왕의 대례복·조복·상복을 비롯한 각종 예복과 상복이 있었다. 백관의 복식 가운데 관복류는 조복·제복·공복·상복으로 대별되며, 편복류는 團領·帖裏와 長衣·直領 등이 있었다. 일반 복식으로 남복은 단령·철릭·직령·액주름·장의·과두·한삼·겹고·단고·말 등이 있었으며, 여복은 노의·장삼·오·군·말군·입모가 복식의 기본구조였다.

조선시대는 식생활 문화의 과학성이 높아지고 그 문화 규범이 정비되는 시기였다. 조선 초기의 주요 식품 가운데 곡류로서 벼·수수·조·피·보리·밀·콩·깨·완두·메밀 등이, 채소에는 무·가지·오이·배추·마늘·파·생강·토란 등이 있었다. 과일로는 밤·대추·감·배·복숭아·자두·귤·참외·호도·포도 등이 있었고, 이외에도 어패류와 육류 및 기타 식품이 있었다. 조선 초기의 주요 음식으로는 국수·만두·떡·한과·생선요리·수조육류요리·채소요리·발효식품·구황식품 등이 있었다.

조선 초기의 주생활은 전시대와 마찬가지로 산골짜기나 산기슭에 자리잡아 개울과 넓은 들이 내려다보이는 곳을 더욱 선호하였다. 이 시기 지방의 보편적인 집은 농사 짓는 일을 업으로 하는 사람들이 사는 소박한 것이었다. 안채와 헛간채, 측간 등을 갖추고 있었으며, 유교적인 관습에 유의하는 이들은 대문간채·중문간채 등과 사랑채도 구비하려고 애를 썼다. 산골짜기의 집은 대개 목재의 귀틀집이었다. 그것은 편이의 방안이기도 하였지만 눈이 지붕 위에 쌓여도 그 하중을 지탱할 수 있다는 장점이 있었다. 농가의 지붕은 대개 초가이며, 안채와 헛간·잿간·측간을 설치하였으며, 곳간이나 뒤주·외양간·돼지우리·닭장·마구·수레간·일간 등이 필요에 따라 추가되었다. 도시의 집은 15세기 중엽 이래 기와집이 늘어났으며 사회의 안정과 경제능력의 향상에 힘입어 차츰 집의 구조도 바뀌어 갔다.

Ⅳ

조선왕조는 국초부터 유교적인 민본주의와 농본정책을 표방하여 여러 가지 교화사업과 농민생활의 안정책을 실시하였다. 양반지배 체제를 강화하기 위해서는 성리학적 명분론에 입각한 사회신분 질서의 유지와 농민의 생활안정이 가장 중요한 과제였기 때문이다. 따라서 양반 지주들의 토지겸병을 억제하고 농민이 토지로부터 이탈하는 것을 막기 위하여, 농번기에는 농민들이 잡역에 동원되지 못하게 하고 각종 재해와 질병에 걸렸을 때는 조세와 요역을 감면해 주는 등 여러 가지 진휼과 의료·구제시책을 실시하였다.

재해에는 자연적인 것과 인위적인 것이 있는데, 수재·한재·풍재·충재·화재·질역 등 자연적인 재해는 사람의 능력으로 막기가 어려웠다. 이로 말미암아 사망자·이재민·기민·유망자가 대량으로 발생할 경우 조정에서는 국가적 차원의 대책을 마련하여 진휼하였다. 그 일반대책으로는 賑貸·賑恤·施食·救療·埋葬 등의 연례적인 조치가 취해졌다. 그리고 특별대책으로 양곡절약·진곡보충·노역중단·구황식물의 비축 등을 강구하였다. 이러한 대책을 효과적으로 추진하기 위한 기구로는 구황청(賑恤廳으로 개칭)·상평창·의창·사창·혜민서·활인서·진제장 등이 설치·운영되었다.

조선 초기의 의료제도는 고려시대의 것을 대폭 확충하여, 3의사는 물론 제생원과 동서활인원의 기능을 정비·강화하고 의정부·6조·종친부·충훈부·도총부 등 각 사에도 의원을 배치하였으며, 경성 5부와 성균관에도 月令醫를 파견하였다. 또 전옥서에는 獄醫를, 삼군에는 軍醫를, 수군영에는 海道醫員을 각각 배정하였고, 각 계수관마다 의원을 설치하여 지방민의 치료를 담당하게 하였다. 의학교육의 강화, 의녀제도의 창설, 향약의 개발과 보급, 의서의 편찬 및 전문의의 양성 등의 의료시책을 시행하였고, 의료기구로 중앙에는 내의원·전의감·혜민국(이상 3의사)·제생원·활인원을 두고 지방의 의원·의학원·의국 등과 함께 국민의 질병 치료를 담당하게 하였다.

〈李樹健〉

Ⅰ. 인구동향과 사회신분

1. 인구동향
2. 신분의 구분
3. 양　반
4. 중　인
5. 양　인
6. 천　인

Ⅰ. 인구동향과 사회신분

1. 인구동향

인적·물적 자원에 대한 국가의 직접적인 지배는 집권국가로서의 기반을 구축하기 위한 전제조건의 하나였다. 따라서 고려 말 이래 정치기강의 해이와 사회·경제적 혼란에 편승하여 늘어만 가는 私田과 줄어가는 公民을 국가의 직접적인 통치하에 두기 위하여 조선 건국 초의 역대 군주들은 田·民 제도의 재정비에 온갖 정력을 다 쏟았다. 이와 같은 노력은 田制·稅制·兵制의 개혁과 표리관계를 갖고 있으며 또 토지와 함께 각종 力役과 貢賦 부과의 기준이 되는 戶口문제에 대한 것이었다. 이미 고려 말에 단행한 전제개혁은 개국 초에는 크게 문제가 되지 않았으나 인적 자원의 확보책인 인구문제는 조선 초기의 역대 군주에게 부과된 중요한 과제였다. 인구문제는 국가의 물질적 기반을 이루는 것으로서 이것은 국가의 호구파악 능력과 관련하여 그 경제력과 통치력을 가늠할 수 있는 척도가 된다.

인구문제와 관련한 호구시책 가운데 호적관계법의 제정과 戶口成籍의 勵行, 號牌法·隣保法의 실시, 노비변정사업, 군액확보책, 流移民 방지책 등은 가장 중요한 사업이었다. 그래서 조선왕조는 국초부터 호적의 정비에 심혈을 기울였지만 그것은 단지 국내의 전 인구수를 알기 위한 것이라기보다는 군역 등 각종 역역의 부담자를 파악하기 위함이었다. 따라서 인구의 조사보다도 '男丁'의 조사에 항상 중점을 두었던 것이다. 조선 초기 '戶口'의 이름으로 전국적인 규모의 보고가 있었던 태종 4년과 6년도 및 《世宗實錄地理志》 소재의 호구통계는 모두 그러한 목적에서 작성되었던 것이다.

호구 내지 호구변동에 관한 문제는 사회경제사 연구의 기본과제의 하나이기도 하였지만, 그 첫째 조건은 정확하고도 구체적인 호구통계 자료에 바탕을 두어야 할 것이다. 그런데 초기의 것은 후기처럼 정기적으로 조사 成籍한 호구통계나 구체적인 호구장적 같은 것이 거의 남아 있지 않기 때문에 인구구성이나 성장률 측정과 같은 인구의 본질적인 문제의 구명은 기대하기 어려웠다.[1)]

따라서 호구문제가 본격적으로 검토되기 시작한 것은 최근의 일이다.[2)] 호구에 대한 자료는《朝鮮王朝實錄》의 호구관계 자료와《세종실록지리지》, 문집 등에 산견되고 있으나 이것은 당시의 실제 호구수를 보여 주는 것은 아니다. 따라서 편호방식과 인구동향 및 인구성장과 같은 문제를 밝히는데 있어서는 무엇보다도 관계자료의 면밀한 분석을 필요로 한다.

1) 편호방식

조선 초기의 여러 호구통계 자료는 성질이 상이한 것이다. 당시 호구통계가 어떠한 조사 기준과 방식에 의하여 작성되었으며, 또한 그것이 어떤 성질을 지닌 통계인가를 정확히 이해하는 것이 우선적으로 필요하다. 따라서 이 문제는 戶와 口의 개념에 대한 올바른 이해에서 출발하지 않으면 안

---

1) 지금까지 이에 대한 연구로서는 李光麟·有井智德·金錫亨·金載珍·韓永愚·韓榮國 등의 논문이 있다. 이들 가운데 호구문제를 집중적으로 취급한 것은 김재진·한영국에 한하고 나머지는 모두 호구문제와 관련이 있는 특수부문을 개별적으로 다룬 데 불과하다. 당시 호구자료에 대하여 비교적 구체적으로 분석 검토한 김석형·김재진의 연구가 주목되나 이도 당대의 기본사료인 실록 등 문헌상의 실증적인 연구가 부족한 것 같으며 주로 태종 4년, 6년도의 호구통계와《세종실록지라지》의 호구통계 등 몇몇 자료에다 후기의 것을 원용하여 관계자료의 충분한 기반 없이 숫자적 조작을 구사해서 결론을 도출하고 있는 실정이며, 그들의 견해도 경청할 것이 있으나 대부분 추정에 그친 것이 유감이다.
李光麟,〈號牌考〉(《白樂濬博士還甲記念國學論叢》, 1955).
有井智德,〈李朝初期の戶籍法について〉(《朝鮮學報》39·40, 1966).
金錫亨,〈李朝初期 國役編成의 基柢〉(《震檀學報》14, 1941).
金載珍,《韓國의 戶口와 經濟發展》(博英社, 1967).
李樹健,〈朝鮮初期 戶口硏究〉(《論文集》5, 嶺南大, 1971).
韓永愚,〈朝鮮初期 戶口總數에 대하여〉(《인구와 생활환경》, 서울大, 1977).
韓榮國,〈朝鮮王朝 戶籍의 基礎的 硏究〉(《韓國史學》6, 1985).
———,〈朝鮮初期 戶口統計에서의 戶와 口〉(《東洋學》19, 檀國大, 1989).

2) 주 1)의 韓永愚·韓榮國 등에 의하여 호구통계와 인구동향 및 편호방식에 대한 각자 나름의 견해가 제기된 바 있다.

된다. 여기에 대한 기존의 연구는 대체로 다음과 같은 몇 가지 견해로 정리해 볼 수 있다. 우선 戶數는 각종 역역과 공물의 부과 징수를 위하여 일정한 편성원칙에 따라 이루어진 編戶, 곧 法制戶의 수이며, 口數는 그에 속한 丁男 또는 良役 부담자의 수라는 것이고,[3] 다른 하나의 호수는 곧 戶總이지만 여기서의 戶(元戶)는 기본적으로 自然態의 '主戶'를 뜻한다. 따라서 호수는 주로 '挾戶'를 제외한 '주호'층의 수이며, 이를 기초로 한 정액이 '호총'이고, 또 배정된 호총에 따라 성적된 호가 곧 호구통계에서의 호수가 된다는 것이다.[4] 마지막으로 戶는 기본적으로 전지를 소유하고 있는 자연태 그대로의 家戶(漢城과 같은 도시에서는 가옥을 소유하고 있는 가호)이며, 口는 그에 속한 丁으로 이해하는 경우도 있다.[5]

이와 같은 호구에 대한 견해가 다르게 나타나는 이유는 관계자료의 충분한 검증없이 숫자적 조작을 구사해서 도출하거나, 아니면 성질이 다른 다양한 호구관계 자료를 부분적으로 분석하였기 때문이다. 따라서 다양한 호구관계 자료를 통해서 여말 선초 호구의 개념과 용례에 대한 검토가 우선적으로 필요하다.

戶는 '3戶를 아울러 1戶로 한다' 거나 '3家로써 1戶로 한다' 는 것과 같이 이중의 의미를 가지고 있다. 여기서 '3호'의 호는 自然戶를 말하는 것으로 家와 같은 의미이며, '1호'의 호는 역이나 공물을 부과하기 위해 인위적으로 만든 법제호를 말한다. 법제호인 '3호'·'3가' 외에 '3丁을 1戶'로 편성하는 것이 고려 이래의 일반적인 현상이었는데, 이것은 신분의 고하와 역의 경중에 따라 상이하였으며 호의 등급도 人丁數, 田結數 또는 가옥의 규모에 따라 정해지기도 하였다. 또한 이러한 호는 租賦와 貢役을 부담하는 평민을 말하며, 여기에는 '復戶'의 대상계층과 私賤은 제외되었다. 따라서 이러한 의미의 호는 군역·요역·공물 등 국가에 대하여 일정한 의무를 부담하는 대상인 동시에 그 단위인 것이다.[6] 이것은 토지가 20결·10결·5결 등의 단위로 作丁

---

3) 주 1) 金錫亨의 논문이 여기에 해당된다.
4) 李榮薰,《朝鮮後期社會經濟史》(한길사, 1988).
5) 韓榮國, 앞의 글(1989), 241~252쪽.
6) 李樹健, 앞의 글, 23~29쪽.

되어 田籍에 등재됨으로써 비로소 조세를 부과하게 되었던 것과 같다. 이와 마찬가지로 인민도 호적에 등재됨으로써 역이 부과되었다. 전지 가운데 陳地나 新開墾地 등이 作丁成冊되기 전에는 과세 대상에서 제외된 것과 같이, 인민 가운데서도 호적에 등재되지 않은 人丁은 역이 부과되지 않았던 것이다. 호는 이상과 같은 의미 외에도 군역과 결부되었을 때는 정규병을 뜻하는 戶首와 奉足을 '戶·保'로 표현하는 경우도 있었다.[7]

'口'는 당시 호구자료에 따라 '丁男' 또는 '男女丁'을 지칭하는 경우도 있었고, 또는 인구의 뜻으로 사용되기도 하였다. 즉 《慶尙道地理志》의 口數는 남녀정을, 《세종실록지리지》에서는 남정을, 실록에서 산견되는 '男女老壯弱合計'라는 것은 전 인구수를 뜻하는 것으로 사용되었다. 그러나 여기에서 전 인구수란 당시의 실재 인구수를 빠짐없이 다 파악하였다는 것이 아니라 조부·공역을 부담하는 계급의 수를 말하는 것이다.

戶口는 '戶'와 '口'또는 호구수라는 의미 외에 호적·준호구와 동일한 어의로 사용되는 경우도 많은데 이는 고려 이후 일반적으로 적용되고 있었던 것이다.

이상에서 보았듯이 호구의 개념문제에 있어서 '호'를 제외하고는 큰 혼란이 없지만, '호'의 해석에 있어서는 그것이 지닌 의미가 다양하고 용례도 다기하여 간단히 정리할 수 없는 것이다. 이제 이러한 호구의 용어에 유의하면서 '호'의 편성문제를 고찰해 보기로 한다.

법제호인 경우에는 고려 이래 정수, 소유 전결수 또는 가옥의 규모 등 일정한 기준에 의하여 편호하였는데, 그것은 또한 '3丁'·'5丁'을 1호로 하는 등 役種, 신분 및 지역에 따라 상이하였다. 이러한 기준에 의한 '호'의 등급은 그 호의 정수, 가산, 가옥의 규모에 따라 대·중·소호로 3분하는 것이 고려시대 이래의 통례였다. 이러한 기준에 의한 호등급의 3분법을 보면 다음과 같다.

먼저 가옥의 규모에 따른 호의 등급 규정을 보면 이는 여말 선초를 통하여 京中에 한해 적용되었는데, 세종 17년(1435) 3월 각 도·각 관의 호적을 차등 성적할 때에 서울의 五部는 間架數를 기준하여 大·中·小·殘·殘殘戶 등

7) 柳馨遠, 《磻溪隨錄》 권 21, 兵制 本國古今軍數附.

5등급으로 구분하였다.[8)]

고려시대에는 호의 등급 단위가 정수를 기준으로 대·중·소호로 3분하여 요역 등 각종 역역을 차등 부과하였다. 여기에 조선 태조 때부터는 인정 외에 전결도 고려되다가 점차 인정의 다과로부터 전지의 다과로 전환하였다.

이상과 같은 구분 외에 '호'의 등급이 일정한 기준이 명시되지 않은 채 막연히 대·중·소호니 하는 3분법과 대·중·소·잔·잔잔호니 하는 5분법이 고려 때부터 실시되어 왔는데, 4·5분법은 대체로 조선 초에 처음 대두된 것으로 보인다. 이러한 구분은 아마 인정, 전결수의 다과와 그 호가 소유한 자산의 규모에 따라서 구분되었을 것이다. 태종 6년(1406) 11월 煙戶米法을 제정하였을 때는 上·中·下·不成戶 등 4분법이,[9)] 세종 17년 3월에는 전결수의 다과에 따라 대·중·소·잔·잔잔호 등 5등급으로 구분하여 전국적인 조사를 실시하였다.[10)]

국가가 인민에 대하여 노동력을 직접적으로 수취하는 역은 군역을 비롯하여 여러 가지 역종이 있었다. 고려시대에는 국민의 한 사람을 '정'으로 파악하며 이 모든 정에 대해 국가는 반대급부의 원칙에 따라 국역을 부과시키는 동시에 일정한 토지를 부여하였다. 그러나 조선 초에 있어서는 군역의 경우 특수 병종을 제외하고는 반대급부로서의 토지분급은 없었다. 이러한 군역부담 체제에 부응하여 마련된 것이 奉足制이다.[11)]

봉족제는 국역을 지는 자 모두가 항상 징발 또는 동원되는 것이 아니라 각 역종별로 징발당하는 1정에 대하여 수명의 有役人丁이 경제적 도움을 주도록 되어 있었다. 이것이 戶首와 봉족과의 관계이다. 이러한 호수와 봉족을 한 묶음으로 한 단위는 역시 경중에 따라 편호의 차이가 있었는데, 부담이 무거운 騎兵 등의 병종에 대해서는 많은 봉족을 주어 편호하였고, 양계 연변지역의 군사에 대해서도 그 곳의 특수 사정을 고려하여 가급적 정수

8) 《世宗實錄》 권 67, 세종 17년 3월 무인.
9) 《太宗實錄》 권 12, 태종 6년 11월 계유.
10) 《世宗實錄》 권 29, 세종 7년 8월 병진·권 67, 세종 17년 3월 무인·권 74, 세종 18년 7월 무인.
11) 《世宗實錄》 권 7, 세종 2년 정월 을사.
李載龒, 〈奉足에 대하여〉(《歷史學硏究》 2, 全南大, 1964).

를 넉넉히 지급하였다. 그러나 대체로는 3정을 기준으로 하여 1호로 편성하는 것이 일반적인 현상이다.

3정을 1호로 편성하였던 것은 당시 단일호적 내에 있는 1호의 정수가 3명이 일반적이기 때문일 것이며, 사회경제적 체제로 보아 호수와 봉족을 편성하는 데도 가급적 자연호대로 하고자 하였기 때문에 굳이 호를 파괴하면서까지 편호할 필요는 없었을 것이다. 또한 호가 국역부담의 단위이므로 그것이 군역과 결부되었을 때는 정규 병력을 말하는 것이니 군인 몇 명이나 군호 몇이라는 것은 동일한 표현이 되는 것이며, 定役戶의 경우도 호를 기준으로 하여 일정액의 공물이 부과되며 公賤의 身貢도 때로는 奴 또는 婢 몇 명에 대한 정액이라기보다는 그 공천의 편성호인 호수에 대해 정액된 것이라 할 수 있다. 당시의 이러한 편성방식은 농업 위주의 현물경제 하에서 국역부담자의 대부분이 농민이기 때문에, 국가는 병농일치의 이상을 실현하되 한편으로는 영농에도 지장이 없고 또 한편에서는 동원 내지 징발적 목적도 달성하는 데 있으며, 또 고려처럼 국역부담자의 반대급부로서의 토지 지급이 없기 때문에 입역자와 그 입역자의 경제적 뒷바라지를 맡은 봉족이 한 생활체가 되어 연대책임을 지게 함으로써 실효를 거둘 수 있는 이상적인 제도였다.

편호방식은 지방에 따라서도 차이가 있었다. 이것은 당시 국가의 수취체제가 전국을 일체화하지 못한 데다가 지역에 따라 주민의 부담에 차이가 있었고, 또 토질의 비척과 농경지의 광협에 따라 인구분포의 소밀에도 차이가 있었기 때문이다. 더구나 당시와 같이 흉년·전란 등으로 인한 유이민의 대량 발생은 지역에 따라 과거와 현재의 인구분포에 현저한 격차를 초래하였다. 이러한 인구의 지역적 이동에 정부가 즉시 조치를 취하여 해당지역의 군역 등 役額과 貢額을 현재 인구에 비례하여 적시 조정해 주지 못하고 과거의 정액에 준해서 실시하였기 때문에 공평을 기할 수가 없었던 것이다. 이러한 사정에서 도별 1호당 평균 구수는 다음의 〈표 1〉과 같이 상이하게 편성될 수밖에 없었다.

이러한 지역적인 편호 방식의 차이는 〈표 1〉의 호구통계가 위로부터 각 도 또는 각 관(邑 : 고을) 별로 분배, 책정된 정액호임을 보여 준다.

〈표 1〉 《世宗實錄地理志》의 道別 一戶當 평균 口數[12)]

道 名	戶 數	口 數	戶當口數
京 畿	20,882	50,352	2.3
忠 淸	24,170	100,790	4.9
慶 尙	42,227	173,759	4.1
全 羅	24,073	94,248	3.8
黃 海	23,511	71,897	3.6
江 原	11,084	29,009	2.6
平 安	41,167	105,444	2.5
咸 吉	14,739	66,978	4.6

이상의 편호방식에 대한 당시 정부의 의도와 이를 둘러싸고 야기되는 군신간의 논란에 대해 살펴보면 다음과 같다. 조선 초기 호구성적 문제가 거론될 때마다 사대부출신의 관료들은 국가의 철저한 호구성적책에 반대하였다. 특히 梁誠之는 '寬法'과 같은 호적법을 적용하여 실재 호수를 적절하게 줄여 편성해야 한다고 하였다. 즉 군호 내지 정역호를 편성할 때는 '호수'는 가급적 줄이고 그 대신 餘丁을 많이 보유하게 해 주어야 한다는 것이다.[13)]

조선 초에 있어서 호의 규모는 자연호인가, 법제호인가에 따라 다르며, 자연호인 경우에는 신분과 부의 크기에 따라 현저한 차이가 있었던 것으로 보인다. 신분계층이 다층적이고 부의 편재가 심한 당시에는 수십 명의 가족을 보유한 대가족과 불과 3~4명밖에 되지 않은 소가족이 동시에 존재하였을 것이다. 대가족제도는 왕실이나 양반관료 및 광대한 농장을 보유한 계층에 있어서는 어느 정도 일반적이었을지 몰라도 일반 농민의 경우에는 미약한 농업생산력에 대응하여 대개 4~5명 정도의 소가족제도를 유지하고 있었다.

법제호인 경우에는 역종, 신분 혹은 지역에 따라 상이하였다. 이러한 호는 결국 자연호 수 개 이상을 한 단위로 해서 편성한 것이어서 자연호의 규모에 따라 상당한 편차를 보일 것임을 알 수 있다.

이상을 종합하면 호수는 각종 역역·공물의 부과와 징수를 위하여 정부에서 실제의 戶·口數를 참작하여 각 도·각 관에 적절히 배정한 元額, 즉 공역

12) 〈표 1〉의 호구통계는 《세종실록지리지》 소재의 各道 總戶口數이다.
13) 《睿宗實錄》 권 6, 예종 원년 6월 신사.

부과 단위로서의 '호'수의 정액으로 '戶總'이다. 따라서 '호'는 자연태의 가호가 아님은 물론 일률적인 법제호도 아닌 형태의 편성호이고, '구'수는 군역을 비롯한 각종 의무를 지닌 남정의 수이다.

2) 인구동향과 인구추계

조선 초기를 통하여 호구수의 명목으로 각 도별 또는 각 관별로 통계·작성된 전국 규모의 호구자료로서 현존하는 것은 다음 〈표 2〉가 전부이다. 간혹 실록에서 일부 도·군의 호구수 또는 전국 합계의 호구통계가 단편적으로 산견될 뿐이다.

〈표 2〉의 태종 4년(1404)은 동 5월에 의정부가 각 도의 호구수를 올린 한

〈표 2〉 朝鮮初期의 戶·口·田結數

구 분	태종 4년			태종 6년		세종 5~14년		
	田結數	戶 數	口 數	戶 數	丁 數	戶 數	口 數	田結數
漢 城						17,015		
開 城						4,819	8,372	
京 畿				20,729	38,138	23,545①	52,373②	207,119③
忠 淸	223,090	19,561	44,476	19,560	44,476	24,170	100,790	236,300
全 羅	173,990	15,703	39,151	15,714	39,167	24,073	94,248	277,588
慶 尙	244,625	48,992	98,915	48,993	98,915	42,227	173,759	301,147
黃 海	90,992	14,170	29,441	14,170	29,441	23,511	71,897	104,772
江 原	59,989	15,879	29,238	15,879	29,224	11,084	29,009	65,916
咸 吉	3,271	11,311	28,693	11,311	28,683	14,739	66,978	130,413
平 安	6,648	27,788	52,872	33,890	62,321	41,167	105,444	308,751
計	782,605	153,404	322,786	180,246	370,365	226,390	702,870	1,632,006

* ① 漢城 城底 10里, 1,779호와 開城屬縣 884호 포함.
② 開城 屬縣 2,021구 포함.
③ 漢城 城底 10里, 1,415결과 開城屬縣 5,357결 포함.

성부와 경기도를 제외한 7도의 호구통계이며,[14] 태종 6년은 11월에 호조가 보고한 한성부를 제외한 8도의 戶·丁의 통계이다.[15] 태종 6년의 丁數를 보면 태종 4년의 口數가 정수임을 쉽게 알 수 있으며 또 양년의 호구(정)통계가 거의 같음을 보아 동일한 조사 방법과 기준에 의한 통계임을 추측할 수 있다. 둘의 비교에서 알 수 있듯이 서북면의 특수한 사정을 반영하는 것으로 보이는 평안도를 제외하고는 숫자상의 변동이 없다. 이것은 후자가 전자를 그대로 복사하여 보고한 것이며, 또한 당시의 호적법은 고려조의 호적법을 답습하고 있어서 후대의 정기적인 式年統計와는 성질이 다른 것으로 추측된다. 즉 이 둘은 어떤 독특한 기준에 의하여 조사·보수된 호구수라고 할 수 있다. 그러나 이것은 당시의 호구수를 말하는 것이며, 숫자상으로 군액과 비슷하다고 해서 구수와 군액수를 동일시 할 수는 없는 것이다.

조선 건국 후 최초인 태조 2년(1393)의 동·서 양계가 제외된 전국적 규모의 군액수는 정규군으로 馬·步兵과 騎船軍이 총 20여만 명, 子弟, 鄕·驛·吏 및 諸有役者가 모두 10여만 명으로 보고되고 있다.[16] 여기서 당시의 軍籍에는 정규군과 함께 제 유역인, 즉 正軍과 奉足을 함께 등록하였음을 알 수 있다. 이러한 군액은 호적이 제대로 정비되지 않은 상태에서 임시로 파견된 計點使에 의해 충당된 것이라 할 수 있다.

〈표 2〉의 세종 연간의 것은 한성부를 제외하고는 《세종실록지리지》 소재 각 도의 總戶口數이며 한성부의 호수는 京中 5부와 城底 10리를 합산한 것이다. 《세종실록지리지》는 양계의 신설 郡鎭(4군과 6진 및 三水郡)을 제외하면 세종 14년(1432)에 완성된 것이지만, 호구통계는 《경상도지리지》의 편찬이 완료된 세종 7년 경의 자료이다. 이것을 가지고 다시 태종 6년의 것과 비교하여 호수 및 구수 문제를 분석해 보기로 한다.

세종대의 호수는 태종 6년보다 전체적으로 21,607호가 증가하였지만, 이를 도별로 보면 경기도는 비슷하고, 충청·함길 양도는 조금 증가하였으며, 전라·황해·평안 3도는 현저하게 증가한 반면, 경상·강원 양도는 각

14) 《太宗實錄》 권 7, 태종 4년 5월 을미.
15) 《太宗實錄》 권 12, 태종 6년 11월 병진.
16) 《太祖實錄》 권 3, 태조 2년 5월 경오.

각 감소하고 있다. 口(丁)數에 있어서는 호수와는 아주 판이하게 세종 연간의 것이 약 배로 증가하고 있으며, 강원도만 예외로 감소되었다. 이러한 현상은 다음과 같이 해석할 수 있다. 즉 양대의 호구통계는 동일한 기준과 조사방법에 의하여 작성된 것이며, 호수는 자연호가 아닌 어떤 독특한 편호방식에 의하여 조사 보고된 숫자일 것이다. 호수가 2만여 호 증가한 것에 비해 구수가 배로 증가한 이유는《세종실록지리지》에는 태종 6년의 호수를 그대로 적용하면서 조정하였기 때문이며, 구수는 태종 이래 세종 초까지 국가의 戶口成籍策이 실효를 거둠으로써 보다 많은 인정이 새로 파악되어 등록된 결과라고 보아야 할 것이다.

그러면 인정수는 배로 증가한 데 반하여 호수는 왜 큰 차이가 없는가 하는 것이 문제이다. 이것은 호수가 어떠한 기준과 조사방식에 의하여 작성되었는가의 검토를 통해 규명될 수 있다.

고려 이래 국가는 호단위의 호적을 통하여 인민을 파악하였고 戶內 인정의 다과에 따라 등위를 정하여 동시에 군역을 위시한 모든 역역과 공부도 이에 의하여 부과하였던 것이다. 태종대와 세종대의 호수는 자연호도 아니고, 3정·3가를 1호로 한 일률적인 법제호도 아닌 특수한 작성 기준에 의하여 각 도·각 관별로 정액된 호수라고 생각된다. 세종 6년은 아직 초창기라 호적법과 호구성적이 제대로 실시되지 못하던 시기였기 때문에 과거부터 내려오던 각 도·각 읍의 본래 호수에 기준하여 당시 실재 인구의 증·감에 따라 조정한 것이며,《세종실록지리지》의 호구수도 역시 태종대의 호수에다 당시 각 도 각 읍의 실재 호구를 참작하여 재조정한 것이라고 할 수 있다. 당시 호는 군역·호역 등 각종 역역과 공부 등의 부과단위인 것이며, 이러한 호수는 위로부터 배정 받았을 것이다. 이렇게 중앙에서는 각 도로 배정하고, 각 도는 다시 관내 각 관별로 각기 군현의 실재 호구의 증감에 따라 호수를 배정하였으며, 각 관은 그 배당된 호수대로 실재 호수를 적절히 조정하여 充數報告하였는데, 그 보고된 호수가 바로 정액된 호수로서 이를 元總 또는 元額이라고 하였다. 이렇게 각 도별·각 관별로 배정된 원액 호수는 실제 호구의 변동에 따라 수시로 조정되기보다는 한 번 배정된 다음에는 비록 수십년이 경과해도 큰 변동이 없었다.

이러한 사정을 丁若鏞은 '寬法'이라는 것으로 설명하고 있다. 다산은 호적법을 覈法과 寬法으로 나누었는데, 핵법은 호적에서 1구 1호도 빠짐이 없이 파악하는 것이고, 관법은 호구를 다 호적에 파악하는 것이 아니라 里에 스스로 사사로운 장부를 두어 요역과 부세를 할당하고 관에서 그 대강을 잡아서 原總을 파악하는 것이었다. 그리고 이 같은 관법을 습속이라고 하였다.[17]

당시의 호적은 인민의 신고에 의하여 성적되는 것이며, 군적은 이를 기본으로 하여 성립되었다. 이러한 군액은 위로부터 배정되어 정액되었으며, 공물의 경우도 각 도·각 관별로 위에서 배정되었던 것이다. 이러한 위로부터의 분정은 군역이나 부역의 책정뿐만 아니라 호수도 마찬가지로 각 도·각 관의 실재 호구수를 근거로 해서 정액되었을 것이다. 따라서 세종대의 호수는 軍額·貢額 등과 함께 위로부터 배정된 정액이며, 이렇게 정액된 각 도·각 관별 호수는 '元戶數' 또는 '元額'으로 군액과 함께 국초에 배정되었던 것이다. 이러한 사정은 다음의 〈표 3〉을 통해서도 확인된다.

〈표 3〉 時代別·道別 戶數[18]

순번	시기 \ 도별	京畿	忠淸	全羅	慶尙	黃海	江原	咸吉	平安	計
①	태종 6년	20,729	19,560	15,714	48,993	14,170	15,879	11,311	33,890	180,246
②	태종 9년	19,627	23,098	15,923	43,284	17,701	15,290	16,787	34,609	187,319
③	세종14년	20,882	24,170	24,073	42,227	23,511	11,084	14,739	41,167	201,853
④	세종27년	25,000 餘	25,000 餘	29,000 餘	42,000 餘	25,000 餘	13,000 餘	14,000 餘	44,000 餘	217,000 餘

〈표 3〉은 태종 6년(1406)에서 세종 27년(1445)까지 39년간 4회에 걸친 도별 호수이다. 여기서 볼 수 있듯이 이른바 각 도별, 각 관별 정액인 원액은 수십 년을 두고도 그 변동의 진폭이 극히 좁을 뿐만 아니라 비록 정부에서는 3년마다 정기적인 호구조사를 실시한다 하더라도 해당 관리들이 원액에 충실하여 대개 전임자의 보고 액수대로 하거나 또는 그 때 정부의 방침에 따

17) 丁若鏞, 《牧民心書》 권 6, 戶典 戶籍.
18) 〈표 3〉의 ①과 ③은 〈표 2〉의 태종 6년과 세종대의 戶數이며 ②는 《世宗實錄》 권 21, 세종 5년 9월 갑오에 나오는 태종 9년조의 도별 호수이고, ④는 같은 책 권 111, 세종 28년 2월 정묘에 있는 세종 27년도의 도별 호수이다.

라 전년의 액수를 적당히 가감해서 보고한 것임을 알 수 있다. 이러한 사정은 당시의 실록에 산견되는 일부 군현과 《세종실록지리지》 호수의 비교를 통해서도 그것이 동일한 조사기준과 방식에 의한 통계임을 보여주고 있다.

이러한 호수와는 달리 《세종실록지리지》의 구수와 같은 성질의 인구통계는 세종 초년까지는 당시 실록에서 찾을 수 없다. 오히려 세종 10년부터 《세종실록지리지》의 호구수와는 아주 판이한 호수 내지 인구통계가 《세종실록》에서 발견된다. 이것을 표로 작성하면 다음 〈표 4〉와 같다.

〈표 4〉 《세종실록지리지》와 《세종실록》의 인구통계

구분 / 지명	地理志		實錄			出典
	戶數	口數	年代	戶數	口數	
濟州三邑	7,249	18,897	세종 16년	-	63,474	《世宗實錄》 권 66, 16년 12월 경술
			세종 17년	9,935	63,093	《世宗實錄》 권 70, 17년 12월 기유
漢城(五部)	17,015	-	세종 10년	16,921	103,328	《世宗實錄》 권 40, 10년 윤4월 기축
黃海道	23,511	71,897	(1) 세종27년10월	25,023	392,153	《世宗實錄》 권 118, 29년 12월 신해
			(2) 세종29년정월	62,637	462,664	
			(3) 세종29년 7월	62,637	457,350	〃
			(4) 세종29년10월	60,464	347,771	〃
海州	1,926	6,814	(5) 세종29년정월	2,720	57,052	《世宗實錄》 권 118, 29년 10월 신해
			(6) 세종29년10월	8,030	33,567	
江原道	11,084	29,009	세종28년 9월	-	121,499	《世宗實錄》 권 113, 28년 9월 계유

위 〈표 4〉 에서 먼저 제주 3읍의 경우를 보면 호수는 우선 시간적 간격이 있으니 그 정도 차이가 난다고 볼 수 있다. 구수를 보면 《세종실록지리지》에서는 男丁數이고, 《세종실록》에서는 분명히 '男女壯老弱合計'라 하였으니 전 인구수를 통계한 것이다. 한성부는 두 가지의 호수가 같은 성질의 통계이며, 《세종실록》의 구수는 제주와 마찬가지로 전 인구를 지칭한 것으로 보인다. 《세종실록지리지》에 한성부의 구수가 없어서 비교할 수 없으나 외방과는 달리 경중 호수는 가구수를 나타낸 것이 아닌가 추측된다. 이것은 호당 구수가 평균 6.1인이 되므로 이를 자연호로 간주할 수 있고, 또 외방과 다른

성질의 구수이므로 《세종실록지리지》의 호구통계에서 빠졌을 것으로 보기 때문이다. 황해도와 해주의 경우에 양쪽의 호수는 《세종실록지리지》의 그것과 같은 성질의 통계이며, 《세종실록지리지》의 구수가 남정수임에 반해 《세종실록》의 구수는 제주·한성부와 같이 전 인구수의 통계임이 분명하다. 그런데 세종 연간의 황해도의 호구통계는 상당한 차이를 보이는데, 이것은 세종이 지적한 것처럼 飢民賑濟를 위한 과장된 보고일 수도 있지만,[19] 당시 호구통계의 기준이 서로 달랐던 사정을 보여 주는 것으로 생각된다.

한편 〈표 2〉의 호수가 위로부터 각 도·각 관별로 배당되어 정액된 것이라고 추정하는 또 하나의 근거로는 《세종실록지리지》의 각 도별 1호당 평균 구수가 지역에 따라 심한 편차를 보인다는 사실이다. 즉 인구가 조밀한 下三道에서는 호당 구수가 많고 강원도와 평안도는 적다. 이러한 현상은 다른 이유도 있겠지만, 과거에 책정된 각 도별 원액이 그 후 흉년·전란·질병 등으로 인하여 유이민이 대량 발생하는 인구의 지역적 이동을 초래하였기 때문이다. 그래서 종전에 책정해 놓은 원액은 그대로인데 반해 인구의 변동이 잦아서 인구의 유입이 많은 지방은 그만큼 호당 구수가 많아지고 반대로 유출이 많은 지역은 호당 구수가 적어 호의 단약을 가져왔던 것이다.

한편 《세종실록지리지》의 호구통계가 전국적으로 동일한 조사 기준에 의하여 작성되었다고 볼 수 있느냐 하는 문제이다. 사실 《세종실록지리지》의 호수와 구수는 지역에 따라 성질이 다른 것이다. 대부분의 지역이 정액된 호수인데 반해 한성부와 제주 3읍의 호수는 실재 호수이고, 구수는 남정수를 통계한 것이지만 지역에 따라 다소 성질이 달랐다. 여기서 평안도의 경우를 통해 이 지역의 인구수와 군액을 비교 고찰함으로써 지역적인 차이점을 살펴볼 수 있다.

평안도는 고려 이래 남부지역과는 달리 국경지대로서의 특수한 군사조직을 갖추고 있었다. 이러한 관계로 이 지역의 군액이 당시 호구 통계에 있어서의 인구수와 유사함을 다음의 〈표 5〉에서 확인할 수 있다.

즉 〈표 5〉의 태종 7년(1407)의 서북면 군액은 제 병종과 잡색군을 포함하여 호수와 봉족을 합산한 것이므로 당시 서북면의 전 군액수를 지칭한 것으

---

19) 《世宗實錄》 권 118, 세종 29년 12월 신해.

〈표 5〉 平安道의 인구수와 군액의 비교표

연 대	인구수	출 전	연 대	군액수	출 전
태종 4년	52,872	《太宗實錄》 권 7, 4년 5월 올미	태종 7년	54,837	《太宗實錄》 권 14, 7년 9월 임자
태종 6년	62,321	《太宗實錄》 권 12, 6년 11월 병진	세종 3년	77,487	《世宗實錄》 권 12, 3년 7월 을축
세종14년	104,444	《世宗實錄地理志》 평안도 호구	세종 6년	77,530	《太宗實錄》 권 14, 6년 6월 병진

로 볼 수 있다. 이것이 14년 뒤인 세종 3년(1421)에는 77,487명으로 확장되었다. 이렇게 구수와 군액이 비슷한 것은 동왕 6년에 재편성된 평안도 翼軍의 편성에도 확인된다. 이것은 이 지역의 익군이 일찍부터 농민을 군적에 올려 무기를 준비해 주고 유사시에는 즉시 출동할 수 있도록 편성되어 다른 도와는 다른 차원에서 지방군이 편성되어 있었기 때문이다.

지금까지 살펴본 바를 토대로 하여 조선 초기의 실재 호구수를 추정해 보기로 하자. 실재 호수를 추정할 수 있는 자료는 앞의 <표 4>에 인용된 《세종실록》이나 기타 실록·문집 등에서 그 단편적인 것을 볼 수 있다. 이러한 자료 중에는 세조대의 군국기무와 호구정책에 깊이 관여하였던 梁誠之의 보고가 주목된다. 그에 의하면 세조 7년(1461) 8도의 호수는 70만, 인구수는 400만, 군정은 85만이며, 세조 12년과 예종 원년(1469), 성종 5년(1474)의 호수는 100만으로 보고되고 있다.[20] 이러한 수치는 중종 14년(1519)의 호수 754,146과 구수 3,745,669[21]를 비교해 볼 때 다소 과장된 것으로도 보인다. 그러나 이것은 한편으로는 태종조 이래 호적법의 정비와 인보법·호패법 등을 통한 호구정책, 노비변정사업, 지방 군현제의 정비 및 국가 수취체제의 정돈 등 집권화작업의 성과에서 종전에 漏戶·隱丁되었던 호구가 파악됨으로써, 다른 한편으로는 세조 7년(1461)에 이르러 종전과는 차원이 다른 새로운 전국적인 戶口成籍이 실시된 결과라고 할 수 있

20) 梁誠之, 《訥齋集》 권 4, 奏議 兵事六條.

21) 《中宗實錄》 에서는 아래와 같이 전후 3회에 걸쳐 조선 후기 《實錄》 소재 호구통계와 동일한 성질의 호구자료가 실려있다. 《中宗實錄》 권 37, 중종 14년 12월 기축·권 72, 중종 26년 12월 기유·권 101, 중종 38년 12월 기해.

다.[22] 이 견해를 바탕으로 세종 말에서 성종 초에 이르는 기간의 전국의 실재 호수, 즉 자연호는 대략 100만에서 150만 내외이고, 인구수는 400만에서 600만 내외가 되며, 국역을 지는 남정수는 100만 내외가 되었다고 추정해 볼 수 있을 것이다.

3) 인구이동과 그 영향

조선 초기 인구의 지역적 이동은 크게 흉년·전란 등으로 인한 유이민과 국가정책에 의한 북방이민으로 구분해 볼 수 있다. 여말 선초에는 왜구의 침략으로 삼남의 연해지방이 많은 피해를 입어 인구의 유출이 많았던 데 비해 양계와 중부 내륙지방은 상대적으로 충실한 편이었다. 그러나 세종조부터 왜구가 종식되고 정치·사회적인 안정과 함께 민생의 안집·권농정책 등으로 삼남지방에는 인구의 유입이 많은 대신 강원도와 서북지방은 점차 피폐해갔다. 피난을 목적으로 이주했던 인민이 각기 그들의 고장으로 귀환하고 여기에 계속된 흉년과 한해는 유민을 농업생산성이 높은 연해의 평야지대로 이주하게 하였으며, 한편으로 명나라나 여진과의 관계에서 국경을 방비하기 위한 과중한 부담은 특히 서북지방 주민의 유망을 촉진시키는 결과를 가져왔다.

유이민 방지책은 당시의 호구정책 가운데 큰 비중을 차지하고 있었다. 농토에 비례하여 주민을 안착시켜야 농업생활의 향상과 민생안정을 기할 수 있고 신분질서의 확립과 수취체제의 공평한 부과도 가능한 것이었다. 그러나 전란·흉년·질병 등에 의한 유망과 恒産이 없는 인민이 때로는 관가의 수탈과 침학이나 군역·요역 등 각종 역역에서 도피하고자 함으로써 유이민은 속출되고 있었다. 이것은 단순히 인구의 지역적인 이동만이 아니라 결국은 권세가에 흡수될 가능성이 많아 국가재정 및 국역부담 자원의 감축현상을 초래할 뿐 아니라 농장의 확대와 私民의 증가를 가져오게 되었다.

한편 조선 건국과 더불어 추진된 북방개척과 유이민의 발생으로 인한 서

22) 李樹健, 앞의 글, 42~51쪽.

북지방의 피폐와 虛殘을 보충하기 위하여 추진된 삼남주민의 북방이민은 이 시기 인구 이동의 또 다른 요인이다.

이러한 인구이동은 앞의 〈표 2〉에서 태종 4년(1404)과 《세종실록지리지》의 각 도별 호구수를 비교 분석함으로써 보다 구체적으로 알 수 있다.

한성부는 한나라의 수도로서 급격한 인구성장을 할 수 있는 객관적 요인을 지니고 있었다. 건국 초의 한성에는 개경의 민호를 상당수 이주시켰던 것으로 보인다. 또 태조의 중앙집권적 왕권강화와 지방세력의 견제를 위한 각 지품관의 留京侍衛를 통하여 수도 인구는 급격히 증가하였는데, 세종대 경상도에서 상경 종사하고 있던 '各品員人老弱'수는 5만여 명에 달하고 있었다.[23] 이러한 적극적인 인구유치책과 함께 과전의 경기도 折授는 신왕조의 개국관료를 중심으로 새로운 지배계급의 생활기반을 수도지역으로 옮기게 하였다. 이러한 인구 집중책은 큰 성과를 거두어 태종 때에는 인구의 증가를 억제하는 방향으로 나아가게 하였으나 세조조에 이르러서는 한성부 거주인구가 적어도 20만 내외였던 것으로 보인다.[24]

중부지방인 경기도와 충청도는 그 지리적 위치로 보아 여말의 홍건적 침입이나 왜구가 침략할 때에도 유이민의 발생이 적었다. 그래서 〈표 2〉에서와 같이 타도에 비해 호구 변동의 폭이 좁았다.

여말 선초 왜구의 피해가 가장 심하였던 하삼도의 연해지방은 태종조부터 회복되기 시작하여 성종 때에는 인구의 급격한 증가를 가져왔다. 이 가운데서도 전라도는 고려 말 이래 왜구의 피해가 극심하였는데 태종 이래 점차 왜구가 그치자 유산했던 원주민이 환향하였으며, 특히 때마침 흉년이 계속되자 농업생산성이 높은 이 곳으로 타 도민의 이주가 많았다. 타도 유이민은 수만 호에 이르기도 하였는데, 특히 강원도와 서북지방 출신이 많은 편이었다.[25]

전라도 지역의 호구가 격증하는 것에 비해 강원도 지역은 계속 감축되고

---

23) 《慶尙道地理志》 소재 道 總人丁條에 보면 경상도 人丁數 191,719명 가운데 上京從仕 各品員人老弱의 합계가 51,940명이었다.

24) 李樹健, 〈朝鮮初期 戶口의 移動現象〉(《李瑄根古稀紀念 韓國學論叢》, 1974), 158쪽.

25) 李樹健, 위의 글, 156~160쪽.

있었다. 이 곳은 왜구가 창궐할 때에는 오히려 인구가 증가하고 있었으나 왜구가 종식되고 흉년이 계속되자 삼남의 연해 평야지대로의 유이민이 증가하였던 것이다.

서북지방은 고려 말 왜구의 피해가 비교적 적었고 또 내륙으로부터 유입해 오는 인구가 많아서 국초에는 어느 지방보다 충실하였다. 그러나 이 지역은 군사상으로 특수한 위치에 있어서 남부지방과는 달리 모든 장정이 군적에 편입되어 있었고 또 명과의 관계에서 '遠東迎送問題'와 국경방비를 위한 入堡·赴防·築城 등의 부담이 과중하여 피폐한 데다가 계속된 흉작으로 남부지방으로 유망하는 인민이 속출하여 조선의 발전과 더불어 오히려 쇠잔해 갔다. 이러한 쇠잔상을 보전하기 위하여 나온 것이 유이민의 推刷還本策과 북방이민 정책이었다. 그러나 이러한 정책에도 불구하고 유이민의 문제는 근본적인 해결이 어려웠고 이에 따른 여러 가지 부작용이 따랐다. 그 구체적인 폐단으로는, ① 생산력의 저하와 민생의 불안, ② 범죄 및 도적의 횡행과 인심의 소요, ③ 군액의 감소, ④ 還穀逋脫 후의 賑濟穀의 요구 등으로 인한 국가 재정의 낭비, ⑤ 貴賤混淆로 인한 신분질서의 문란, ⑥ 이상의 여러 폐단으로 인해 法禁과 형벌이 더욱 번중해 진다는 것 등이 거론되고 있다.[26] 여기에 따라 유이민 방지책은 일찍부터 마련되었지만 그것은 근절될 수 없었고, 유이민의 계속적인 발생은 이제 추쇄사업으로 이어질 수밖에 없었다. 세종조에는 유이민 推刷事目이 마련되었는데, 이것은 제반 국역에 충당할 인적 자원의 파악, 신분질서의 확립, 지역적인 인구분포의 균형을 기하는 데 목적이 있었다. 따라서 유이민 가운데 군역을 위시하여 鄕·鎭·驛吏와 公賤 등 여러 유역자의 추쇄에 특히 주력하였고, 땅은 넓으나 사람이 드문 강원도와 서북지방 출신자를 추쇄하여 환본시키는데 노력하였다. 특히 서북지방에는 북방개척에 따라 더 많은 이민이 필요하였다. 서북지방에 대한 이민보충을 위해 하삼도 양민의 북방이민이 추진되기도 하였고, 다시 양민 대신 추쇄한 각 도 유이민의 북방입거와 '全家徙邊律'에 의한 각종 죄인을 이주시키는 조치 등이 실시되기도 하였다. 이와 같은 조선 초의 북방이

26) 《世宗實錄》 권 33, 세종 8년 8월 무자.

〈표 6〉 조선 초기의 북방이민 실적

시 대	抄 定 地	入 居 地	移民戶數
세 종	함길도(鏡城이남)	함길도 연변 제진(五鎭)	3,800호
	평안남도	평안북도 연변 각군	1,900호
	각도 범죄인	평안·함길도 연변 각군	800호?
	각도 유이민	평안·함길도	약 만여명?
세 조	경상·전라·충청도	평안·황해·강원·함길도	1,760호?
성 종	경상·전라·충청도	평안·황해도	1,500호
	각도 범죄인	영안·황해도	1,000호?

민의 실적은 위의 〈표 6〉과 같다.[27]

이러한 유이민 입거는 이후에도 상당 기간 계속되었지만 어느 정도의 성과를 거둘 수 있었는지는 의문이었고, 더욱이 사전 조치가 미흡한 사정에서 이것은 또 다른 사회적 혼란과 부작용을 야기하고 있었다. 그러나 이러한 한계에도 불구하고 북방이민은 나름대로 성과를 얻을 수 있었다. 그것은 우선 국가가 목표로 하였던 국경의 방비, 土兵의 확보, 요동 영송, 성보 축조 등의 각종 역역에 동원할 수 있는 인적 자원을 확보할 수 있었고, 다른 한편으로는 하삼도 농민의 북방이주로 농경지의 개간, 旱田의 水田化, 남부지방의 선진농법 보급 등으로 인한 농업생산력의 발전을 가져올 수 있었다.

조선 초기의 인구 이동은 전국적인 범위에서 뿐만 아니라 선진농법의 보급에 따른 농업생산력과 지배층이 교체되면서 이들에 의한 향촌개발을 통해 군현 내부에서도 활발하게 전개되고 있었다. 고려 말에 이르기까지 각 고을의 읍치지역이 정치·행정·문학의 중심지로 주로 개발되었고, 임내나 읍치의 외곽지대, 즉 향촌지역은 인구가 희소하여 미개발된 상태로 남아 있었다. 이들 지역은 선초에 이르러 신흥사족·유향품관·낙향관리들에 의해 개발되

27) 深谷敏鐵, 〈朝鮮世宗朝における東北邊疆への徙民入居について：第一次～第四次〉(《朝鮮學報》 9·14·19·21·22, 1956·1959·1961).
李仁榮, 〈李氏朝鮮 世祖 때의 北方移民政策〉(《震檀學報》 15, 1954).
宋炳基, 〈世宗朝의 平安道移民에 對하여〉(《史叢》 8, 高麗大, 1963).
李樹健, 〈朝鮮 成宗朝의 北方移民政策〉(《亞細亞學報》 7·8, 亞細亞學術研究會, 1970).

기 시작하였다. 이들은 선진농법으로 일정한 노비와 토지를 소유한 채 향촌지역으로 이주하거나 '卜居'하여 새 터전과 농장을 개설하거나 경영함에 따라 이곳이 사족의 집거지가 되는 동시에 주위의 오지와 벽지가 개발되어 갔다. 결국 이러한 향촌지역의 개발은 재지사족과 그들의 소유 노비 등을 중심으로 한 군현단위에서의 인구 이동을 가져왔고, 이것을 조선 중엽에 이르기까지 계속되고 있었다.

이렇듯 농업사회에 있어서 인구의 이동은 다만 인구의 수평적인 이동이 아니라 농지의 개간 또는 농업생산력의 문제와 직결되는 것이다. 인구의 消長이 호구통계로 나타나듯이, 농업생산력의 증감현상은 전결수의 통계로 표현되고 있었다. 고려 말의 정치·사회적 혼란과 왜구의 창궐로 인한 유이민의 대량 발생은 필연적으로 인구의 급격한 이동과 함께 전결수의 감소를 초래하였다. 그러나 조선왕조가 들어서면서부터 국내 정치가 안정기로 접어들고 밖으로는 왜구의 소멸에 따른 유이민의 환본과 국가의 주민안집 및 권농정책에 의하여 陳荒地의 起耕과 활발한 개간사업은 전결수의 증가를 가져왔다. 이러한 사정은 앞의 〈표 2〉의 각 도별 전결수를 통하여 대체적인 양상을 파악할 수 있을 것이다.

〈표 2〉에서 태종 연간은 본격적인 量田이 실시되기 이전이고, 세종 연간의 전결수는 전국적인 양전이 완료되는 시기의 상황을 보여주는 것으로 직접적인 비교가 어려우나 대체로 다음과 같은 사정을 살필 수 있다. 즉 인구의 유입이 많은 지역은 농지의 개간이 날로 증가하여 전결수의 급격한 증가를 가져왔지만, 인구 유출이 심한 지역은 그와 반대로 開耕地까지 황폐화하여 墾田結數의 현저한 감소를 초래하였음을 알 수 있다. 지역별로는 전라·경상도가 계속 증가하였고, 충청·경기·황해도 등 중부지역은 증감의 폭이 좁고, 서북지역과 강원도는 급격한 감소현상을 보이고 있다. 이것은 당시 인구 증감현상과 거의 일치하고 있다.

〈李樹健〉

2. 신분의 구분

1) 신분제의 개편

고려 말기의 사회·경제·정치적 모순과 갈등 속에서 나타나는 사회신분 문제는 대체로 國役 부담층의 혼란에 있다. 이를 시정하기 위한 정치권의 법제적 노력은 호적법의 정비와 호적법의 정확한 운영으로 추구되었다. 이와 같은 노력은 양인의 부족에서 기인하는 것으로, 국가재정을 확보하기 위한 것이기도 하였다. 국역 부담층의 혼란은 국역 담당자인 사회기층민, 즉 良人層의 불안으로 나타나고 있어, 이 또한 정치권에서 해결해야 할 과제였다. 따라서 이들 기층민을 안집시키려면 국역에 대한 보상을 적절히 하여 국역 담당층이 다른 신분층으로 전입할 경우 불리해지는 여건을 창출 유도해야 했다. 여기에는 기층민의 현실적 이해와 관념적 동의가 필요했다. 먼저 이 시기의 역사적 상황에서 문제제기의 내용을 검토하면서 그 해결의 방향과 내용을 검토하기로 하겠다.

개국 초 조선은 고려시기의 사회신분제에서 파생된 여러 문제점을 진단하여 새 정권의 사회정책 방향을 모색하고 있었다. 이 시기의 사회신분제 정비는 고려시대가 신분제에 기초해 정치를 운영하였다는 데서 비롯된다. 정치적으로 사회기층민의 안정과 중앙정치권에서의 국가재정의 안정이 연계되는 제도적 장치는 바로 사회신분에 기초하고 있었기 때문이다. 사회신분은 각 시기마다 특성이 있으며, 이른바 사회신분의 관행에 기초한 법제 운영이 있게 된다. 법제 운영은 사회관행에만 머무는 것이 아니라 법치의 기초내용이라는 점에서 매우 중요하다. 사회신분은 기층사회의 질서와 정돈으로 표현되며, 국가는 사회신분을 토대로 하는 법제적 조치를 통하여 정치 운영이 가능하기 때문이다.

고려 말기의 정치적 불안은 여러 부문에서 제기되었지만 특히 사회 경제적 모순과 갈등으로 표출되는 사회신분 및 농지소유와 경영의 문란에서 야기되었다. 이른바 사회신분은 정치권에서, 또는 경제활동에서 일정한 직업을 혈연적으로 세습하면서 형성된 사회관행에 토대를 갖고 있었다. 사회관행은 고려사회가 지니는 정치적 질서로 자리잡고, 더 나아가 법제적으로 보호되어 이를 기초로 한 국가의 재정구조가 짜여지게 되었다. 국가의 재정기반으로서 사회신분의 역할 분담과 행동이 경제활동에서 유기적으로 조화와 균형을 이룰 때 정치적 안정을 달성할 수 있었기 때문이다.

고려시기의 사회신분은 職役과 혼인을 통한 직역의 세습을 통하여 한 시기의 질서체계를 형성하였다. 그것은 직역이 효율적이고 성장 지향적인 속성을 세습이라는 관행을 통하여 유지·보존하는 것과도 연관이 있었다.

여말 선초를 통하여 주목되는 지배 신분층의 구성요건의 특징은 이른바 權門勢家의 부류로서 제한된 특수계층만이 배타적으로 보전되는 것이 아니라, 유교교육과 과거제를 통하여 개방된다는 데 있었다. 향리층은 그 일부가 양반층으로 진출하고 나머지는 군현의 吏族層으로 남는 양상으로 진전되고 있었다. 지배층 내부에서의 양극화와 혼입 현상은 지배층 안에서만 머무는 것이 아니고, 피지배층까지 포함하는 국가 전체의 문제로 확대되어 전 사회체제의 정비를 요구하게 되었다.

고려 말 정치문제로 부각되고 있는 사회신분 문란의 내용은 대다수 인구를 차지하고 있는 양인 농민층이 천민층에 흡수되어 국가재정에 결손을 초래하는 점이었다. 이 시기의 정치권은 그 같은 현상 자체만으로도 국가질서가 붕괴된다는 인식에서 양인 농민층의 안정과 그들의 사회경제적·정치적 욕구까지도 배려하면서 당시의 사회신분을 재정비하고자 하였다.

양인 농민층의 감소 원인의 하나는 '壓良爲賤'으로, 양인 일반농민들이 귀족층의 농장에 강점되거나 투탁하는 추세로 인하여 천인 신분인 사노비의 수가 증가하는 것이었다. 이는 국가적 차원에서 커다란 인력손실이었다. 압량위천 현상이 토지제도의 문란과 표리가 되어 이 시기의 사회혼란을 심화시키는 원인이 되자, 정부는 양인신분의 농민을 안집하기 위한 정책으로 압량위천을 금지하여 양인을 보호하는 정책을 구상하였다. 이 같은 토지제도와 신분제의 혼란 문제를 해결하려고 설치한 기구가 田民辨正都監이다. 전민변

정도감은 토지문제와 함께 양인신분의 대상을 확보하고, 나아가서 그러한 사회관행을 지키려는 규범을 사업내용으로 삼았다.[1)]

그러나 전민변정 사업은 쉽지 않았다. 그것은 이 사업의 주체인 관인층이 노비를 소유하려는 성향이 강했기 때문이었다. 權貴들이 농장에 투탁과 압량위천의 형태로 藏獲·處干 등으로 전락한 양인의 수가 점차 증가하여 군현이 전부 비었다고 하는 것은 이러한 사실을 전제로 한다.

양인 확보를 위한 고려 말의 전민변정도감 운영에 이어, 조선왕조는 良人과 賤人을 분간하려는 구체적 법규를 마련하였다.[2)] 조선왕조의 양인 확보와 양천분별 의지는 법제적 노력에만 그치는 것이 아니라, 양인을 농업 생산기반에 귀속시켜 안정된 생활기반을 갖도록 하는 한편 이들에게 새 시대에 대한 기대감을 갖도록 하는 사회적 의미가 있었다. 補充軍 제도의 설치가 바로 그 예이다.

태종대 좌의정 朴誾이 "국가 백성 중에 천인이 많고 양인이 적어서 보충군 제도를 만들어 從良하는 길을 넓혔던 것입니다"[3)]라고 올린 상소 요지는 그러한 왕조 초기의 양인확보 정책의 의지를 잘 반영한 것이다. 보충군은 태종 14년(1414) 양천 분간의 기준이 세워진[4)] 다음해에 후속 조치로 설치되었다.[5)] 그것은 양인을 되도록 많이 확보한다는 방침에 의거, 천인이거나 양천의 분간이 어려운 자들을 일괄적으로 보충군에 속하도록 하여 일정한 기간 동안 군역에 종사하면 양인이 되게 하자는 것이었다. 보충군 제도는 조선 초기 兵種으로 존속하여 양인 증대에 일정한 역할을 하였다.

이 밖에도 양인 증대를 위해 良賤交嫁 소생의 신분에 대한 從母法(從母爲賤法)의 적용 관습을 바꾸어 어느 한 쪽이 양인이면 양인이 되게 하는 조치를 내리기도 하였다. 또한 양인을 늘리기 위하여 奴婢從父法을 채택하기도 하였다. 양인 증대책은 양인의 대부분이 담당하는 군역의 증대를 의미하는

---

1) 池承鍾, 〈朝鮮前期의 投托과 壓良爲賤〉(《한국사회의 신분계급과 사회변동》, 文學과 知性社, 1987).
2) 뒤의 〈4분설〉과 〈양분설〉 참조.
3) 《世宗實錄》 권 9, 세종 2년 9월 병인.
4) 《太宗實錄》 권 27, 태종 14년 정월 기묘.
5) 《太宗實錄》 권 29, 태종 15년 3월 병오.

것이고, 그것은 곧 국가재정 기반의 확대를 의미하였다.[6)]

이처럼 조선왕조가 신분을 법제화하면서 정비하려는 주된 목적은 신분에 따른 役의 배분을 통해 국가재정을 확보하는 데 있었다. 따라서 조선왕조는 특히 양인 가운데 다수를 차지하는 일반 농민에게 국역의 대상으로서 여러 종류의 국역을 부과하였다. 또한 신분적 위상이 비슷한 공인이나 상인들에게도 국가의 수요에 따라 필요한 인원을 책정하여 소정의 임무를 수행하게 하였다. 그것은 곧 국역의 이행으로 간주되었다.

신분과 역의 연계성에서 나타난 것이 이른바 身良役賤層이다. 대다수 농민의 사회적 위치를 밝히기 위해서는 이 시기에 자주 거론되는 이른바 신량역천층을 농민층과 대비하면서 그들이 수행한 직역이 국가가 지정하고 있었던 구체적 직역이었다는 점에 유의할 필요가 있다.

신량역천층은 신분이 일단 양인으로 파악되지만, 그 역이 고되어 사회적으로는 천시되는 사회계층이었다. 이른바 稱尺者：楊水尺・水尺・禾尺・量尺・刀尺・琴尺・廩尺・海尺, 稱干者：處干・直干・國農所干・鹽干・鐵干・水站干・生鷹干・酥油干・守護干・烽火干・牧子干・生鮮干・庭燎干・毛物干・營繕干・宗廟干・迎曙亭干・鮑作干・山丁干 등에서 보이는 직역은 국가가 국역으로서 일정한 인민이 담당하도록 신분적으로 제한하여 세습토록 하고 국가가 필요로 하는 역을 수행하거나 물품을 조달, 공급하도록 법제화한 것이다. 여기서 우리는 조선왕조가 이들의 성과를 공적으로 인정함과 동시에 반대급부로서 그들에게 入仕의 기회를 제공하고, 그것의 명분으로 그들을 양인의 범주에 포함시키려 했음을 주목해야 한다.

사회신분과 국역과의 연계는 모든 신분에 있었다. 그러나 양인층 가운데 관인으로 종사하는 사람들에게는 직역이 곧 국역으로 간주되었다. 예를 들면 위로는 양반관료직에서부터 중간계층에 포괄되는 譯官・醫官・天文官・地官 등의 기술직, 그리고 서리직 등에 이르기까지 이에 종사하면 국역을 따로 지지 않았다. 이와 같은 관행으로 지배신분층의 직역은 곧 역으로 환원되고 피지배신분층은 力役이 직역으로 명명되면서 신분제 사회로 고착화되었다. 이에 피지배신분층은 국가의 노동력 수취대상이 되면서 농업생산에 기초한

6) 李成茂, 〈朝鮮初期 奴婢의 從母法과 從父法〉(《歷史學報》 115, 1987).

조세와 함께 국가재정의 근간을 이루게 된 것이다.

이와 같이 사회신분을 구성하는 직역은 사회신분으로 구현되어 신분층의 다양화를 초래하였다. 그러나 대체로 지배신분과 피지배신분으로 대별되었다. 그것은 지배층을 구성하는 직업과 피지배층을 구성하는 직업에 따라 종사하는 사람들의 혼인권이 스스로 구별되었고, 이들은 각자의 직업을 세습하면서 이 시기 생산성의 효율성을 유지하였음을 의미한다.

지배신분층은 제도적 장치와 통혼이라는 사회관행을 통하여 자신들의 정치적 우위와 사회적 제반 특권을 유지하였다. 거기에는 자신들의 이익을 배타적으로 유지하기 위한 지배층의 노력이 있었다. 그리고 지배층이 피지배층의 신분상승이라는 역사현상을 어떻게 조절할 것인가 하는 점은 사회발전과정의 역사이었다.

여말 선초의 신분제 정비는 1차적으로 지배층의 배타적인 특권유지를 위한 법제적 조치(정치적 조치)와, 2차적으로 피지배층의 신분적 구성이 사회 관행과 제도에 의해 매우 불안하게 이루어진 이 시기 사회 전반의 불안정을 상징하고 있다는 점에 유의하고 있었다.

지배신분층으로 합류될 수 있는 방법은 관리가 되어 지배신분을 얻거나 혼인을 통하여 그들의 생활권 안으로 진입하는 것이었다. 지배신분층은 피지배신분층 모두를 공정하고 객관적으로 호적법에 기록하고 있었다. 고려시기부터 지배신분층은 정치적 능력의 기준인 학문적 능력을 평가하는 과거시험을 통하여 여과되기도 하였지만, 여말 선초에는 사회관행과 법제적 내용을 충족시키는 것으로서 호적의 등재와 정리가 이루어졌다. 지배신분층과 피지배신분층과의 사회신분의 정비를 의미하는, 즉 호적의 정리는 정치적 문제로 등장하게 되었다. 호적의 정리를 통하여 입사할 수 있는 신분층을 제한하려는 노력은 이른바 양반 호적의 정리로 나타나기도 하였다.[7]

호적은 법적 자료로서 강제 근거가 되는 사회경제적 기초 자료였다. 호적은 사회관행의 현실을 반영하는 법제적 자료가 되는 셈이다. 고려정부는 이를 토대로 국가재정을 입안하고 사회질서를 유지하였다. 호적은 주로 호주를 중심으로 하여 호주의 부계에 曾祖·祖·父·外祖, 모계에 曾祖·祖·

7) 金光洙, 〈高麗官班體制의 變化와 兩班戶籍 整理〉(《歷史敎育》 35, 1984) 참조.

父・外祖의 혈연내용을 기록하고, 率居하고 있는 자・손・노비까지 식솔 모두의 출생과 사망을 기록하였다. 호적자료의 내용이 시사하는 것은 인력의 파악과 혈통에서 오는 세습적 요소와 정치력과의 상관관계를 중시하고 있다는 점이다. 호적을 통해 국가가 필요로 하는 노동력 수취대상을 파악하였던 것이다.

호적기재 사항 중 신분과 연계되는 것은 직역 부분이다. 직역으로 표시되는 것은 前錄事・學生・前別將・白丁・戶長・散員同正・노비 등으로 관직・鄕職・散職・正役奴婢에 종사했거나 종사함을 기록하였다. 정부는 호적의 사회신분 관행에 대응하는 법제적 기록의 관리를 통하여 국가의 인력을 동원하였던 것이다.

호적제의 붕괴로 표현되는 사회현상으로는 권세가들의 사민화와 양인 스스로 어려운 생활을 타개하기 위해 농지로부터 이탈하여 역역 파악 대상으로부터 도피하고 유망하는 경우를 들 수 있다. 이는 새 왕조가 시급하게 해결해야 할 과제였다. 그것은 국가재정의 안정과 함께 대다수 인민에 해당되는 농민이자 기층민의 안집과 직결되었던 것이다.

그리하여 일차적으로 기층민의 안집과 국가재정의 확보를 위한 양민층 확대책의 일환으로 양인의 색출작업이 진행되었다. 이것은 호적법의 쇄신과 그 법제적 운영인 전민변정 사업에 의해 이루어졌다. 그러나 이러한 사업이 사회전체를 조감하면서 기층민의 확보에 유의하여 진행되려면 양반직역에 해당하는 사회계층을 어떻게 파악하느냐 하는 점과 전국민을 산업구조와 어떻게 조화시키느냐 하는 문제도 고려되어야 했다.

다시 말하면 국가의 직역에 따른 신분개념이 산업구조에 종속될 수 있다면, 조선왕조는 직역에 대한 국가적 차원에서의 조정작업과 사회신분의 관행과의 조화를 모색해야 했다. 이와 같은 과정에서 신분은 양인으로 파악되었으나 직역이 고되어 사회적으로 천시되는 신량역천층이 나타났던 것이다.

전 사회구성원에게 국가적인 차원에서 직역이든 역역이든 일정한 역을 맡게 하는 정치적 구상을 가능케 한 이념은 유교논리였다. 신분체제를 이론적으로 강조한 것도 바로 유교의 정치이념이었다. 유교는 신분체제의 구조와 윤리적 내용으로 상하관계를 강조하고 있었다.

유교정치 이념에 대한 사회질서와 신분의 체제상의 구상은 이른바 유교적 職役觀에 따른 국가적 分役上의 구상이었다. 이것은 일차적으로는 지배영역에 종사하는 전문인 양성·보호와 함께 사회적으로는 피지배층에 속하는 생산영역에 종사하는 다양한 직역까지도 국가가 정책적·법제적으로 분화시키고 있었음을 유의해야 하겠다. 고려의 정치사회 안에서 고려왕조가 지향하였던 유교적 직역 분담을 고려사회의 발전과정에서 수정·보완해야 하는 역사적 필연의 문제는 여말 선초의 시점에서 제기되었고 이는 또 다시 조선 왕조에서 신분의 재정비라는 과제로 표출되었다.

국가가 필요로 하는 생산품과 이를 생산·유통·분배하는 과정의 유기적 관계, 그리고 이 체제를 지속적으로 운영하기 위하여 왕조는 국가적 체제 위에서 국가가 수요로 하는 필수품에서부터 고급문화 수요품에 이르기까지 모든 물품을 생산토록 유도하였다. 그리고 이에 필요한 인원을 양성·귀속시켰으며 그것을 세습토록 하였다. 조선왕조는 가장 중요한 농업의 식량생산에서 농민을 보호하고 그들의 권리를 인정하려는 정치적 노력을 기울이고 극히 소량의 전문품목 생산에 종사하는 匠人에 이르기까지도 생산, 또는 운영 부분의 인력을 배양하고 그것을 유지하려는 정책을 지속적으로 실시하였다. 그러나 역사의 발전과정에서 국가의 이러한 구상과 운영체제는 불가피하게 변화와 수정을 맞이하였다.

이를테면 농업에 종사하는 농민의 경우, 이들의 지속적인 생산활동을 위해 국가는 토지와 영농기술의 향상, 생활보호를 위한 국가적 배려를 하였다. 그러나 토지에 대한 점유·매매·양도·상속 등으로 표현되는 토지에 대한 권리를 농민들이 자유롭게 행사하지 못하게는 할 수 없었다. 농민들을 토지로부터 유리하여 이탈되도록 한 사회적 변화를 맞이하였을 때 가장 곤혹스러운 것은 국가 즉 왕조 그 자체였기 때문이었다. 국가의 절대적인 인구를 차지하는 농민인 인민이 토지로부터 유리되어 불안한 삶을 영위하게 되었을 때 왕조가 정치적으로 가장 큰 부담을 갖게 되는 것은 지극히 당연한 일이다.

여기서도 이 시기의 정치권에서는 호적법을 통하여 농민의 이동을 억제하여 농업생산의 안정을 모색하였다. 물론 농민의 사회생활을 토지와 함께 안집토록 유도하는 직접적인 방법이 호적 정리와 신분제 정비라고 볼 수는 없을 것이다. 그러나 중세의 보편적 제도로서 직역이라는 제도적 장치는 모든 국가 구성원이 분담하는 역할에서 적어도 3중적 원리를 갖고 있다. 이 때문에 농민의 경우, 농업생산의 역할을 담당하여 농업부분에서의 역할 수행이 만족스럽다고 해서 모든 의무를 수행한 것은 아니다. 농민의 경우, 身役(力役)과 戶役이라는 3중의 역을 동시에 만족시켜야 하는 것이다. 중세가 신분제 사회라는 특징으로 표현되는 것이 田結의 결수에 신역과 호역의 기준이 있었다는 점과 관련됨을 유의한다면, 농민의 농업생산에서의 이탈은 호적의 문란 그 자체에 그치는 것이 아니었다. 즉 호적의 정리와 사회신분 파악의 문제는 단순히 직역의 표기에만 그치는 것이 아니라 사회질서의 혼란이라는 면과도 연계된다는 점에서 의미가 크다.

국가적 입장에서 농업부문의 생산성 낙후와 농민의 농지에서의 이탈은 농민이 농업과 아무런 관계가 없이 부담하였던 신역과 호역부문의 결손까지 그대로 큰 재정적 손실을 의미하기 때문에 국가에서는 농민의 사회생활의 안집 자체가 정치적으로 중요한 문제가 되었다. 즉 국가 재정면에서 큰 결손을 감수해야 하는 것이므로 농민의 안집문제는 우선적으로 정치적·경제적으로 해결해야 할 과제이었다. 따라서 고려 말 농민이 토지로부터 유리되고 있다거나 농민의 생활이 불안하다고 하는 지적이 있었던 데서, 우선적으로 농민의 생활 근거인 토지문제를 해결하면서도 그와 연계되는 신분문제 또한 동시에 해결해야 하는 과제로 등장하게 되었던 것이다.

왕조의 교체과정을 통해 우리는 새로이 변화된 산업구조와 사회구조를 반영하여 새로운 유교적 산업구조의 편성을 모색하는 신분제 재편성의 의지를 읽게 된다. 따라서 인민이 구성하고 있는 농업부문과 관련된 변화상에 대해 간략한 검토가 필요하다.

고려 말 농민은 전주의 수취 강화로 인하여 경작을 포기하거나, 流離逃散하였다. 그것은 수조권자인 전주들이 佃客 농민들에게 2중·3중 또는 5·6중의 수취를 하자 농민들이 그 상황을 극복하기 위해 국가가 지정해 주는 농민적 지위를 포기하고 전객으로서 농장 속에 私民化되었기 때문이었다.[8)]

---

8) 金泰永, 《朝鮮前期土地制度史研究》(知識産業社, 1983).
李景植, 《朝鮮前期土地制度研究》(一潮閣, 1986).

국가는 고려 시기에 발생한 사전의 폐단을 구제하기 위한 私田改革論에서 수조지 전주의 폐단을 개혁하자고 논의하고 후에 科田法에서는 전주에 대한 조세 수취율을 10분의 1로 조정함으로써 농민에 대한 과도한 수취를 억제하도록 하였다. 이에 농민들은 자신의 생존을 위하여 농법의 향상과 동시에 자신들의 위상을 새롭게 정립하려고 했다.

그리하여 법제적으로 느슨한 보호와 국가재정의 확보를 위한 농민의 생활 안정 조치가 요구되었다. 토지 소유권의 안정을 통한 경제적 조처가 이루어지면서 농민들 자신이 갖는 사회신분을 공적인 신분으로 보호받았고 그것은 상급 신분과 연계될 수 있는 명분적 내용으로 발전되고 있었다. 바꾸어 말하자면 새 왕조는 현실적 필요성과 명분에서 인구의 대다수를 차지하고 있는 농민들을 포섭해야 할 입장에 서게 되었다. 이러한 내용은 신분의 재정비로 구현되었고 그것은 호적정리에서 읽을 수 있다.

호적에는 부계 및 모계의 혈통과 직역, 생활단위인 가족 속에서 역역을 동원할 수 있는 실제 인물수가 사실대로 표시되었다. 국가가 필요로 하는 조세 담당자로서 농민을 확보하는 전제의 정비·개혁과 함께 그들의 신역으로서 표기되는 역역을 신분과 연계하여 신분을 정비·정돈하는 문제가 정치적으로 매우 민감한 과제로 등장하게 되었다. 전민변정도감의 置廢가 거듭되고 있었던 것도 당시의 이러한 사회경제적 상황을 대변하는 것이었다.

전체 산업구조와 사회구조의 발달로 말미암아 일반인이 쉽게 특정한 역을 수행할 수 있고 유통구조에서 필요한 물품을 쉽게 공급받을 수 있을 때[9] 국가가 지정하는 특수 定役의 법제는 스스로 소멸할 수밖에 없었다.

여말 선초에 이어 진전된 조선 초기의 사회경제적 변화는 농업부문 등의 생산성 향상을 가져와 고려 이래 유교정치권에서 지향하였던 직분의 정역구조에서 양인·양민들의 내적 발전을 가져왔다. 이는 그들의 정치적 요구로 정치권의 참여 기회를 양인의 범주로까지 확대시키는 한편 이와 정반대로 아예 공민의 범주에서 벗어나 사민화되는 양극화 현상으로 나타났다.

후자의 현상을 우리는 사료에서 '壓良爲賤'으로 확인할 수 있다. 그것은 위험스러운 사회현상으로 정비의 대상이었다. 양인의 사민화를 막고 그들의 생

9) 조선 후기 사회에서는 장시에서 필요한 물품을 공급받고 있었다.

활을 안정시키는 정치적 노력이 새 왕조가 해야 할 것이었다.

이러한 문제를 모두 포함해서 교정할 수 있는 것은 전민변정도감의 치폐 과정에서 거듭 논란된 호적법의 정비로 귀결되었다. 그것은 곧 사회신분제의 재정비로 표현되었다.

새 왕조에서 사회신분제를 재정비하면서 미래지향적으로 갖추려고 한 요건은 다음과 같다. 첫째로 새 왕조의 公民 확보·확대를 달성하고, 둘째로 공민인 양인들에게 의무만 지울 것이 아니라 새 왕조에서 그들의 법제적 권리의 일부로서 신분상승 기회를 제공하려고 하였다. 셋째로 유교정치 논리가 지향하는 국가적 직역 논리와 모순되지 말아야 하므로, 느슨한 양인·천인의 범주 안에서 특수한 기술과 독점적 이익이 보장되는 것을 제외하고는 가능한 지정된 직역을 점차 줄여 가는 방향으로 사회신분의 법제화를 이루려고 하였다. 넷째는 새 왕조의 집권층은 새로운 권력구조 속에서 자신들의 권력 유지를 위하여 고도의 배타적인 제도를 유지하려고 노력하면서 사회신분과 연계되는 직역을 호적에 표시하였다.

2) 4분설

여말 선초의 사회전환이라는 역사적 변화에서 신분제 개편이 지니는 의미는 대체로 앞에서 정리되었다. 조선 초기 사회 내에서 신분제 개편이 진행되었으며, 법제화 또는 관행화로 정착된 사회신분의 실상에 대해 4분설과 양분설의 견해가 있다.

4분설은 조선의 사회신분이 良賤의 큰 구분 위에서 상급신분층으로서 兩班, 그리고 技術官·庶孼·胥吏·軍校 등의 중간계층으로 中人, 일반 농민층으로 良人(平民), 賤民의 주류인 奴婢 등으로 구분되는 신분계층 구조로 이루어졌다는 학설이다. 이 4분설은 1970년대 양분설이 제기되기까지는 통념적으로 수용된 학설이다. 조선시기의 사회신분은 최고의 신분으로서 양반층과 중앙의 기술직으로부터 행정실무를 담당하는 지방 향리층을 포함하여 지배신분 범주로서 실존한 중인층, 그리고 광범위한 常民層으로 생산에 종사하고 있던 대부분이 농민인 평민, 최하위 신분층으로 천인, 즉 노비로 지칭되는 자들이 있었다. 조선 후기의 實學者들도 당시 사회신분 문제를 제기하면서 이와 같은 신분구조를 전제하고 있었다. .

조선시대 신분층의 구조는 정치제도와 연계되어 구성되어 있었다. 정치체제와 연계된 양반은 관제상 양반인 文班(東班)·武班(西班)을 구성하여 관료를 독점하고 있었던 자들로서, 유교정치 이념상 職役的 역할을 담당할 수 있는 유교적 명분과 敎學으로 무장되어야 함을 전제로 하고 있었다.[10]

조선왕조의 신분구조는 양반관제가 사회신분의 명칭으로 의미가 바뀌는 데서 알 수 있듯이 직역과 깊이 연관되어 있으면서 사회통념과 혼합되어 있는 것이 특색이다. 양반이 최고의 신분층이라고 하는 것은 가장 좋은 직역에 종사하는 사회신분층이라는 의미로 풀이되고, 이어 중인·양인·천민층은 그 직역이 고된 천역임을 시사한다. 그리고 조선사회의 신분구성은 직역의 변동에 따라 변화될 가능성이 있음을 보여준다.

양반은 관료직을 독점하려는 제도적 장치와 사회관행을 통해서 그들의 신분을 형성하였다. 그들은 이미 결속하고 있었던 통혼권의 관행을 통해 스스로 사회신분층을 강화하였다. 그리고 그들은 최고 신분층이 되어 스스로 배타적으로 신분보호를 위한 제도적 장치와 사회관행을 통해서 지속적으로 결속을 유지하였다. 그런데 유교적 교화, 과거제 운영과정에서 이른바 학문적 능력 여부가 양반권에 남을 수 있는가, 없는가의 주요한 지표라는 점에 주목할 필요가 있다.

이들은 유교 교육과 과거제 운영에서 자신들의 이권보호를 위하여 여러가지 조치를 마련하고 있었다. 예컨대 유교 교육을 받기 위해서는 보다 많은 시간과 교육의 기회를 얻을 수 있어야 했는데 그들은 경제력을 갖춘 국가에서 그들의 교육 기회를 지원토록 제도화하고 있었다. 예를 들면 양반관료들이 밀집하여 생활하는 서울의 四部學堂은 정원에서부터 시설·교육환경 등에 이르기까지 다른 지역보다 우월했을 뿐 아니라, 과거 합격율에서도 지방보다 훨씬 유리하도록 제도적 장치를 하였다. 지방에 거주하는 양반들도 사립학교인 書院을 설립하여 과거 합격율을 높였다.

---

10) 李成茂,《朝鮮初期 兩班硏究》(一潮閣, 1980).

양반들은 배타적인 권익을 위해서 署經을 통하여 혈통을 참조하고, 관료의 세계에 參上官·堂上官을 두고 문반직에서 淸要職에 나아간 양반의 격을 門閥이라는 것을 통해 여과시키는 제도적 장치를 만들기도 하였다.

또 양반은 자신들의 신분을 유지하기 위해 혼인권을 만들고 족보를 만들기도 하였다. 당시 시대상과 밀접하게 관련되어 있는 주자학의 학문적 수용은 양반층에게 특기할 만한 것이었다. 성리학은 여러 면에서 조선 양반지배층에 부합되는 논리와 도덕성을 제공하였다. 양반층은 고위 관료직을 독점하는 면에서도 유리한 조건을 만들고 성리학적 규범 논리를 통해 자신들의 행위범위를 단속하기도 하였다. 즉 양반은 족보·향약과 학문적 성향, 그리고 地主制라는 경제논리를 통하여 원시 유학에서 제시한 정치구조를 자신들의 정치적 특권과 혼인권 유지에 이용하고 家父長的·宗法的 논리와 家禮的 질서론을 통하여 배타적으로 자신들의 신분층을 유지하려고 노력하였다.

그러나 조선 후기의 사회변동 중 내외적 요인에 의해 양반층 구성에 상당한 변화가 있었다는 실증적 연구와 그 변화상에 의미를 부여하려는 학계의 연구경향은, 양반층의 구성 내용과 사회신분층으로서 양반의 존재에 대한 학계의 개념 구성에 논란을 가져오게 하였다. 그 신분연구의 초점은 과거 사실을 재구성하여 막연한 양반의 실체가 아니라 양반의 존재 성립에서 그 파괴현상에 이르는 일련의 변화상을 통해 한국사의 변화를 연구하려는 것으로 이를 통해 연구방법론과 연구수준이 향상되었다.

먼저 양반신분이라는 지배계급의 실체를 인정하는 한 견해를 인용하면, "양반이라는 말은 늦어도 고려 말부터 조선 봉건 지배계급을 지칭하는 신분적 규범으로 된 것이 사실이다. 그리고 이 신분규범은 노비나 양인이라는 말처럼 그렇게 명확하게 법제적인 규범으로까지는 되지 못한 것 같다. 양반이라는 것은 고려 말 이후 사회적으로 하나의 신분규범인 것은 틀림이 없으나 그 규범내용 자체는 막연하다. 이는 다시 말할 것도 없이 양반이라는 규범으로 포괄하였던 당시의 봉건 지배계급 자체의 구성이 복잡한 데서 기인하였다"라고 하였다.[11]

다음에 양반은 문반·무반의 관제상 양분되어 있는 관료 관직자들을 지칭

11) 金錫亨, 《兩班論》(1959), 머리말.

하였으나 이들의 가족·친족까지도 이 범주에 들어가서 지배신분층의 개념이 되었다고 하는 견해가 있다.[12] 이에 따르면 양반의 법제적 기준은 명백하지가 않지만 양반은 조선 초 최고 직역에 해당하는 양반관료에 참여하는 사회신분권에 남아 있으면서 조선시대 정치이념인 유교에서 주장하는 사회지도층으로서 군자의 인격을 소지하고 유교적 도덕률로 무장한 혈연집단을 가리키게 되었으며 사회의식에서 통념적으로 사회신분층으로 간주되었다고 한다.

관료 지향적이며 도덕적으로 군자가 갖추어야 할 덕목을 교육하고 실천하는 대체적인 사회집단은 앞서 지적한 바와 같이 文武官·文武科 出身者·生員·進士·錄事·有蔭子孫 등의 부류가 해당된다. 이 밖에 전직 관료와 문·무 관품만 가지고 있었던 散官들도 해당되며, 나아가서는 4祖(父·祖·曾祖·外祖) 내에 산관이 있는 가문이면 모두 양반으로 간주하였다.

물론 양반은 이 시기의 富의 기준이 되는 토지와 노비를 상당수 소유하고 있었다. 양반들이 토지를 다량으로 점유하여 생활을 유지하였고 정부에서도 이들의 안정을 위해 토지 점유의 일정한 혜택을 부여하거나 세제상 특전을 부여한 것은 바로 양반 신분제 사회의 특징이기도 하다. 이른바 과전법으로의 전제개혁은 조선조 양반의 토지 소유권에 대한 정치적 조치이다. 즉 과전법에서의 수조권 개념으로서의 토지 소유뿐 아니라 토지 점유권을 통한 지주로서의 위상을 양반들이 차지하고 있었던 것이다.

수조권이든 소유권이든 양반들이 소유하는 전지 내에서 토지 점유권이 확대된 것은 양반들의 경제적 안정과 부의 축적을 가속화시켰다. 그것은 조선왕조의 국가 재정적 모순을 초래하기도 하였다. 여하튼 양반은 자신들이 차지하였던 경제 외적인 사회·정치적 권위를 통하여 토지 소유를 확대하였으며, 그것은 상대적으로 일반 농민들에게 경제적 불이익을 갖게 하는 원인이 되고, 나아가 국가재정을 상당히 압박하는 요인이 되었다. 전지뿐만 아니라, 노비의 경우도 양반생활의 경제적 도구로서 양반의 위상을 안정시키는 필수적인 요건이었다.

따라서 양반은 노비의 소유를 합법화하고 이들의 복종을 의무화하였다.

---

12) 李成茂, 앞의 책 참조.

그리고 奴婢隨母法, 奴婢世傳法을 만들어 노비신분을 세습토록 하여 이들을 법제적으로 천인화하고, 양반과 노비관계를 天과 地, 上과 下의 지배 복종관계로 묶었다. 양반은 자기의 사노비에게 刑殺을 제외한 私刑을 가할 수도 있었다. 이와 같이 노비의 양반 사유물화를 합법화하는 것은 토지에서 公田의 私田化와 마찬가지로 국가재정에 손해를 주었다. 더욱이 양민을 노비화하여 사유화한다면 그것은 공민을 적게 하여 국가재정에 큰 손실을 주는 것이었다.

양반은 사회경제적·정치적 면에서, 그리고 도덕적으로 자신들을 지배계급으로 남기기 위하여 유학의 덕목을 토론하면서 현실생활에서 우위를 확보하려고 했다. 그 중 족보를 만든다든지, 향약이나 서원을 통한 양반의 사회적 활동은 최고 신분층으로서의 특권을 유지하려는 노력의 일단이었다.

앞서 언급하였듯이 양반신분을 획득하기 위해서는 관료에 진출하여 관인이 되어야 하는데 관인이 되는 길은 과거를 통해서였다. 최소한 4, 5대에 걸쳐 과거를 통해 현직에 나가는 자가 배출되어야 양반가문으로 남을 수 있었다. 즉 과거 합격자의 배출은 양반 지위를 유지하는 중요한 수단이었다. 현직을 보장받는 大科는 말할 것도 없이 적어도 생원·진사의 小科 합격자를 배출해야 양반의 지위가 유지될 수 있었다. 여기에서 혈족 중에서 소과나 대과 합격자로부터 현직 관료를 기록하면서 혈연집단의 내용인 족보가 만들어지게 되었다. 족보는 내·외족의 관계를 모두 밝히면서 양반의 出自·名門意識을 강화하고 있었는데, 그 중에서도 혼인관계는 양반권 형성에 중요한 변수로 작용하고 있었다. 현직에 남는 것과 함께 양반신분층 유지에 중요한 변수로 작용하기 때문에 족보가 만들어지고 보존되었던 것이다.[13]

양반은 지배신분층으로서 조선시대 정치권에 참여하는 기회를 향유할 뿐 아니라 사회경제적으로 상류 부유층으로서 여러 가지 배타적 조치를 유지했다. 그들은 교육의 기회를 비롯하여 고급 관료직을 독점하려는 유형·무형의

---

13) 崔在錫, 〈朝鮮時代의 族譜와 同族組織〉(《歷史學報》 81, 1979).
———, 〈族譜에 있어서의 派의 形成〉(《民族文化》 7, 1981).
李樹健, 〈朝鮮前期 姓貫體系와 族譜의 편찬체제〉(《水邨朴永錫教授華甲紀念韓國史學論叢》, 1992).

법제를 만들어 다른 혈족의 침입을 제어하면서 이 시대 지배층을 형성하였다. 그리고 유교 도덕적인 君子論에 따라 도덕적 덕목을 소유하는 것이 양반층에게 주요한 명분적 덕목이 되었다.

4분설에서는 이와 같이 양반이 최고의 지배신분층으로서 고려 말에 형성되었음을 강조하면서 양반과 노비, 양반과 중인, 양반과 양인의 관계를 설정하여 4분설의 논리를 옹호하였다. 양반과 노비의 관계 설정은 앞서 기술한 바 있거니와 노비의 봉사가 있었기 때문에 양반이 생산노동에 직접 종사하지 아니하고 讀書와 修己治人에만 전념하여 지배층으로 군림할 수 있었다는 것이다.

그 다음 양반과 중인의 관계에서, 먼저 중인층은 15세기 말 내지는 16세기에 이르러서야 신분적 구성이 구현되어 성립된다는 것을 강조하고 있다. 중인층의 형성은 조선조의 체제 정비와 함께 양반과 정치 기능상의 구분과 사회 관행의 정형화가 이루어지면서 분명해진다는 것이다. 중인층이 16세기 이후에 대두하였다는 점에 대해서는 4분설뿐만 아니라 조선시대의 신분을 良賤論으로 이해하려는 양분설에서도 공감하고 있다.[14] 단지 4분설의 입장은 양반층의 존재가 조선 초기부터 형성되었다는 내용과 함께 양반층 내부, 또는 외부에서의 분화와 신분 이동 등으로 표현되는 사회계층 이동이 고착화된 사회인가, 활성화된 사회인가를 논증하려는 학설상의 차이가 있다.

중인은 양반도 아니고 常人도 아닌, 두 계층 사이에 존재하는 광범한 중간 계층을 의미한다. 중인층의 존재를 논의하기 위해서는 사회신분층 구성에 대한 인식, 즉 양반층의 존재와 피지배신분층인 평민층의 존재에 대한 인식이 전제되어야 한다. 여기서는 중인층으로 지칭되는 사회신분층의 구체적인 대상을 거론하고 이들의 존재가 어느 시기에 출현하고 있었는가를 검토하기로 한다.

기술관이라는 직역을 가진 관리들을 중인층에 포함시키는 것에 대해서는 이론의 여지가 없다. 중인층에는 향리·서리·토관·역리 등 京·外 衙前職과 兩班士族層의 서얼층이 포함된다. 서얼은 혈통의 결합으로 인하여 양반

14) 韓永愚, 〈朝鮮時代 中人의 身分·階層的 性格〉(《韓國文化》 9, 서울大, 1988). 李成茂, 앞의 책.

사족의 적통에서 제외되었거나 이들이 기술관에 임용되었기 때문에 중인층에 포섭되었다. 이러한 사실의 상승작용으로 중인층은 사회 신분층으로서 중간적인 성격을 가지고 있었다.[15] 이들 중인층이 양반사족으로부터 자기 도태하여 하강한 신분층이기는 하지만 반면 평민층에서 신분상승의 대상이기도 하였다는 점을 조선시기의 사회 신분 구조에서 유의해야 할 것이다.

그러나 조선시기의 중인층은 사회 신분층으로서 동류의식을 갖는 집단은 아니었던 것 같다. 조선시기 중인층은 문자 그대로 중간층을 지칭하고 사회 신분 구성에서 수적으로도 매우 적은 존재였다. 그러면서도 그들은 양반 사대부들과 근접하여 사회생활을 영위하면서 조선왕조의 통치권에서 활약한 존재였다.

기술관료로서 중인은 기술학, 또는 잡학으로 알려진 兵學·律學·字學·譯學·醫學·算學(六學), 또는 태종대에 10학 중에서 譯學·陰陽風水學·醫學·字學·律學·算學·樂學, 또는 세조대에 7학 중에서도 天文·風水·律呂·醫學·陰陽 등에 종사하여 관료에 진출한 해당 관리 모두를 포함한다. 이들 관리는 성종대부터 기술학을 천시하는 풍토가 강화되면서 중인층 범주의 관리가 되었다.

의관·역관·율관·산원·음양관·화원·녹사·향리 등의 직종에 종사했던 가계와 양반 가계에서 嫡孫이 아닌 서얼로 분류된 庶孫들이 중인층으로 가계를 세습·유지했다. 이들은 조선왕조 초기부터가 아니라 성종조의 기술학이 천시되는 시기부터 형성되었고 양반들의 자기 도태과정에서 하강하는 경우도 있었다. 조선 후기에 오면 반대로 기술직을 통해 평민신분층에서 중인 가문으로 상승하는 신분변동이 발생하였다.

4분설에서의 양반과 양인(평민)의 신분설정은 지배신분층과 피지배신분층의 정치적·사회적 내용을 포함하고 있다. 다만 조선사회가 지배신분층과 피지배신분층 간의 교류가 활발하지 못한 신분제 사회였으나, 상호 상하 이동운동이 금지된 사회가 아니었기 때문에 양반과 양인 관계에서 그 구분의 기

15) 韓永愚, 위의 글,
李成茂, 앞의 책.

준이 모호한 것으로 인식되고 있다.

그러나 피지배층으로 양인신분의 범주에 속하는 신분집단이 수행하는 사회적 역할이 조선사회의 생산활동에서 커다란 비중을 차지한다는 사실을 주목할 필요가 있다. 정치적으로 양반층이 보다 우위의 조건에서 조선왕조를 이끌어 가는 시대여건이기는 하지만 이 시기에 중요한 생산활동을 담당한 것은 평민신분의 농민들이었다. 양인층에는 이 시기 산업의 주요 부문인 농업에 종사하는 인민으로 노비를 제외한 자와 상공업 종사자들이 포함되었다. 이들은 한편으로는 국가재정을 지탱하는 擔稅層이었으므로, 고전적 정치이념 안에서도 국가가 이들의 생활안정과 사회활동, 정치적인 권익에 대해 항상 일정한 배려를 하였다.

조선왕조는 여말 이래 이들 생산층이자 평민층에 대해 정치적으로 일정한 배려를 하였다. 때문에 생산에 종사하는 양인층에 대해 부분적인 신분상승의 기회를 법적으로 열어 놓았다. 그러나 한편으로는 양인층이 신분을 그대로 유지하여 생산에 계속 참여하기를 기대하기도 했다. 그것은 국가의 재정기반을 확보하는 데 필요하였기 때문이다.

농민이 부담하는 조세가 농업생산력과 비례한다는 것을 고려하면 이들의 안정된 생활여건의 조성은 물론이고 이들의 소규모 신분상승을 위하여 명분적 기회를 제공해야 하는 것은 조선왕조의 기본정책이었다.

농업 생산구조에서 이 시기 농민들은 자영농이나 지주전호제 아래서의 佃客(小作農)의 위치에서 생산에 임하는 존재로서 양인·상민의 신분으로 존재하여 양반지주의 경제생활을 돕는 한편 그들에게 수탈 당하는 피지배신분층으로 서술된다. 그러나 조선의 법제에서 또 역사발전 과정 속에서 생산에 종사하는 평민으로서 양인들에게 일정한 신분상승의 기회가 개방되었던 것만은 사실이었다. 이러한 사실을 고려하더라도 농업생산에서 커다란 변화가 제기되지 않는 한 양인신분 농민들의 양반층으로의 신분상승은 용이하지 않았다는 사실을 쉽게 이해할 수 있다. 따라서 4분설에서의 양반·중인·양인·천민의 신분체계는 조선사회의 유교이념과 생산구조를 기저로 하는 사회신분관에 입각해 있는 것이라 하겠다.

3) 양분설

조선 초기의 사회신분 편제에 대해 양분설에서는 사회신분 구성이 법제적으로 양인과 천인만으로 인정되는 사회계층 구조 위에서 조선 초기의 국가운영이 수행되었다고 주장한다. 그러나 양분설은 조선사회 신분층이 양반·중인·평민·천민으로 구성되었다는 4분설의 내용과 서로 충돌·모순되는 것은 아니다.[16]

良賤論으로 표현되는 양분설이 학계에서 주목받기 시작한 것은 1970년대이다. 해방 후 국사연구가 심화되면서 사회신분사 연구 또한 전문화·개별화되어 갔고, 그러한 연구의 축적 위에서 조선 초기 사회의 양반신분층 이해에 대한 이의가 제기되었다. 종전의 4분설에 이의를 제기하고 조선 초기 사회의 신분이 양천으로 구성되었다는 가설이 제시된 것이다.[17]

양천론은 "15세기 조선사회의 신분구성은 양인과 천인(노비)으로 구분해야 한다"는 가설에서 출발하여 조선왕조의 성립이 사회계층의 양극적인 대립을 지양하여 중간층을 확대하는 방향으로 나아가 새로운 사회질서를 성립시키는 것이라는 의미를 부여하였다.[18] 그리고 실증을 통해 "조선 전기의 양인, 그 중에서도 농업을 생업으로 가진 일반양인은 學生을 배출하고, 학생을 통해서 관료를 배출하고, 군역을 통해서 국방과 치안을 담당하는 기본적인 모집단이요 과도적 집단이었다"[19]라는 주장이 나왔다. 이어 16세기 이후부터는 양인 자체 안에 勳戚과 士林이 성장하면서 이들이 배타적이고 권

---

16) 李成茂, 앞의 책.
17) 韓永愚, 〈麗末鮮初 閑良과 그 地位〉(《韓國史硏究》 4, 1969 ;《朝鮮前期社會思想硏究》, 知識産業社, 1983).
———, 〈朝鮮初期의 上級胥吏 成衆官－成衆官의 錄事로의 一元化 過程－〉(《東亞文化》 10, 1971 ; 위의 책).
———, 〈柳壽垣의 身分改革思想〉(《韓國史硏究》 8, 1972 ; 위의 책).
———, 《鄭道傳思想硏究》(서울대 출판부, 1973).
18) 韓永愚, 〈朝鮮前期의 社會階層과 社會移動에 관한 試論〉(《東洋學》 8, 檀國大, 1978), 24쪽.
19) 韓永愚, 위의 글, 21쪽.

위적인 양반을 형성하면서 士族과 中人, 그리고 常族의 분화가 서서히 진행되어 갔다고 하였다.

이 양천론은 4분설을 주장하는 학자들에 의해 강한 반론에 부딪쳤다.[20] 그것은 종래의 통념적인 조선사회 신분구성 내용과 엄청난 시각차가 있었기 때문이다. 즉 조선 초기의 특권 신분층으로서 양반의 실체를 인정하여 양반이 사회경제적 면에서 특권적 예우를 요구했으며, 문화생활을 유지해 중세 봉건시기의 지배신분의 틀을 공유하였다고 하는 연구가[21] 학계에서 통설화되었던 것이었다.

즉, 庶孼差待의 문제에 관한 연구에서 언급하는 서얼의 존재는 양반층의 존재를 전제로 하고 있었다.[22] 이후 기왕의 통설을 전제로 하여 양반의 존재를 증명한 연구업적이 나왔다.[23]

그리고 조선사회가 양반사회였고, 모든 법제는 양반의 이익을 보장하는 방향으로 운영되었다는 적극적인 주장이 제기되었다. 즉 "조선시대 양반층은 고려시대부터 형성되기 시작하여 조선 초기에 이르러 상급 지배신분층의 지위를 차지할 수 있었고, 따라서 이들은 조선사회에 있어서 여러 가지 특권을 누리고 있었다"[24]라고 하여 양반과 양인·평민은 동일 집단적 요소가 있을 수 없다고 지적한 것이다.

또 양반은 아니지만 조선 초기에는 사족이라는 상류권 계층이 있었다는 견해도 제기되었다.[25]

위의 연구는 모두 양반신분의 실체를 인정하고자 하는 학문적 인식에서

---

20) 宋俊浩, 〈朝鮮兩班考〉(《韓國史學》 4, 韓國精神文化硏究院, 1983 ; 《朝鮮社會史硏究》, 一潮閣, 1987).

21) 金錫亨, 앞의 책.
———, 《朝鮮封建時代 農民의 階級構成》(1957).
———, 〈李朝初期國役編成의 基底〉(《震檀學報》 14, 1941).

22) 李相佰, 〈庶孼禁錮始末〉(《東方學志》 1, 延世大, 1954).
———, 〈庶孼差待의 淵源에 대한 一問題〉(《震檀學報》 1, 1934).

23) 李泰鎭, 〈庶孼差待考－鮮初 妾子 限品敍用制의 成立過程을 中心으로－〉(《歷史學報》 27, 1965).
———, 〈15世紀 後半期의 鉅族과 名族意識〉(《韓國史論》 3, 서울大, 1976).

24) 李成茂, 앞의 책, 366쪽.

25) 宋俊浩, 앞의 글.

출발하고 있었다. 그러나 양천론은 조선 초기 사회신분의 사례연구를 통해 고려 이래의 전통적 사회신분층이 여말 선초의 시대적 변화에 따라 당시의 주역으로 등장하는 사대부계층에 의하여 양천의 신분층으로 정리되고 있음이 논증되었다.[26]

즉 공민왕대에 과거제가 크게 부흥하고 퇴직군인에 대해 군역 부과가 시도되어 사대부사회로의 방향 선회가 시작되었으나 대내외적 모순으로 말미암아 그 전환이 순탄하게 이루어질 수 없었는데 위화도회군으로 신진사대부가 권력을 잡게 되면서부터 본격적인 사대부사회가 출범하게 되었다고 하였다. 이후 개혁의 강도와 방법을 둘러싸고 강·온 양파의 분열이 나타나고 혁명의 논리를 내세워 조선왕조를 개창하고 정권을 장악한 위정자들이 그 정당성을 화보하기 위해서 여말의 전제개혁에 이어 강력한 중앙집권체제의 구축에 진력하는 한편 신분제를 사대부사회에 적합한 체제로 개편하는 작업을 추진하였다는 것이다.

이리하여 "비노비자의 등질화라는 고려 후기 이래의 사회적 추세를 바탕으로 능력주의 원칙에 입각한 보다 개방적인 신분체제가 마련된 것이다. 비노비자는 일률적으로 良人으로 간주될 수 있었으며, 良賤未辨者의 從良, 從父爲良法의 실시와 같은 과감한 양인 확대정책이 실시되기도 하였다. 신역체계의 재편성을 통해 세습적 賤役者가 대폭 감축되었으며, 관아에서 천역을 부담하던 일부 여자들의 입역도 면제되었다. 천역은 남계로만 세전될 뿐 여계로는 미치지 않게 되었다. 양인 일반에 대한 보편적인 신역 부과의 체제도 마련되었다. 이러한 일련의 조치에 따라 노비만을 천인으로 간주하는 양천이분법적 신분체계가 확고히 정착되었으며, 양인의 신분적 제일성이 재래되었다"[27]고 하였다.

그리고 신분제 개편 작업이 조선 초기 집권층에 의한 위로부터의 일방적 시혜가 아니라 평민층이 자신의 권리를 자각하여 권리를 당당히 주장한 데서 비롯되었으나 평민층에게는 보다 광범한 의무 부담이라는 무거운 대가가 따랐고, 법제적인 권리의 보장 즉 형식적 평등의 보장이 그대로 실질적 평등

26) 劉承源, 《朝鮮初期身分制硏究》(乙酉文化社, 1987), 172~173쪽.
27) 劉承源, 위의 책, 172쪽.

을 보장하는 것은 아니었다고 하였다. 다시 말하면 治者로 부상될 수 있는 기회가 주어졌다고 해도 사회여건상 대다수의 평민들에게는 현관직을 차지하기가 사실상 용이하지 않았고 사대부 계층이 관직-특히 문반의 華·要·淸職-을 실질적으로 독점하였다고 하였다.

그런데 조선 초기의 양천신분제는 사대부계층의 이해와 밀접한 상관관계가 있어서 그 이전의 어떤 지배층보다 물리적 강제력·혈통·부력 등 제측면에서 기반이 미약하였던 사대부계층이 혈통보다는 개인적 성취를, 부보다는 지식을, 물리적 강제력보다는 도덕적 우위를 내세움으로써 지배의 정당성을 주장하였고, 공권력에 의탁하여 자신의 세력을 부지할 수 있었다고 하였다. 결국 사대부계층이 지닌 혁신성과 개방성이 양인의 신분적 제일성의 구현으로 나타났고, 그들의 보수성과 폐쇄성이 신분제의 유지로 나타났는데 그러한 양면성은 사대부계층 자체의 유동성과 고정성을 반영한 것이라고 하였다.

그리하여 양천 이분법적 체제와 양인의 신분적 제일성을 구조적 특징으로 하는 양천신분제는 16세기 이후 적지 않은 변모를 겪어 법제적 기본틀은 유지하였지만 양반·중인·평민·천민으로 분화되었다고 보았다.[28]

이상과 같은 양천론은 조선 초기 사회가 갖는 역사성에서 사회신분층에 대한 보편적이고 이론적 개념을 추출한 것으로서 조선사회 성립에 대한 역사 연구에 있어서 신선한 접근방법이자 역사학계의 업적이라고 할 수 있다. 그런데 신라·고려 사회가 강인하게 유지하고 있었던 지배층에서 혈연적 관행으로 보여주었던 지배신분층의 존재 형태를 추적해야 하는 과제가 앞으로의 연구대상으로 남는다. 즉 역사발전 과정에서 지배신분층의 범주가 확대되어 가는 것을 추적한다는 시각과 함께 최고 지배신분층의 실체의 변화를 주목할 필요가 있다.

조선 후기 신분제에 대해서는 양천론에서 지적하였던 천인신분층의 소멸에 관한 연구가 활발하게 이루어졌다.[29] 그것은 조선 후기의 사회가 초기와는 시대상의 성격이 달라지고 현재사회로 접근한다는 역사상과 연계되는 것이다.

---

28) 劉承源, 위의 책. 173쪽.

29) 全炯澤, 《朝鮮後期奴婢身分硏究》(一潮閣, 1989).
平木實, 《朝鮮後期奴婢制硏究》(知識産業社, 1982).

노비신분제의 소멸은 조선 후기 한국 중세사의 단계가 끝나고 근대사에 근접하는 사회현상의 하나로 설명된 것이다.

〈李範稷〉

3. 양 반

1) 양반의 개념

兩班이란 용어는 두 가지 개념을 가지고 있었다. 하나는 관직제도상 文班(東班)과 武班(西班)을 지칭하는 개념이요, 다른 하나는 고려·조선시대의 지배신분층을 지칭하는 개념이다. 그러나 이 중 관직제도상의 문·무반을 지칭하는 개념이 양반개념의 시원이었다.[1]

그러면 먼저 문·무반을 지칭하는 양반의 개념에 대하여 알아보자. 국왕이 조회를 받을 때 문신들은 동쪽에, 무신들은 서쪽에 서게 되어 있었다. 그리하여 동쪽에 서는 반열을 동반 또는 문반, 서쪽에 서는 반열을 서반 또는 무반이라 하였다. 그리고 이 두 반열을 통칭하여 양반이라 하였다. 이러한 관직제도상의 문·무반이라는 의미의 양반개념은 이미 관료체제가 정착되기 시작한 고려 초기부터 사용되어 왔다. 고려는 혈통만을 중시하던 신라의 골품제를 타파하고 보다 광범한 在地豪族群을 국가관료로 등용하는 집권적 양반관료 체제를 확립하고자 하였다. 그러나 건국 초창기부터 완벽한 양반관료제를 수립하기는 어려웠다. 그러므로 관제의 기초가 되는 고려 초기의 官階에 있어서도 문·무의 구별이 없던 신라 및 태봉의 관계를 그대로 답습하고 있었다.[2]

문반과 무반을 처음으로 구별한 것은 경종 원년(976)에 실시된 田柴科에서부터였다. 경종전시과에서는 고려 초기의 관계를 기준으로 모든 職散官을 公

---

1) 李成茂, 《朝鮮初期 兩班硏究》(一潮閣, 1980), 4~5쪽.
2) 武田幸男, 〈高麗初期の官階〉(《朝鮮學報》 41, 1966), 28쪽.

服의 빛깔에 따라 紫衫·丹衫·緋衫·綠衫의 네 단계로 나누고 자삼층을 제외한 단삼·비삼·녹삼층을 문반·무반·잡업으로 구분하여 각 품에 따라 田과 柴를 지급하였다. 이 때 문반·무반·잡업의 구분이 단삼층 이하에만 있고 자삼층에는 없었던 까닭은 아마도 고려 건국 초기에 자삼층이 豪族들의 혈족 및 동족집단을 기반으로 구성되어 있었기 때문이었을 것이다. 문반·무반·잡업의 직능별 구분은 광종 이후 새로운 고려의 관료제가 수립되면서부터 새로 구성되는 단삼층 이하에 비로소 생기게 된 것이라 할 수 있다. 따라서 경종전시과는 신라 말 고려 초의 호족세력이 고려 관료제에 재편성되어 가는 과도적 시기에 나타난 토지반급제였다고 할 수 있다. 이러한 경종전시과에 있어서의 문반·무반·잡업의 구분은 전시지급을 위한 다분히 편의적인 구분이기는 하였지만 문반과 무반의 문자상의 기원이 여기서부터 비롯된다는 점에서 주목된다. 이것은 문·무의 구별이 없던 신라와 고려 초기의 관계에 비하여 일보 전진한 것이라고 할 수 있다.

그러나 경종전시과에 있어서의 문·무반의 구분은 정식으로 관계상의 文·武散階의 구분에 근거를 두고 있었던 것은 아니었다. 고려 초기의 관계에도 문·무산계의 구분이 없었기 때문이다. 이에 명실상부한 문·무반체제를 갖추기 위해서는 불가불 문·무계가 구별되는 새로운 관계가 마련되지 않으면 안되었다. 그리하여 성종 14년(995)에 고려는 唐의 문·무산계를 채용하게 되었다.[3] 이 때에 제정된 문·무산계 29계는 무산관 중의 일부를 제외하고는 당 貞觀 11년(637)에 제정된 문·무계와 같은 것이었다.[4] 성종 14년부터 문·무산계가 실시됨에 따라 관직제도상의 문·무 양반체제가 갖추어지게 되었고, 제도적인 측면에서는 문반과 무반이 전적으로 동등한 대우를 받는 것으로 되어 있었다.[5] 이것은 양반관료제를 균형있게 발전시키는데 있어서 필수조건이기도 하였다.

---

3) 《高麗史》 권 77, 志 31, 百官 2, 文散階.
4) 《高麗史》 권 77, 志 31, 百官 2, 武散階條에 보면 "成宗十四年 定武散階凡二十九階"라 하여 성종 14년에 무산계만 실시된 것처럼 되어 있고, 같은 책 文散階條에는 "文宗改官制 文散階凡二十九階"라 하여 문산계는 문종조에 만들어진 것처럼 기술되어 있으나, 문·무산계가 성종 14년에 함께 실시된 것으로 보아야 할 것이다(李成茂, 앞의 책, 6~7쪽).
5) 邊太燮, 〈高麗初期의 文班과 武班〉(《史學硏究》 11, 1961), 3쪽.

한편, 중국식 문·무산계가 실시됨에 따라 고려 초기의 관계는 향직으로 밀려나게 되었다. 향직은 중국식 문·무산계와 다른 土着官階를 의미하는 것으로 13세기 경까지 남아 있다가 소멸되고 말았다.[6)]

그러나 성종 14년에 제정된 문·무산계는 당의 문·무산계를 그대로 채용한 것이기 때문에 고려의 실정에 맞지 않았다. 고려시대에 있어서는 문반의 지위가 무반보다 높았기 때문에 문·무산계가 불균형하였으므로 실제로는 고려의 실정에 맞도록 활용되고 있었다.

첫째, 무산계는 무반의 관계로 쓰이지 않고 鄕吏·老兵·耽羅王族·女眞酋長·工匠·樂人 등에게 특례적으로 주어지고 있었다. 그리고 무반은 오히려 문반과 마찬가지로 문산계를 받고 있었다.[7)] 문반과 무반이 다 같이 문산계를 받고 있었기 때문에 문종조에 관제를 개편할 때에는 문산계만 나타나고 고려 후기까지도 계속 문산계의 개편만 있게 되었다.

둘째, 고려시대에는 科擧시험에서도 문과만 있고 무과는 없었다. 고려시대의 무과는 예종 11년(1116)부터 인종 11년(1133)까지 24년간만 실시되었으며 그 이외의 시기에는 실시된 바 없다.[8)]

셋째, 무반은 문반에 비하여 현실적으로 많은 차별대우를 받았다. 고려시대의 무반은 미천한 출신으로서 무예나 勇力이 뛰어나 行伍에서 발탁된 사람들이었다.[9)] 따라서 門地가 좋은 문반에 비하여 문지가 나쁜 무반은 차별대우를 받기 마련이었다. 예컨대 무반에는 3품 이상직이 실제로 없었고 문·무양반은 2품 이상직인 宰樞를 제외한 3품 이하직에만 구별되어 있었다. 재추직에는 무반이 임명되기 어려웠으며 무관이 마땅히 맡아야 할 병마통수권조차도 문관이 겸대하는 것이 보통이었다. 문관은 무관직을 겸대할 수 있어도 무관은 문관직을 겸대하기 어려웠다. 그리고 穆宗田柴科부터는 전시의 지급에 있어서도 무관은 문관에 비하여 차별대우를 받고 있었다. 성종 14년의 문·무산계에 있어서의 문무 대등의 원칙은 목종조 이후에는 이미 그 균형

---

6) 武田幸男, 〈高麗時代の鄕職〉(《東洋學報》 47-2, 1964), 198쪽.
7) 旗田巍, 〈高麗の武散階〉(《朝鮮中世社會史の硏究》, 1972), 411쪽.
8) 李成茂, 〈韓國의 科擧制와 그 特性〉(《科擧》, 一潮閣, 1981), 117쪽.
9) 邊太燮, 앞의 글, 52쪽.

을 잃게 되었다. 이와 같은 무반에 대한 차별대우는 드디어 武臣亂을 불러 일으켰다. 그러나 무신정권하에서 조차도 무반에 대한 문반의 우위는 시정되지 못하였다. 그리하여 고려 말까지 무반에 대한 문반의 우위는 유지되고 있었고 무산계와 무과는 실시되지 못하였다. 즉 고려의 양반체제는 지나치게 문반 위주로 치우쳐 있었다.[10)]

이와 같은 불균형한 고려의 문·무 양반체제는 조선 초기에 이르러 어느 정도 균형을 찾게 되었다. 즉 공양왕 원년(1390)에 武科가 실시되고 태조 원년(1392)에 새로운 조선의 문·무산계가 제정되어 실시됨에 따라 명실상부한 문·무 양반체제가 갖추어지게 되었다. 그런데 태조 원년에 새로이 제정된 무산계에는 정·종9품계가 없었다. 이것은 세종 18년(1436)에 이르러 보완되어 균형있는 문·무산계가 갖추어졌고[11)] 약간의 수정을 거쳐 《經國大典》에 법문화되었다. 이로써 조선조 양반체제의 제도적 기반이 되는 문·무산계가 확정되었고 관직제도상의 문·무반이라는 의미의 양반개념도 확고한 제도적 근거를 가지게 되었다.

고려시대에는 동반(文班)·서반(武班) 이외에 南班이라는 반열이 있었다. 동반과 서반이 조회에서 北座南向한 국왕에 대하여 동쪽과 서쪽에 서는 반열이었는데 비하여 남반은 남쪽에 서는 반열이었다. 남반직은 掖庭局·通禮門 등에 두어졌던 內僚職으로서 왕명출납·궁중당직, 조회나 의식에 있어서의 의장을 담당하고 있었다.[12)] 남반직이 이와 같이 국왕 측근의 내료직이었기 때문에 국왕의 입장에서는 중시하여 남반이라는 하나의 독립된 반열을 이루게 하였던 것이다. 그러나 양반관료 체제가 정비되어 감에 따라 남반은 동·서 양반에 눌려 점차 7품 이하의 賤職으로 밀려나게 되었다. 그리하여 남반직은 잡류·환관·승려의 자손이나 혈통에 흠이 있는 양민 등 신분이 낮은 사람들이 맡게 되었고[13)] 동반과 서반에 눌려 동·서반에 대항할 수 있는 독립된 반열로서의 지위를 잃게 되었다. 고려시대의 남반은 조선시대에

---

10) 李成茂, 앞의 책(1980), 9~10쪽.
11) 이 때 무산계 정9품 進武副尉, 종9품 進義副尉가 신설되었다.
12) 曺佐鎬, 〈麗代南班考〉(《東國史學》 5, 1957), 17쪽.
13) 曺佐鎬, 위의 글, 13~16쪽.

이르러 南行으로 전락되어 門蔭子弟들의 진출로로 전락하게 되었다. 이에 고려시대의 동·서·남 3반은 조선시대의 양반으로 정립되었던 것이다.

이상에서 우리는 양반이란 용어가 관직제도상의 문·무반을 통칭하는 개념으로 쓰여 왔음을 알 수 있었다. 따라서 본래는 문·무반직을 가진 사람만을 양반이라 하였다. 그러나 양반관료 체제가 점차 정비되어 감에 따라 문·무반직을 가진 사람뿐만 아니라 그 가족이나 가문까지도 양반으로 불리게 되었다. 양반이 이제는 신분개념으로까지 확대되어 사용되게 된 것이다. 가부장적 가족구성과 공동체적 친족관계 때문에 그 가족과 가문은 하나의 공동운명체적인 유대관계를 가지고 있었다 따라서 이들은 한 번 관직을 차지하면 음직과 과거를 통하여 이를 世傳하려고 노력하였고 국가의 입장에서도 이들을 藩屛으로 삼기 위하여 이를 어느 정도 보장해 주고 있었다. 이때의 국가는 이들이 구성원이 되는 양반국가였기 때문이다. 이는 이들 가문간의 폐쇄적인 혼인관계로 더욱 공고해지고 있었다. 그리하여 관직제도상의 문·무반이라는 양반개념이 아래와 같이 고려 후기에서 조선 초기에 이르는 동안 점차 최고 지배신분층을 가리키는 신분개념으로 쓰이게 되었다.

> 서울 5부 방리에서는 각 司에서 일보는 令史·主事·記官과 蔭品官의 子로서 천역에 종사하는 사람을 제외하고 그 밖의 양반과 중앙 및 지방에 있는 白丁의 子…(《高麗史》 권 81, 志 35, 兵 1, 五軍).
>
> 만약 적이 오면 양반, 百姓, 公私賤人, 승려를 막론하고 모두 징발하여 힘껏 싸우게 하고…(《高麗史》 권 81, 志 35, 兵 1, 五軍).
>
> 崔鄆의 어머니 집안은 참으로 양반이다(鄭夢周, 〈圃隱集〉 附錄 遺墨 ;《高麗名賢集》 4, 大東文化硏究院, 264쪽).
>
> 장차 이름을 훔쳐 양반과 섞이는 폐단이 있을 것이다(《太宗實錄》 권 11, 태종 6년 6월 갑자).
>
> 王循禮의 집안은 아마 양반은 아닌 듯합니다(《成宗實錄》 권 137, 성종 13년 정월 정해).
>
> 今音勿이 말하기를, '양반이 저 모양인가. 더럽다 더러워…'(《成宗實錄》 권 142, 성종 13년 6월 계축).

이상의 자료에 나타나는 양반의 개념은 분명히 지배신분층으로서의 양반을 뜻하는 것이라고 할 수 있다.

한편 양반은 사대부·사족·사류·사림이라고 불리기도 하였다. 사대부란 본래 문관 4품 이상을 대부, 문관 5품 이하를 사라고 한 데서 나온 용어이다.[14] 이를테면 사대부는 본래 문관관료를 의미하는 용어였다. 그러나 사대부라 하면 문관관료뿐 아니라 무관관료까지를 포괄하는 의미로 쓰이기도 하였다.[15] 이는 조선왕조가 문관 관료가 주도하는 국가였던 데 이유가 있을 것이다. 그리고 사대부가 될 수 있는 족속을 사족이라 하였다. 즉 사족이란 '士大夫之族'의 준말이었다. 고려·조선 초기에는 양반이라는 용어 못지 않게 사족이라는 용어가 많이 쓰였다. 양반이라는 용어가 관직제도상의 문·무반이라는 의미와 지배신분층이라는 의미를 동시에 내포하고 있어서 혼동되기 쉬웠던 데 비하여 사족은 양반신분층을 지칭하는 일반적인 용어로 쓰일 수 있었기 때문이었을 것이다. 사족과 비슷한 용어로 사류와 사림이 있었다. 사류는 사족과 마찬가지 뜻으로 쓰였고 사림은 '士大夫之林'이라는 말의 준말로 사대부군을 뜻하였다.[16] 사림은 고려시대부터 쓰이기는 하였으나 특히 16세기부터는 勳舊派와 대칭되는 士林派라는 재지세력을 나타내는 의미로 발전하기도 하였다. 여하튼 사대부보다는 사림이, 사림보다는 사류가, 사류보다는 사족이 더 넓은 범위의 양반층을 포함하는 의미로 쓰였다.

2) 양반의 성립과정

조선 초기의 양반층은 이미 고려시대부터 형성되어 왔다. 고려 초기의 양반층은 중앙에서 왕건을 받든 장상, 즉 개국공신들과 지방에서 호응해 온 호족 세력이었던 '向義歸順城主'들로 구성되었다.[17] 그러나 광종의 舊臣 숙청의 실시로 대부분의 개국공신들이 제거되는 대신에 과거를 통하여 진출한 호족세력이 양반층의 구성원으로 되기 시작하였다.[18] 이 때의 과거출신자 중에는 신라 6두품 출신과 후백제(나주지역) 계통의 인물들도 포함되어 있었다.[19]

14) 《世宗實錄》 권 52, 세종 13년 5월 병진.
15) 《高麗史》 권 78, 志 32, 食貨 1, 田制 祿科田,
16) 《成宗實錄》 권 189, 성종 17년 3월 임자.
17) 李基白, 〈高麗 成宗代의 政治的 支配勢力〉(《湖南文化研究》 6, 1974), 2쪽.
18) 李成茂, 《韓國의 科擧制度》(한국일보사, 1975), 25~30쪽.
19) 李基白, 〈新羅 統一期 및 高麗初期의 儒教的 政治理念〉(《大東文化研究》 6·7,

그러나 광종이 죽고 경종이 서자 광종의 개혁에 적극적으로 참여했던 인물들이 제거되는 대신에 6두품 계열의 近畿地方 호족세력의 진출이 활발해지게 되었다.[20] 이러한 경향은 성종조에 더욱 두드러지게 되었다. 성종은 崔承老와 같은 6두품 출신 유학자들을 기용하여 유교정치를 실시하는 한편, 일면 호족세력을 누르고 일면 科擧·吏職을 통하여 중앙관인으로 편입시켜 강력한 중앙집권적 관료체제를 확립하고자 하였다. 즉 성종 2년(998)에는 12牧에 외관을 파견하고 州·府·郡·縣의 吏職을 개편하여 호족을 지방 행정실무자인 향리로 격하시켰다. 또한 성종은 자주 과거를 실시하여 많은 급제자를 배출하게 하였다. 뿐만 아니라 성종 14년에는 문·무산계를 제정하여 중앙으로 진출한 관료들을 문·무 양반으로 편성하였다. 이와 같이 고려의 건국 초기부터 성종조까지의 양반층은 대체로 개국공신계열·호족계열·6두품계열로 구성되었으나 이 중 개국공신계열은 광종조에 대부분 제거되고 호족계열과 6두품계열이 주류를 이루고 있었다. 그러나 이 두 계열 중에서도 뒤에 향리로 된 호족출신들이 양반관료의 공급원이 되었다.

고려시대의 향리 중에서도 과거나 이직을 통하여 양반관료가 되는 부류들은 주로 戶長層이었다. 문종 2년(1048)에 제정된 과거에 관한 법제에 의하면 副戶長 이하의 손자와 副戶正 이하의 아들만이 製述業과 明經業에 응시할 수 있게 되어 있었다. 즉 호장층을 비롯한 향리의 상층만이 과거에 응시할 수 있었던 것이다. 일반 양인들의 과거응시를 금하는 규정은 없었으나 이들이 과거에 합격하기는 어렵게 되어 있었다. 문종 9년 10월 內史門下의 奏에 氏族不付者, 즉 姓氏를 갖지 못한 족속들은 과거에 응시할 자격이 없다고 하였다. 고려 초기에 성씨를 가진 족속들이라면 왕족·6두품출신·호족 등을 들 수 있다. 그러므로 호족의 후예인 향리들도 성씨를 가지고 있었으며 향리 중에도 최상층인 호장층이 맨 먼저 성씨를 가지고 있었다. 물론 고려 후기에는 호장층 이외의 향리나 양인들까지 성씨를 가지게 되고 이들도 과거에 응시할 수 있었지만 대체로 고려시대에는 향리층이 양반의 주된 공급원이었다고 할 수 있다.

1970), 154~155쪽.

20) 李基白, 〈高麗成宗朝의 政治的 支配勢力〉(《湖南文化研究》 6, 1974) 참조.

과거나 이직을 통하여 양반이 된 향리들은 대체로 거주지를 개성 또는 근기지방으로 옮겼다.[21] 그러나 이들은 거주지를 중앙으로 옮긴다 하더라도 항상 본관지를 밝히게 되어 있었다.[22] 신라의 골품귀족들은 그들이 모두 王京人이었기 때문에 본관지를 밝힐 필요가 없었지마는 고려의 양반은 출신지가 각각 다른 異姓貴族들이었기 때문에 자기의 가문을 다른 가문과 구별하기 위하여 반드시 본관을 밝히고 있었다.[23] 한편 양반들이 본관지로 쫓겨간다는 것은 정권에서 밀려나는 것이기 때문에 이를 달가와 하지 않았다. 그러므로 고려시대에 있어서 歸鄕은 하나의 형벌로 인식되고 있었다.[24]

양반이 된 향리들은 과거나 음직을 통하여 계속 관직을 받아 양반가문을 형성할 수 있었다. 그러나 양반으로 상승하지 못한 향리들은 계속 향리가문으로 처져 있게 마련이었다. 처음에는 같은 성씨를 가진 同族에서 출발하였지만 나중에는 중앙관료가 된 집안은 양반가문으로, 지방에 처져 있는 집안은 향리가문으로 갈라지게 되었다. 고려 초기에 먼저 양반이 된 가문은 왕실 및 양반 상호간의 폐쇄적인 혼인관계를 통하여 문벌귀족으로 성장하게 되었다. 그런데 성종조 이후의 문치주의 경향 때문에 11~12세기의 귀족들은 모두 문신귀족들이었다. 이 시기의 대표적인 문신귀족 가문으로는 慶源李氏를 들 수 있다. 경원이씨는 정종 때부터 인종조에 이르는 9대 100여 년 간 李子淵·李資謙 등이 계속 왕실과 중첩되는 혼인관계를 맺고 있었으며 安山金氏·慶州金氏·光陽金氏·海州崔氏·坡平尹氏·江陵金氏·平山朴氏 등 당시의 명문거족들과 통혼하고 있었다.[25] 경원이씨와 통혼하고 있던 이와 같은 명문거족들은 고려 전기에 이미 문벌귀족으로 성장한 양반가문들이었다. 물론 이외에 경원이씨와 통혼하지 않은 양반가문들도 있었을 것이다.

이러한 문벌귀족들은 양반으로서의 그들의 지위를 더욱 확고히 하기 위하여 蔭敍制를 마련하고 특권적인 과거준비 교육기관인 私學을 설치하게 되었

21) 李佑成, 〈閑人·白丁의 新解釋〉(《歷史學報》 19, 1962), 71쪽.
22) 《高麗史》에 慶州人·驪州人이라고 한 것은 慶州나 驪州를 本貫으로 삼고 있음을 의미한다.
23) 李基白, 〈高麗貴族社會의 形成〉(《한국사》 4, 국사편찬위원회 1974), 192쪽.
24) 文炯萬, 〈麗代歸鄕考〉(《歷史學報》 23, 1964), 38쪽.
25) 藤田亮策, 〈李子淵と其の家系(上)·(下)〉(《靑丘學叢》 13·15, 1933·34) 참조.

다. 즉 목종 즉위년(997)에는 문·무 5품 이상관의 아들에게 음직을 주는 음서제가 실시되었으며[26] 문종 3년(1049)에는 역시 문·무 5품 이상관의 아들에게 功蔭田柴를 지급하는 제도가 마련되었다. 더구나 공음전시는 자손에게 세전될 수 있었고, 아들이 죄를 짓더라도(반역죄가 아닌 이상) 손자에게 그 3분의 1을 줄 수 있도록 되어 있었다. 그리고 이러한 공음전시는 현직관료 뿐 아니라 散官(관품만을 가진 관리)에게까지도 주어졌다. 한편, 문종조에는 귀족 자제들의 특권적인 과거준비 교육기관인 崔冲의 文憲公徒를 비롯한 사학 12도가 일어나게 되었다. 사학 12도는 기왕에 知貢擧(과거시험관)를 맡았던 고급관료들이 개설한 사설의 과거준비 교육기관이었다. 이리하여 귀족 자제들이 누구보다도 유리하게 과거에 급제할 수 있었다.

이와 같이 문벌귀족 자손들은 음서제와 사학을 통하여 누구보다도 쉽게 관직을 차지할 수 있었다. 음서는 가문의 혈통에 의한 관직취득 방법이었고 과거는 개인의 재능에 의한 관직취득 방법이었다. 음서는 양반의 지위를 유지하고 세전시키려는 보수적이며 특권적인 관직취득 방법이었는데 비하여 과거는 양반의 지위를 획득하고 고양할 수 있는 개방적이며 경쟁적인 관직취득 방법이었다. 따라서 가문의 혈통과 개인의 재능은 양반신분을 취득하고 유지 강화할 수 있는 데 필요한 두 가지 주요한 요건이었다고 할 수 있다.

12세기 말부터 13세기 초까지 약 1세기 동안은 무신집권시대에 해당한다. 무신란을 계기로 정권을 쥔 무신들은 그들의 미천한 신분을 상승시키기 위하여 문신귀족들과 통혼하였다. 崔忠獻 일가가 定安任氏·慶州金氏 등 전통적인 문신가문과 통혼한 것이 그 예이다.[27] 그리하여 미천한 출신의 무신들이 일약 무신귀족으로 상승하게 되었다.

그런데 무신집권시대에는 또한 문학과 吏務에 밝은 能文能吏의 관인군이 성장하고 있었다. 무신정권은 국가행정을 수행하기 위하여 문학과 행정에 밝은 문신들을 필요로 하였다. 최씨정권의 政房은 이들을 수용하기 위한 관부였다. 무신정권 하에서 많은 능문능리들이 과거를 통하여 官界에 진출하였다. 이들 중에는 향리출신도 많이 포함되어 있었다. 趙文拔·蔡靖·李淳牧·

26) 《高麗史》 권 75, 志 29, 選擧 3, 銓注 蔭敍.

27) 閔賢九, 〈高麗後期 權門世族의 成立〉(《湖南文化硏究》 6, 1976), 26쪽.

朴恒·張鎰 등이 그들이다.[28]

무신정권이 무너지고 고려가 원의 지배를 받게 되자 譯官·內僚·怯怜口 등 친원세력이 대두하게 되었다. 趙仁規·柳淸臣·印侯·張舜龍·車臣·羅裕·韓希愈 등이 그 대표적인 인물들이었다.[29] 본래는 미천한 신분에 속하였던 이들은 원의 세력을 등에 업고 일약 양반가문으로 상승할 수 있었다. 그 중에서도 특히 몽고어 통역관이었던 조인규는 원 세조의 知遇를 받아 국가의 요직을 두루 차지할 뿐 아니라 왕실 및 문벌양반 귀족가문과 통혼하여 일약 고려 후기의 새로운 권문세족으로 상승할 수 있었다.[30]

이와 같이 고려 후기에는 고려 전기의 문신귀족 이외에 무신귀족, 능문능리의 신흥문신, 친원세력 등 많은 새로운 가문의 인물들이 양반으로 상승하여 양반층은 더욱 늘어나게 되었다. 충선왕 즉위교서에는 왕실과 통혼할 수 있는 가문으로 慶州金氏·彦陽金氏·定安任氏·慶源李氏·安山金氏·鐵原崔氏·孔巖許氏·平康蔡氏·淸州李氏·唐城洪氏·黃驪閔氏·橫川趙氏·坡平尹氏·平壤趙氏 등 14가문을 들고 있다. 이것은 고려 전기에 이자겸의 경원이씨와 통혼한 안산김씨·경주김씨·광양김씨·해주최씨·파평윤씨·강릉김씨 평산박씨 등 7가문[31]에 비하면 수적으로 두 배에 해당한다. 물론 양자를 직선적으로 비교하는 것은 문제가 없지 않으나 앞의 경원이씨와 혼인한 가문 중 경주김씨·안산김씨·파평윤씨와 경원이씨까지 4가문 만이 宰相之宗에 포함되어 있고, 광양김씨·해주최씨·강릉김씨·평산박씨 등 네 가문은 빠져 있으며 정안임씨·철원최씨·공암허씨·언양김씨·평강채씨·청주이씨·당성홍씨·황려민씨·횡천조씨·평양조씨는 재상지종에 새로 등장하는 가문이었다.[32] 成俔의 《慵齋叢話》에 보면 조선 초기의 명문 양반가문인 鉅族으로 파평윤씨를 비롯한 75 가문을 들고 있다.[33] 75 가문 중에는 후삼국시대 이후부터 있어온 世族도 있었으나 고려의 건국 이래 점차로 양반가문

28) 李成茂, 앞의 책 (1980), 23쪽.
29) 閔賢九, 앞의 글, 33~35쪽.
30) 閔賢九, 〈趙仁規와 그의 家門(中)〉(《震檀學報》 43, 1977) 참조.
31) 藤田亮策, 앞의 글 참조.
32) 李成茂, 앞의 책(1980), 24쪽.
33) 李成茂, 앞의 글(1981), 84쪽.

으로 성장한 가문이 많이 포함되어 있다. 양반가문이라 하더라도 어떤 계기에 명문으로 될 수도 있고 또 영락하여 한미하게 되거나 양반신분을 잃을 수도 있었다.

무신정권이 무너지자 친원세력과 함께 신흥사대부들이 정계에 활발히 진출하였다. 이들은 원으로부터 주자학을 도입하여 불교를 믿는 구귀족에게 대항하고 구귀족의 사학에 대신하여 國學을 일으켰다. 그리하여 이들은 권문세족에 대항할 수 있는 발판을 마련하였다. 이들은 고려 말에 정규적으로 실시되는 과거시험을 통하여 양반신분을 획득하였다. 고려 말에는 조선시대 문과에 해당하는 제술업·명경업의 선발인원은 대체로 33인을 채우고 있었다. 安珦·李瑱·李穀·李齊賢·白文寶 등이 고려 말에 진출한 신흥사대부들이었다. 이들 중에는 향리출신도 많이 포함되어 있었다. 안향·尹諧·嚴守安 등은 자기 자신이 향리였고, 李兆年·이곡·安軸 등은 아버지가 향리였다.[34] 고려 말에 이르러 문신정치가 회복되면서 많은 향리출신 사대부들이 새로운 양반층에 가담하게 된 것이다.

그러나 양반 수가 늘어나자 양반 내부의 관직 경쟁이 치열해지게 되었다. 이에 향리가 양반이 되는 길은 점차 제한을 받기 시작하였다. 원나라가 지배하던 고려시대에 이미 향리는 세 아들 중 하나만 상경 종사할 수 있도록 규제한 바 있었다[35] 이것은 물론 지방에서의 향리요원을 확보하기 위한 조처였다고도 볼 수 있다. 그리하여 恭愍王朝 이후에는 향리 자신이 등과하여 양반이 된 예는 드물어졌다.

공민왕 때는 국권회복과 문신정치를 강화하기 위하여 李穡·鄭夢周·朴尙衷·李崇仁·朴宜中 등 많은 신흥사대부들을 기용하였으며 홍건적·왜구 등 내외의 전란을 통하여 李成桂·崔瑩·邊安烈·安祐·池龍奇·池龍壽 등 신흥무장들의 세력이 커지게 되었다. 무장 중에는 출신이 미미한 사람들도 포함되어 있었다. 이성계나 李豆蘭은 여진족이 살고 있는 함경도에서 일어난 사람들이었다. 이성계·최영·지용기·지용수·尹可觀·黃裳·沈德符 같은 사람은 그래도 가문을 밝힐 수 있으나 나머지는 세계가 분명하지 않은

34) 李成茂, 앞의 책, 26쪽.
35) 《高麗史》 권 106, 列傳 19, 嚴守安.

사람이 많았다.

더구나 공민왕 3년(1354)부터는 군공에 대한 상으로서 添設職이 남발되었다.[36] 첨설직을 받은 군인 중에는 향리나 일반 양인자제들도 많이 포함되어 있었고 심지어는 천인들도 포함되어 있었다. 이들은 비록 실직은 아니지만 첨설직을 받아 그들의 신분을 일약 양반으로 상승시킬 수 있었던 것이다. 그리하여 고려 말에 이르면 신분질서가 문란해져 양반층이 급격히 늘어나게 되었다.

고려시대에는 지방 향리세력을 중앙관인으로 흡수하기 위하여 여러 가지 정책을 실시하였다. 과거제도는 물론 胥吏職이나 同正職·檢校職 등의 산직을 만들어 관인군은 대폭 늘어가기만 하였다. 더구나 공민왕 이후로는 첨설직이 남발되어 향리·양인은 물론 천인들까지도 양반이 된 사람이 많았다. 동정직·검교직·첨설직 등의 산직은 그 수가 제한되어 있는 것이 아니기 때문에 양반층을 늘이는 데 크게 공헌하였다. 그리하여 고려 말에는 관직 세계가 포화상태에 이르게 되었다. 이에 조선 건국 초기의 집권양반들은 지배층을 양반과 중인으로 양분화시키고자 하였다.

양반에서 떨어져 나와 중인층이 된 자들은 향리·서리·기술관·장교·역리 등 주로 행정실무나 기술직을 담당한 자들이었다. 그 중에서도 특히 향리는 고려 후기 양반의 공급원이었다. 그러나 고려 말부터 향리의 양반으로의 진출은 서서히 억제되어 왔다. 즉 禑王 9년(1383)부터는 향리의 3정 1자에 한하여 잡과에 응시할 수 있게 하였으며 조선 초기에는 생원·진사시의 覆試 전에 보이는 學禮講-'小學'·'家禮' 시험- 외에 향리는 四書와 一經의 講 시험을 더 치르게 하였다.[37] 그리고 태조 원년(1392) 9월에는 등과하거나 立功하지 않은 향리로서 첨설 2품 이하, 현직 3품 이하의 관료는 향리로 환원시켰다. 뿐만 아니라 세종 27년(1445) 7월에는 향리에게 주던 外役田이 혁파되고 향리에게는 녹봉도 주지 않았다.[38] 한편 토호라고 생각되는 향리는 元惡鄕吏로 몰아 형편이 좋지 않은 역에 역리로 보냈다.[39] 또한 향리의 약

36) 鄭杜熙, 〈高麗末期의 添設職〉(《震檀學報》 44, 1977), 40~41쪽.
37) 宋俊浩, 《李朝 生員進士試의 硏究》(國會圖書館, 1970), 31쪽.
38) 李成茂, 〈朝鮮初期의 鄕吏〉(《韓國史硏究》 5, 1970), 86쪽.
39) 《經國大典》 권 5, 刑典 元惡鄕吏.

80%가 군현제 개편에 따라 다른 군현으로 이속되었다.[40] 그리하여 이들은 오랫동안 기반을 닦아 온 고향을 떠나 다른 곳으로 옮겨짐으로써 사회 경제적인 기반을 잃게 되었다. 이 때 지방사회에서 양반은 土姓으로 남고 향리는 續姓[41]으로 등재된 사람이 많게 되었다.[42] 조선 양반국가에서는 이 시기에 양반은 상급 지배신분층으로, 향리를 비롯한 중인은 하급 지배신분층으로 구분하고자 하였다. 그리하여 향리들은 고려시대의 지방 지배세력에서 한낱 지방행정 실무자로 전락하게 되었다. 양반들은 중앙의 京在所와 그 지방 분소인 留鄕所를 만들어 지방사회의 주도권을 잡았다.[43] 고려시대에는 양반과 향리를 각각 다른 계통으로 국가행정 조직에 연결하여 서로 견제하는 가운데 지방사회를 관할하도록 하던 것을 조선 초기에 이르러서는 이를 양반의 주도 아래 두게 한 것이었다. 그리하여 향리는 그들의 집무소인 作廳을 중심으로 양반을 도와 지방행정 실무를 담당하는 중인으로 격하되게 되었다.

향리뿐 아니라 중앙행정 실무자인 서리도 중인으로 격하되었다. 서리는 고려시대부터 문음자제들의 음직으로 주어지거나 其人去官者들의 入仕路로 이용되어 왔다. 지방향리들은 이 서리직을 통하여 중앙으로 진출하여 양반이 되는 것이었다.[44] 서리들에게는 守令取才 시험을 거쳐 수령이 될 수 있는 길이 열려 있었다. 이것은 서리가 양반이 될 수 있는 통로이기도 하였다. 그러나 조선시대에 와서는 서리가 수령이 되는 길은 녹사 출신이 아니면 어렵도록 제한되어 있었다.[45] 서리에게 과전이 주어지지 않았던 것은 이미 최씨 무신정권에서 실시한 祿科田制에서부터이고 조선 초기에는 그들에게 西班遞兒職이 주어지다가 그것도 세조 12년(1466) 職田法이 실시되면서부터는 주지 않게 되었다.[46] 상급 서리인 녹사는 문음자제들이 많이 임명되어 만기가

---

40) 李成茂, 앞의 책, 33쪽.

41) 古籍에는 없고 《世宗實錄地理志》에 各道 關文에 의하여 새로 追錄된 姓氏를 말한다.

42) 鄭杜熙, 〈朝鮮初期 地理志의 編纂〉(《歷史學報》 69, 1976), 93쪽.

43) 李成茂, 〈京在所와 留鄕所〉(《擇窩許善道敎授停年退職紀念 韓國史學論叢》, 1992) 참조.

44) 金光洙, 〈高麗時代의 胥吏職〉(《韓國史硏究》 4, 1969) 참조.

45) 《經國大典》 권 1, 吏典 京衙前 錄事.

46) 韓永愚, 〈朝鮮初期의 上級胥吏 成衆官〉(《東亞文化》 10, 1971), 77쪽.

되면 수령으로 진출할 수 있는 길이 열려 있었으나, 하급 서리인 書吏는 만기가 되면 고작 驛丞이나 渡丞으로 진출할 수 있을 뿐이었다. 그리고 그것조차도 어려운 자는 관품만 주는 산관직만을 받는 경우도 많았다.[47] 따라서 서리가 되고자 하는 사람이 적어 諸邑校生 중에서 매년 歲貢을 받는 실정이었다.[48]

한편 譯官·醫官·律官·陰陽官·算員·寫字官·畫員·道流 등 기술관들도 중인으로 격하되었다. 고려시대에는 기술관에 대한 차별은 그리 심하지 않았다. 기술관에게는 녹봉은 물론 전시과의 제15과부터 제16과가 지급되었다. 그들은 잡업시험을 통하여 기술관직을 차지하였고 양반자제들도 기술관에 종사하기도 하였다. 그러나 15세기 후반기부터 차별을 받기 시작하였다. 향리는 관품이 없고 서리는 流外職을 받았는데 비하여 이들은 流內職을 받았다. 기술관은 6개월이나 3개월마다 다시 임용시험을 거쳐야 하는 체아직을 받았으나 직전법이 실시되면서부터 체아직에는 직전이 주어지지 않았다. 기술관은 양반과 마찬가지로 문산계를 받고 있었으나 정3품 堂下官(通訓大夫)이 限品이었다. 기술관은 중인층에서는 가장 상위에 속하는 축들이었다. 그러나 양반과는 차이가 벌어지게 되었다. 양반직에는 한품이 없었는데 비하여 기술관에게는 한품을 두고 있었던 것이 그 예이다. 이어 양반들은 점차 기술관을 천시하여 여기에 종사하기를 꺼리게 되었고 다만 양반의 庶孽 자손만이 여기에 종사할 수 있었다. 그것도 2품 이상의 良妾子孫은 당하관직인 기술직이나 忠順衛·成衆官에 서용될 수 있었으나 2품 이상의 賤妾子孫은 서반 군직을 받는데 그쳤고 그나마 武才가 없으면 司僕甲士·忠扈衛·尙衣院·司饔院·圖書院 등의 유외 잡직을 받았다. 그러나 3품 이하의 서얼 자손에게는 음직의 혜택이 주어지지 않았기 때문에 그나마 授職할 기회가 보장되어 있지 않았다.

양반의 서얼 자손은 그 아버지가 양반인데도 불구하고 그 어머니가 正室이 아닌 양첩·천첩이었기 때문에 자손 대대로 양반 顯職-종9품부터 정1품

47)《經國大典》권 1, 吏典 京衙前 書吏.

48) 李成茂,〈朝鮮初期의 鄕校〉(《漢坡李相玉博士回甲紀念論文集》, 1970), 247~248쪽.

에 이르는 兩班流內職-을 받을 수 없었다. 태종 15년(1415)에 右代言徐選이 庶孼差待法을 제안할 때는 그냥 서얼 자손을 양반 현직에 임용하지 않는다고 되어 있었으나[49] 《經國大典》에는 서얼 자손은 자자손손 禁錮하는 것으로 규정하고 있다.[50] 따라서 서얼 자손은 자자손손 문과나 생원·진사시에 응시할 수 없었으며 再嫁한 부인이나 행실이 좋지 못한 부인의 아들과 손자도 마찬가지였다.[51] 그러나 再嫁失行女의 아들과 손자는 그 다음 대에는 양반직을 차지할 수 있었기 때문에 서얼 자손과는 현격한 차이가 있었다.

이와 같이 향리·서리·기술관·서얼자손은 신분적으로 양반과 구별되어 조선 초기부터는 서서히 중인계층으로 떨어지고 있었다. 이들 뿐만 아니라 역리·장교 등도 마찬가지였다. 그리하여 조선 초기에 이르면 지배신분층은 상급 지배신분층인 양반과 하급 지배신분층인 중인으로 갈리게 되었다. 이것은 폐쇄적인 혼인관계와 직역의 세전으로 점점 심화되어 갔다.

3) 양반의 특권

양반은 조선시대의 최고 지배신분층이었기 때문에 여러 가지 특권을 누리고 있었다. 그 중 중요한 것을 든다면 관직상의 특권, 국역에서의 특권, 토지 소유에서의 특권 등을 들 수 있다.

양반이란 명칭이 관직제도상의 문·무반에서 비롯되었기 때문에 양반의 관직에 있어서의 특권은 제 특권 중에 가장 중요하였다. 조선의 중앙집권적 관료제는 관직체계를 통하여 통치되었으므로 관직을 누가 차지하느냐에 따라 지배관계가 규정되게 마련이었다. 따라서 신분의 높고 낮음은 국가의 관직과 어떤 관계에 있느냐와 깊은 관계가 있었고 이것을 우리는 '국가신분체제'라고도 한다.

그러면 양반은 어떠한 통로를 통하여 관직을 받을 수 있었는가. 鄭道傳이 정한 入官補吏法에 의하던 初入仕路에는 7개의 관문이 있었다. 門蔭·文科·

---

49) 魚叔權, 《稗官雜記》.
50) 《經國大典註解》 前集, 吏典 取才.
51) 《經國大典》 권 3, 禮典 諸科.

武科·吏科·譯科·陰陽科 醫科 등 7과가 그것이다.52) 7과 가운데 양반의 초입사로는 문음과 문·무과뿐이다. 고려시대에는 무과는 잠시밖에 없었고 문음·문과에 해당하는 제술업·명경업 이외에 遺逸·南班 등이 있었으나 조선시대에 들어와서 남반은 吏職으로 정리되고 高德者를 초빙하는 遺逸만 남게 되었다.53) 그러나 조선 초기에 관한 한 유일의 비중은 그리 높지 않았다. 그러므로 문음과 문·무과는 조선 초기에 있어서 양반의 초입사로로서 장벽을 이루는 관문이었다고 할 수 있다. 문음은 혈통을 중시하는 신분제사회의 속성을, 과거는 재능을 중시하는 관료제사회의 속성을 대표하여 조선의 양반관료제 사회에 있어서 서로 떼어놓을 수 없는 관계를 가지고 있었다. 조선사회는 과거우선주의·시험주의를 표방하는 관료제사회라고는 하지만 그 바탕에는 엄격한 신분제의 제약이 수반되어 있었으며, 신분제사회라고는 하지만 몇몇 귀족들에 의하여 농단되는 귀족제사회가 아니라 보다 폭넓은 양반신분의 계층적 지배를 기저로 하는 양반관료제 사회였던 것이다. 조선 초기에는 고려시대보다 과거제가 강화되는 반면에 문음의 비중이 줄어 들었다. 고려시대에는 5품 이상관의 아들에게는 무조건 음직이 주어졌던 것이54) 조선 초기에는 3품 이상관의 아들 손자와 吏曹·兵曹·都摠府·司憲府·司諫院·弘文館·部將·宣傳官 등 淸要職을 역임한 사람의 아들에게만 음직이 주어졌다던가55) 고려시대에는 잠시 동안밖에 없던 무과가 조선시대시대에는 항구적으로 실시되고 과거제도도 더욱 정비된 것 등이 그 예이다. 이는 고려사회가 조선사회보다 귀족적인 성격이 강한 사회였고, 조선사회가 고려사회보다 관료제적인 성격이 강한 사회였음을 의미한다. 그렇다고 조선사회가 신분의 장벽이 전혀 없는 개방사회라는 것은 아니다. 신분에 따라 사회적인 지위는 엄연히 구별되어 있었던 것이다.

(1) 문음의 특전

그러면 문음의 특전으로는 어떤 것이 있었는가. 문음자제들에게는 우선

---

52)《太祖實錄》권 1, 태조 원년 8월 신미.
53) 曺佐鎬,〈麗代南班考〉(《東國史學》5, 1957) 참조.
54)《高麗史》권 75, 志 29, 選擧 3, 銓注 蔭敍.
55)《經國大典》권 1, 吏典 取才 蔭子弟.

음직이 주어졌다. 음직은 공신이나 2품 이상관의 아들·손자·사위·동생·조카(단 原從功臣은 아들·손자), 실직 3품관의 아들·손자, 앞에서 언급한 양반 청요직을 지낸 관원의 아들에 한하여 주어졌다. 이들은 20세가 되면 5경과 4서 중 각 1경씩을 시험보며, 여기에 합격하면 종9품부터 정7품에 이르는 參下官職을 받게 되어 있었다.[56] 음직은 할아버지나 아버지가 역임한 실직 관품의 높고 낮음에 따라 다음과 같은 관품을 받게 되어 있었다.[57]

〈표 1〉 문·무 3품 이상의 자손 음직표

祖父 또는 父의 官品	長子의 散官	長孫·次子의 散官
정 1 품	정 7 품	종 7 품
종 1 품	종 7 품	정 8 품
정 2 품	정 8 품	종 8 품
종 2 품	종 8 품	정 9 품
정 3 품	정 9 품	종 9 품
종 3 품	종 9 품	종 9 품

음직은 원칙적으로 장자만 받을 수 있었으나 장자가 유고일 때는 장손이나 次子·壻·弟·姪까지 받을 수 있었으며 父祖가 사망하거나 致仕했어도 음직을 받는 데는 지장이 없었다. 물론 음서에는 直子가 일차적인 대상이 되었고 같은 托蔭者의 음서에는 1子만이 혜택을 받을 수 있었으나 다른 기회에는 다른 대상자들이 혜택을 받을 수도 있고 또 탁음자가 다를 경우에는 혜택의 범위가 넓어질 수 있었다. 조선 건국 초기의 《元六典》에서는 고려시대와 마찬가지로 1인 1자의 원칙을 그대로 계승하고 있으나 고려 후기부터

56) 태종 4년(1404) 8월에 제정된 '勳親之嗣加冠從仕之法'에 의하면 勳親子弟(蔭子弟)들은 18세에 初入仕할 수 있었다(《太宗實錄》 권 8, 태종 4년 8월 갑오). 그러나 그 후 蔭職을 받을 蔭子弟의 수가 늘어나자 세종조에는 25세로 初入仕 年齡을 늘였다가(《世宗實錄》 권 43, 세종 11년 정월 신해), 《經國大典》에서는 다시 20세로 내렸다(권 1, 吏典 取才 蔭子弟). 그리고 蔭子弟는 守令·外敎官·驛丞·渡丞·書題·錄事·道流·書吏取才와는 달리 製述과 書算은 시험보지 않고 단지 講經만 시험보았는데 5經·4書 중 각 1經씩을 선택하게 되어 있었다(위와 같음).

57) 《世宗實錄》권 29, 세종 7년 7월 임오.

현실적으로 넓어진 양반관료층의 자제들을 포용하는 새로운 관료체제를 지향하는 새 왕조에서는 이것을 그대로 실시할 수 없었다. 그리하여 음서대상이 장자→장손→차자로 이어지는 1인 1자의 《원육전》 규정은 세종대에 《續六典》에 이르러 아들·사위·동생·조카 등의 衆子·衆孫으로까지 확대되어 갔고 여기에다 3품 이하 청요직의 아들에게까지 음직을 주도록 되어 있었다.[58] 《경국대전》에는 음서 대상을 1인 1자에 제한하되 탁음자의 공훈이나 관품에 따라 수시로 아들·손자·사위·동생·조카들 중 어느 범위까지를 음직 수혜대상으로 정하고 있다. 만일 음직 수혜대상자를 1인 1자로 국한한다면 공신이나 2품 이상관 및 청요직을 가진 3품 이하관의 혜택이 다를 것이 없게 된다. 그리고 《원육전》에 정·종 1품의 장자는 정·종 7품, 정·종 2품의 장자는 정·종 8품을 주되 장자가 없으면 장손이나 차자가 減等受職한다고 한 것을 보아 장자우선주의가 적용되고 있었음을 알 수 있다. 그러나 그렇다고해도 실제로 중자·중손의 음서가 제한되지는 않았다. 세종조의 《속육전》에서 음서 대상을 확대한 것이 그것이며 黃喜의 아들인 黃守身·黃哲身이 과거에 합격하지 않고도 고위관직을 가질 수 있었던 것도 이러한 음직 규정 때문이었다. 그리하여 음서대상자가 많아지자 아들에게도 4서 5경 중 1서·1경을 시험 보여 합격자에 한하여 음직을 제수하게 되었다. 음서대상자를 늘이는 대신 이들에게 시험을 치르게 하여 하급관리가 될 수 있도록 한 것이다. 그리하여 이들로 하여금 조선왕조 관료층을 형성하는 기층이 될 수 있게 한 것이다. 이렇게 뽑힌 자도 사실상 모두 流品職을 받을 수 없었기 때문에 內侍·茶房·宣差房 등 성중관에 종사하기를 원하는 자는 이를 허락하지 않을 수 없었다. 《경국대전》에 녹사에 입속하기를 원하는 자는 들어준다고 한 것은 이를 법제화한 것이다. 상급 서리인 성중관은 뒤에 녹사로 바뀌었기 때문이다.[59]

그러나 음자제라고 모두 蔭子弟取才 시험에 합격할 수 있었던 것은 아니었다. 능력이 있는 사람이면 음자제 취재뿐 아니라 일반 취재나 과거에 합격

---

58) 이러한 蔭敍 대상의 확대는 《經國大典》 권 1, 吏典 蔭子弟에서 품급별로 음서 내용을 더욱 구체적으로 정하였다.

59) 韓永愚, 앞의 글 참조.

하여 얼마든지 관직에 오를 수 있었다. 그러나 능력이 없어 음자제 취재조차 합격하지 못하는 사람은 功臣嫡長·忠義衛·忠贊衛·忠順衛 등 특수군에 입속할 수 있었다. 정권 안보적인 차원에서 이들로 하여금 정치보위군이 되게 하는 것은 가장 안전한 길이었기 때문이다. 공신적장은 공신의 적장자이면 누구나 들어갈 수 있는 長番武衛로서 모두에게 체아직을 주었다.[60] 공신적장의 체아직이 無定數로 되어 있는 것도 그 때문이었다. 충의위에는 공신적장을 제외한 공신자손 및 첩자손 承重者가, 충찬위에는 원종공신의 아들·손자 및 첩자손 승중자가, 충순위에는 왕의 異姓緦麻 外六寸以上親·왕비의 緦麻 外五寸以下親(선왕·선후의 친족도 같다), 동반 6품 이상·서반 4품 이상의 실직 顯官을 지낸 사람이나 문·무관출신·생원·진사·유음자·문음을 받을 대상이 되는 아들·손자·사위·동생·조카가 각각 들어갈 수 있게 되어 있었다.[61] 공신 및 양반관료의 자제들로 하여금 특수군을 편성함으로써 그들의 진출로를 열어 줄 뿐만 아니라 정권의 안정을 도모하자는 의도에서 만들어진 제도라고 생각된다.[62] 조선시대에는 동정직·검교직·첨설직과 같은 산직을 없애고 모든 입사 대상자에게 시험을 보여 관직에 임명하는 취재 시험제도가 발달하였다. 이것은 조선의 관료제 발달에 있어서 중요한 부분이었다고 생각된다. 이에 아무리 음자제라도 시험에 합격하지 않으면 관리가 될 수 없게 한 것이다. 그리하여 국가가 음서 인원을 스스로 통제할 수 있게 한 것이다. 물론 음자제에게는 처음에 1경만 시험보였다. 그러나 《경국대전》에는 4서 중 하나를 보이는 것으로 되었다. 비록 음자제라 하더라도 일정한 시험을 거쳐 관직을 준다는 것은 고려의 음서 제도와 크게 다른 점이라 하겠다.[63]

한편 조선 초기에는 2품 이상 관료의 자제에 한하여 四部學堂에서 成均館으로 올라가는 시험인 陞補試를 거치지 않고 직접 성균관 寄齋(下齋)에 올라갈 수 있는 특권을 부여하고 있었다. 이를 門蔭陞補라 한다. 이들은 上齋

60) 《經國大典》 권 4, 兵典 功臣嫡長.

61) 위와 같음.

62) 蔭敍에 대해서는 李成茂, 〈朝鮮初期의 蔭敍制와 科擧制〉(《韓國史學》 12, 韓國精神文化硏究院, 1991), 140~142쪽 참조.

63) 李成茂, 위의 글, 143~144쪽.

生인 생원·진사와 똑같은 대우를 받을 수 있었다. 학당에서 성균관으로 올라가려면 원칙적으로 15세가 되어 소학과 4서에 통달하고 승보시에 합격해야만 하였다. 그러나 음자제들에게는 4서 중 한 책을 시험보여 합격하면 성균관에 진학할 수 있었다. 이 문음승보의 혜택은 세종조에 4祖 안에 3품 이상관을 지낸 사람이나 의정부·6조·대간 등 청요직을 지낸 사람의 아들과 손자에게까지 확대되었다. 이는 음직제수 대상자와 그 범위가 같은 것이었다. 이렇게 되자 성균관 기재생은 거의 문음승보생으로 채워지게 되었다. 이에 세종 15년(1433) 9월에는 문음 승보생의 수를 30인으로 제한하고 세종 18년부터는 소학시험에 합격하지 않으면 누구도 성균관에 입학할 수 없게 하였다. 그리고 향교에는 승보시가 유명무실하고 중앙의 4부학당에만 승보시가 중시되었던 것도 경중 양반자제들에 대한 하나의 특권이었다.

또한 음자제들은 중앙에 있는 관청에 南行으로 들어가 행정실무를 익힌 다음 실직에 나아갈 수 있었다. 문과출신자도 가문의 배경이 없으면 三館(承文院·成均館·校書館)의 權知(修習職)로 6~7년을 지나야 비로소 9품을 받고, 6품까지 올라가려면 8년이 걸리므로 나이 30~40에 급제하면 3관의 한 귀퉁이에서 늙어버리는 형편이었다. 그리하여 세종 10년 11월에는 음자제 대신 3관권지를 각 관청의 남항으로 쓰도록 하기도 하였다. 그러나 남항직은 조선시대 전기간에 걸쳐 음자제의 진출로로 광범하게 이용되고 있었다. 조선 후기에 남항수령이 많았던 것은 그 좋은 예이다.

(2) 과거의 특전

양반은 과거시험에 있어서도 여러 가지 특권을 누리고 있었다. 조선시대에 양반이 응시하는 과거시험은 문과와 무과였다. 그러나 무과에는 뒤에 일반 양인들도 응시하는 사람들이 많았다. 무과는 조선 초기에는 28명의 정원이 지켜졌으나 조선 후기에는 이른바 萬科라 하여 수천 명씩 뽑기도 하였으므로 양반들에게 매력을 잃게 되었다. 그러므로 양반들의 주된 관심은 문과와 그 예비시험인 생원·진사시에 있었다. 《경국대전》에 의하면 범죄자·국가재정을 횡령한 자의 아들과 재가하거나 행실이 나쁜 부녀의 아들과 손자·서얼의 자자손손을 제외한 양인 이상의 모든 사람은 문과, 생원・진사시를 볼 수 있도록 되어 있었다. 노비를 비롯한 천인이나 身良役賤은 여기에 응시할 수 없었다.[64] 국가의 공민이 아니었기 때문이다. 양인은 향리나 역리처럼 身役을 지고 있지 않기 때문에 양반과 마찬가지로 과거에・응시할 수 있었다. 그러나 양인이 과거에 응시하는 데는 현실적으로 여러 가지 어려운 점이 있었다.

첫째, 양인은 장기간에 걸친 과거준비를 할 수 있을 만한 경제력을 가지지 못하는 경우가 많았다. 통계에 의하면 과거에 급제하기까지는 적어도 25~30년간의 준비기간이 필요하였다.[65] 그런데 조선 초기의 양인들은 대부분 영세 농민이었다.[66] 토지 없는 가난한 양인의 아들이 적어도 25~30년간 과거 시험 준비에만 몰두하기는 어려운 노릇이었다.

둘째, 교육환경이 양반자제에 미치지 못하였다. 양반자제들은 그들의 특권적인 과거준비 교육기관인 私學을 설치하여 학덕있는 선생을 모셔다가 특별교육을 받을 수 있었다. 심지어는 家塾을 세워 5살만 되면 童蒙교육을 시작하기도 하였다. 향교나 학당에 가서 국비로 공부할 수 있지 않느냐고 할 수도 있다. 그러나 학당에는 경중의 양반자제들이 들어가고 향교는 유교윤리를 보급하려는 국초를 제외하고는 제구실을 하지 못하였다. 국가에서는 모든 것을 국비로 하여 향교를 계속 충분히 지원할 수 없었으며 양반들이 그들의 자제를 향교에 보내어 양인자제들과 공평하게 경쟁하려고 하지도 않았다. 그리하여 향교교육은 부실해지고 유능한 교관이 향교교관으로 가는 것을 기피하여 향교는 점차 양인자제들의 군역을 피하는 소굴로 바뀌어 갔다. 따라서 국초를 제외하고는 향교생도(校生)가 생원・진사시에 합격하지 못하는 경향이 있었다.[67] 이러한 상황에서 양인의 문과, 생원・진사시 합격

64) 《經國大典》 권 3, 禮典 諸科.

65) 宋俊浩, 〈朝鮮時代의 文科에 關한 硏究〉(프린트본, 1975), 86쪽.

66) 세종 18년(1436) 7월 江原道監司 啓에 의하면 總 家戶 11,538호 중 5결 이하를 경작하는 殘戶가 전체의 67.4%나 되었다고 하였으며(《世宗實錄》 권 74, 세종 18년 7월 임인), 세조 4년(1458) 정월 平山都護府使 鄭次恭의 上書에 토지없는 농민이 거의 10분의 3이나 된다고 하였다(《世祖實錄》 권 11, 세조 4년 정월 병자).

67) 李成茂, 앞의 글(1970).

은 쉬운 일이 아니었다. 뿐만 아니라 과거시험을 준비하는 데 필요한 서책도 구하기가 수월하지 않았다.

셋째, 양인들은 과거응시 절차에 있어서도 양반보다 까다로운 점이 있었다. 과거응시자들은 응시서류로서 호적과 保單子(身元保證書)를 내게 되어 있었다.[68] 4祖 안에 顯官(東・西班 正職)이 있는 양반은 보단자를 낼 필요가 없었다. 그러나 4조 안에 현관이 없는 양인은 보단자와 아울러 지방에 사는 사람은 경재소원 3인, 서울에 사는 사람은 해당 部의 관원 3인의 추천서를 제출하도록 되어 있었다.[69] 양인이 이들의 추천서를 받기는 쉽지 않았을 것이다. 4조 안에 현관이 있나 없나에 따라 양반과 비양반을 가리는 관행도 이러한 데서 말미암은 것이었을 것이다.

그렇다고 양인이 전혀 문과, 생원・진사시에 응시할 수 없었던 것은 아니었다. 집안이 넉넉하고 여건이 갖추어진 사람이면 문과에 급제할 수도 있었다. 그러나 그 수는 극히 제한되어 있었다. 일설에는 양인은 양반과 아무런 차별없이 문과, 생원・진사시에 응시할 수 있었으며 양반이란 문관직이나 무관직을 가진 점이 양인과 다를 뿐이라 하기도 한다.[70] 이러한 주장은 조선 초기의 사회신분을 법제적인 측면에서만 이해하려는 데서 오는 오해이다. 사회신분을 이해하는 데 있어서 법제적인 측면에서 보는 것도 중요하지만 실제적 측면에서 보는 것이 그에 못지 않게 중요하다. 물론 실록에도 金義精・崔濆・崔岦・潘碩枰・宋尙問・趙成・李順命・李得全・高荊山・方有寧・安中孫・崔山斗 등 양인으로 보이는 급제자도 있었다.[71] 그러나 이 중 반석평(?~1540)은 어느 재상집 종이었다가 주인의 알선으로 어느 부자집 아들이 되어 문과에 합격한 사람이고, 송상문은 주인을 배반하고 몰래 과거시험을 본 私奴였으며, 조성은 首陽大君의 종으로서 세조의 佐翼功臣이 되었던 趙得琳의 아들이었다. 즉 이들은 사노로서 비상한 방법으로 과거에 합격한

---

68) 《大典後續錄》 권 3, 禮典 諸科.

69) 위와 같음.

70) Choe Yong-ho, Commoners in Early Yi Dynasty Civil Examinations : An Aspect on Korean Social Structure, 1392-1600, *Journal of Asian Studies* Vol. 33. No. 4, 1974, pp. 616~623.

71) Choe Yong-ho, 위의 글.

사람들이다. 그리고 최서 · 최립 · 고형산 · 방유령 · 안중손 · 최산두 · 김의정 등은 門地가 한미하였다고 한 것을 보아 양인일 수도 있고 영락한 양반일 수도 있는 인물들이다. 또한 이순명과 이득전은 향리였다. 이렇게 보면 1392년부터 1600년까지 200년간 고작 12건의 양인급제자의 사례가 발견된 셈인데 이것을 가지고 모든 양인이 아무런 제약 없이 문과, 생원 · 진사시에 급제할 수 있었다고 일반화할 수는 없다. 더구나 문지가 한미하였다고 해서 무조건 양인이었다고 할 수도 없다. 혁혁한 양반도 몰락하여 가난해질 수 있었기 때문이다. 안중손의 경우를 보더라도 가난했지만 노비를 거느리고 있는 것으로 보아 양반이었을 수도 있다. 뿐만 아니라 이들이 모두 양인이었다고 하더라도 이들은 과거를 거쳐 양반으로 상승한 사례에 불과할 뿐이다. 그리고 이러한 사례가 드물었기 때문에 특별히 실록에까지 기록되게 된 것일 뿐이다. 그러니 소수의 사례를 가지고 모든 양인이 양반과 아무런 차별 없이 문과 생원 · 진사시에 급제할 수 있었다고 속단할 수는 없다.[72] 이로 미루어 보아 조선 초기에는 양인의 과거응시가 법제적으로 보장되어 있었으나 그들이 당면하고 있는 현실적인 어려움 때문에 문과, 생원 · 진사시에 급제한 자는 적은 수에 지나지 않았음을 알 수 있다.[73]

그러면 양반과 양인의 신분을 구분하는 기준은 무엇이었나. 家世와 門地였다. 양반의 가세와 문지는 가계 안에 천계 혈통이 섞이지 않아야 하고, 과거 급제자나 현관이 많아야 하며, 훌륭한 양반가문과 통혼할수록 높아지게 되었다. 과거시험에서 응시자에게 호적과 보단자를 내게 하여 4조-부 · 조 · 증조 · 외조-를 따지는 것도 가세와 문지를 알아보기 위해서였다. 우선 4조 안에 천계 혈통이 끼어 있으면 그 응시자는 서얼로 판정을 받아 문과, 생원 · 진사시를 볼 수가 없었다. 따라서 과거시험이나 관리선발에 있어서 재능만 시험하는 것이 아니라 가세와 문지를 따졌다. "우리 나라 과거의 법은 試才만이 아니라 족속으로도 판별한다"[74]고 한 것이나 "옛부터 用人할 때에는 재주만으로 하지 않고 반드시 먼저 그의 가세와 문지를 살펴본다"[75]라

72) 李成茂, 《朝鮮初期兩班硏究》(一潮閣, 1980), 62쪽.
73) 李成茂, 위의 책, 63쪽.
74) 《太宗實錄》 권 33, 태종 17년 2월 경진.
75) 《世朝實錄》 권 43, 세조 13년 9월 경인.

고 한 것 등이 그 예이다.

양반들은《경국대전》에서 양인에 대해서는 과거응시 자격에 대한 언급을 전혀 하지 않으면서 자기들과 경쟁대상이 될 만한 향리와 양반서얼에 대해서는 일정한 규제를 하였다. 향리자제에게는 문과, 생원·진사시에 응시하는 것은 제한하지 않았지만 잡과에는 세 아들이 있으면 한 아들만 응시할 수 있도록 하였다.[76] 그렇다고 조선 초기에 향리출신이 문과, 생원·진사시에 많이 합격한 것은 아니었다. 그것은 조선 초기에 군현제를 정비하면서 향리를 대폭 이동시키는 등 향리세력을 크게 억제하였고 또 향리가 과거시험을 볼 때에는 여러 가지 제약이 따랐기 때문이기도 하였다. 향리자제가 생원·진사시에 응시하려면 반드시 자기 소속 군현의 수령에게 허가를 받아야만 한다든지, 무과 初試에 향리에게는 과외로 武經七書를 시험보여 粗 이상의 성적을 받아야 응시를 허락했다든지, 생원·진사시 覆試 전에 보이는《小學》·《家禮》의 講 시험인 學禮講 외에 향리는 4서와 1경의 강 시험을 더 보아야 한다[77]는 것 등이 그것이다. 이 이외에도 향리역을 질 사람이 줄어든다는 핑계로 양반관료들이 보단자를 써주기를 꺼린다든가, 4조 판정에 불리한 판정을 받기 쉬운 점 등 여러 가지 난관이 따랐을 것이다.[78] 어떻든 조선 초기에는 향리의 문과 급제자수가 적었으며 향리가 구태여 사족을 사칭하여 문과에 응시하려는 것도 그들의 응시에 일정한 제약이 따랐기 때문일 것이다.

그러면 향리나 서얼에 대해서는《경국대전》에 일정한 제약을 가하는 조문이 있고 양인에게는 아무런 언급이 없다고 하여 향리나 서얼보다 양인의 신분이 높다고 할 수 있는가. 그러나 이것은 오히려 역으로 해석해야 될 것 같다. 향리나 서얼(양반서얼)은 과거시험에 있어서 경쟁자가 될 수 있는 부류였으므로 구체적인 규제 사항을 정해 둘 필요가 있었지만 경쟁대상이 아닌 양인에 대해서까지 제한을 가하는 문구를 만들어 저항을 받을 필요가 없었다. 이것을 가지고 양인이 양반과 아무런 차별 없이 과거에 응시할 수 있었다고 하지만, 오히려 양반들이 법전에 양인 응시자들의 응시자격에 대하

76)《經國大典》권 1, 吏典 鄕吏.

77) 宋俊浩,《李朝生員進士試의 硏究》(國會圖書館, 1970), 31쪽.

78) 李成茂,〈朝鮮初期 文科의 應試資格〉(《論文集》9, 國民大, 1975), 89쪽.

여 가부간에 아무런 언급도 하지 않음으로써 이들을 置之度外하였던 것이라 할 수 있다.[79]

그러면서도 양반은 과거시험에 있어서의 자기들의 특전을 많이 마련해 놓고 있었다. 과거제도를 비롯한 관료제도를 만든 것도 이들이었기 때문이다. 고려시대에는 6품 이상의 참상관은 과거시험을 볼 수 없도록 되어 있었다.[80] 그러나 조선 초기에는 참상관도 과거, 특히 문과, 생원·진사시를 볼 수 있었다. 처음에는 과거에 응시할 경우 떨어지고 붙고를 막론하고 職牒告身을 반납하게 되어 있었으나 이 원칙은 곧 무너져 시험에 떨어지더라도 직첩을 돌려줄 뿐 아니라 응시자에게 휴가의 편의까지 제공하였다. 그 후 《경국대전》에는 문·무과의 경우 당하관(정3품 통훈대부 이하)이, 생원·진사시의 경우 낭관(5품 통덕랑 이하)이 응시할 수 있도록 되었다.[81] 다시 말하면 당상관이 된 사람은 문·무과를 볼 필요가 없고, 大夫가 된 사람은 생원·진사시를 볼 필요가 없다는 뜻도 된다. 10년에 한 번씩 보는 문·무과 重試도 당하관만 응시할 수 있게 하였다.

이와 같이 현직관료들을 문·무과에 응시할 수 있게 하는 것은 음자제들에게 매우 유리하였다. 유직자의 상당 부분은 음자제들로 구성되어 있었기 때문이다. 조선시대의 과거제도는 無職者를 새로 관리로 뽑는 데도 의미가 있었지만 기왕에 관리가 되어 있는 사람의 관품을 시험 성적에 따라 몇 등급씩 올려주거나 실직 자체를 올려주는 의미도 가지고 있었다. 즉 초입사와 超資·超職의 의미를 동시에 가지고 있었던 것이다. 무직자도 시험 성적에 의하여 초자·초직될 수 있었고 유직자는 시험 성적에 따라 자기가 가진 관품에서 또 몇 등급씩 초자·초직될 수 있었다. 무직자 및 유직자의 초자·초직 규정은 다음 〈표 2〉와 같다.

〈표 2〉에서 우리는 무직자라도 예컨대 문과에 장원으로 급제하면 참상관의 실직을 직접 받게 되어 있었음을 알 수 있다. 이는 양반관료가 근무일수에 따라 단계적으로 승진하는 승진법(循資法)에 따라 올라가려면 순조롭게

79) 李成茂, 위의 글, 90쪽.
80) 《高麗史》 권 105, 列傳 18, 許冠.
81) 《經國大典》 권 3, 禮典 諸科.

〈표 2〉 문·무과 급제자 超資·超職表

과별 / 구분	문과		무과	
	무 직 자	유 직 자	무 직 자	유 직 자
장 원	종 6 품직	加 4 階		
갑 과	정 7 품계(직)	加 3 階	종 7 품계(직)	加 1 階
을 과	정 8 품계(직)	加 2 階	종 8 품계(직)	加 1 階
병 과	정 9 품계(직)	加 1 階	종 9 품계(직)	加 1 階

올라간다고 해도 7년이 넘게 걸리는 기간을 단축하는 특혜를 받는 것이었다. 그런데 여기에 퇴직·사고·고과로 인한 무직상태를 고려한다면 얼마가 더 걸릴지 알 수 없는 노릇이었다. 성적이 낮은 사람들도 장원보다는 못하지만 각각 일정한 승진기간을 단축시킬 수 있었다.

그런데 정1품관의 아들인 경우는 이미 음직으로 정7품을 받고 있었다. 이것은 이미 무직자가 문과장원을 했을 때와 같은 기간을 뛰어 넘고 있는 것이다. 이러한 사람이 또 문과에 장원으로 급제하면 자기가 가지고 있던 관직에서 4계를 뛰어 올라갈 수 있었으니 이들은 곧 4품직을 받을 수 있게 되었다. 그리고 階窮者는 아무런 거리낌 없이 당상관으로 올라갈 수 있었다. 이것은 장원뿐 아니라 갑과 급제자의 경우도 마찬가지였다. 단 을·병과 급제자는 일단 정3품 당하관의 실직에 准職시켰다가 당상관으로 올라가게 되어 있었다.[82] 그리고 加階된 품계가 자기가 마땅히 받아야 할 품계와 같을 때에는 거기서 또 1계를 더 올려받았다.[83] 《元六典》에는 을과 3인, 병과 7인을 합하여 10인에게 실직을 바로 주던 것을[84] 태종 원년(1401) 4월부터는 을과 3인만 실직을 바로 주었으며, 세종 26년(1444) 11월에는 을과 3인 이외의 급제자에게는 散官職만을 주었다. 세종 26년의 丙科·同進士와 산관제수 규정은 다음의 〈표 3〉과 같다.

---

82) 《經國大典》 권 1, 吏典 諸科.

83) 위와 같음.

84) 《世宗實錄》 권 44, 세종 11년 4월 갑신. 世祖朝 이전에는 1등~3등을 乙科, 4등부터 10등을 丙科, 11등부터 33등을 同進士로 부르다가 세조 12년(1467) 5월부터 甲科·乙科·丙科로 바꾸어 불렀다(《世祖實錄》 권 39, 세조 12년 5월 경진).

〈표 3〉 문·무과의 병과·동진사·산관직 제수표

문	과	무	과
병 과	정8품 산관직	2등	종8품 산관직
동 진 사	정9품 산관직	3등	종9품 산관직

산관직이란 관품만 가진 관직을 의미한다. 이것은《경국대전》에도 그대로 법문화되어 있다. 을과(뒤에 갑과) 3인 이외에도 참상관으로 급제한 자로서 50세가 넘은 자에게는 또한 실직을 주게 되어 있었다.

(3) 관직의 특권

조선시대의 문·무 관료는 문·무산계를 받게 되어 있었다. 그 중에는 文散階·宗親階·儀賓階가 포함되어 있었다. 문산계는 문관이, 종친계는 왕실의 종친이, 의빈계는 왕실의 사위들이 받는 관계였다.

종친계는 정1품부터 정6품까지 있었는데 이들은 親盡[85]되면 문·무산계를 받는다.[86] 종친들은 五服親에 한하여 친소관계에 따라 封君되거나 종친계를 받았다. 왕의 嫡子는 大君, 庶子(衆子)는 君, 정1품부터 종2품까지는 君, 정3품부터 정6품까지는 都正·正·副正·守·副守·令·副令·監을 받았다. 종친들의 지위는 높고 우대는 받지만 특별한 경우를 제외하고는 정치에 간여하지 못하였다.

왕의 사위들은 의빈계를 받는데 왕의 嫡女인 공주에게 장가든 사람은 종1품 尉, 庶女인 翁主에게 장가든 사람은 종2품 尉를 받았으며 기타 왕녀인 郡主에게 장가든 사람은 정3품 당상관 副尉, 縣主(世子의 궁인 소생의 딸)에게 장가든 사람은 종3품 僉尉를 받았다. 그러나 왕의 적자인 대군과 서자인 군, 공주와 옹주는 품 외로 되어 있었다. 왕의 사위집안은 왕이나 세자·왕자와 통혼한 외척과 함께 권세를 누릴 수 있었다. 양반이 권력을 차지하려면 國婚을 맺는 것이 빠른 길이었다.

조선시대에 있어서 문관은 무관보다 우위에 있었다. 조선시대의 핵심적인

85) 5世代가 지난 것을 말한다.
86)《世宗實錄》권 102, 세종 25년 11월 을축.

관직인 청요직도 문관에 치우쳐 있었다. 문관 청요직에는 議政府·吏曹·兵曹·司憲府·司諫院·弘文館 직이 있었는데 비하여 무관 청요직은 都摠府·宣傳官·部將밖에 없었다. 그리고 무산계에는 2품 이상의 계가 없었으며 문관의 최고직인 의정부직은 실권직이었는 데 비하여 무관의 최고직인 中樞府職은 무소임 문·무 당상관의 대기직으로 활용되었을 뿐이었다. 또한 문관의 京官 당상직은 전임관이었는 데 비하여 무관의 경관 당상직은 타관이 겸직하게 되어 있었다. 뿐만 아니라 각도의 병마절도사(종2품)와 수군절도사(정 3품 당상관) 2~3명 중 1명은 관찰사가 겸하였다. 그리고 兵政機關인 병조의 관원과 군사통수권조차도 문관이 차지하는 것이 보통이었다.87) 이와 같이 조선시대에는 문치주의 경향으로 偏文現象이 지배하고 있었다.

조선시대의 향리·서리 등은 관계를 받지 못하게 되어 있었다. 단 永興·平壤·鏡城·義州·會寧·慶源·鐘城·穩城·富寧·慶興·江華·慶州·全州·開城 등 15개의 변방도시나 중요 도시의 향리를 土官이라 하여 정5품까지의 토관계와 토관직을 주었다. 이들의 관계를 문·무산계와 구별하기 위해서였다. 그리고 토관계를 가진 사람이 문·무산계를 받을 때는 1계를 내려 받게 되어 있었다.

한편 천인들은 정5품까지의 잡직계와 잡직을 받게 되어 있었다. 양반관료들은 賤身分을 良身分과 동등하게 대우하는 것을 용납하지 않았다. 특히 양반과 私賤 사이에는 엄격한 주종관계가 맺어져 있었다. 이것은 하나의 綱常으로 여겨져서 사천이 양반에게 대드는 것은 강상범으로 극형에 처하게 되어 있었다. 잡직과 잡직계를 따로 만든 것도 이러한 뜻에서였다. 천인들에게도 천인들만이 종사하는 관직이 있었기 때문에 이를 문·무관과 구별하기 위한 조처이기도 하였다. 그러나 뒤에는 양인의 일부도 잡직에 종사하는 사람이 없지 않았다.

한편 같은 문산계를 받는 기술관들도 한품을 따로 정하여 정3품 당하관에 한하여 기술직을 받도록 하였다. 한품은 기술관뿐 아니라 서리들에게도 적용되었다. 그리고 기술관에게는 정직이 아닌 6개월이나 3개월마다 다시 임용시험을 치러야 하는 체아직을 주었다. 뿐만 아니라 內侍府·掖庭署

87) 崔潤德을 제외한 金宗瑞, 申叔舟 등 총사령관은 거의 문관이었다.

의 관직은 유외직으로서 양반의 유내직과 구별되었으며 관품조차 주어지지 않았다. 유내직이란 유품 안에 드는 1품~9품의 양반직을 의미한다.

《경국대전》에 의하면 양반의 동·서반 실직수는 5,605窠였는데, 그 중 동반 실직은 1,779과, 서반 실직은 3,826과였다. 동반 실직 1,779과 중 경관직은 741과, 외관직은 1,038과였고, 서반 실직 중 경관직은 3,324과, 외관직은 502과였다.[88] 그런데 이 중 무록관·체아직·겸관직을 빼면 동반 경관 正職祿官은 466과, 동반 외관 정직록관은 1,008과, 서반 경관 정직록관은 262과, 서반 외관 정직록관은 340과였다. 그리고 무록관 95과, 동반 체아직 105과, 서반 체아직 3,005과였다.[89] 이들 5천여 관직 중 양반이 받기를 열망하는 관직은 동반 경관 정직록관 466과와 동·서반 외관 고위직 일부였다고 할 수 있다. 그러므로 양반들은 이 500여 개의 관직을 둘러싸고 쟁탈전을 벌였다고 할 수 있다. 관직세계에서 우선 다른 신분층을 소외시키고도 자기들끼리의 경쟁이 만만치 않았던 것이다.

(4) 군역의 특전

자연경제를 바탕으로 성립되어 있던 조선사회에서는 국가에서 필요로 하는 노동력을 전국의 人丁을 직접 징발하는 방법을 통하여 충당하고 있었다. 즉 조선왕조에서는 16세부터 60세에 이르는 모든 인정(남자)을 국역 부과의 대상으로 삼고 있었다. 이들이 져야하는 국역에는 크게 세 가지가 있었다. 徭役·職役·軍役이 그것이었다.

그러나 같은 국역이라 하더라도 요역은 신분의 높고 낮음에 관계없이 모든 인정에게 부과되는 부역이었는 데 비하여 직역과 군역은 良身分 내에서 신분에 따라 구별되는 특정한 軍戶나 鄕戶·驛戶 등 有職人에게 부과되는 身役이었다. 양반도 양신분에 속하므로 그들의 직역에 해당하는 관직을 가지지 않는 이상 군역을 지게 되어 있었다. 그러므로 직역과 군역은 조선사회의 사회신분과 밀접한 관계를 가지고 있었다. 따라서 조선사회의 사회신분을 구명하는 데 있어서 직역과 군역은 매우 중요하다. 조선 초기 양반의 신

88) 李成茂, 앞의 책(1980), 125쪽.
89) 李成茂, 위의 책, 135쪽.

분적 지위를 밝히는 데 있어서도 마찬가지이다. 그러나 양반과 그들의 직역인 관직과의 관계에 대해서는 이미 앞에서 살핀 바 있다. 그러므로 여기서는 양반과 군역과의 관계를 통하여 조선 초기 양반신분의 사회적 지위를 밝혀 보고자 한다.

직역과 군역은 같은 신역이었기 때문에 직역이 있는 사람은 군역을 지지 않았다. 양반도 그들의 직역인 관직을 가지고 있거나 관직에 들어가기 위하여 수학하고 있는 官學生에게는 군역이 면제되었다. 반면에 양반이라 하더라도 관직을 가지고 있지 않거나 관학생이 아닌 이상 일반 양인과 마찬가지로 군역에 편제되어 있었다.

그러나 양반이 지는 군역의 내용과 질이 일반 양인들이 지는 그것과 반드시 같은 것은 아니었다. 이들은 군역과 仕宦을 동시에 해결할 수 있는 각종 특수군에 들어갈 수 있는 특전을 가지고 있었기 때문이다. 양반자제 중에 능력이 있는 사람은 음직이나 과거를 통하여 관직을 받을 수 있었고 그러한 능력이 모자라는 사람은 각종 특수군에 입속할 수 있었다.

양반의 특수 병종에는 ①전직관료 중에 군전이나 과전을 받고 서울에서 시위 근무하는 受田牌와 이를 받지 못한 채 시위 근무하는 無受田牌, ②甲士·別侍衛·親軍衛·內禁衛·內侍衛·兼司僕·宣傳官 등의 직업군인, ③국왕의 친족, 공신·훈신 자제들이 들어가는 族親衛·功臣嫡長·忠義衛·忠贊衛·忠順衛 등의 귀족숙위군 등이 있었다. 국가는 왕족·공신·양반 자제들로 왕실 숙위·정권 보위를 하게 하여 양반국가를 안정시키고자 하였던 것이다.

가. 수전패와 무수전패

공민왕 3년(1391) 5월에 제정된 科田法에 보면 경기와 동·서 양계를 제외한 6도의 閑良官吏들에게 그들이 가지고 있던 수조지의 많고 적음에 따라 관품 고하에 관계없이 5결 또는 10결씩의 군전을 지급하고 군전을 받은 한량관리들은 의무적으로 三軍總制府에 숙위하게 하되 무단히 100일 이상 숙위에 응하지 않을 때는 그 군전을 신고하는 사람에게 준다고 하였다. 군전을 받는 한량관리란 전직관리나 관직을 대기하고 있는 한산한 상태에 있는 관리를 말하며 수조지의 많고 적음에 따라 5결 또는 10결의 군전을 준다고 한 것은 기왕에 한량관리들이 가지고 있던 수조지 중 5결 또는 10결만 남겨 놓고 몰수한다는 뜻이다.[90] 과전법에서는 私田京畿의 원칙에 따라 외방에는 수조지를 가급적이면 지급하지 않으려 하였으면서도 향리의 外役田을 비롯한 각종 有役田과 군전만은 제한적으로 남겨 놓았던 것이다. 조선 개국에 적극적으로 참여한 신흥관료들은 관직과 이에 따른 과전 또는 功臣田·別賜田 등을 차지하였으나, 이에 대하여 비판적이거나 여기에서 소외된 한량관리들은 관직에서 물러났을 뿐만 아니라 전제개혁에 의하여 그들이 고려시대에 지급받고 있었던 수조지조차도 빼앗기게 되었다. 이에 한량관리들의 불평은 높았을 것이고 이들의 향배는 정치적으로 매우 중시될 수밖에 없었다. 이들에게 군전을 주고 그 대가로 居京侍衛케 한 것도 이들의 불만을 다소나마 완화시키고 이들의 동향을 정치적으로 감시하기 위한 것이었다. 한편 이것은 국가의 府兵을 튼튼히 하는 길도 되었다. 넉넉한 이들에게 무기·말·식량 등을 스스로 부담하게 하였기 때문이다.

그러나 군전을 받은 受田品官들은 이러한 정부의 조처에 강력히 반발하였다. 이들은 서울에 와서 시위하는 것을 기피하거나, 아들·사위·동생·조카·노복으로 대신하게 하거나, 익명서를 내어 정부의 시책과 당국을 비방하였다. 그리하여 70세 이상의 고령자나 질병자, 생원·진사의 還鄕을 허락하고 아들·사위·동생·조카의 侍衛代立과 軍田遞受를 용인하게 되었다. 물론 수전품관의 거경시위의 완화가 그들의 저항 때문에 취해진 것만은 아니었다. 태종조에 이르면 갑사·별시위 등 궁성숙위를 위한 禁軍이 설치되고 또 정치적으로도 어느 정도 안정되어 군사로서 적합치 않은 노약자들을 그들의 아들·사위·동생·조카로 대체할 필요가 있었던 때문이기도 하였다.

그러나 군전을 받은 수전품관들이 소속될 병종이 애초부터 따로 있었던 것은 아니었다. 조선 건국 초기에는 종친과 대신들이 6도병을 나누어 거느리고[91] 군병들도 각 장수들이 6도의 시위패를 징발하여 편제한 사병으로 구성

---

90) 李成茂, 앞의 책(1980), 220쪽.

91) 《太祖實錄》 권 1, 태조 원년 7월 정유.

되어 있었다.92) 그리고 궁성숙위는 고려 말에 새로 설치된 成衆愛馬가 담당하고 있었다.93) 그러나 이러한 사병과 성중애마는 수전품관이 입속하는 병종은 아니었다. 물론 수전품관들이 입속하는 수전패가 언제 설치되었는지는 알 수 없다. 그러나 태종 1년(1401) 11월에 承樞府가 왕명으로 부병과 수전패를 擊毬場에 모았다는 기록이 있는 것으로 보아 이 때에는 이미 수전패가 있었음을 알 수 있다.

수전패에는 비단 군전 수급자들만이 소속되는 것은 아니었다. 과전을 받은 전직관료들도 자원에 의하여 수전패에 편제되었다.94) 과전을 받은 양반관료들은 퇴직하더라도 과전을 그대로 받고 있었지만 군역이 면제되는 것은 아니었다. 군전은 5결 또는 10결밖에 안되는 데 과전은 그보다 많았으므로 같은 수전패에 속하면서도 군전을 가진 자가 과전을 가진 자보다 불리하였다. 이에 태종 5년(1405) 4월에는 과전을 가진 자도 군전의 예에 따라 5결 또는 10결만 남기고 나머지는 과전을 받지 못한 서울의 양반관료들에게 나누어주도록 하였다.

그러나 군전은 과전처럼 조선 초기에 계속적으로 지급된 것은 아니었다. 군전은 공양왕 3년(1391) 5월 과전법이 실시될 때 한 번 주어졌을 뿐 그 후에 더 이상 주어지지 않았다. 다만 기왕에 주어진 군전은 수전패의 아들·사위·동생·조카가 대신할 때는 물려줄 수 있었으므로 군전이 당장 없어진 것은 아니었다. 한편 군전을 없애자는 주장도 계속 있었다. 군역을 지는 양인에게는 한 뼘의 토지도 지급하지 않으면서 늙어서 쓸모 없는 한량관리들에게 군전을 주는 것은 불합리하다는 것이었다. 이러한 주장이 당장 실천에 옮겨졌다는 기록은 없으나 그 후 군전은 점차 소멸되어 가고 있을 것으로 생각된다. 군전이 소멸되어 갔다면 수전패의 중심은 과전을 받은 전직관료들이 었을 것이다.

군전이나 과전을 받지 못한 전직관료들은 무수전패에 편제되었다. 양반관료라 해서 누구나 과전을 받을 수 있었던 것은 아니었다. 과전의 절대량을

92) 《太宗實錄》 卷首 總目.

93) 金昌洙, 〈成衆愛馬考〉(《東國史學》 10, 1966).
韓永愚, 〈朝鮮初期 上級胥吏 成衆官〉(《東亞文化》 10, 1971) 참조.

94) 《太宗實錄》 권 9, 태종 5년 4월 갑술.

묶어 놓고 과전을 반납해야 할 사람이 반납하지 않을 경우 이를 고발하는 자에게 그 과전을 주는 陳告遞受法에 의하여 이를 수급하는 것이 국가의 정책이었으므로 그 가운데는 과전을 받지 못하는 관료들도 많았다. 이러한 사람들이 무수전패를 구성하였다. 무수전패에 대한 기록은 태종 4년(1404) 8월에 처음으로 보이나 사실상 무수전패도 수전패와 함께 作牌되었을 것이다.

수전패와 무수전패는 태종 원년 11월부터 서울에 와서 시위하는 것이 의무제에서 지원제로 바뀌었다. 그리고 시위근무를 하지 않는 자는 지방군에 편제하고 그 군전은 몰수하였다. 뿐만 아니라 늙거나 병든 자는 그 군전을 아들·사위·동생·조카에게 물려주고 시위근무를 대신할 수 있게 하였다. 이러한 조처는 이 시기에 이르러 새 왕조의 정치적 기반이 어느 정도 굳어져 갔고 시위업무도 새로 생긴 갑사·별시위·내금위·내시위에서 대신할 수 있었기 때문이었다.

그 후 수전패는 태종 9년 12월에 都城衛로 개편되었다.[95] 그러나 무수전패는 어떻게 되었는지 잘 알 수 없다. 무수전패는 1년에 봄·가을로 두번씩 검열을 거칠 뿐 시위근무를 하지 않았기 때문에 때로는 州鎭軍에 편입되기도 하고 때로는 사신이 올 때 징발되어 시위근무를 하기도 하였다.

그러나 나중에는 무수전패도 도성위에 편제되었다. 이 경우 수전패는 長番인 데 반하여 무수전패는 1년에 3개월씩 번상 근무하게 되어 있었다. 이것은 무수전패의 지위 격하를 의미한다. 무수전패는 양인들의 京侍衛牌와 아무런 차이가 없게 된 것이다. 그리하여 세조 3년(1457) 3월에 무수전패는 경시위패와 통합되었다.

한편 수전패는 시간이 흐를수록 시위근무를 기피하는 경향이 늘어가자 세조 5년 3월에는 虎翼衛로 재편성되어 虎賁衛에 소속시켰다가, 그 해 8월에 平虜衛로 개편되었다. 그런데 세조 8년 7월에는 다시 과전이 있는 전직관료는 奉忠衛, 과전이 없는 전직관료는 拱宸衛를 만들어 각각 소속되게 하였다. 그러나 이것마저도 세조 12년에 職田法이 실시되어 관직에서 물러나면 과전을 반납해야 하였기 때문에 전직관료들도 양인과 마찬가지로 正兵에 편입될 수밖에 없게 되었다.

---

95) 《太宗實錄》 권 18, 태종 9년 12월 임술.

나. 양반 직업군

조선 초기의 양반 직업군으로는 갑사·별시위·내금위·내시위·겸사복·선전관 등이 있었다. 갑사는 정종 2년(1400) 12월 태종이 즉위하면서부터 왕자·공신들의 사병을 혁파하여 재편한 직업군인의 병종이었다. 갑사의 수는 처음에 2천명에서 점점 늘어나《경국대전》에는 14,800명으로 늘어났으나 복무기간은 점점 짧아졌다.[96] 이것은 군액 증대로 인한 자연증가 때문이기도 하지만 녹봉을 절약하기 위한 방편이기도 하였다. 특수군 중에 수가 가장 많았던 갑사 전원에게 녹봉을 지급할 수 없었기 때문이다. 그리하여 국 가에서는 태종 때부터 갑사 병종을 번상 병종으로 바꾸고 상번 갑사에 한하여 녹봉을 지급하도록 하였다. 그러나 세종 때 이후로 다시 갑사의 정액이 급격하게 늘어나게 되자 갑사직은 체아직으로 바뀌고 그나마도 고위직은 줄고 하위직이 늘어났으며 녹봉아닌 급료·월봉을 주게 되었다.[97]

갑사에는 步甲士와 騎甲士가 있었는데 수전패와 마찬가지로 갑사는 馬兵이 주가 되어 있었다.[98] 마병은 말을 준비해야 하였기 때문에 가난한 사람이 갑사취재에 응하기가 어려웠다. 따라서 가산이 넉넉한 양반 자제들이 많이 입속하였다.[99] 뿐만 아니라 갑사는 군직이기는 하지만 무반직이었다. 문반직만은 못하지만 갑사는 관직이었으므로 양반 자제들이 매력을 느끼고 있었던 것이다. 갑사는 중앙군의 기간 병종이었기 때문에《續六典》에 2~3결 이하의 토지를 가진 사람은 奉足 2호, 4~5결 이하의 토지를 가진 사람은 봉족 1호, 6~7결을 가진 사람은 봉족을 주지 않는다고 규정하고 있다. 따라서 갑사는 양반자제들이 많이 입속하는 양반 병종이었다고 할수 있다. 또한 갑사는 국왕을 측근에서 모시는 시위병이었기 때문에 工商賤隷와 같은 천인이나 천인에서 양인으로 면천된 자는 입속할 수 없었다. 갑사가 비록 군직이기는 하지만 양반직의 일부였으므로 가풍있고 문지가 좋은 양반자제들을 임명하였던 것이다. 양반 자제뿐 아니라 종친들도 갑사에 임명되었다. 갑사는

96) 李成茂, 앞의 책(1980), 230쪽.
97) 위와 같음.
98)《太宗實錄》권 25, 태종 13년 3월 기해.
99)《成宗實錄》권 33, 성종 4년 8월 계해.

과전을 받지 못하는 체아직이기는 하였지만 만기가 되면 서반 실직을 받을 수 있었다.

별시위는 정종 2년(1400) 12월에 태종이 즉위하면서 司楯·司衣 등 고려 말 이래의 성중관을 혁파하는 대신 설치한 시위군이었다. 따라서 별시위는 가끔 성중애마라고 별칭되기도 하였다.[100] 별시위의 정액은 세종 원년(1419)에 200인에서 세조 4년(1458)에 5,000인으로 늘었다가 《경국대전》에는 1,500인으로 줄었다.

별시위에는 갑사와 마찬가지로 양반 자제가 많이 들어갔다. 별시위도 말을 마련해야 하였기 때문에 노비를 소유하고 자산이 넉넉한 양반 자제들이 많이 들어갔다. 특히 세종 28년 정월에 의정부는, 서울과 경기는 訓鍊觀 提調가, 외방은 각 도 관찰사가 별시위 지원자의 가계를 조사하여 노비 10구 이상을 소유한 넉넉한 양반 자제만을 뽑도록 하는 법제를 만들기까지 하였다. 그리고 별시위에는 助丁 3인을 지급하였다. 별시위에는 부실한 양반자제들이 입속하였기 때문에 조정은 지급하게 되어 있지 않았으나 세조 때 군액이 늘어나면서 반드시 넉넉한 양반으로 다 채울 수 없었기 때문에 일시 조정을 지급한 것에 불과하였다. 이것은 규모가 커서 양인들도 봉족을 받고 입속할 수 있었던 갑사와 다른 점이라 하겠다. 별시위에도 체아직이 주어졌으나 武才가 뛰어난 사람은 수령이나 만호에 임명되기도 하였다. 갑사나 내시위도 마찬가지였다.

친군위는 태종 초에 태조 휘하에 있던 함경도 출신의 군사를 우대하기 위하여 조직된 숙위군이었다. 이들의 지위는 내금위·겸사복·별시위와 비슷하였으며 국왕의 측근 시위군으로서 왕실의 정보기관 노릇도 한 것 같다.[101] 친군위의 정액은 40인이었는데 20인은 함경남·북도 사람으로 채웠다. 20인의 친군위 당번인원 전원에게는 체아직이 주어졌으며, 취재시험은 함경도 절제사가 실시하게 되어 있었다. 친군위는 이성계의 함경도 출신 직속부하들이었기 때문에 양반 병종으로 격상시켜 대우한 것이다.

---

100) 《太宗實錄》 권 31, 태종 16년 5월 신해.
《世宗實錄》 권 16, 세종 17년 7월 병신.

101) 千寬宇, 〈朝鮮初期 五衛의 兵種〉(《史學硏究》 18, 1964), 67쪽.

내금위는 선전관·겸사복·공신적장과 함께 5위에 소속되지 않은 장번 무관의 병종이었다. 내금위는 태종 7년(1407) 10월에 종래 왕실숙위를 담당하였을 것으로 추측되는 內上(廂)直을 개편하여 설치한 국왕의 친병이었다.[102] 내금위는 국왕을 측근에서 시위하는 친병이었으므로 태종의 手下兵 중에서 함경도 자제들이 많이 포함되어 있었다. 그러나 양반관료 체제가 갖추어져 감에 따라 세종조부터는 내금위병도 양반 자제들이 차지하게 되었다. 내금위는 동반의 集賢殿과 비견되는 서반군직 중의 요직이었기 때문에 양반 자제들이 이를 차지하는 것은 당연하였다. 그러나 내금위에는 서울의 양반 자제들보다 무예가 뛰어난 지방의 양반 자제들이 입속하는 것을 환영하였다. 서울의 양반 자제들은 충의위·충찬위·충순위 등 귀족군에 입속할 기회가 많고 쓸만한 인재는 거의 관직을 가지고 있었기 때문이다. 또한 북계인이나 여진인을 회유하기 위하여 이들 중 자원자를 내금위에 입속시키기도 하였다.[103] 내금위에는 같은 양반 자제라도 가산이 넉넉하고 용모가 준수하며 무재를 갖춘 사람을 골라서 입속하게 하였다. 내금위에 속한 사람들 중 가산이 넉넉하지 못한 사람에게는 復戶의 혜택을 주기도 하였다. 내금위는 국왕을 가까운 곳에서 모시는 친병이었으므로 수는 적으나 精兵으로 구성되어 있었다. 내금위의 정액은 태종조에 60인이던 것이 《경국대전》에는 190인으로 늘어났다. 이것은 선전관 8인, 겸사복 50인 다음으로 적은 수이다. 정3품이 限品인 내금위는 전원 체아직을 받을 수 있었으며 시험을 거치지 않고도 첨절제사·만호·변방수령에 임명될 수 있었다. 그러나 이들은 만호직과 같은 외임으로 나가지 않으려 하였다. 만호직과 같은 외임에 임명되면 녹봉도 없고 가족을 데리고 갈 수 없었기 때문에 고생이 막심하였던 까닭이다.[104] 그리하여 첨절제사·만호를 지낸 사람은 수령을 거치지 않아도 4품 이상으로 加階할 수 있도록 하였다. 내금위는 '宿衛軍' 중에서도 가장 격이 높은 병종이었다 그러므로 숙위군사를 뽑을 때는 내금위에 불합격하면 별시위에, 별시위에 불합격하면 갑사에 보내도록 되어 있었다. 취재시험에서의 합

102) 《太宗實錄》 권 14, 태종 7년 10월 신축.

103) 《大典後續錄》 권 4, 兵典 雜令條에는 아예 함경남·북도 각 5인, 평안도 10인을 내금위에 서용하도록 규정하고 있다.

104) 車文燮, 〈鮮初의 內禁衛에 대하여〉(《史學硏究》 18, 1964), 107쪽.

격선인 矢數를 비교해 보아도 내금위는 10시 이상, 별시위는 6시 이상, 갑사는 5시 이상으로 되어 있었다. 이로 미루어 보아 세 병종의 격이 내금위·별시위·갑사 순으로 되어 있었음을 알 수 있다.

내시위는 태종 9년(1409) 6월에 설치된 숙위군이었다. 그러나 그 직능이 내금위와 비슷하다 하여 세종 6년(1424) 5월에 이를 내금위에 통합시켰다. 이로 미루어 보아 내시위도 내금위와 마찬가지로 양반 자제들이 입속할 수 있었던 양반 병종 중의 하나였음을 알 수 있다.

겸사복은 내금위와 쌍벽을 이루는 친병으로 내금위가 왕이 있는 궁궐의 동북쪽을 지키는 금군이었는데 비하여 겸사복은 대내의 서북쪽을 지키는 금군이었다. 겸사복에 관한 기록은 세종 7년에 처음으로 나타나지만 그 이전부터 있어온 것 같다.[105] 시취 방법·한품(정3품)이 내금위와 같았으며 52인 전원에게 체아직을 준 것도 마찬가지이다. 다만 겸사복은 사복시와 관련을 가지고 있는 특수 병종으로서 내금위보다 서반직으로서의 성격이 강한 점이 다르다. 이와 같이 겸사복도 내금위와 직능·대우가 비슷하고 양반직의 성격이 강하였던 半官半軍의 양반 병종이었다.

선전관은 그 수가 8명에 불과하였지만 장번 무관으로서 부장과 함께 무반 청요직에 해당하였다. 선전관은 왕명을 전달하는 傳令武官으로서의 중요한 일을 맡았기 때문이다. 선전관은 또한 시취규정도 한품도 없었으며 전원에게 정3품까지의 체아직이 주어졌다. 그러므로 선전관은 군직이라기보다는 무관직이었다고 할 수 있으며 따라서 양반 자제들이 가장 선망하는 양반 병종이었다고 하겠다.

이상에서 살펴본 바와 같이 조선 초기의 중앙 숙위군을 구성하는 직업군인은 5위에 소속되는 갑사·별시위·친군위 등의 번상 위병과 5위에 소속되지 않고 국왕의 측근에서 시위하는 내금위·겸사복·내시위·선전관 등의 장번 친병으로 구분할 수 있다. 이들은 번상 위병이나 장번 친병을 막론하고 양반들이 주로 입속하는 양반 병종이었다. 여기에 속하는 사람들은 양반자제 중에서도 가산이 넉넉하고 용모와 무재가 있는 사람이어야만 하였다. 이 점이 시험없이 조상의 음덕으로만 입속하는 충의위·충찬위·충순위 등의 귀족 숙

105) 閔賢九, 《韓國軍制史－朝鮮前期篇－》(陸軍本部, 1968), 72쪽.

위군과 다른 점이다. 이들에게는 정3품의 체아직이 주어졌으며 만기가 차면 다른 관직으로 옮겨 갈 수 있는 기회도 주어졌다.

다. 귀족 숙위군

조선 초기의 귀족 숙위군에는 족친위·공신적장·충의위·충찬위·충순위 등이 있었다. 족친위는 왕실의 내·외 족친이 입속하는 장번 무관의 병종으로서 정확히 언제부터 설치되었는지 알 수 없다. 《경국대전》에 의하면 왕이나 선왕의 袒免 以上親, 왕비·선후의 緦麻 以上親, 세자빈의 期年親에 해당하는 왕실의 내·외 족친의 적자·첩자가 입속할 수 있었다. 족친위는 왕실의 족친을 우대하기 위하여 설치된 기관이었기 때문에 시취도 없고 종5품까지의 체아직을 받았으며 만기가 차도 더 근무하기를 원하는 사람은 정3품까지 품계만 올라 갈 수 있었다.

공신적장은 공신의 적자와 적손이 입속하는 병종으로 정원 없이 모두 체아 직을 받았다. 입속하는 공신적장의 수가 일정하지 않았기 때문이다. 체아직 에는 有仕遞兒職과 無仕遞兒職이 있었는데 유사체아직은 국가를 위하여 일정한 업무에 종사해야 하는 체아직이고 무사체아직은 그러한 복무규정이 없이 특정한 사람에게 녹봉을 주기 위한 체아직이었다. 공신적장은 그 중 무사체아직에 해당하였다. 공신의 아들 중에는 재능이 있어서 과거 시험이나 문음 취재 시험에 합격하여 관직을 받는 사람이 많았지만 그 중에는 그러한 재능이 없는 사람도 있었다. 공신적장은 이러한 공신의 적장자에게 주는 무사체아직이었다. 공신은 이미 양반이 되어 있는 사람들이므로 공신적장은 양반귀족 숙위군이었다고 할 수 있다. 태종 17년(1417)부터 開國功臣·定社功臣·佐命功臣의 3공신 적장·적손에게만 공신적장에 입속하게 하였고 그 다음해인 세종 즉위년(1418)에 충의위가 설치되어 3공신의 衆子·衆孫이 입속하게 하였다. 공신적장과 충의위는 처음에 3공신의 아들·손자 만을 대상으로 하던 것을 세조조 이후에는 靖難功臣 등 신생공신의 아들·손자도 대상에 포함하게 되었다. 공신적장은 장번으로 종3품까지 이르는 141개의 체아직이 있었으며 만기가 찬 뒤에도 더 근무하기를 원하는 사람은 정3품까지 품계만 올려 주었다.

충의위는 세종 즉위년 11월에 개국·정사·좌명 등 3공신의 중자·중손을 입속시키기 위하여 설치된 귀족 숙위군이었다. 이들 중 유능한 사람은 이미 여러 경로를 통하여 관직을 차지하였지만 그렇지 못한 사람들은 충의위의 군직체아나마 받아 그 체아록을 받다가 기회를 보아 다른 관직으로 진출할 수 있게 하려는 것이었다. 그러므로 충의위는 공신적장과 마찬가지로 공신에 대한 報功의 의미로 설치된 병종이었다. 그러므로 이들은 18세 이상이면 무시험으로 들어가 60세까지 근무할 수 있었고, 자원에 따라 더 이상 근무할 수도 있었다.

그러나 처음에는 막연히 정한 공신자손의 충의위 입속규정은 그 적용과정에서 많은 문제를 불러 일으켰다. 그 중에서도 공신 첩자손의 충의위 입속이 문제되었다. 이 문제를 둘러싸고 세종 12년 2월에는 왕과 조신간에 격렬한 논쟁이 벌어졌다. 세종은 공신의 적처에게 아들이 없는 경우에는 비록 賤妾子라도 충의위에 입속할 수 있다는 주장이었고 조신들은 그렇게 되면 족속이 서로 섞여 존비가 문란해지기 때문에 곤란하다고 반대하였다. 공신의 입장에서 보면 천첩자도 같은 혈육이니 충의위에 입속시켜도 좋겠지만 신분상으로 볼 때 양천이 뒤섞이게 되므로 양반관료들은 이를 용납하려 하지 않았다.[106] 이러한 논란 끝에 공신 적실에서 아들이 없으면 良妾子, 양첩자도 없으면 賤妾子 承重者가 충의위에 입속할 수 있도록 하였다. 그러나 양반관료의 반발이 심하여 충의위의 입속자격을 공신의 양첩자에 제한하고 양첩자라 하더라도 工商女·姿女·補充軍女·驛女의 소생은 그때그때 심사하여 입속 여부를 정하도록 하였다. 이러한 과정을 거쳐 《경국대전》에는 충의위의 입속자격을 양첩자손뿐 아니라 첩자손 승중자도 포함하도록 하였다. 이와 같이 첩자, 특히 천첩자의 충의위 입속을 제한한 것은 양반 신분의 자기도태 과정의 하나인 庶孼差待의 일환이었다고 할 수 있다.

충의위는 공신적장과는 달리 유사체아직이었으므로 일정한 시위근무를 하여야만 하였다. 그러나 충의위는 공신에 대한 보공을 위하여 설치된 병종이었으므로 갑사·별시위처럼 도성 안팎의 行巡이나 講武·大閱·門外行幸 때의 隨陣驅獸와 같은 군무는 맡지 않았고 국왕측근에서 시립·호종하는 영예

106) 車文燮, 〈鮮初의 忠義·忠贊·忠順衛에 대하여〉(《史學研究》 19, 1967).

로운 시위업무에만 종사하였다.[107] 뿐만 아니라 충의위에 소속된 공신자손들은 공공연히 다른 관직을 겸직하고 있었고 국가에서도 이들을 규제하기는커녕 오히려 入直·隨駕 등 충의위 본연의 임무조차 면제해 주었다.[108] 그리고 충의위·충찬위·충순위에 입속한 생원·진사들은 圓點 300중에서 100~150만 따면 문과 초시인 館試에 응시할 자격을 주기도 하였다.

이와 같이 충의위는 공신자손이라는 여건 때문에 여러 가지 특전을 받고 있었다. 이들은 충의위에서 資級을 높인 다음 과거시험에 급제하면 직품을 껑충 올려 받을 수 있었다. 그리하여 문과를 준비하는 성균관의 생원·진사들이 충의위·충찬위·충순위로 몰려들기도 하였다. 충의위는 장번으로 종4품이 한품이었고 53개의 체아직이 있었으며 만기가 되어도 더 근무하고자 하는 사람은 정3품까지 품계만 올려 주었다.

충찬위는 원종공신 자신이나 그 아들·손자, 또는 첩자손 승중자가 입속할 수 있는 병종이었다. 단 원종공신의 첩자손·승중자의 충찬위 입속 여부의 문제는 충의위와 마찬가지로 그때그때 당국의 심사를 거치게 되어 있었을 것으로 생각된다. 충찬위는 언제 설치되었는지 정확한 기록은 없으나 충의위와 비슷한 시기에 설치되었을 것으로 추측된다. 충의위는 시위·호종에만 종사하고 수진과 같은 힘든 군무에는 동원되지 않았는데 비하여 충찬위는 내금위·별시위·갑사와 마찬가지로 수진에 참여하여야만 하였다. 뿐만 아니라 충찬위·충순위는 給保가 없고 체아직도 20개밖에 없었기 때문에 간혹 保人이 있는 일반 양인으로 옮겨가는 경우까지 있었다.

그렇다고 충찬위에 대한 특전이 보잘 것 없는 것은 아니었다. 우선 충찬위는 도성 안팎의 巡綽·군사훈련·山行·捉虎 등 어려운 군무에 동원되지 않았으며 충의위의 예에 따라 9일마다 돌아가면서 입번하게 되어 있었다. 그리고 충의위·충순위와 마찬가지로 下番日에 성균관에 들어가 원점 100~150만 따면 문과 초시인 관시에 응시할 수 있었고 만기가 차면 수령·수문장·참봉 등의 관직에 임명될 수 있었다. 충찬위의 한품은 종3품이었으며 더 근무하기를 원하는 자는 정3품까지 관품만 올려 받을 수 있었다.

107) 李成茂, 앞의 책(1980), 247쪽.
108) 위와 같음.

충순위는 세종 27년(1445) 7월에 3품 이상의 고급관료의 자손을 위하여 설치한 귀족 숙위군이었다. 충순위에 입속할 수 있는 자격은 2품 이상의 아들・손자・사위・동생・조카, 실직 3품관의 아들・손자, 대간 및 이・병조의 관직을 역임한 관료의 아들에 한하였다. 충순위의 정액은 600인으로(뒤에는 무정수), 4번으로 나누어 50인씩 교대 근무하게 되어 있었으며 형식적으로나마 자원자에 한하여 시험을 거쳐 취재하게 되어 있었다. 고급관료의 자손이라 해서 모두 재능이 있어서 과거시험이나 취재시험을 거쳐 관직을 얻을 수 있었던 것은 아니었다. 그 중에는 무능한 자도 있을 수 있었다. 충순위는 이러한 사람들을 구제하기 위하여 설치된 양반 특수군이었다.

그러나 충순위는 세조의 왕권강화책과 군액확장책의 일환으로 세조 5년(1459) 8월에 일시 혁파되었다. 그리하여 이들 양반관료의 자손들도 일반 양인의 正兵에 편입되지 않을 수 없었다. 그러나 양반관료의 반발에 부딪혀 예종 원년(1469) 정월에 勵精衛라는 이름으로 다시 설치되어 동반 6품 이상, 서반 4품 이상의 아들과 문・무과출신, 생원・진사, 유음자손이 입속하게 하였다. 여정위는 설치된 직후에 다시 충순위로 개칭되었다. 충순위의 입속 범위는 그 후 더 확대되어 왕 또는 선왕의 異姓緦麻 外6寸 以上親, 왕비 또는 先后의 시마 외 5촌 이상친, 동반 6품 이상, 서반 4품 이상, 현관 역임자, 문・무관출신, 생원・진사, 有蔭子・孫・壻・弟・姪로 규정되었다.[109] 즉 충순위는 족친위에서 제외된 왕실의 족친과 충의위・충찬위에 소속될 자격이 없는 양반자손들로 구성되어 있었던 셈이다.

충순위는 그 처우가 정병과 비슷하였다는 점이 주목된다. 두 병종이 다 번상병이었고 체아직을 받지 못한 점에서 그러하다. 다만 다른 점은 충순위가 참상관 이상이나 과거합격자 및 유음자손이 입속하는 양반 병종이었는데 비하여 정병은 참하관 이하의 양반이나 일반 양인이 입속하는 일반 병종이었다는 점이다. 같은 양반이면서도 관직의 높고 낮음과 부조의 음덕에 따라 특수 병종인 충순위에 소속될 수도 있었고, 일반 병종인 정병에 소속될 수도 있었던 것이다. 충순위는 助丁을 받지 못하였으나 정병은 조정을 받고 있었

109) 《經國大典》 권 4, 兵典 番次都目 忠順衛. 뒤에는 宗親의 사위도 충순위에 입속할 수 있게 되었다(《大典後續錄》 권 4, 兵典 雜令).

다. 이에 충찬위·충순위에 소속될 사람이 조정을 탐내어 정병에 입속하는 경우도 없지 않았다.

그러나 충순위는 정병과 비교가 되지 않을 정도로 많은 특전을 부여받고 있었다. 충순위는 파수·巡綽 등 어려운 군무에 동원되지 않았으며 9일은 집에 있고 3일만 입번하게 되어 있었다. 충순위도 出番日에 성균관에서 원점 100~150만 따면 문과 초시에 응시할 수도 있었고 만기가 되면 수문장·수령 등의 관직에 임명될 수도 있었다. 충순위는 정원이 없고 한품은 종3품, 만기가 되어도 더 근무하고자 하는 사람은 정3품까지 품계만 올려 받았다.충순위에는 체아직이 없는 대신 근무일이 많고 적음에 따라 녹을 주게 되어 있었다.[110]

(5) 토지소유의 특전

조선사회는 농업이 주가 되는 사회였다. 따라서 토지소유권의 소재와 토지소유 관계가 당시의 사회신분을 파악하는 중요한 관건이 된다.

조선 초기에 있어서 대지주의 대부분은 양반이었다. 양반은 사적인 생활근거로 사유지와 사노비를 가지고 있었고, 관직을 받을 경우에는 국가로부터 과전을 비롯한 일정한 수조지를 받을 수 있었다. 이러한 양반의 사유지와 수조지는 양반이 양반으로서의 지위를 누릴 수 있는 경제적 기반이 되었다. 따라서 조선 초기 양반의 신분적 지위를 밝히기 위해서는 당시의 양반의 토지소유 실태를 파악해 볼 필요가 있다.

가. 양반의 수조지

고려 말 공양왕 3년(1391) 5월에는 과전법이 실시되었다. 과전법은 조선 초기 국가관리들의 수조권을 규정한 법제였다. 국가에서는 王土思想에 입각하여 모든 토지로부터 생산물의 10분의 1을 租로 받았다. 이를 什一租라고 한다. 그런데 이 십일조가 국가에게 귀속되는 토지를 公田, 개인(관리·공신)에게 귀속되는 토지를 私田이라 하였다. 다시 말하면 국가수조지를 공전, 개인수조지를 사전이라 하였다. 이 때 개인수조지의 대부분은 과전·공

110) 《經國大典註解》 前集, 兵典 番次都目.

신전·별사전·군전 등 양반수조지였다. 양반관료들은 국왕의 신료로서 국왕에 대하여 충성을 다하여야 하였고 국왕은 이들의 충성과 복무의 대가로 일정한 녹봉과 개인수조지 등 경제적 반대급부를 제공하고 관료로서의 사회적 권위를 보장해 주었다. 물론 개인수조지에는 外役田·紙匠田 등 비양반 수조지도 포함되어 있었으나 양적으로 양반수조지에 비교되지 않을 만큼 적었을 뿐 아니라 그나마도 세종 27년(1445)에는 대부분 혁파되었으므로 개인 수조지라 하면 양반수조지를 의미하는 것으로 보아도 좋을 것이다.

이 양반수조지 중에서도 과전이 가장 중요하였다. 과전은 공신전·별사전·군전과는 달리 모든 관료에게 지급되는 것이기 때문이다. 과전은 또한 受田者가 관직을 가지고 있을 때뿐 아니라 그가 관직에서 물러난 뒤에도 계속 지급되었고, 그가 죽은 뒤에도 守信田·恤養田이라는 명목으로 그의 처자에게 계속 지급되었다. 따라서 과전은 世祿의 의미를 지니고 있는 셈이었다. 양반 世家의 생계를 보장해 주기 위하여 국가에서는 음서제와 아울러 녹 봉 이외에 경제적 반대급부로서 세록으로서의 과전을 더 지급하였던 것이다. 이 음서의 世官制와 과전의 世祿制는 고려·조선 초기의 양반관료제가 가지 는 주요한 특징 중의 하나였다. 중국에서 봉건제가 무너지고 군현제가 실시됨에 따라 量祿分田制는 관제에 있어서의 음서제와 전제에 있어서의 세록제로 바뀌어 갔다. 이것은 고려·조선 초기에 있어서도 마찬가지였다. 음서제는 정치적인 면에서 관료 자손들에게 관직을 보장해 주는 것이었는데 비하여 과전제는 경제적인 면에서 관료들의 세록을 보장해 주는 것이었다. 그런데 세관제로서의 음서제는 그대로 존속되었으나 세록제로서의 과전제는 국가의 중앙집권 체제가 강화되어 갈수록 축소되어 가다가 명종조에 없어지고 말았다.[111]

과전은 고려시대부터 職事를 기준으로 지급되고 있었다. 그러나 직사를 기준으로 과전을 지급하는 것은 합리적인 것은 아니었다. 官品(散官)은 높은데 직사(실직)는 낮을 수도 있고 관품은 낮은데 직사는 높을 수도 있었다. 전자를 行職, 후자를 守職이라 하였다. 관직세계의 질서로 보아서는 관품을 기준으로 과전을 주는 것이 합리적이었다. 이에 세종 13년 정월에는

111) 李成茂, 앞의 책(1980), 286~288쪽.

관품을 기준으로 과전을 지급하는 給田法을 마련하였다.112) 이것은 《경국대전》에도 그대로 법문화되어 있다.

과전은 급전자가 죽은 뒤에도 그 아내나 자식에게 수신전·휼양전이라는 명목으로 계속 지급되었다. 수신전은 자식이 있는 아내에게는 과전의 전부를, 자식이 없는 아내에게는 그 3분의 1(원래는 2분의 1)을 주었고, 휼양전은 5결만 지급하도록 하였다. 과전의 세록적인 의미를 줄이려는 것이었다.

과전법을 실시할 당시에 북계지방을 제외한 전국의 총 전결수는 657,985결이었고, 이 중 경기도의 토지는 140,142결이었으며, 태종 2년(1402) 2월의 6道田 80만 결 미만 중 경기도의 토지는 149,300여 결이었고 그 중 과전은 84,100결이었다. 이것을 보면 과전의 총 결수는 경기도 토지의 80%, 전국 토지의 15%나 되었다. 관료제 사회에서 국왕은 관리들에게 그 충성의 대가로 녹봉만 주면 그만이었다. 그런데도 이와 같이 많은 토지가 과전으로 배당되어 있었던 것은 조선 초기까지 아직도 分封制의 유제가 남아 있었음을 의미한다. 그리하여 고려 말 李成桂 일파가 私田改革을 단행할 때 과전을 아예 없애려고 하였으나 건국 초창기의 양반관료들의 저항이 두려워 고려시대보다는 대폭 축소된 규모로 과전을 존속시켰던 것이다. 과전을 없애자는 주장은 태종 14년(1414) 8월 사전을 하삼도로 옮기자는 논의가 있을 때 河崙에 의하여 주장된 바 있으며113) 세종도 과전제를 없애고 恩賜米制를 실시하려 하였으나 여러 가지 이유로 시행하지 못하였다. 과전제를 없앤다는 것은 양반관료들의 불이익이 크기 때문에 반대에 부딪히게 마련이었다. 그리하여 과전을 한꺼번에 없애기보다는 사전경기의 원칙·진고체수법·사전 세전의 제한 등의 방법을 동원하여 과전을 점차 줄여 가는 방향으로 정책을 전환하였다. 그리하여 태종 3년(1403)의 84,100여 결이었던 과전이 세종 22년(1440)에는 68,000여 결로 줄어들었다. 그러다가 세조 12년(1467)에 직전법이 실시됨으로써 과전은 현직에 있는 관료들에게만 지급되게 되었다. 이에 과전의 결수는 크게 줄어들게 되었다. 이리하여 과전은 세록적인 의미가 사라지고 현직에 있는 관료들에게 녹봉 이외에 지급하는 특혜로서의 수조권 지급에 지

112) 《世宗實錄》 권 51, 세종 13년 정월 을미.
113) 《太宗實錄》 권 28, 태종 14년 8월 신유.

나지 않게 되었다.

과전법이 혁파되고 직전법이 실시됨에 따라 양반관료들의 수조권이 재직 기간으로 단축되었다. 이에 양반관료들의 田租의 착취가 더욱 심해지게 되었다. 직전의 전주들은 전조 이외에 전호들로부터 草價(草 1束에 米 1斗)를 받았는데 전조와 초가를 합하면 본래의 전조의 두 배가 되었다고 한다. 그리하여 국가에서는 과전의 전호로부터 직접 職田稅를 받아들여 전주들에게 나누어 주는 官收官給制를 실시하였다. 이로써 직전의 수조권은 토지와 유리된 祿科의 성격을 띠게 되었다. 직전의 관수관급제가 실시되자 직전에 대한 전주의 직접적인 지배는 사실상 없어지게 되었다. 그리고 직전세까지도 그 후 흉년이나 군자비축 등의 명목으로 자주 국가에 귀속시켰다. 그러다가 명종조에 王子科田을 제외한 모든 과전이 혁파되고 말았다.[114]

한편 조선 건국 초기에는 많은 공신들이 양산되었다. 中興(1389)·開國(1392.8)·太祖原從(1392.10)·回軍(1393.7)·定社(1398.10)·佐命(1401.1)·太宗原從(1411.11) 공신 등이 그들이었다. 이들에게는 많은 공신전과 별사전이 주어졌다.[115]

조선 건국 초기의 10년간에 지급된 공신전의 총액은 약 45,100여 결이나 되었다.[116] 이는 태종조의 과전 총액인 84,100결의 절반이 넘는 숫자이다. 이들 공신 중에는 과전·공신전·별사전을 거듭 받아 1,000결이 넘는 수조지를 차지하고 있던 사람도 있었다. 이와 같은 공신전 증대는 이를 충당할 토지의 부족을 초래하였다. 그리하여 軍資田을 떼어 공신전을 지급하지 않을 수 없게 되었다. 군자전의 감축은 군비를 소홀히 할 염려가 있었다. 그리하여 국가에서는 공신전으로 지급된 토지를 군자전으로 환원하고 공신전은 줄이려고 하였다. 예컨대 개국·정사·좌명의 3공신 이외의 공신들에게 주어진 공신전의 세전을 금지한다든가 원종공신전을 받은 사람은 회군공신전을 거듭 받지 못하게 한다든가 공신전에서도 전에는 면제되어 있던 전세 2두를 받아들인 것 등이 그러한 조처였다. 그뿐 아니라 권력투쟁에서 밀려

114) 李成茂, 앞의 책(1980), 319쪽.

115) 이 중 中興功臣田은 조선왕조가 건국되면서 없어졌다.

116) 深谷敏鐵, 〈科田法から職田法へ(下)〉(《史學雜誌》 51-10, 1940), 1223쪽.

난 공신 의 공신전이 몰수되는 경우도 있었다. 그리하여 태종 2년(1402) 2월에는 공신전이 31,240결로 줄어들었고 그 이듬해에는 다시 21,200여 결로 줄어들게 되었다.

그렇다고 그 후에 공신전이 새로 지급되지 않은 것은 아니었다. 공신전은 공신이 정해질 때마다 계속 지급되었다. 태종 11년의 원종공신전 1,680결, 단종 1년(1453)의 靖難功臣田 1,720결, 세조 1년(1456)의 佐翼功臣田 4,190결, 세조 13년의 敵愾功臣田 4,580결 등의 공신전이 그것이었다.[117] 그러나 세종 22년(1440) 3월 이후에 지급된 공신전은 자손에게 세전하는 것을 허락치 않았다.

별사전은 사신·토목공사·守陵 등 국가에 공로가 있거나 親試에 급제한 사람들에게 특별히 지급되는 토지로서 세종 22년 경에는 그 총액이 약 3,000여 결에 이르렀다고 한다. 그러나 일시적인 공로로 지급되는 별사전에 대해서는 상당한 반대가 있었다. 이러한 반대 때문에 별사전은 가끔 환수되기도 하였다. 한편, 별사전은 수전이 금지되어 있는 천인들에게까지 지급되어 말썽을 빚기도 하였다. 태종 3년 경에 이러한 천인 수전자들이 17인에 이르렀고 이들이 받은 별사전의 총액은 690여 결이나 되었다고 한다.

별사전에는 토지의 소유권 자체를 주는 賜牌別賜田과 수조권만을 주는 無賜牌別賜田이 있었는데 전자는 세전이 허락되었으나 후자는 세전이 허락되지 않았다.

이와 같이 공신전과 별사전은 전액 환수가 주장되는 가운데서도 세전만 금지되었을 뿐 계속적으로 지급되고 있었다. 그러나 이들 공신·별사전이 국가수입에 압박을 주기 때문에 때때로 전조의 일부, 또는 전부를 국가에 귀속시키는 경우가 많았다. 그리고 직전법이 실시된 후에는 이들 공신·별사전의 전조도 국가에서 관수관급하게 되었다. 그러나 공신·별사전은 과전처럼 없앨 수는 없었다. 이것은 새로운 정권과 밀접한 관계가 있었기 때문이다.

117) 深谷敏鐵, 위의 글, 1224~1231쪽.

나. 양반 사유지에의 특전

양반은 본원적으로 지주였고 그러한 지주적 지위를 발판으로 관직을 획득하였으며 그들의 관료적 지위와 권력을 이용하여 더욱 많은 사유지를 소유할 수 있었다.

고려왕조는 왕실·귀족·사원의 토지겸병과 압량위천을 통한 사유지의 확대로 조세수입이 줄어들어 결국 국가가 망하고 말았다. 이에 고려 말부터 여러 차례에 걸친 노비변정 사업과 전제개혁으로 불법적으로 점탈된 토지가 많이 국가로 환수되고 노비가 된 양인들이 많이 還良되었다. 그리하여 자영농의 수가 어느 정도 늘어나게 되었고 따라서 양반 사유지는 상당히 줄어들게 되었다. 특히 태조 원년(1392) 8월에는 사헌부의 요청에 따라 王氏 종친이나 양부(宰樞) 이상의 노비소유를 20구 이하로, 양부 이하는 10구 이하로 제한하였으며 나머지 노비는 모두 국가에 소속시켰다. 고려의 왕씨종친이나 巨室 양반은 노비를 1,000여 구 이상 소유하고 있는 사람들도 있었다. 이들은 새 왕조가 탄생하면서 권좌에서 물러나게 되고 노비를 몰수당하게 된 것이다. 이들 불평세력이 많은 노비를 가지고 있는 것은 정치적으로 매우 위험하였기 때문이다. 노비가 없으면 광대한 농장을 경영할 수 없게 되는 효과도 있었다. 한편 과전법에서 竝作半收도 금지시켰다. 단 鰥寡孤獨이나 자식·노비를 거느리지 않은 사람으로서 3~4결 이하의 토지를 소유한 사람만은 병작반수를 예외적으로 할 수 있었다.[118] 그러나 병작반수를 금하는 것은 크게 실효를 거두지 못하였다. 만약 이를 철저히 금한다면 토지없는 농민은 경작할 땅이 없고 지주가 스스로 경작할 수 없는 땅은 묵힐 수밖에 없었기 때문이다. 더구나 조선 초기에는 江南農法이 도입되어 농업기술이 발달되고 농업생산이 증대될 수 있었다.[119] 농업기술이 발달하여 잉여생산이 가능하고 토지없는 농민이 경작을 원한다면 병작반수가 행해지지 않을 수가 없었다. 따라서 병작반수는 오히려 조선 초기에 있어서 조차도 성행하고 있

---

118) 《太宗實錄》 권 12, 태종 6년 11월 기미.

119) 李泰鎭, 〈14·5世紀 農業技術의 발달과 新興士族〉(《東洋學》 9, 檀國大, 1979), 335~340 쪽.

었다. 농업 기술의 발달과 병작반수의 성행은 조선 초기의 새로운 농장발달의 자극제가 되었다. 그리하여 양반들의 토지겸병과 압량위천이 다시금 활발하게 전개되었다. 농장발달을 억제하려는 여러 가지 금령으로 고려 말 귀족의 농장은 줄어들었으나 조선왕조 신귀족의 농장이 늘어나기 시작한 것이다.

농장을 확대시키는 방법은 고려 말 양반들이 쓰던 방법과 유사하였다. 그러나 고려시대의 농장이 사패에 의하여 확대되는 경우가 많았는데 비하여 조선 초기의 농장은 買占에 의하여 확대되는 경우가 많았다. 고려시대부터 토지매매는 원칙적으로 자유였다.[120] 그러나 과전법이 실시되면서 토지매매는 전면적으로 금지되었다. 농민생활을 안정시키고 세원을 확보하기 위해서였다. 국가의 수취·흉년·기근·장리·관혼상제 때문에 궁핍해진 농민들은 토지를 팔아버리지 않을 수 없었다. 이러한 요인들에 의하여 농민들의 토지매매는 거의 공공연하게 이루어지고 있었다. 그리하여 국가에서도 토지매매의 금령을 일부 완화하지 않을 수 없었다. 국가에서는 우선 서울의 택지와 菜田의 매매를 공인하고, 세종 6년(1424) 3월부터는 외방 전지에 대해서도 限年賣買를 허가하게 되었다. 이 때의 토지매매는 한년매매가 특징이었다. 이를 還退라 하였다. 한년매매의 기간은 세종 6년 이후에는 5년, 성종 12년(1481) 경에는 다시 15일로 단축되었다. 15일 기한제는 《경국대전》에도 그대로 법문화되었다. 한년매매의 기간이 점점 단축되어 간 것은 토지의 영구한 매매가 일반화되어 가고 있었음을 의미한다. 가난한 농민들이 짧은 기간 안에 빌려간 빚을 갚고 토지를 찾아갈 수 없었기 때문이다. 농민들이 토지를 팔지 않을 수 없게 만드는 것도 양반들이었고 그들의 다급한 사정을 이용하여 싼 값으로 그 토지를 사들이는 것도 양반들이었다. 그리하여 부자는 더욱 부자가 되고 가난한 사람은 송곳 꽂을 땅도 없게 되었다. 양반지주들은 가난한 농민의 토지를 사들일 뿐 아니라 토지로부터 유리된 농민들까지도 노비로 만들어 차지하였다.

조선 초기 양반의 농장은 개간에 의하여 확대되기도 하였다. 국가에서는 개간을 적극 장려하였다. 왜구가 소탕되어 해안지방에는 특히 개간이 활발히 진행되었다. 국가는 황무지 개간에 부농층의 資力뿐 아니라 종친·양반

120) 李成茂, 앞의 책(1980), 341쪽.

관료들의 자력과 물력을 동원하고자 하였다. 종친·양반관료들은 개간에 필요한 풍부한 노비의 노동력과 식량·종자·농기구를 마련할 수 있었기 때문이다. 세조 5년(1460) 12월의 闢田興業 조건에 의하면 양반관료들에게 황무지를 의무적으로 개간하도록 배당하고 있다. 그리고 그 결과에 따라 賞職을 주기까지 하였다. 이것은 국가가 양반관료들에게 이중적인 혜택을 주는 것이었다. 개간한 땅을 차지하고 게다가 상직까지 받았으니 말이다.

조선 초기에도 양반의 농장은 공·사전의 점탈을 통하여 확대되기도 하였다. 특히 연해지방 수령의 도움을 받아 많은 간척지를 개간하여 착복하는 방법도 있었다. 즉 태종 14년(1414) 5월에 좌정승 하륜이 通津·高陽浦의 간척지 200石落을 농장으로 삼았던 것이 그 예이다. 또 영의정 黃喜는 交河屯田을, 富平府使 李孝禮는 東坡驛田을, 좌찬성 黃守身은 牙山屯田 24곶을 착복한 적도 있었다.[121]

조선 초기 양반들의 농장확대의 또 다른 한 방법으로 長利가 있었다. 장리는 미곡을 빈민에게 빌려주고 연 50%의 高利를 받아 내는 재산증식 방법이었다. 장리는 存本取息하는 것이 원칙이지만 이를 기간 내에 갚지 않으면 이자에 이자가 붙어 결국 토지나 가산을 빼앗기게 되어 있었다. 장리로 치부한 양반 중에는 鄭麟祉·洪允成·尹師路·尹弼商 등이 유명하였다. 양반장리 이외에 內需司長利·寺院長利도 성행하였다. 특히 세종 30년(1448) 12월에 전국 각지에 깔려 있던 장리의 잡곡만도 137,776석에 이르렀다고 한다. 이와 같은 왕실재정인 내수사장리의 확대는 국가경제의 안정을 위하여 바람직하지 않은 것이었다. 이에 세종 26년에는 내수사장리를 일시 혁파했다가 이듬해 9월에 복구하였으며,[122] 성종 1년(1470) 9월에는 세조 12년 이전의 걷히지 않은 장리를 덜어주고 그보다 2년 뒤인 성종 3년 정월에는 전국에 산재해 있는 내수사장리 중 237개소만 남기고 325개소를 혁파하였다. 그러나 성종 13년 11월에는 왕의 자손이 많아 경비가 많이 필요하다고 하여 내수사장리는 다시 부활되었다가 중종 11년(1516) 이후에는 신규대출이 정

121) 李成茂. 위의 책, 346~347쪽.
122) 周藤吉之, 〈高麗朝より朝鮮初期に至る王室財政－特に私藏庫の研究－〉(《東方學報》 10, 1939), 137쪽.

지되었다.

이상에서 살펴본 바와 같이 조선 초기의 양반관료들은 토지의 매점·개간·탈점·장리 등의 방법을 통하여 15세기 후반기에 이르면 대농장을 소유하게 되었다. 세종조의 趙末生·孝寧大君·李順蒙, 세조조의 윤사로·朴從愚·尹士昀·정인지·황수신, 성종조의 宋益孫·永膺大君·윤필상 등은 이러한 대농장을 소유하고 있던 대표적인 인물들이었다. 그 중에서도 윤사로·박종우·윤사균·정인지는 세조조에 4富로 알려질 정도로 많은 토지와 재산을 가지고 있었다. 양반농장은 서울에서 가까운 경기도에 가장 많았고 그 다음은 토지가 비옥한 하3도에 많았다.

그러나 양반농장이라고 모두 규모가 큰 것은 아니었다. 권력형 농장을 제외하고는 일부의 토지는 자기의 노비를 시켜 경작하게 하고 나머지는 병작을 주는 소규모의 농장도 얼마든지 있었다. 이러한 농장은 고려 때부터 전해온 것도 있고 조선 초기에 새로 생긴 것도 있겠지만 대체로 자기의 선영 근처나 은거지에 별장 형태로 설치되어 있는 것이 보통이었다. 양반농장을 別業·別墅라 하는 까닭도 여기에 있었다.

4) 양반의 신분적 지위

조선시대의 사회신분은 크게 양신분과 천신분으로 대별되어 있었다.[123] 양신분은 국가의 관리가 될 수 있는 권리와 국가에 조제와 국역을 부담하는 의무를 지닌 자유민이었는데 비하여 천신분은 타인, 또는 국가기관에 예속되거나, 예속되지 않더라도 인격적인 대우를 제대로 받지 못하는 부자유민 이었다. 이것은 혈통에 의하여 구분되었으며 범죄자를 처벌의 차원에서 천 신분에 편입하기도 하였다. 삼국통일 이후에 정복전쟁이 없어져서 노비의 생성요인 중의 하나인 전쟁포로가 없어지고 다만 범죄노비·채무노비만이 전해왔으나 고려시대의 양반귀족들은 노비의 확대재생산을 위하여 奴婢從母

123) 사료에는 良·賤, 또는 良人·賤人으로 기록되어 있으나 良人의 경우는 때에 따라 常人·常民·平民을 의미하는 경우도 있었다.

法·一賤則賤의 법제를 만들었다.[124] 노비제는 실로 양반귀족들의 사회·경제적 이익을 보장하기 위하여 시행된 것이었다. 그러므로 원이 고려의 노비제를 없애려하자 양반귀족들이 노비 없이는 양반의 지위와 권익이 보장될 수 없다고 하여 크게 반발함으로써 중지되었다. 良賤制에 의해서 광범한 귀속적 신분인 노비를 설정해 둠으로써 국가기관 또는 양신분에 봉사할 수 있는 기틀을 마련한 것이다.

그러나 양신분 안에서는 관직·재부 등을 차지하려는 경쟁이 치열하였다. 그리하여 이들 가운데는 사회적인 불평등이 생겨나게 되었다. 양반·중인·양인 등의 구분이 그것이었다. 양천 불명자들을 구제하기 위하여 身良役賤이라는 층도 생겨나게 되었다. 그러므로 양신분 내의 2차적인 신분 분화는 성취적인 면이 작용하고 이것이 혈통으로서 세전·고착되었다. 조선관료제에 있어서 혈통과 재능이 관직을 얻는 두 가지 길이었다는 점을 상기할 필요가 있다. 양신분 내에서는 혈통의 요소인 음서와 재능의 요소인 과거 취재가 동시에 작용하여 관직사회에서의 우열을 정하였다. 여기에는 귀속적인 측면과 성취적인 측면이 동시에 고려되게 마련이었다. 양·천의 구분은 법제적으로 확연한 구분이 있었지만 양신분 내의 신분의 재분화에서는 법제적으로 불평등을 규정하기도 하고 사회적인 통념으로서 불평등을 구현하기도 하였다. 향리나 서얼의 과거응시를 일정하게 제한하면서도 양반의 범주를 정할 때는 4조 안에 현관이 있느냐 없느냐를 따지는 것 등이 그 예이다.

양신분 중에서도 오랫동안의 관직·문벌·토지소유·노비소유의 경쟁에서 우세한 지위를 차지하는 특권적인 지배신분층이 나타나게 되었다. 이러한 특권적 지배신분층은 그들이 차지한 각종 특권을 유지·강화하기 위하여 국가의 권력을 장악하고 이를 통하여 법제적으로 피지배신분을 더욱 속박하였다.

고려·조선시대에 있어서 이러한 지배신분의 지위를 차지한 것은 양반이었다. 양반은 국가의 문·무관직을 차지한 관료군을 의미하며 이것이 특혜로서 세전되기도 하여 그 가족·친족을 가리키는 신분개념으로도 쓰였다. 그렇다고 폐쇄적인 신라의 골품제사회에서처럼 혈통만이 중시되는 것이 아니

124) 李成茂, 〈朝鮮初期 奴婢의 從母法과 從父法〉(《歷史學報》 115, 1987) 참조.

라 재능도 중시되어 양반신분에는 신분이동이 없었던 것이 아니다. 그러나 중국처럼 정복왕조가 들어선 적이 없는 우리 역사에서는 지배층의 변동이 심하지 않았다. 후삼국 이래 顯族이었던 三韓世族이 조선시대까지 그 맥을 이어오고 있었던 것이 그 예이다. 양반은 그들이 차지한 세습적인 권력을 이용하여 모든 법제를 그들에게 유리하게 만들고 군대와 경찰·하급관속들을 두어 평민과 노비를 제압할 수 있었다. 겉으로는 공정한 경쟁인 것 같지만 이미 불평등이 만연한 사회가 되어서는 양반의 제특권은 쉽게 무너뜨릴 수 없었다. 앞에서 조선 초기 양반의 여러 가지 특권을 들었지만 당시의 양반은 이미 세족으로서 世官·世祿을 받아 이미 지배층으로서의 확고한 기반을 다지고 있었다. 물론 양반이 아닌 경우에도 진출이 막혀 있는 것은 아니지만 진출로를 개척하기에는 많은 난관이 실재하였다. 뿐만 아니라 양반은 조선 초기에 이르러 서울과 지방의 아전이나 기술관·양반서얼들을 하급 지배신분층인 中人으로 격하시켰다. 그리하여 조선 초기에 이르러 지배신분은 상급 지배신분층인 양반과 하급 지배신분층인 중인으로 양분되게 되었다. 이에 조선 초기의 사회신분은 양반·중인·양인·천인으로 대별되게 되었다.

그러나 이 네 신분층 중에서도 양반의 지위가 월등히 높았다. 법제적으로는 양신분과 천신분의 구분이 보다 기본적인 구분으로 되어 있었으나 실제적으로는 양반과 비양반의 구분이 더 중요한 구분으로 작용하고 있었다. 양반은 私權의 기반으로서 사전(사유지, 또는 개인수조지)·사민(사노비)을 지배하고, 사전·사민에 대한 지배관계를 확고히 하기 위하여 양반국가를 세워 그들 자신이 국가기관의 구성원이 되었으며 국가의 공권을 유지하기 위하여 공전(국유지, 또는 국가수조지)·공민(양인·공노비)을 두었다. 그러나 사권과 공권의 관계는 반드시 균형을 유지하기 어려워서 때로는 양반의 사권이 국가의 공권을 압도하는 경우도 있었고 때로는 국가의 공권이 양반의 사권을 제압하는 경우도 있었다. 사권이 공권을 압도하면 국가가 쇠망하고 사권과 공권이 균형을 유지하면 국가가 부강해졌다. 14세기, 19세기는 전자에 속하고 10세기, 15세기는 후자에 속한다.

양반은 사권의 기반으로서 노비를 소유하고 있었다. 물론 양반이 아닌 사람들도 노비를 가지고 있었고 심지어는 노비가 노비를 소유하는 경우도 있

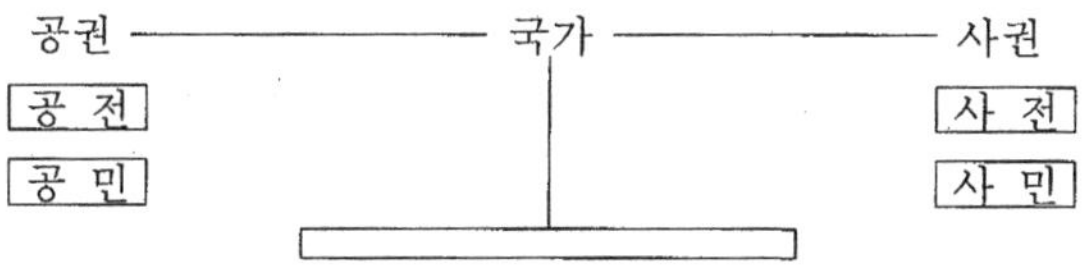

었다. 그러나 노비주의 대부분은 양반이었다. 노비는 양반의 사회적 권위와 경제적 여유를 제공해 주는 주요한 생활근거였다. 노비의 봉사가 있으므로 해서 양반은 생산노동에 직접 종사하지 않고 독서와 修己治人에만 종사하여 조선사회의 지배층으로 군림할 수 있었다.[125] 그러므로 양반은 어떻게 해서든지 많은 노비를 확보하려 하였다. 노비는 토지와 함께 양반에게 가장 주요한 재산이었다. 그들은 되도록 많은 노비를 확보하기 위하여 奴婢世傳法·賤則賤의 노비신분법을 마련하였다. 이것은 중국에도 없는 고려·조선시대의 신분법이었다.

양반은 노비에 대한 지배를 강화하기 위하여 법제적으로 이들을 천인화하고 양반과 노비와의 관계를 하늘과 땅, 위와 아래의 지배·복종관계로 묶어 놓았다. 따라서 노비가 양반상전에게 대항하거나 양반여자를 간통하였을 때는 극형에 처하도록 되어 있었다. 그리고 노비가 상전의 말을 듣지 않을 때에는 刑殺을 제외한 私刑을 가해도 되었으며, 양반이 잘못을 하였을 경우 매를 대신 맞기도 하였다. 또한 노비에게는 종모법이 실시되었다. 가부장적인 가족 구성을 원칙으로 하는 조선사회에 있어서 가계는 반드시 부계를 따르게 되어 있었다. 그런데도 노비에게만 유독 모계를 따르게 한 것은 노비를 가축과 같은 재물로 보았기 때문이다. 그리고 노비가 형벌에서부터 나왔다 하여 《경국대전》에 노비는 刑典에 기록하고 있다.

大家世族은 노비를 소유해야만 집안을 유지할 수 있었다. 이러한 대가세족이 버티고 있는 이상 양반국가는 안정을 확보할 수 있다고 믿었다. 양성지는 원이 고려를 직할령으로 편입시키려 했을 때 權溥·李齊賢과 같은 대가세족이 있었기 때문에 무사할 수 있었고 李施愛의 난 때 함길도가 쉽게 적의 손에 들어간 것은 그 곳에 世臣이 없었기 때문이라는 예를 들어 노비소유를 정당화하고 있다. 양반과 노비와의 관계를 국왕과 관료와의 관계와 같은

125) 성종대의 李克增은 士族과 庶人의 차이를 奴婢所有 여부에 두고 있었다.

주종관계로 규정하고 있는 것도 그 때문이었다. 즉 主奴關係를 군신관계로 파악하고 있었던 것이다. 이를 통하여 조선시대 양반의 사권과 국가의 공권과의 상호보완적 관계를 엿볼 수 있다.

양반과 양인은 門地의 높고 낮음으로 구분되었다. 같은 양신분에 속하기 때문에 그 구분도 명확하지는 않았다. 문지는 가문의 지체를 의미하며, 가문의 지체는 가문의 혈통과 관직과의 관계를 통하여 규정된다. 양반은 고려 시대부터 지주요 노비주로서 과거시험이나 吏職을 통하여 양반직을 차지해 온 부류이며, 양인은 한미한 농민으로서 오랫동안 하류에 머물러 있던 부류들이었다. 양반은 음직·과거 등을 통하여 계속 관직을 차지하였고 그들끼리 폐쇄적으로 통혼함으로써 지배신분층을 구성하게 되었다. 더구나 조선시대에 이르러 지배층이 양분화하여 양반과 중인이 갈리게 되자 양반과 양인의 신분차는 더욱 현격하게 되었다. 다시 말하면 조선 초기까지 이족이나 사족으로 올라가지 못한 일반평민들은 양인신분으로 남게 된 것이라 할 수 있다.

양인은 良民·常人·常民·平民으로 불리기도 하였다.[126] 그러나 때로는 양인이 양신분 전체를 의미하는 광의의 양인으로 쓰일 때도 있었고 平常人을 가리키는 협의의 양인으로 쓰일 때도 있었다. 그러나 전자의 경우는 양·천으로 표기될 때가 많았다. 그러므로 편의상 전자를 양신분, 후자를 양인으로 구분하여 쓰고자 한다.

그러면 양반과 양인은 무엇으로 구분하는가. 관습적으로는 4조 안에 현관(9품 이상의 문·무반직)이 있는가가 기준이 되기도 하였다. 양반이 되는 데는 유교 교양과 관직이 문제되었으나 16세기 이후에는 道學이 더 첨가되었다.[127] 관직이나 도학이 있는 조상이 많은 것이 가문의 문지를 높이는 길이었다. 그러므로 16세기 이후에는 양반들이 族譜·文集·碑銘·書院·祠廟·樓亭 등을 만드는 데 온갖 노력을 다하였다.

조선 초기에 이르러 향리·서리·기술관·서얼·토관·장교 등은 중인층으로 격하되었다고 하였다. 양반은 이들 중인들에게 복잡한 행정실무와 대민

126) 李成茂, 앞의 책(1980), 391~392쪽.
127) 朴趾源,《燕巖集》권 8, 別集 兩班傳.

업무를 일임하고 그들은 시문을 즐기고 수기치인의 방도를 궁구하는 데에만 전념할 수 있었다. 그리하여 양반은 중인을 일반 백성들의 불만을 막아내는 완충벽으로서의 역할을 하도록 한 것이다. 중인들은 양반정권에 기생하면서 양반들로부터 여러 가지 차별대우를 받았다. 이 때문에 양자간에 마찰이 일어나는 경우도 많았고 그들의 행정업무를 이용하여 부를 축적하는 경우도 많았다.

그러나 이들도 과거나 입공을 통하여 양반으로 상승할 수도 있었고 양반 중에도 중인의 직종에 오랫동안 종사하면 중인으로 격하되기도 하였다. 양반이 2대 이상 향리를 지내면 향리로 떨어지는 것이 그 예이다.[128]

이상에서 살펴본 바와 같이 조선 초기의 사회신분은 크게 양신분과 천신분으로 나누어지고 양신분 중에 양반·중인·양인이 다시 분화되어 있었다. 그러므로 조선 초기의 사회신분은 양반·중인·양인 천인으로 4구분할 수 있다. 그러나 중인층은 15세기에 성립되기 시작하여 조선 후기에 가서야 독립된 신분층으로 굳어져 갔다. 양반은 고려 초기부터 양인과 분화되기 시작하여 조선 초기에 이르러 상급 지배신분층으로서의 지위를 차지하였고, 중인층은 조선 초기부터 지배신분의 양분화과정에서 생겨나기 시작하여 조선 후기에 독립된 신분층으로 굳어지게 된 것이다.

그러나 이 네 신분층 간에 신분이동이 전혀 없었던 것은 아니었다. 양반이 반역죄를 지면 노비가 될 수도 있고, 가문이 몰락하여 양인과 마찬가지로 될 수도 있었으며 오랜 동안 아전으로 종사하면 중인으로 떨어지기도 하였다. 또한 양인이나 중인이 과거나 입공을 통하여 양반이 될 수도 있었고, 극히 드문 일이기는 하지만 노비가 공신이 되어 양반으로 상승할 수도 있었다. 즉 신분 간에 카스트(Caste)적인 장벽은 가로 놓여 있지 않았다. 이것이 양천제를 바탕으로 하는 개방적인 사회체제의 특징이기도 하다. 그러나 이러한 신분간의 이동이 일반화되어 있었던 것은 아니었다. 다만 사회변동과 역사발전에 따라 많은 사람들이 양반층에 편입되어 갔다. 그리하여 양반층의 특권이 희석되는 반면에 양반층내의 大家·鄕族·殘班 등의 구분이 생기게 되었다. 즉 조선 후기로 가면 양·천농민의 사회경제적 지위는 접근하고

---

128) 《經國大典》 권 1, 吏典 鄕吏.

양반내의 구분은 더욱 복잡하게 되어 간 것이다.

〈李成茂〉

4. 중 인

1) 중인의 개념[1)]

조선시대에는 지배계층인 兩班에는 미치지 못하고 피지배계층인 良民(常人)보다는 우위에 있는 중간신분층으로서 中人이라 불리는 독특한 신분층이 있었다.

이 같은 신분개념으로 중인이라는 용어가 쓰이기 시작한 것은 17세기 이후 즉 조선 후기에 들어와서이다. 그런데 조선 후기의 여러 기록들은 중인 신분의 범주에 관하여 각기 차이를 보이고 있어 이해의 혼란을 초래하고 있다. 그러나 이를 종합하면 중인은 크게 좁은 의미의 중인과 넓은 의미의 중인으로 구분된다.

좁은 의미의 중인은 주로 중앙의 여러 技術官衙에 소속되어 있는 譯官·醫官·天文官·地官·禁漏·算官·律官·寫字官·畵員 등의 기술관원을 총칭하는 것이다. 이들은 雜科試驗에 합격해서 선발된 기술관원이거나 雜學取才를 거쳐서 뽑힌 기술관원들로서 모두가 동반 소속의 관원이었다. 그러나 넓은 의미의 중인은 중앙의 기술관을 비롯하여 지방의 기술관, 그리고 서얼,

---

1) 중인의 개념에 대해서는 다음의 글을 참고하였다.
李成茂, 〈朝鮮初期의 技術官과 그 地位-中人層의 成立問題를 中心으로-〉(《柳洪烈博士華甲紀念論叢》, 1971).
———, 〈朝鮮前期의 身分制度〉(《東亞文化》 13, 서울大, 1976).
———, 〈朝鮮前期 中人層의 成立問題〉(《東洋學》 8, 檀國大, 1978).
許善道, 〈朝鮮時代 中人硏究〉(1981년도 문교부 학술연구 조성비에 의한 연구 보고서).
鄭玉子, 〈朝鮮後期의 技術職 中人〉(《震檀學報》 61, 1986).
韓永愚, 〈朝鮮時代 中人의 身分·階級的 性格〉(《韓國文化》 9, 서울大, 1988).
鄭武龍, 〈朝鮮朝 中人階層 試考(I)〉(《論文集》 12, 慶星大, 1991).

중앙의 서리와 지방의 향리·토관·군교·교생[2] 등의 여러 계층을 포괄적으로 일컫는 것이다. 이 넓은 의미의 중인이 바로 조선시대 중간신분층으로서의 중인을 뜻하는 것이다.

그런데 중인들은 스스로 중인으로 불리는 것을 꺼리는 부류와 스스로 중인을 자칭하는 부류가 있었다. 좁은 의미의 중인인 중앙의 기술관의 경우 주관적으로는 士族의 후예임을 자처하는 동시에 양반과 다름없는 법적 지위를 가지고 있다고 믿는 사람들이다. 따라서 이들은 다른 부류의 사람들이 자신들과 함께 넓은 의미의 중인으로 불리면서 동류로 취급되는 것을 불만으로 생각하고 있었다. 반면에 향리와 장교 및 교생 등은 중인임을 자칭하는 부류들이었다.

중인은 양반도 아니고 양민도 아닌 그 중간에 존재하고 있다는 계급적 중간성에서 붙여진 호칭이다. 간혹 기술관원들이 조선 후기의 四色黨論에서 중립을 지켰기 때문에 호칭된 것이라는 주장도 있고,[3] 또 기술관원들이 서울의 중심부에서 거주했기 때문에 호칭된 것이라는 주장도 있으나,[4] 모두 적절한 설명이 되지 못한다.

중인이 양반과 양민 사이에 위치한 중간신분의 개념으로 쓰인 것이 17세기 이후부터라고 해서 중간신분층의 존재가 17세기에 별안간 나타난 것이라고 할 수는 없다. 이미 조선 초기부터 지배신분층의 양분화에 따라 중인 신분의 전단계인 하급 지배신분층이 형성되어 가고 있었기 때문

---

2) 향교에는 조선 초기 이래 士族子弟뿐만 아니라 土官·平民子弟도 입학하였다(李範稷, 〈朝鮮前期의 校生身分〉, 《韓國史論》 3, 1976 참조). 이러한 현상은 조선 후기에도 이어지는데, 조선 후기의 경우 신분적 차이에 따라 향교에서의 거처를 달리하며 사족자제는 東齋, 서얼·평민자제는 西齋에 거하였다. 이들 중 서재에 거하는 서얼·평민 출신 校生들이 점차 평민보다는 약간 우위에 있으나 사족에는 미치지 못하는 존재로 여겨져 中人으로 불리어지게 되었다. 이에 대하여 다음의 글들이 참고가 된다.

朴連鎬, 〈仁祖～肅宗年間의 軍役과 校生考講〉(《정신문화연구》 1986, 봄).

全炅穆, 〈朝鮮後期 校生의 身分에 관한 再檢討〉(《宋俊浩教授停年紀念論叢》, 1987).

尹熙勉, 〈朝鮮後期 額內校生〉(《東亞研究》 13, 1988).

3) 〈'象院科榜' 수록 中人通淸運動資料〉(《韓國學報》 45, 一志社, 1986), 251～262쪽 및 玄檃, 《中人來歷의 略考》 참조.

4) 《備邊司謄錄》 권 111, 영조 18년 10월 11일.

이다.[5] 즉 15·16세기를 거치면서 지배신분층이 사족 중심의 상급 지배신분층과 기술관 및 경·외서리 등의 하급 지배신분층으로 양분화되어 상급 지배신분층은 배타적인 양반 신분으로 변하게 된다. 이 과정에서 하급 지배신분층은 현실적인 지위나마 유지하기 위하여 그들의 직종과 신분을 세습해 나가게 되고, 그리하여 이들은 양반화하는 상급 지배신분층도 아니고 그렇다고 피지배 계층인 양민도 아닌 양자의 중간에 위치하는 신분으로 점차 그 틀을 잡아가게 된 것이다.

조선시대에 중인의 신분적 지위는 양반에는 미치지 못하였지만 양민보다는 높은 위치에 있었다. 이러한 중인도 넓게는 지배계층에 포함되며 대체로 그 하부구조를 이루고 있었다. 그러나 넓은 의미에서 양반과 함께 지배계층에 속했다 하더라도 중인은 양반과 신분적으로 엄격히 구분되어 서로 간에 교유가 없었다. 특히 조선 후기에 와서 향리·교생 등 향촌의 중인과 양반인 사족과의 장벽이 오히려 양민과의 장벽보다 더 엄격한 것으로 지적되기도 하였다.

이처럼 중인과 양반, 중인과 양민 사이에 계급적 장벽이 가로놓여 있었다 하더라도 그 장벽이 법제에 의하여 규정된 것이 아니고 사회관습에 의해 이루어진 것이기 때문에 상호간에 상하 이동이 전혀 불가능한 신분적 장벽은 아니었다. 실제로 적은 사례에 지나지 않지만 그 장벽을 뛰어넘는 상하 이동이 이루어지고 있었다.

한편 중인은 그 안에 포함된 잡다한 부류의 사람들이 각기 올라갈 수 있는 최고의 품계, 즉 限品에 따라 상·중·하의 세 계층으로 구분된다. 상층은 정3품 당하관이 한품인 계층으로서 상급기술관인 역관·의관·천문관·지관, 문·무관2품 이상의 良妾子孫 등이 이에 속한다. 중층은 정4품 이하 종6품까지의 참상관이 한품인 계층으로서 하급기술관인 산관·율관·금

5) 조선왕조 성립 이후의 신분제 개편방향에 대한 견해는 현재 크게 두 갈래로 나뉘어 있다. 하나는 지배계층을 상급 지배신분층과 하급 지배신분층으로 兩分化시킴으로써 상급 지배신분층은 兩班化하고 하급 지배신분층은 中人化하게 되었다는 것이다. 다른 하나는 良賤制 사회를 이룸으로써 良人身分이면 양인 내의 상·하 신분을 성취적으로 획득할 수 있게 되었는데, 16세기 이후 士林派의 등장과 함께 양인신분층이 점차 兩班·中人·常民으로 분화되어 갔다는 것이다(자세한 연구동향은 이 책 I편 2장의 2절 〈4분설〉 및 3절 〈양분설〉 참조). 이에 대해 필자는 전자의 입장에 서서 이 글을 서술하였다.

루 · 화원 · 道流,[6] 문 · 무관2품 이상의 賤妾子孫과 3품 이하 6품 이상 관리의 양 · 천첩자손 및 7품 이하 無職兩班의 양첩자손, 그리고 錄事 · 土官 · 戶長 등이 이에 속한다. 하층은 7품 이하의 참하관이 한품이거나 품계가 없는 계층으로서 7품 이하 무직양반의 천첩자손과 書吏 · 六房鄕吏 · 軍校 등이 이에 속한다.

조선시대 여러 부류의 중인은 양반관료제 통치기구의 하부에서 직종에 따라 중세국가의 운영에 필수적인 통역 · 의학 · 천문기상 · 법률 · 산술 등의 전문적인 각종 실용기술을 전담하였다. 또한 중앙관청과 지방관아에서 행정말단의 실무를 담당하였는데, 착취적인 성격이 강하여 농민들로부터 비난을 받기 쉬운 대민수취 업무도 이에 포함되는 것이었다. 따라서 중인은 양반관료를 도와 그들이 수립한 정책을 실제적으로 수행한 자들로서 조선왕조의 중세적 양반정치를 보좌하는 존재 내지는 양반정치의 하수인이었다고 할 수 있다. 그러므로 중세국가 운영에서 양반이 정책입안자의 성격을 가지고 있었다고 한다면, 중인은 행정실무자의 성격을 가지고 있었다고 할 수 있다.

이처럼 조선시대 중인이 양반의 지배를 받고 있었지만, 그들도 넓게는 지배신분층의 일부로서 그들이 世傳하고 있는 전문적인 기술지식이나 행정능력을 통하여 양반에 못지 않은 지식과 경제력을 가지고 있었다. 그리하여 그들 나름의 독특한 中人文化를 향유하고 있었다. 예컨대, 그들만의 전문적인 기술지식과 특수한 문서양식, 그리고 독특한 시문인 委巷文學이 이에 해당된다. 또한 그들 특유의 생활양식과 사고방식을 가지고 있어서 행동이 민첩하고 깔끔하며 이해관계에 밝고 대인관계에 능하였다 한다.

2) 중인의 성립과정

조선시대 중인 형성의 단초가 열리는 것은 조선왕조를 개창한 士大夫官僚들이 고려 말에 크게 문란해진 사회신분의 재편성을 추진하면서 지배신분층

6) 道敎의 祭天行事를 주관한 昭格署에 소속된 雜職으로서 임진왜란 때 재차 혁파된 후 다시 설치되지 않았기 때문에 조선 후기에는 존재하지 않았다(李鍾殷, 〈昭格署硏究〉, 《比較文化硏究》 7, 漢陽大, 1988).

을 상·하층으로 양분화하는 데서 비롯되었다고 할 수 있다.[7)]

고려 말 공민왕 이후 添設職이 남발되어 향리·양인 출신의 군인들이 대거 兩班官人의 신분으로 편입됨으로써 양반 관인사회의 수적인 팽창이 급격히 이루어졌다. 이 같은 상황에서 조선왕조를 개창한 사대부관료들은 지배신분의 자기도태 및 양분화를 통해 이 문제를 해결하려 하였다.

이러한 방향의 신분제 개편은 대체로 조선 초기의 사대부관료들이 유학사상을 지배이념으로 채택하고 양반관료 체제를 확립하여 가는 과정에서 이루어지고 있었다. 당시 사대부관료들은 유학사상에 입각하여 관념적으로 '刀筆之任'을 맡는 서리직은 물론 기술직도 잡직이라 하여 천시하기 시작하였다. 따라서 이러한 직에 종사하는 자들, 즉 중앙의 서리나 지방의 향리 및 기술관들을 천시하기 시작하였다. 그리고 사대부의 첩자식인 서얼에 대해서도 일부일처제를 강조하는 유교적 윤리관념에 따라 천시하기 시작하였다.

위의 여러 부류의 사람들에 대한 천시관념은 현실에 반영되어 이들은 여러 면에서 양반관료에 훨씬 못미치는 차별대우를 받게 되었을 뿐만 아니라 양반관직 특히 문반직으로의 진출도 막히게 되었다. 그리하여 이들은 양반관직에 나아갈 수 있는 사족과는 신분적으로 구분되는 하위의 신분층이 되었다. 그 결과 전·현직 양반관료를 비롯하여 사족들은 상급 지배신분층으로서의 지위를 확보하게 된 반면 이들은 여기에서 도태되어 하급 지배신분층으로 격하되었다. 조선 초기 이래 하급 지배신분층으로 격하된 부류는 향리·토관·중앙서리·기술관·서얼 등이었다.

향리는 고려시대에 과거와 서리직을 통하여 양반관직으로 진출할 수 있었으며, 실제로 그들 가운데 일부가 양반 관인사회에 흡수되었다. 그러나 조선왕조 개창 이후 향리는 지배신분의 양분화 과정에서 조정의 향리 억압정책에 따라 상급 지배신분층인 사족에 들지 못하고 하급 지배신분층으로 격하되게 된다.[8)]

---

7) 中人의 성립과정에 대한 전체적인 윤곽은 다음의 글을 참고하였다.
李成茂, 앞의 글(1978).
———, 《朝鮮初期 兩班硏究》(一潮閣, 1980).

8) 李成茂, 〈朝鮮初期의 鄕吏〉(《韓國史硏究》 5, 1970) 참조.

우선 향리는 사족과 달리 관직 진출에 큰 제약을 받았다. 향리의 관직 진출은 이미 고려 말 잡과를 통한 향리의 免役을 줄인다는 차원에서 '三丁一子'에 한하여 잡과에 응시할 수 있도록 규제를 가하기 시작하였다. 조선왕조에 들어와서도 이 규제는 그대로 지속되었다. 뿐만 아니라 향리는 生員·進士試에 응시하려면 반드시 소속 군현인 본관의 허가를 받아야 했으며, 이들에게는 생원·진사시의 覆試 전에 보이는 學禮講(소학·가례시험) 이외에 4書와 1經을 더 시험보였다. 이처럼 조선왕조에 접어들어 합리는 과거 응시에 많은 제약을 받게 되었으며, 따라서 조선 초기 이래로 향리로서는 과거에 급제하기가 매우 어렵게 되었다.

이와 함께 조선왕조에서는 군현의 개편을 단행하여 향리들을 本貫地로부터 다른 군현으로 이동시킴으로써 그들이 오랫동안 본관지에 쌓아 놓은 사회경제적 기반을 한꺼번에 무너뜨렸다. 그리고 留鄕所를 설치하여 향리의 작폐를 규찰하는 동시에 元惡鄕吏處罰法을 마련하여 토호적 향리를 제거하였다. 또한 향리는 세종 때 外役田이 혁파됨으로써 국가로부터 녹봉은 물론 토지도 지급 받지 못하게 되었다. 이에 따라 향리는 단지 지방관아에서 행정실무를 담당하는 향역부담자로 전락되었다.

이와 같은 향리 억압정책의 결과 향리는 조선 초기의 세종 때 이전인 14세기 전반에 상급 지배신분층인 사족과는 구분되는 하급 지배신분층으로 격하되어 갔다. 그리하여《世宗實錄地理志》姓氏條에 士族姓은 土姓, 鄕吏姓은 續姓[9]으로 나뉘어 정리되게 된 것이다.

토관은 평안·함경 양도의 일부 지역에 설치된 것으로서 대체로 그 지방의 閑良 등 토착의 유력층이 향리직이나 군직을 거친 다음 임용되었는데, 비록 5품까지밖에 올라갈 수 없는 한품의 제약이 있었지만 조선 개국 초에는 자신의 토관직 품계보다 한 등급 낮추어 京·外의 양반관직으로 진출할 수

9) 土姓은 자신이 살고 있는 지방이 郡·縣으로 성립될 당시부터 조선 초기까지 그 지방에서 지배적 지위를 차지하고 있던 姓氏를 뜻하며(李樹健, 〈土姓硏究 其一〉,《東洋文化》16, 1975), 續姓은 古籍에는 없고《世宗實錄地理志》를 편찬할 때 各道 關文에 의하여 새로 追錄된 姓氏를 뜻한다(李成茂, 앞의 책, 33쪽).

있었다. 그러나 토관 역시 이미 15세기 전반에 衙前과 같은 부류로 인식되어 양반관직으로의 진출이 어려워지게 되었다.[10] 이에 따라 토관도 상급 지배신분층에서 배제되어 하급 지배신분층으로 굳어지게 되었다.

중앙의 胥吏는 고려시대에는 소정의 복무기간을 마친 후 문·무 양반관직에 등용될 수 있는 신분으로서 대체로 동반에 흡수되어 양반체제 속에 들어가게 되었다.[11] 그리고 녹봉과 함께 전시과 규정에 의한 전지와 시지를 지급받고 있었다. 그러나 이들도 조선 초기에 사대부관료들에 의해 여러 가지 차별대우를 받고 양반관직으로의 진출이 어려워지게 됨으로써 상급 지배신분층에서 배제되어 하급 지배신분층으로 격하되고 있었다.[12]

중앙의 서리는 상급서리인 錄事[13]와 하급서리인 書吏[14] 두 층으로 구분된다. 중앙의 서리에 대한 차별대우는 이미 고려 말부터 나타나고 있다. 대체로 하급서리에 해당되는 것으로 보이지만, 서리직을 통한 수령 진출의 길이 제약을 받기 시작하고, 서리들은 양반관료들과 구분되어 白方笠을 쓰게 되었던 것이다.[15]

---

10) 李載龒, 〈朝鮮初期의 土官에 對하여〉(《震檀學報》 29·30, 1966).
李章熙, 〈朝鮮初期 土班武職의 性格〉(《韓國史論》 7, 국사편찬위원회, 1978).

11) 李佑成, 〈高麗朝의 '吏'에 對하여〉(《歷史學報》 23, 1964), 25~26쪽.
金光洙, 〈高麗時代의 胥吏職〉(《韓國史硏究》 4, 1969).

12) 중앙의 상급서리인 錄事와 하급서리인 書吏의 하급 지배신분층으로의 격하에 대해서는 다음의 글을 참고하였다.
申解淳, 〈朝鮮前期의 錄事〉(《論文集》 18, 成均館大, 1974).
――――, 〈朝鮮初期의 下級胥吏 '吏典'〉(《史學硏究》 35, 1982).

13) 조선 초기에는 상급서리가 소속 관아에 따라 錄事·知印·宣差 茶房·內直別監·司樽別監 등으로 불리웠고, 이것을 총칭하여 成衆官이라 불렀는데, 이것이 《경국대전》에는 錄事로 일원화되어 나타난다(韓永愚, 〈朝鮮初期의 上級胥吏 '成衆官'〉, 《東亞文化》 10, 1971)

14) 조선 초기에는 하급서리가 소속 관서에 따라 典吏·椽吏·書吏·令史·司吏 등으로 불리웠고, 이것을 총칭하여 吏典이라 불렀는데, 이것이 《경국대전》에는 書吏로 일원화되어 나타난다(申解淳, 위의 글, 1982)

15) 고려 말에 중앙의 서리는 士人으로 보임하는 상급서리인 錄事·知印 등과 良家子弟로 充定하는 하급서리인 椽吏·典吏·書吏 등이 있었다(鄭道傳, 《三峰集》 권 7, 朝鮮經國典 上, 治典 補吏). 그런데 상급서리는 조선 초기에도 士族으로 보임되었고 去官 후의 守令 진출도 별로 어렵지 않았다. 그러나 하급서리는 조선 개국 초에 수령 진출이 가능했다고는 하지만 상급서리에 비해 힘들었다. 따라서 고려 말에 수령 진출에 제약을 받고 백방립을 쓰게 된 서리는 하급서리였던 것으로 보인다.

조선왕조에 접어들어서도 중앙의 서리를 양반관료와 차별하는 정책은 계속되었다. 그 결과 중앙의 서리는 고려시대와 달리 과전은 물론 녹봉도 제대로 받지 못하는 처지에 놓이게 되었다. 다만 이들은 輪次除授되는 遞兒職에 의해 遞兒祿을 가끔 받을 뿐이었다. 그러나 그것도 하급서리인 吏典의 경우에는 議政府·六曹·司憲府·司諫院·承政院 등 사무가 많은 중요 관아에 소속된 자에게만 주어졌고, 그나마도 세종 30년(1448) 이전에 혁파되어 버렸다. 따라서 하급서리직은 조선 초기부터 役으로 파악되어 하급서리인 이전이 京役 부담자로 여겨지고 있었다.

또한 중앙의 서리는 승진할 수 있는 품계가 제한된 한품의 적용을 받았으며, 승급을 위한 근무일수도 양반관료보다 더 많았다. 상급서리인 녹사는 종6품까지 올라가서 근무를 마치면 去官했고, 하급서리인 서리는 상급서리인 녹사보다 못해서 종7품 또는 종8품까지 올라가서 근무를 마치고 거관하였다. 그리고 승급에 있어서 양반 참하관의 경우 450일만 근무하면 한 품계를 올려 받을 수 있었지만, 상급서리인 녹사는 그보다 약간 많은 514일, 하급서리인 書吏는 거의 6배나 많은 2,600일을 근무해야만 한 품계를 올려 받을 수 있었다.

이와 함께 중앙의 서리들이 소정의 복무기간을 마치고 거관한 뒤에 양반관직으로 진출할 수 있던 길이 조선 초기 이래 사대부관료들에 의해 점차 봉쇄당하여 가고 있었다. 이것은 중앙의 서리직을 통한 양반관직으로의 연결이 단절되는 것을 뜻하는 것으로서, 중앙의 서리가 상급 지배신분층에서 배제되어 하급 지배신분층으로 격하되는 보다 중요한 계기를 제공하였다.

하급서리인 吏典(書吏)도 조선 개국 초에는 종7품 또는 종8품으로 거관한 뒤에 동·서반 참하직이나 감무·현령같은 하급수령으로의 진출이 가능하였다. 그러나 사대부관료에 의해 15세기 전반인 세종 이전에 하급서리로 거관한 자의 동반 참하직 및 수령으로의 진출이 봉쇄되고, 서반 참하직으로의 진출도 그 직후인 15세기 중엽 즉 세조 때 봉쇄당하게 된다. 그렇지만 종9품직인 驛丞·渡丞으로의 진출만은《經國大典》규정에 의해 법제적으로 보장받고 있는데, 역승·도승이 비록 종9품직이라 하더라도 사족 출신자가 보임되는 관직이 아니었고 또 그 직을 통해 상위 양반관직으로의 승진이 안되었기 때문에 실제로는 양반관직이라 보기 어렵다.16) 따라서 하급 서리 거관자의 양반관직으로의 진출 봉쇄는 실질적으로 세조 때인 15세기 중엽이었다고 할 수 있다.

상급서리인 녹사는 대체로 조선 초기에는 종6품으로 거관한 뒤에 중앙의 동·서반직이나 지방의 수령으로 진출하는 것이 본인의 능력만 있다면 그리 힘들지 않았다. 그리고 《경국대전》이 반포 시행된 뒤에도 해마다 녹사로 거관하는 자 10인 가운데 수령취재에 합격하는 자는 수령에 임용될 수 있었고, 합격이 안되더라도 서반 체아직을 받게 되어 있었다. 따라서 상급서리인 녹사는 하급서리인 서리와는 달리 대체로 15세기 말까지는 일반 士流와 동등한 신분으로 간주되어 상급 지배신분층의 말단에 위치해 있었다.

그러나 15세기 말부터, 비록 錄事 去官者들의 수령 등 양반관직으로의 진출이 법제적으로 봉쇄되지는 않았지만, '刀筆之任'을 맡는 서리들이 유학을 전업으로 하는 사대부관료들에 의해 천시되는 경향이 갈수록 두드러짐에 따라 현실적으로 제약을 받기 시작하였다. 예컨대 성종조에 '試可之法'17)을 일시적으로 채택한 것, 중종조에 녹사 거관자의 감찰 임용에 있어 사헌부가 署經을 거부한 것 등이 바로 그것이다.

이에 따라 16세기에 접어들어서는 상급서리 녹사도 사대부관료에 의해 그 미천함이 일반 서리와 다름이 없다고 여겨질 정도로 그 신분적 지위가 저하되고 있었다. 이와 함께 녹사 거관자의 수령 등으로의 진출도 갈수록 힘들어져 16세기 중엽인 명종 때 이르면 현실적으로 거의 봉쇄된 상태에 이르게 되었다. 물론 이러한 과정에서 사족자제들이 상급서리인 녹사직에 종사하기를 꺼리게 되었다. 결국 16세기 중엽을 전후하여 상급서리 녹사는 양반신분화하는 상급 지배신분층에서 도태되어 하급 지배신분층으로 격하되고 있었다.

앞에서 살펴 보았듯이 중앙 서리의 경우 하급서리인 이전(서리)은 15세기

---

16) 驛丞마저도 中宗 30년(1535)에 혁파됨으로써 書吏去官者가 제도상으로 진출할 수 있는 길은 渡丞 5員뿐이었다.

17) '試可之法'에 의해 錄事去官者들은 守令取才에 합격하더라도 바로 서용되지 못하고 먼저 主簿·引儀와 같은 京職에 임명되어 수개월 동안 행정사무를 익히고 그 능력을 시험받은 연후에 수령에 서용되게 되었는데, 이 경우 한정된 경직의 빈자리 부족으로 수십 년을 기다려야 했으므로 실제로 수령에 서용되는 것은 극히 힘들었다.

중엽 이전에 이미 하급 지배신분층으로 굳어지고 있었다. 그리고 상급서리인 녹사는 하급서리보다 약 1세기 정도 뒤늦은 16세기 중엽을 전후한 시기에 하급 지배신분층으로 격하되고 있었다.

技術官은 고려시대에는 문·무관에 비해 별로 차별대우를 받지 않아서 녹봉은 물론 田柴科 규정에 의해 전지와 시지를 지급받고 있었다. 조선왕조에 접어들어 15세기 전반까지도 기술학이 국가적으로 장려되어 사족자제들이 각종 기술학을 배워 기술관이 되는 경우가 많았다.

그러나 15세기 후반 경부터 기술관들이 사대부관료들에 의해 차별대우를 받기 시작하였다.[18] 15세기 후반에 반포 시행된《경국대전》에 의하면 기술직으로 가장 높은 품계는 정3품 堂下官(通訓大夫)이었다. 따라서 기술관은 정3품 당하관을 상한으로 한품서용하게 되어 있었다. 그것도 역관·의관·천문관·지관같은 상급 기술관에게나 해당되는 것이지, 그 밖의 하급 기술관들은 그보다 낮은 정4품 이하부터 종6품까지의 참하관이 한품이었다. 간혹 역관·의관 등이 국가나 왕실에 대한 공로가 인정되어 당상관 벼슬을 받는 경우가 있었지만, 이것은 특례에 지나지 않는 것이었다. 그러므로 기술관이 양반관직으로 진출한다는 것은 거의 불가능한 것이었다. 이와 함께 2품 이상 관료의 첩자손이기는 하지만 사족 신분에서 도태당한 서얼들의 기술관 서용이《경국대전》규정에 의해 허용됨으로써 기술관직이 양반관직과 차별되는 것임을 드러내고 있었다.

또한 기술관직은《경국대전》에 의하면 모두 체아직으로 되어 있다. 따라서 기술관은 정식 녹봉을 받지 못하고 다수의 관원이 돌아가며 가끔씩 체아록을 받는 차별대우를 받게 되었다. 그리고 조선 개국 초에는 기술관이 科田을 지급 받았으나, 세조 때는 職田法으로 바뀌면서 체아직에는 직전을 지급하지 않게끔 되어 기술관들은 직전도 받지 못하게 되었다.

이 밖에도 기술관은 참하직의 경우 한 등급 승진하는데 소요되는 근무기간이 양반 참하직과 같이 450일로 계산되는 것이 아니라 상급서리인 녹사와 같은 514일이었다. 그리고 기술관은 文散階를 받고 있었기 때문에 조회 때

---

18) 기술관의 하급 지배신분층으로의 격하에 대해서는 李成茂의 앞의 글(1971)을 참고하였다.

동반에 섰는데, 성종 이후에는 서반에 서게끔 되었다. 이는 유학을 正學으로 여기는 사대부관료들이 기술관을 잡학 종사자라 하여 천시한 결과였다.

결국 기술관에 대한 천시관념과 차별대우는 사족자제들로 하여금 기술학 입학을 기피하게 하였다. 이에 기술학이 침체하게 되자 조정에서는 상급 지배신분에서 도태된 부류인 2품 이상 관료의 첩자손 즉 서얼을 기술학 생도로 받아들이는 방안과 기술관보다 하급신분인 교생과 향리 3정 1자 및 지방의 의·역·율학생도를 選上·歲貢토록 하는 제도를 마련함으로써 이들 사족신분이 아닌 자가 기술관이 될 수 있는 길을 열어 놓았다.

이리하여 15세기 말인 성종 13년(1482)에 기술관은 사족이 아니므로 사대부 또는 士類와 같은 줄에 설 수 없는 부류라는 인식이 팽배하게 되었다. 당시 사대부관료들은 왕이 역관 출신을 당상관으로 임명하려는 것에 대해 반대하면서 그 명분으로, 역관·의관은 사족과 같은 줄에 설 수 있는 신분이 아니므로 淸班에 발탁·등용할 수 없다는 점과 함께 사족은 문·무관에, 기술관은 기술직에, 그리고 농·공·상고는 농업·수공업·상업에만 종사해야지 각각 주어진 직분을 넘어설 수 없는 것이라는 점을 들었다. 이처럼 15세기 말경에 사족과 기술관이 신분적으로 같은 줄에 설 수 없는 구분이 생겨나고 있었다. 이와 함께 기술관은 상급 지배신분층에서 도태되어 하급 지배신분층으로 격하되기 시작하였다.

이러한 추세 속에서 2품 이상 고관의 첩 소생 曾·玄孫에게 잡과 응시가 허용되어 16세기 중엽인 중종 38년(1543)에 편찬된 《大典後續錄》에 의해 하나의 법규로 제정되었다.[19] 이러한 과정에서 사족자제들의 기술관 기피현상은 갈수록 현저해져 16세기 후반기 이후로는 사족 출신으로서 기술관이 되는 자가 거의 없게 되었던 것이다.[20]

庶孽은 고려시대에는 婢妾 소생의 경우 賤者隨母法에 따라 차별 받기는

19) 《大典後續錄》 권 3, 禮典 諸科.

20) 譯科入格者의 前歷에 나타나는 幼學의 비율이 중종 2년(1507)에는 63.2%를 차지하였으나, 그 후 중종 8년에는 50%, 중종 20년에는 35.3%, 명종 4년(1549)에는 15.8%로 급격히 줄다가 선조 9년(1576) 즉 16세기 후반기 이후로는 역과입격자의 전력에 幼學이 보이지 않고 있다. 이처럼 상급기술관인 역관직도 16세기 이후 士族身分인 幼學의 기피대상이 되었다(이남희, 〈朝鮮中期 譯科入格者의 身分에 관한 硏究〉, 《淸溪史學》 4, 1987).

했지만 그 정도가 비교적 약했으며, 여말 선초에는 그 부친이 현관이거나 공신일 경우 부친의 蔭德으로 양반관직에 진출하고 있었다. 그러나 조선왕조 개창 이후 사대부관료들은 일부일처제를 강조하는 유교적인 가족관념에 따라 자신들의 분신인 서얼에 대해서도 차별대우하기 시작하였다.[21)]

서얼은 15세기 초인 태종 때 庶孽差待法이 마련됨으로써 兩班顯職에 서용될 수 없게 되었는데, 15세기 후반에 반포 시행된《경국대전》에 서얼자손을 禁錮한다는 규정이 16세기 중엽에 편찬된《經國大典註解》에 의해 자자손손토록 영원히 금고하는 것으로 규정되게 되었다. 이와 함께 서얼과 그 자손들은 문과와 생원·진사시에도 응시할 수 없었다. 다만 이들은 자기 父祖의 관품의 고하에 따라 최고 정3품 당하관에서 최하 정8품까지를 한품으로 기술직이나 잡직에 서용될 수 있었다.

서얼에 대한 이 같은 차별대우는 서얼로 하여금 부의 신분을 세습하지 못하게 함으로써 서얼이 사족신분에서 도태되는 결과를 가져오게 하였다. 이리하여 서얼과 그 자손들은 상급 지배신분층인 사족에도 끼지 못하고, 그렇다고 피지배계층인 양민도 아닌 중간적인 신분층으로 굳어지게 되었다.

요컨대 조선 초기 이래 사대부관료들이 신분질서를 재편하는 과정에서 지배계층의 하부에 위치해 있던 여러 부류의 사람들이 상급 지배신분층인 사족과는 구분되어 하급 지배신분층으로 격하되고 있었다. 대체로 15세기 초·중엽에 향리와 중앙의 하급서리인 이전(書吏) 및 서얼이 먼저 하급 지배신분층으로 격하되었다. 軍校 가운데 장교층도 고려시대에 향리층들이 겸하는 것이었다는 점[22)]을 감안한다면 역시 이 때쯤 하급 지배신분층으로 편입되었다고 생각된다. 이어 15세기 말부터 16제기 초·중엽에는 기술관과 상급서리인 녹사가 각각 하급 지배신분층으로 격하되었다.

---

21) 서얼의 차별대우에 대해서는 다음의 글을 참고하였다.
李相佰, 〈庶孽禁錮始末〉(《東方學志》 1, 1954).
李泰鎭, 〈庶孽差待考-鮮初 妾子 '限品叙用'制의 成立過程을 中心으로-〉(《歷史學報》 27, 1965).
朴天圭, 〈朝鮮前期 庶孽의 社會的 地位〉(《史學硏究》 30, 1980).

22) 李成茂, 〈朝鮮初期의 鄕吏〉(《韓國史硏究》 5, 1970), 90쪽.
羅恪淳, 〈高麗鄕吏의 身分變化에 관한 硏究〉(《成均館大博士學位論文》, 1987), 30쪽.

이와 같이 1세기가 넘는 오랜 기간에 걸쳐 유교적 직업관 내지는 가족관에 따라 지배계층 하부에 있던 여러 부류의 사람들을 차례차례 하급 지배신분층으로 격하시키고 우뚝 선 상급 지배신분층인 사족은 점차 배타적인 특권 신분층, 즉 양반신분으로 그 모습을 드러내게 되었다. 이와 함께 이들은 종래 사족자제들이 많이 종했던 기술직이나 상급서리직인 녹사직에 종사하기를 기피하게 되었다. 사족이라도 기술관이나 녹사가 되면 門地가 낮아져서 사족과 같은 줄에 설 수 없게 되어 다른 사족과 통혼하는 길은 물론 華·要·淸職으로 진출하는 길이 막히게 되었기 때문이다.

이러한 사회분위기 속에서 이미 하급 지배신분층으로 격하된 여러 부류의 사람들도 양반신분은 못되더라도 피지배계층인 양민보다는 우월한 신분이라는 그들의 현실적 지위를 대대로 유지하려는 모습을 보이게 된다. 특히 15세기까지는 사족자제들이 많이 종사했던 기술관 특히 상급 기술관에게서 이러한 경향이 두드러지게 나타났다. 즉 한 기술관 가문에서 같은 계통의 기술관직을 世傳시키는 경향을 보임으로써 명문 기술관 가문으로 등장하게 되며, 더욱이 같은 계통의 기술관 가문 또는 다른 계통의 기술관 가문과의 통혼을 통하여 그 세전성을 보다 강화시키는 동시에 명문 기술관 가문으로서의 지위를 보다 확고히 할 수 있었다.[23] 특히 다른 기술관 가문과의 통혼과 같은 깊은 유대관계는 자기 가문에서 세전하는 기술관직이 아닌 상대방의 기술직종을 세습케 하는 경향도 나타나게 하였다.[24] 물론 기술관이 전문적인 지식이나 기술을 필요로 하는 직종이라는 점도 기술관직 세전의 한 요인으로 작용되고 있었다.

기술관직의 세습이 이루어지면서 기술관들의 同類屬性이 나타나게 되고, 이러한 동류 속성이 대체로 3세대 정도의 세습화를 거치면서 더욱 굳어져[25] 약 1세기쯤 뒤인 16세기 말에서 17세기 초에 이르는 시기에 기술관들의 신

---

23) 이남희는 앞의 글에서 譯官家門의 경우 그러한 경향이 나타난다고 하였다.

24) 李洪烈, 〈雜科試取에 대한 一考察〉(《白山學報》 3, 1967).

25) 朴龍雲의 〈高麗 家産官僚制說과 貴族制說에 대한 檢討〉(《史叢》 21·22, 1977)에 의하면, 貴族家門은 동·서양을 막론하고 귀족적 특권을 누릴 수 있는 지위에 오른 당사자로부터 3세대 정도 '歷史의 堆積'이 이루어져야 家格을 인정받는다고 하였다. 이로 미루어 보건대 조선시대 中人家門도 대체로 그 정도의 '歷史的 堆積'을 거치면서 형성되지 않았을까 생각된다.

분적 성격이 양반도 아니고 양민도 아닌 그 중간적 존재로서의 특이성을 뚜렷이 드러내게 되었다. 이러한 신분적 특이성 때문에 17세기부터 기술관들이 중인(좁은 의미의 중인)으로 불려지게 되었다.

그런데 중인의 의미는 점차 확대되어 역시 조선 초기에 하급 지배신분층으로 격하된 서얼·중앙서리·향리·토관·군교 등이 기술관과 함께 중인(넓은 의미의 중인)로 불리게 되었다. 이와 달리 평민신분으로서 校生이 된 자들이 또한 중인(넓은 의미의 중인)으로 불려지기도 하였다.[26] 평민 신분으로 교생이 된 자들은 대체로 양민 상층부의 사람들로서 이들은 교생이 되어 免役의 혜택을 받게 될 뿐만 아니라 技術學 生徒로 들어갔다가 기술관이 되기도 하고, 또 중앙의 하급서리인 書吏가 되기도 하여[27] 넓은 의미의 중인으로 신분을 상승시킬 수 있었기에 스스로를 중인이라 칭하였던 것으로 보인다. 실제로 평민 출신의 교생들은 조선 후기에 중앙관아의 書吏나 지방관아의 吏校가 되는 것이 보통이었으며, 그렇게 되지 못하면 本里의 約正·勸農이 되었다.[28] 이와 같이 중인의 의미가 평민 신분의 교생으로까지 확대되자 중인 상층부에 위치하고 있던 역관·의관 등의 상급기술관들은 앞에서 언급했듯이 스스로 중인이라 불리는 것을 꺼려할 정도가 되었던 것이다.

3) 기술관[29]

조선시대 기술관은 특수한 技術學에 종사하는 사람들을 총칭하는 것인데,

---

26) 앞의 주 2) 및 韓永愚, 앞의 글(1988).
27) 李成茂, 〈朝鮮初期의 鄕校〉(《漢坡李相玉博士回甲紀念論文集》, 1970).
　　———, 앞의 글(1971)
　　李範稷, 앞의 글(1976).
　　申解淳, 앞의 글(1982).
28) 鄭玉子, 앞의 글(1986).
　　韓永愚, 〈조선후기 中人에 대하여－哲宗期 中人通淸運動 자료를 중심으로－〉(《韓國學報》 45, 1986), 83~84쪽.
29) 技術官에 관해서는 다음의 글을 주로 참고하였다.
　　李成茂, 앞의 글(1971).
　　朴星來, 〈朝鮮儒敎社會의 中人技術敎育〉(《大東文化硏究》 17, 1983).

여기에서의 '技術'이란 요즈음의 테크닉(Technic)이란 의미보다는 '藝能'즉 실용적인 기술을 의미하는 것이다. 이러한 기술학을 조선시대에는 雜學이라고 하였으며, 이에 종사하는 사람 즉 기술관을 雜業人이라고도 하였다.

기술관을 양성하기 위한 기술학은 이미 고려시대에도 설치되어 있었다. 고려시대에는 國子監에서 유학과 함께 교육되었기 때문에 아직 기술학이 유학에 비하여 별로 차별대우를 받지 않았다

조선시대에도 기술관을 양성하기 위한 기술학을 중시하여 개국 초부터 이를 설치하였다. 즉 태조 2년(1393)의 6학 설치시 律學·字學·譯學·醫學·算學이 설치되었으며, 태종 6년(1406) 10학 설치시에는 태조 2년 때보다 늘어나서 吏學·譯學·陰陽風水學·醫學·字學·律學·算學·樂學이 설치되었다. 그 後《경국대전》의 반포 시행으로 태종 6년에 설치된 기술학에 약간의 가감이 가해져서 譯學(漢學·蒙學·女眞學·倭學 포함)·醫學·陰陽學(天文學·地理學·命課學 포함)·算學·律學·畵學·道學이 설치되었다. 일반적으로 조선시대의 기술학이라 하면《경국대전》에 나타나 있는 역학·의학·음양학·산학·율학·화학·도학을 가리킨다. 그리고《경국대전》에는 나타나 있지 않지만, 악학·자학도 조선시대의 기술학 중의 하나였다.

이러한 기술학에 종사하는 기술관으로는 여러 기술학의 생도를 비롯하여 현직 및 전직의 譯官·醫官·天文官·地官·算官·律官·畵員·道流·禁漏·樂生·樂工·尙道·志道·善畵·善繪·畵史·繪史 등을 들 수 있다. 이 중 역관·의관·천문관·지관은 정3품 당하관까지 올라갈 수 있는 상급기술관 이라 할 수 있고, 산관·율관·도류·금루·화인은 종6품 전후에서 거관되는 하급기술관이라 할 수 있다. 그리고 악생·악공·상도·지도·선화·선회·화사·회사 등은 공·상인이나 천인 계층에서도 들어갈 수 있는 流外雜職의 기술관이었다. 이 중에서 상급기술관과 하급기술관이 중인신분층에 속하는 것이고, 잡직 기술관은 공·상인 또는 천인신분층에 속하는 것이었다.

조선시대에 기술직에 종사하기 위해서는 먼저 각각의 기술학에 입속하여 기술학 생도가 되고, 다음으로 전문지식을 습득하여 잡과나 기술관(잡학)취재에 합격해야만 하였다.《경국대전》에 의하면 잡과에는 譯科(한학·몽학·여진학·왜학 포함)·醫科·陰陽科(천문학·지리학·명과학 포함)·律科가 있었으

며, 기술관취재에는 역학·의학·음양학·율학·산학 등의 잡직취재가 있었다.

기술관을 양성하기 위한 기술교육은 조선시대에는 고려시대에 國子監에서 실시한 것과는 달리 소관 기술관아에서 실시하였다. 중앙의 경우 역학은 司譯院, 의학은 典醫監과 惠民署, 율학은 刑曹, 음양학은 觀象監, 산학은 戶曹, 화학은 圖畵署, 도학은 昭格署에서 각각 교육을 담당하였다. 그리고 지방은 지방관아에서 교육시켰는데 역학의 경우 인접국과의 교통로에 있는 지역 즉 한학은 平壤·義州·黃州, 여진학은 義州·昌城·北靑·理山·碧潼·滿浦·渭原, 왜학은 薺浦·釜山浦·鹽浦 등에서 담당하였다. 그리고 의학과 율학은 府·大都護府·牧·都護府·郡·縣의 모든 지방관아에서 담당하였다. 이처럼 중앙과 지방에서 기술교육을 받는 기술학 생도의 총정원은《경국대전》에 나타난 것에 의하면 6,736인이었다.

기술학 생도가 되어 기술학을 배우는 자는 조선 초기에만 해도 국가에서 기술학을 중시하여 장려하였을 뿐만 아니라 기술관에 대한 차별도 심하지 않았기 때문에 양가자제뿐만 아니라 사족자제(衣冠子弟)들도 있었다. 그러나 유학사상을 지도이념으로 하는 양반관료 체제가 확립되는 15세기 후반부터 사대부관료들에 의해 기술학이 관념적으로 천시되었을 뿐만 아니라 기술관이 양반관료에 비해 법제적으로 차별대우를 받기 시작함으로써 사족자제들이 기술직에 종사하기를 꺼려하였다. 따라서 사족자제들이 기술학 생도가 되어 기술학을 배우려고 하지 않았다. 그리하여 기술학은 점차로 사족신분층의 所業에서 벗어나게 되었던 것이다.

이에 따라 기술학은 크게 세 부류의 사람들이 소업으로 하는 경향이 나타나게 되었다. 우선 15세기 말 이후 하급신분층으로 격하된 기술관들이 기술직을 세전하는 경향이 나타남으로써 기술관의 자손들이 기술학 생도가 되었다. 조선 초기 이래 기술관의 정예화를 위해 기술직의 세습이 강조되었으나 제대로 이루어지지 않던 것이 이제 기술관의 양반신분으로의 상승이 힘들어진 마당에 기술관으로서의 지위나마 자손 대대로 유지하기 위해 기술직을 세전하게 되었던 것이다.

다음으로 조선 초기에 상급 지배신분층에서 도태된 부류인 서얼들이 기술학 생도가 되었다. 조선 초기에 庶孽差待法과 庶孽禁錮法에 의해 차별대우를 받아 하급 지배 신분층으로 격하된 서얼 가운데 2품 이상 고위관료의 첩자손이 《경국대전》 규정에 의해 기술직에 종사할 수 있게 되고, 얼마 있지 않아 2품 이상 고위관료의 첩 소생 증·현손에게 잡과 응시가 허용됨으로써 고관집 서얼의 경우 사족의 소업에서 벗어난 기술학의 생도로 들어갈 수 있게 되었다.

한편 하급 지배신분층인 기술관보다 하위의 신분층 가운데 기술학 생도가 되는 부류가 있었다. 조선사회에서 기술관보다 하위의 신분으로서 사족신분이 아니면서도 지방의 토착사회에서는 유력하거나 총명하고 부유한 축에 들었던 교생이나 향리 3정 1자 및 양가자제 등이 기술학 생도가 되기를 원하였다. 왜냐하면 이들은 기술학 생도가 되거나 잡과·기술관취재를 통하여 면역의 특전을 받을 뿐만 아니라 기술관으로 신분을 상승시킬 수 있었기 때문이었다. 국가에서도 사족자제들의 입학 기피현상으로 침체상태에 있는 기술학을 발전시키기 위해 이들을 기술학 생도로 받아들이게 되었다. 이에 따라 양민 상층부에 위치해 있는 자들이라고는 하지만 평민신분의 교생·양가자제 등이 기술학 생도가 된 뒤 기술관으로 신분을 상승시킬 수 있게 되었다.

기술학 생도들은 중앙의 경우 전공 기술학에 따라 소관 기술관아에서, 지방의 경우 지방관아에서 각각의 전문서와 함께 경서와 《경국대전》을 배웠다. 그리고 그들로 하여금 학업에 정진케 하기 위해 日講·月講의 시험을 보였는데, 그 성적은 연말에 종합되어 취재의 자료가 되었다. 이들의 교육은 중앙의 경우 소관 기술관아의 敎授(종6품)·訓導(정9품)가 담당하였는데, 한학교수 4명 중 2명, 의학교수 4명 중 1명만이 문신이 겸임하는 것이고 나머지는 모두 기술관으로 임용되었다. 그리고 지방의 경우 역학은 한학훈도를 평양·의주·황주, 여진학훈도를 의주·창성·북청·이산·벽동·위원·만포, 왜학훈도를 제포·부산포·염포에 각각 파견하여 담당하도록 하였다. 의학은 처음에는 각 도에 1명씩 파견되는 醫學敎諭가 도내를 순회하며 담당토록 하였으나, 뒤에는 지방의 유학교수와 훈도가 겸해서 맡도록 하였다. 그러나 의학교육이 부실해지자 지방의 의생을 각지에서 34명 선발하여 5년에 한번씩 중앙의 전의감과 혜민서에 올려보내 교육토록 하였다.[30] 지방의 율학

30) 孫弘烈, 《韓國中世의 醫療制度硏究》(修書院, 1988), 216~217쪽.

생도의 경우에도 각 읍에서 1~2명씩 뽑혀 올라와 형조에서 교육을 받았다.

한편 조선시대에는 사족자제들이 기술학에 종사하는 것을 꺼려 기술학이 침체하게 되자 이의 진흥을 위해 習讀官制度를 두었는데 《경국대전》에 의하면 漢學 30인, 醫學 30인, 吏文 20인, 天文學 10인을 두었다. 습독관에는 士族年少聰敏者, 蔭子弟, 四館參外官, 成均館·四學儒生 등 상급 지배신분층에 속하는 자들이 임명되었다. 습독관이 되면 매월 일정기간(10~15일 정도) 소속 기술관아에서 전공 기술학을 분번 습독하였다.

습독관의 전공 기술학 정진을 위해 국가에서는 이들에게 丘史를 넉넉히 지급하고, 軍職遞兒職을 주며, 성적 우수자는 顯官에 啓授하고, 생원·진사에게는 習讀仕日을 성균관 居館圓點(출석일수)으로 간주해 주는 등의 특전을 부여하였다. 그러나 기술학에 대한 관념적 천시와 기술관직에 대한 법제적 차별대우는 문신이나 생원·진사 등으로 하여금 습독관이 되는 것을 꺼리게 하였다. 습독관이 되면 장차 화·요·청직으로의 진출에 지장이 있기 때문이었다. 따라서 이들은 되도록이면 습독관에 임명되지 않기를 바랐으며, 임명되더라도 이를 빨리 모면하려 하였다. 결국 기술학 진흥을 위해 마련했던 습독관 제도는 소기의 성과를 거두지 못하였던 것이다.

기술학 생도들은 소정의 기술학을 배운 후에 정기적 기술관 자격시험이라 할 수 있는 잡과, 그리고 기술학 생도 및 각 기술관아의 權知와 전직 기술관들을 대상으로 하는 평시의 채용시험이라 할 수 있는 기술관취재를 통하여 기술관직에 임용되었다.

잡과는 모든 기술학을 대상으로 다 실시된 것은 아니었다. 《경국대전》이 반포된 후 잡과는 역과·의과·음양과·율과만이 시행되었다. 따라서 잡과에 응시할 수 있는 기술학 생도는 역학·의학·음양학·율학의 생도에 국한되었다. 잡과는 초시·복시의 두 단계만을 거쳤으며, 합격자에게는 禮曹印이 날인된 白牌를 주었다. 문·무과가 殿試를 거쳤고 합격자에게 紅牌를 주었다는 점, 그리고 문과 합격자에게 주는 홍패식과 생원·진사시 합격자에게 주는 백패식에는 국보가 날인되었다는 점과 비교하여 볼 때 잡과는 문·무과는 물론이고 생원·진사시 보다도 경시되고 있었다.

잡과 합격자는 일단 해당 기술관아의 散官職인 권지로 분속되고 이후 기술관으로서 자신의 전문지식을 가지고 국가에 봉사하게 된다. 그러나 사족신분이 아닌 교생·향리 3정 1자·양가자제들은 잡과에 합격하여 기술관이 된지 얼마 안되어 소업을 버리고 鄕曲으로 돌아가 閑遊廢業하는 경우가 많았다. 향리 3정 1자의 경우에는 기술학 생도를 거쳐 잡과에 합격한 후 기술직을 받아 거관하면 免鄕의 특전을 받았고, 그 후 문과에 급제하면 사족 즉 양반신분으로 상승할 수 있는 길이 열려 있었다.[31] 결국 기술직이 지방의 비사족자제들의 면역 내지는 신분상승을 위한 길처럼 되었던 것이다. 이러한 현상은 조선시대의 기술학 발전에 저해가 되는 요소였으며, 또한 전문가로서의 정통한 기술관을 양성하려는 국가의 본뜻에도 어긋나는 것이었다.

기술관취재는 4孟朔에 실시되었는데 기술학 생도와 각 기술관아의 권지와 전직 기술관 등이 응시하였다. 취재에 합격하여 1년에 2번 있는 都目政事에서 선발된 기술관은 체아직을 받았다. 대부분의 기술관은 祿官遞兒職(동반체아직)인 각 기술관아의 기술직을, 습독관과 중앙 각 관아에 파견된 의원 등은 군직체아직(서반체아직)을 제수 받고 있었다. 체아직은 다수의 관원이 돌아가며 소수의 職窠를 제수 받아 띄엄띄엄 한 번씩 受祿하는 제도일 뿐만 아니라 직전법으로 바뀐 뒤 체아직에는 직전을 주지 않게 되어 기술관은 직전도 지급받지 못하였다. 따라서 체아직을 제수 받는 기술관은 正職을 제수 받는 양반관료에 비해 차별대우를 받았다. 그런데 습독관의 경우 비록 기술학을 습독하였다고는 하나 출신이 문신 또는 생원·진사로서 종6품으로 거관한 후 동반현직 또는 수령으로 나아갈 수 있었으므로 출신이 달라 동반직에 나아 갈 수 없는 기술관과는 근본적으로 차이가 있었다. 그러므로 습독관의 대우도 기술관보다 좋았다. 즉 습독관 정원과 군직체아직과의 비가 약 3：1로서 녹관체아직을 받는 기술관의 약 10：1보다는 나았다.

이와 함께 기술관들은 한품서용의 제한을 받음으로써 역시 양반관료에 비해 큰 차별대우를 받았다. 역관·의관·천문관·지관 같은 상급기술관이 정3품 당하관까지밖에 올라갈 수 없었고, 나머지 하급기술관(산관·율관·화원·도류·금루)은 종6품 전후에서 거관되었다. 그들 중 간혹 당상관에 임용되는 경우도 있었지만, 이것은 국왕의 特恩에 의한 특별한 예에 지나지 않

31) 李成茂, 앞의 글(1970), 87~88쪽.

는 것이었다.

이와 같은 기술관에 대한 차별대우와 천시는 사족자제들로 하여금 기술학 종사를 기피하게 하는 결과를 초래하였다. 그 결과 기술관의 신분적 지위가 15세기 말 이후에는 하급 지배신분층으로 격하되는 모습을 보이게 되었던 것이다. 그리고 그 직종을 세전하면서 1세기쯤 지나자 中人(좁은 의미의 중인)이라는 조선사회 특유의 독특한 신분적 성격을 뚜렷이 드러내게 되었던 것이다.

조선시대 기술관들이 15세기 말 이래 점차 하급 지배신분층으로 전락하여 양반 중심의 조선사회에서 정치적 역할은 담당하지 못하였지만, 조선사회의 모든 기술분야는 사실상 이들의 손에 의해 좌우되고 있었다. 그러므로 이들은 조선사회의 기술분야에서 중요한 기능을 발휘하였던 것이다.

역학에 종사하는 사람들은 일반적으로 역관이라고 불렸으며, 그 외에 譯語之人·譯語人·譯人·譯者·舌人·舌者·象胥 등으로도 불렸다.[32] 물론 역학생도도 역학에 종사하는 사람이었다. 역관은 중국과의 사대, 왜·몽고·여진과의 교린 등의 외교에서 주로 통역을 담당하였다. 즉 역관들은 사신과 함께 중국 등에 파견되어 통역의 임무를 수행하였고, 또한 중국 등의 사신이 우리 나라를 방문했을 때 통역을 맡았다. 그러므로 역관들은 조선시대의 사대교린, 즉 외교관계에서 없어서는 안될 중요한 존재였던 것이다. 그래서 조정의 대신들은 역학 또는 역관을 천하게 여기면서도 역어의 임무가 국가의 중대사임을 자주 강조하였던 것이다.[33]

이와 같이 중요한 임무를 맡고 있던 역관의 대표적인 것은 通事였다. 통사는 어학실력에 따라 3등분해서 상등은 通事, 중등은 押物·押馬, 하등은 打角夫라고 하여 외국의 사행에 함께 파견되었다.[34]

역관들은 기본적인 임무인 통역 이외에 때때로 경제적·문화적으로 다양

---

32) 譯官에 관해서는 다음의 글을 주로 참고하였다.
元永煥, 〈朝鮮時代의 司譯院制度〉(《南溪曺佐鎬博士華甲紀念論叢》, 1977).
이남희, 앞의 글
白玉敬, 〈朝鮮前期 譯官의 性格에 對한 一考察〉(《梨大史苑》 22·23, 1988).

33) 《中宗實錄》 권 49, 중종 18년 9월 임진.

34) 《文宗實錄》 권 3, 문종 즉위년 9월 기미.
《成宗實錄》 권 67, 성종 7년 5월 정사.

한 역할을 담당하고 있었다.

경제적으로 역관들은 사행 때 국가에서 필요로 하는 여러 물품을 구입하는 실무자의 역할을 담당하였으며, 그 밖에 그들에게 특별히 허용된 사무역의 기회를 통해 사사로운 경제활동을 하기도 하였다. 우선 역관들은 우리 나라에서 나지는 않으나 필요한 물품인 서적·약재·비단 및 병기에 사용되는 水牛角 등을 필요로 하는 각 관서의 부탁을 받고 사행길에 수입해 오는 역할을 담당하였다.

역관들의 사무역은 상대국의 웃음을 사는 것이라 하여 국초에는 금지하고 있었으나, 태종 17년(1417)에 사신 일행에게 개인적인 물품의 소지가 허용됨으로써 역관들에 의한 사무역의 길이 열리게 되었다. 이에 따라 역관들은 양반관료 등의 부탁을 받고 우리 나라에서는 생산되지 않거나 얻기 힘든 물품들을 수입하여 왔는데, 대체로 그 물품과 수량은 국가의 규제를 받고 있었다.

역관들의 사무역은 중국을 왕래하는 역관들에 의해 특히 많이 이루어졌다. 이들은 중국에서는 희귀한 것으로서 우리 나라에서는 구하기 쉬운 것을 갖고 가서 비싼 값에 팔아 이익을 남기고, 또한 중국에서 경서·희귀한 약재·사치품 등을 들여와 국내에서 비싼 값에 파는 등 이중으로 이익을 남겼다. 따라서 역관들은 사무역을 부업으로 삼았으며, 이를 통해 국가로부터 遞兒祿 외에 별다른 반대급부를 받지 못하는 자신들의 어려운 생활문제를 해결하였을 뿐만 아니라 때로는 재산을 모은 자들도 있었다. 역관들의 이러한 무역활동은 사실상 조선시대 무역활동의 중심을 이루는 것이었다. 따라서 조선시대의 역관들은 통역만이 아니라, 무역에서도 상당히 중요한 비중을 차지하고 있었던 것이다.

그리고 문화적으로 역관들은 선진문물이나 기술을 일찍 접하게 되어 선진외래문물 수용의 선도를 담당하는 역할을 하였다. 실제로 조선 전기의 역관들은 採銀法, 국가에서 필요로 하는 算法, 석회 만드는 법, 병선의 건조법 등 실질적인 기술 도입에 주도적인 역할을 하였다. 한편 조선시대에 역관들의 역학에 대한 정진은 국어학 발전에도 간접적인 도움을 주었던 것 같다.[35]

35) 姜信沆, 〈李朝時代의 譯學政策에 關한 考察〉(《大東文化硏究》 2, 1966).

의학에 종사하는 사람들은 醫官·醫員·醫士 등으로 불렸으며 의학 생도도 이에 포함된다.36) 이들은 주로 국가의 의료사업을 담당하였다. 이들 중에 內醫院에 소속된 자들은 국왕을 비롯한 왕실의 진료나 제약을 주로 담당하였으며, 때로는 왕명에 따라 종친 및 2품 이상 고관의 치료도 담당하였다. 전의감에 소속된 자들은 종친 및 조정 신하들의 치료뿐만 아니라, 때로는 일반 민중이나 병졸들의 치료도 담당하였으며, 또한 약초의 재배나 唐藥材의 수입에 관한 일도 맡고 있었다. 따라서 전의감 소속 의원들은 의학 발전과 백성의 질병 치료에 크게 기여하였다. 혜민서에 소속된 자들은 주로 일반 서민들에 대한 치료활동과 鄕藥材의 수납을 맡고 있었다. 그리고 活人署(조선 개국 초에는 東西大悲院)에 소속된 자들은 이 곳에 수용된 도성 안의 질병자를 치료하였는데 때로는 전염병 환자의 救療를 맡았으며, 또한 빈민 및 죄수들의 구료를 담당하였다.

한편 《경국대전》에 의하면 조선시대의 지방 주현에는 모두 의학생도가 있었으며, 지방의 경우 대체로 醫生들이 치료를 전담하고 있었으므로 의료의 혜택이 지방의 곳곳에까지 미쳤다고 할 수 있다. 그러나 지방민에 대한 의료 시혜는 관리나 도성 안의 거주자들에 비해 훨씬 미치지 못하였다. 이처럼 국민의 건강과 생명을 다루는 의료 활동도 조선시대의 양반사대부들에 의해 국가의 필요 불가결한 일로 여겨졌지만,37) 의학이나 이에 종사하는 의관들은 천시되고 있었다.

그 외에 율관은 법전 운영의 실무를 주로 담당하였으며, 산관은 수학이나 통계·계산 등에 관한 일을 담당하였다. 그리고 觀象監 소속인 천문관은 曆象日月星辰을 담당하였고, 지관은 풍수지리설에 의거하여 길한 곳에 산소나 집터를 택하는 일을 담당하였으며, 명과학에 종사하는 사람은 점복 등에 관한 일을 맡았고, 금루는 漏刻 즉 물시계로 시간을 알아내는 등의 일을 맡고 있었다. 또 화원들은 御容과 각종 儀軌圖·地圖의 제작을 맡는 등 조정

36) 醫官에 관해서는 다음의 글을 참고하였다.
金斗鍾, 〈近世朝鮮의 醫療制度의 變革과 醫療保護事業의 追憶〉(《鄕土서울》 8, 1960), 4~22 쪽.
孫弘烈, 앞의 책.

37) 《成宗實錄》 권 139, 성종 13년 3월 을묘.

의 기록을 필요로 하는 일체의 繪事를 담당하였고, 그 밖에 士大夫의 청탁을 받아 契會圖나 순수한 감상을 위한 人物·山水·翎毛·花卉 등 여러 분야의 그림을 그리기도 하였다. 그리고 화원들은 중국이나 일본에 파견되는 사신을 수행하여 이들 나라와의 교섭 및 문화 전파에 기여하기도 하였다.[38] 그리고 도류는 昭格署에 소속되어 도교의 속설인 신선사상과 제천행사가 결부된 醮祭에 관한 일을 담당하였다.

이와 같이 조선시대 기술관들의 임무는 국가외교·보건후생·사회생활·과학·예술 등 거의 모든 문화 전반에 걸친 다양한 것이었다. 이 때문에 양반 사대부들은 기술학이나 기술관을 천하게 여겼으면서도, 이러한 기술학 내지는 기술직이 국가의 중대한 일이라 하여[39] 그 필요성을 깊이 인식하고 있었다.

그런데 조선시대의 기술관들은 직전도 받지 못하고 行職的인 성격을 가진 체아직만을 국가로부터 받았는데, 이것마저도 수직의 기회가 드물었으므로 그들의 생활은 어려웠을 것이다. 그러나 기술관이 되어 면역이나 신분상승의 목적을 달성한 자들이 귀향하여 한거하였다든지, 또는 기술관이 되는 자가 비록 사족은 아니었다 해도 지방의 교생·향리·양가자제 중에서 세력을 갖고 있거나 부유한 자들이었다는 점으로 미루어 보아 그들이 토착지방에 생활근거는 가지고 있었을 것이다. 그러므로 기술관이 되는 자들은 생활보다는 그들의 신분을 상승시키는 데 더 큰 목적이 있었던 것이다.

한편 기술관이 된 자들이 그들의 토착지방을 떠나 오랫동안 서울에서 기술직에 종사하더라도 체아직에서 받는 녹봉 이외에 전문기술이나 지식을 활용하여 생활을 영위할 수 있었다. 예컨대 역관은 사행 때에 사무역을 행하여 이익을 남겼고, 의관은 의술을 베풂으로써, 지관은 산소나 집터를 보아줌으로써, 화원은 그림으로써 각각 대가를 받아 생활을 영위할 수 있었다. 그리 고 그들 중에는 상당히 많은 재산을 모은 사람도 있었다.

기술관들은 조선 후기에 이르러 한층 더 양반과의 신분적 장벽이 높아지게 되자 19세기 중엽에는 의·역관 등 상급기술관들을 중심으로 신분상승

38) 安輝濬, 〈朝鮮王朝時代의 畵員〉(《韓國文化》 9, 1988).
39) 《中宗實錄》 권 49, 중종 18년 9월 임진.

운동을 전개하게 된다. 즉 스스로 사족의 후예임을 내세우며 자신들을 청·요직에 진출할 수 있게 해달라는 通淸運動[40]이 바로 그것이다.

4) 서 얼[41]

庶孽은 사족의 혈통을 받았으면서도 모계가 正妻가 아닌 첩이었기 때문에 사족으로서의 지위를 누리지 못하게 된 존재였다. 庶는 양첩의 자손을, 孽은 천첩의 자손을 뜻하는 것이다.[42]

서얼차대가 관념적·법제적으로 강화된 것은 조선시대에 들어와서의 일이다. 고려시대에 婢妾 소생의 신분 귀속이 賤者隨母法에 따르게 됨으로써 차대되기는 했지만 그 정도는 비교적 약하였다. 그러나 조선왕조의 성립과 함께 유학사상이 국가의 지도이념이 되고 사대부관료들에 의해 지배신분의 양분화가 이루어지면서 서얼에 대한 차대가 엄격해지게 되었다.

다처제와 축첩제의 풍습은 여말 선초에도 여전하였다. 이러한 혼인풍습의 부조화는 재산상속과 관련하여 다처간 또는 처첩간에 爭嫡相訟을 자주 유발시킴으로써 사회문제화 하기에 이르렀다. 특히 재산상속권에서 제외된 첩이 상속재산을 차지하고자 처라고 주장하는 현상이 자주 나타나 嫡·庶의 분간이 필요하게 되었다.

이와 같은 사회분위기 속에서 첩에 대한 제재가 불가피해지게 됨으로써 처·첩의 분간이 필요하게 되었다. 또한 개국 초에 유교적인 사회윤리를 보급시키는 과정에서 당시의 重婚制的 혼인형태를 '禮無二嫡'이라는 유교적 명분론에 맞는 혼인형태로 개편하기 위해서도 처·첩의 분간이 필요하였다. 이

40) 韓永愚, 앞의 글(1988) 및 앞의 주 28) 참조.
41) 庶孽에 관한 내용은 다음의 글을 주로 참고하였다.
李相佰, 〈庶孽禁錮始末〉(《東方學志》 1, 1954).
李泰鎭, 〈庶孽差待考〉(《歷史學報》 27, 1965).
朴天圭, 〈朝鮮前期 庶孽의 社會的 地位〉(《史學硏究》 30, 1980).
李鍾日, 〈16·17世紀의 庶孽疏通論議에 대하여〉(《東國史學》 19·20, 1986).
裵在弘, 〈朝鮮前期 妻妾分揀과 庶孽〉(《大丘史學》 41, 1991).
42) 《明宗實錄》 권 15, 명종 8년 10월 무자.

에 따라 태종 14년(1414)에 妻妾分揀法이 제정되어 첩에 대한 차별이 심해지게 되었다.

이와 함께 적자와 서얼의 分限을 엄격히 하게 되었다. 당시에는 첩이 천신분과 아주 가까운 관계를 가지고 있었는데, 그 신분이 천한 첩의 소생은 당시의 천자수모법이 적용되는 풍습 하에서 천 이상의 신분이 될 수 없었다. 이러한 천자수모의 풍습과 정신에다 조선 초기의 유교적 예교화운동의 진전과 함께 적서의 구분을 엄격히 하려는 새로운 사조가 복합됨으로써 서얼이 차별대우를 받게 되고, 나아가서는 서얼금고 단행의 사상적인 기초가 되었다.

한편, 서얼은 여말 선초에는 부친이 양반관료 특히 현관이나 공신일 경우에 부친의 음덕으로 양반관직에 진출하고 있었는데, 이것이 결과적으로는 조선 초기에 적·서 구분을 엄격히 하려는 사조 하에서 서얼의 관직 진출에 제한을 가하는 차대를 촉진시켰던 것이다. 또한 조선 초기에 지금까지의 천자수모법의 제도가 천인의 증가를 초래하고 양인은 감소시키고 있으므로 국가의 인적 자원인 군역 대상자로서의 양인을 확보한다는 차원에서 태종 때 일시적이지만 奴婢從父法을 실시한 적이 있으며, 또 천자수모법의 제도하에서 양반관료의 비첩 소생은 천신분이 되게 마련이었지만 그들을 구제한다는 차원에서 身良役賤 계층과 동일하게 취급하여 司宰監 水軍(뒤에는 補充軍)에 定屬시켰다가 일정 기간이 지난 뒤 양인으로 만들어 주었다. 이러한 조치로 서얼들의 관직 진출이 가능하게 되었다.

그러나 천자수모라는 관념에 사로잡혔던 사대부관료들은 첩의 자손에 대한 끊임없는 제재를 가하였다. 우선 태종 때 서얼은 顯職에 임용할 수 없도록 하였다. 그리고 서얼과 그 자손이 양반관료가 되는 길을 막기 위하여 서얼금고의 규제를 가하였다. 즉 서얼과 그 자손이 생원·진사시와 문·무과에 응시하는 것을 불허하였는데, 이 규정이 《경국대전》에 명시되어 있다. 그런데 곧 이어 《경국대전》에 註釋을 가하면서 서얼자손이 庶孽子子孫孫으로 확대되어 서얼의 자손들은 대대로 영원히 금고되게 하였다. 세조·성종 연간에 국왕의 특허를 받아 柳子光 등 일부 서얼들이 문·무과를 거쳐 관인이 된 적이 있었지만 그것은 일시적 특례에 지나지 않는 것이었다.

이와 함께 서얼에 대한 차별대우로 한품서용의 규제를 가하게 되는데, 먼저 천첩의 자손에서부터 적용되기 시작하여 양첩의 자손에게도 적용되게 되었다. 그러나 그 시기적인 차이가 큰 것은 아니었으며, 태종 때부터 《경국대전》이 완성되기 전인 조선 초에 서얼의 한품서용이 확정되었다. 이에 따라 서얼은 제한된 품계의 범위 안에서 서용될 뿐이었다. 즉 문·무관 2품 이상의 양첩 자손은 정3품 당하관, 천첩 자손은 정5품을 한품으로 서용하고, 3품 이하 6품 이상인 관리의 양첩 자손은 정4품, 천첩 자손은 정6품을 한품으로 서용하며, 7품 이하의 관리에서 관직이 없는 사족에 이르기까지는 양첩 자손은 정5품, 천첩 자손은 정7품을 한품으로 서용한다고 되어 있다.

서얼에 대한 이 같은 조처는 사대부관료들이 지배자집단으로서의 입장에서 서얼의 양반관직으로의 진출을 막아 자신들의 지위와 권한을 고수하려는 점이 작용한 결과였다. 그러나 동시에 사대부관료 자신들이 첩자손을 두고 있다는 자기 모순으로 인하여 첩자손에게도 제한적이나마 관직의 혜택을 부여하여 가부장으로서의 사족의 입장을 합리화하려는 점도 작용되어 취해진 것이었다.

이와 같이 문·무과에 응시할 수는 없었지만 한품서용될 수 있었던 서얼들에게 허용된 관직 가운데 좋은 것이 기술관직이었는데, 그것도 고위관료의 첩자손에게만 국한되었다.《경국대전》 규정에 의하면 2품 이상 관리의 첩자손의 경우 각각의 재능에 따라 사역원·관상감·전의감·내수사·혜민서·도화서·산학·율학 등의 기술관직에 임용되는 것이 허용되었다. 그리고 얼마후에는 2품 이상 관리의 첩 소생의 증손과 현손에게도 잡과 응시가 허용되었다.

결국 서얼은 조선 초기 신분제의 재편성에 따른 지배신분층의 양분화 과정에서 상급 지배신분층인 사족의 자손이면서도 그의 모친이 양첩 또는 천첩이라는 이유로 천시되어 차별대우를 받게 됨으로써 상급 지배신분층인 사족신분층에 들지 못하고, 하급 지배신분층으로 격하되었다. 이와 함께 서얼에 대한 가정에서의 차대도 심하여 아버지를 아버지라 부를 수 없었고 嫡出의 형제를 형 또는 아우라 부를 수도 없었다.

한편 2품 이상 관리의 첩자손에 대한 기술관직 임용의 허용으로 조선 초기 이래 그 자격을 갖춘 서얼로서 기술관이 된 자가 상당수 있게 되었다. 이에 따라 조선 초기에 함께 하급 지배신분층으로 격하된 서얼과 기술관은 서로 연계되는 점이 많았다. 그렇기 때문에 조선 후기에 좁은 의미의 중인으로 불린 기술관은 서얼과 함께 '中庶'로 병칭되기도 하였다.

서얼은 조선시대에 적장자가 후손이 없고 衆子에게도 후손이 없을 경우 戶主가 되어 제사를 계승하는 家長權을 상속받을 수 있었다. 그러나 대부분의 사족들은 비록 자신의 혈육이지만 사족신분에 들지 못하는 서얼에게 가장권을 넘겨주지 않고 동족 가운데서 양자를 세우는 경우가 많았다. 만약 서자가 가장권을 상속하게 되면 관록으로부터 멀어져 양반신분의 유지가 어렵게 되기 때문이었다.

서얼에 대한 강한 천대의 풍조 때문에 상당수의 서얼들은 깊은 산속에 은둔하여 학문을 깊이 연구하고 행실을 수련하며 자신의 내적 생명을 깊이 하는 데 전념하기도 하였으며, 또한 학문에 정진한 후 사적으로 양반자제의 선생이 되어 후진을 가르치기도 하였다. 이리하여 조선 전기에는 서얼 출신의 명사가 많이 나왔던 것이다. 그 대표적인 인물로 《適菴集》·《謏聞瑣錄》으로 유명한 曺伸, 《稗官雜記》의 저자이고 《攷事撮要》의 편자인 魚叔權, 蓬萊 楊士彦, 守菴 朴枝華 등을 들 수 있다.

그러나 한편으로는 사대부들의 축첩행위의 보편화로 서얼자손이 가속적으로 증가되자 16세기에 들어와서는 그들이 음양으로 疏通運動을 벌이게 되었다. 그리하여 16세기 중엽에 양첩 자손은 손자 때부터, 천첩 자손은 증손자 때부터 과거에 응시하도록 허용되었으나 소수 權臣家의 첩자가 허통된 것 이외에는 별로 효과를 거두지 못하고 반대세력의 강한 저항에 부딪혀 곧 폐지되고 말았다. 그 후 16세기 말경에 서얼들이 納粟하면 과거에 응시할 수 있는 길이 열렸으나, 납속액의 과다로 보편화되지 못하고 일부 부귀한 가문의 서얼들에 대한 특혜로 그치고 말았다. 따라서 서얼허통의 문제는 조선 후기로 넘겨져 그 해결의 실마리를 찾게 되었다.

5) 중앙서리[43]

중앙의 胥吏는 중앙의 각 관아에 소속되어 행정 말단의 실무, 즉 기록을 담당하거나 문서·전곡 등을 관장하는 '刀筆之任'을 맡고 있던 상급서리인 錄事와 하급서리인 書吏를 지칭한다. 이러한 서리는 또한 吏胥라고 불리기도 하였다.

조선 초기에는 상급서리가 소속 관아에 따라서 錄事·知印·宣差·內直院別監·茶房別監 등으로 불렸는데, 이를 총칭하여 成衆官이라 하였다. 그리고 하급서리도 마찬가지로 掾吏·典吏·書吏·令史·司吏 등으로 불렸는데, 이를 총칭하여 吏典이라 하였다. 그러나 세조 때 상급서리와 하급서리의 명칭을 일원화하여 상급서리는 녹사, 하급서리는 서리라 하였으며, 이것이 《경국대전》에서 동반 소속 京衙前으로 제도화되었다.

《경국대전》 반포 시행 이후 상급서리인 녹사는 정원이 110인으로서 議政府와 中樞府에 나뉘어 소속되어 있었으며, 동반 각 관아에는 의정부에서, 서반 각 관아에는 중추부에서 각기 소속 녹사를 분송하게 되었다. 분송 대상 관아는 동반의 경우 의정부·육조, 서반의 경우 中樞府·都摠府·五衛·內禁衛·巡將二所·兼司僕이었다. 그런데 녹사는 관아에 소속된 隨廳錄事와 문·무 고관에게 배속된 專屬錄事(陪錄事라고도 함)로 구분된다. 대체로 전속 녹사를 배속받은 문·무 고관은 의정부의 領議政·左右議政·左右贊成·左右參贊, 육조의 判書·參判, 그리고 도총부의 都摠管·副摠管, 5위의 將·巡將이었다. 요컨대 상급서리 녹사는 종2품 이상의 관아와 당상관 이상의 문·무 고관 중에서도 실권이 있고 실무가 많은 일부 관아와 문·무 고관에게만 배정되었을 뿐이었다.

그리고 하급서리인 서리는 상급서리인 녹사와 달리 거의 모든 관아에 소속되어 있었으며, 따라서 그 수도 훨씬 많아서 1,300명 이상이었다. 하급

---

43) 中央胥吏에 관해서는 다음의 글을 주로 참고하였다.
申解淳, 앞의 글(1974) 및 앞의 글(1982).
韓永愚, 앞의 글(1971)

서리인 서리도 상급서리 녹사와 마찬가지로 관아에 소속된 隨廳書吏와 문·무 고관에게 배속된 전속서리(陪書吏라고도 함)가 있었다. 전속서리의 경우 상급의 전속녹사와는 달리 거의 모든 당상관에게 배속되었으며, 또한 大君·王子君·君 및 국왕의 사위인 尉에게도 배속되었다.

조선시대에 상급서리 녹사가 되기 위해서는 일정한 시험에 응시하여 합격해야만 하였는데, 대체로 조선 초기에는 吏科取才,《경국대전》완성에 즈음해서는 錄事取才를 통해서 선발되었다. 그 시험과목은 이과취재의 경우 개국초에는 書·算·律이었던 것이 세종 때 家禮와 元·續六典 및 訓民正音이 추가되었으며, 녹사취재로 바뀐 뒤에는 더 늘어나서 講으로 5경 중의 하나와 4서 중의 하나 및 大明律·經國大典, 製述로 啓本·牒呈·關 중의 하나, 그리고 書算으로 楷書·諺文·行算의 8과목이었다.

하급서리인 서리도 개국 초에는 상급서리와 함께 이과취재에 의해 선발되었으나, 얼마 뒤에 하급서리 선발시험이 분리되어 吏典取才에 의해서 선발되었으며,《경국대전》완성에 즈음해서는 書吏取才에 의해 선발되었다. 그 시험과목은 상급서리를 선발하는 이과취재보다 적어서 이전취재의 경우 서·산·훈민정음의 세 과목이었는데, 서리취재로 바뀐 뒤에는 서와 산 두 과목으로 줄었다.

취재에 의해 선발된 녹사와 서리는 각 관아에서 말단 행정사무를 담당하고 있었다. 먼저 수청녹사와 수청서리는 공통적으로 공문서의 작성과 취급 및 관리, 등사, 공적인 연락 보고 등과 행정실무를 맡고 있었다. 그 이유는 상급서리 녹사가 배속되지 않은 대다수의 관아에는 하급서리인 서리만이 배속되어 행정실무를 담당해야 했고, 상급서리 녹사가 배속된 관아라 하더라도 그 정원이 적어서 하급서리인 서리가 다수 배속되어 행정실무를 함께 처리해야 했기 때문이었다.

그런데 중앙의 거의 모든 관아에 소속되어 있었던 하급서리인 서리는 행정실무 외에 전곡의 출납과 장부의 정리와 같은 경리사무를 맡기도 하였다. 그리고 司正과 刑事의 업무를 관장하는 관아인 司憲府·義禁府·刑曹·漢城府 등에 소속된 서리는 도성의 각종 범죄를 예방하는 동시에 각종 금령을 위반한 자를 체포하며, 각종 범죄행위를 수사하고 그 관련자를 체포 압송하는 등의 일도 맡고 있었다. 즉 오늘날 경찰의 소임과 유사한 직무를 담당하고 있었다.

다음으로 전속녹사와 전속서리의 경우 주로 소속 고관의 명령을 받아 관아에 또는 관원에게 공문을 전달하거나 공사를 구두로 전달하는 등의 일을 맡았고, 또한 소속 고관에 가까이 있으면서 공적인 잡무도 보조하였다고 할 수 있다. 따라서 전속녹사나 전속서리는 오늘날의 비서와 비슷한 성격을 가지고 있었다고 할 수 있다. 그런데 실권이 있고 실무가 많은 문·무 고관의 경우 상급서리인 녹사와 하급서리인 서리가 함께 배속되어 있었으므로 전속녹사가 고급비서라 한다면 전속서리는 하급비서였다고 할 수 있다.

조선시대에 녹사와 서리는 이와 같이 국가의 중앙통치기구 안에서 공문서의 작성과 처리, 기록사무, 연락사무를 비롯하여 경리사무와 경찰업무 등을 담당하고 있었으므로 중앙 관료기구의 모든 말단 행정사무는 이들의 손에 의하여 좌우되었다. 따라서 중앙의 서리들은 지방의 향리들과 함께 조선왕조 통치기구의 행정실무를 실제적으로 장악하고 있던 자들이었다.

조선시대 중앙의 서리들은 행정 말단에서 10년 이상 공무를 수행하면서도 고려시대와는 달리 국가로부터 일정한 녹봉이나 토지를 지급 받지 못하였다. 다만 상급서리인 녹사는 10여 년 재직하는 동안 소수의 체아직을 여러 사람이 서로 번갈아 가면서 받았는데, 대체로 조선 초기의 경우 2년에 한 두 번, 많아야 세 번 정도 체아록을 받았을 뿐이었으며, 그나마도《경국대전》의 반포 시행과 함께 더욱 나빠져서 거의 3년에 한번 정도 받는 것으로 그치고 말았다. 그리고 하급서리인 吏典(書吏)의 경우 상급서리인 녹사보다 그 대우가 훨씬 못하였다. 하급서리의 경우 개국 초에 의정부와 6조 및 사헌부·사간원·승정원 등 사무가 많고 번거로운 관아에 소속된 자들에 한하여 극히 소수의 체아직이 주어졌을 뿐이었으며, 그나마도 세종 이전에 혁파되었다.

이처럼 조선시대의 하급서리는 출발부터 사실상 거의 보수를 받지 못하고 국가에 봉사하는 자들이었다. 따라서 하급서리는 개국 초부터 일종의 역으로 파악되어 1~2결 이하의 토지를 소유하여 집안 형편이 넉넉하지 못한 자에게는 奉足 1戶가 지급되었으며,《경국대전》의 반포 및 시행 이후에는 서리 모두에게 동거 족친 중 2인을 다른 역에 충정하지 말게 함으로써 給保의 혜택을 주었다. 그러나 이것마저도 조선 중기 이후에는 실질적으로 시행되지 않았다.

이와 같이 조선시대에 접어들어 중앙의 서리들이 국가로부터 제대로 반대급부를 받지 못하였기 때문에 대부분 지방출신자였던 녹사나 서리들은 10여년 서울에서 복무하는 동안 자기 집에서 생활비를 마련해와야 했으므로 큰 고통을 당하였다. 체아록이라도 받을 수 있었으며, 그래도 지방에서 어느 정도의 토지와 노비를 소유한 집안의 출신이었던 상급서리 녹사의 경우는 비교적 덜했으나, 대부분 그렇지 못했던 하급서리의 경우 그 고통은 아주 심하였다. 이러한 까닭에 하급서리의 경우 때때로 직무와 관련하여 관아의 공금이나 재물을 횡령하거나 뇌물을 요구하는 등의 부정을 저지르게 되었던 것이다. 16세기 후반 이후 중앙 서리의 작폐가 극심해진 것도 근본적으로 이에서 비롯된 것이라 할 수 있다.[44]

조선시대에 중앙의 서리가 되면 품계를 받아 승진하다가 거관하였는데, 《경국대전》 규정에 의하면 상급서리인 녹사의 경우 實仕로 따져 514일을 근무하면 한 품계가 올라가고, 이렇게 해서 종6품까지 승진하여 복무한 뒤 거관하였다. 그러나 하급서리인 서리의 경우 실사 2,600일을 채우면 소속 관아의 등급에 따라 7품 또는 8품으로 거관하였다. 실사로 따지기 때문에 녹사나 서리가 된 후 거관하기까지 소요되는 복무기간은 대체로 10년 안팎 정도 걸렸다.

거관 후 상급서리와 하급서리 모두 조선 개국 초에는 중·하급의 동·서반 京職이나 수령에 진출할 수 있었다. 따라서 조선 개국 초만 하더라도 서리직은 고려시대처럼 양반관직으로 진출할 수 있는 입사로로서의 기능을 가지고 있었다. 그렇기 때문에 고려 말 이래로 士族이 상급서리가 되고, 또 향리 3정 1자나 양가자제가 하급서리가 되었다가 거관한 뒤 양반관직으로 진출하여 자신의 신분을 상승시킬 수 있었다.

그러나 조선 초기에 지배신분층을 상·하로 양분화시키는 정책을 취한 사

44) 申解淳, 〈朝鮮時代 胥吏의 作弊에 대하여〉(《千寬宇先生還曆紀念韓國史學論叢》, 1985).

대부관료들에 의해 하급서리의 경우 이미 15세기 전반기에 양반관직으로의 진출이 봉쇄되고 단지 문·무출신자의 職事가 아닌 종9품의 驛丞·渡丞에만 진출할 수 있게 됨으로써 사실상 양반관직과의 연결이 단절되게 되었다. 즉 하급서리직이 입사로로서의 기능을 갖지 못하게 되었던 것이다. 이로써 조선 초기부터 사대부관료들로부터 차별대우를 받아온 하급서리는 하급 지배 신분층으로 굳어지게 되었다.

이처럼 하급서리가 하급 지배신분층으로 격하되고 있지만, 서리가 되는 자들은 대체로 중등정도의 지식을 갖추고 있는 교생 가운데 나이가 많고 재주와 실력이 떨어지는 자 또는 향리자제들이었다. 그러나 때로는 업무 처리에 필요한 정도의 기본지식인 문자와 산술을 깨우친 無役平民이 서리가 되는 경우도 있었다. 교생의 경우 이미 언급했듯이 16세기 이후 사족신분이 아닌 양민이나 향리자제(3정 1자)가 다수를 이루고 있었는데, 교생 가운데 하급서리인 서리가 된 자는 대체로 이러한 신분의 사람들이었다. 양민의 경우 서리가 됨으로써 하급 지배신분층으로의 신분 상승이 이루어지고, 향리자제의 경우 서리 거관을 통하여 그 자신은 물론 자손에게까지 鄕役이 면제되는 특혜를 받았다.

한편 상급서리는 거관 후 양반관직으로의 진출이 15세기까지는 그다지 어렵지 않았다. 따라서 상급서리가 되는 자들은 비록 가문이 한미하기는 하지만 지방의 사족들이었다. 대체로 이들은 재능이 뛰어나지 못해서 과거에 자신이 없었기 때문에 차선책으로 녹사같은 상급서리가 되었던 것이다. 그 밖에 門蔭取才(《경국대전》 반포 시행 후에는 蔭子弟取才)에 합격한 공신이나 고관의 자제를 비롯하여 생원·진사가 상급서리가 되기도 하였다. 그리고 때로는 하급서리 출신자인 吏典去官人이 상급서리가 되기도 하였다.

이와 같이 조선 초기에는 상급서리가 되는 자의 신분이 이전 거관인을 제외하면 대체로 사족으로서 과거 응시자보다 결코 낮은 것이 아니었다. 이러한 까닭에 조선 초기의 경우 상급서리의 사회신분적 지위는 유품관원·유음자제·생원·진사 등의 일반 사류들과 거의 동등하였던 것이다.

그러나 조선 초기 이래 '도필지임'을 담당하는 서리직이 유학을 전업으로 하는 사대부관료들에 의해 차별되고 천시되는 경향이 갈수록 두드러지게 된 데다 상급서리 녹사가 《경국대전》에서 하급서리인 서리와 함께 京衙前으로 제도화되어 하급서리와 동류로 여겨지게 됨으로써 상급서리 녹사의 사회신분적 지위가 15세기 말 이후 크게 떨어지기 시작하였다. 이와 더불어 법제상으로 보장되어 있던 녹사거관자의 品官(수령) 진출이 사대부관료들에 의해 현실적으로 제약을 받기 시작하였다. 그리하여 품관에 서용되기를 기다리는 녹사거관자들이 계속적으로 밀리게 되었고, 따라서 녹사로 거관한 후 품관으로 승격하기가 갈수록 어려워지게 되었다. 즉 녹사라는 상급서리직을 거 쳐서 품관으로 상승하는 통로가 크게 봉쇄당하게 되었던 것이다. 이에 따라 상급서리 녹사의 사회신분적 지위는 더욱 떨어져 16세기 초인 중종 때에는 문신들에 의해 녹사의 미천함이 일반 서리 즉 하급서리와 거의 다름없는 것으로 여겨지게 되었던 것이다.

이러한 경향에 따라 일반 사족들은 녹사를 더욱 천시하게 되었을 것이고, 또 조선 초기와는 달리 녹사가 되려고 하지도 않았을 것이다. 따라서 녹사입사자의 신분도 떨어져 16세기 중엽에 이르러서는 양반 벼슬길이 거의 막힌 부류인 '遠方寒生'이 주로 녹사가 되었다. 결국 상급서리 녹사는 16세기 중엽을 전후하여 사족의 소업에서 벗어나게 됨으로써 상급 지배신분층에서 도태되어 하급 지배신분층으로 전락되게 되었던 것이다. 그러다가 조선 후기에 들어와서 기술관 등과 함께 중인 신분층의 일원을 이루게 되었던 것이다.

한편 조선시대에 직제상 경아전은 아니었지만, 內需司에 소속된 書題 20인도 넓게는 서리의 범주에 들어가는 존재였다.[45]

내수사는 왕실 사유재산을 관장하는 內官的·私司的 성격을 가진 관아로서, 여기에는 경아전인 녹사나 서리 그 어느 것도 소속되지 않았는데, 그 이유는 서제들이 행정실무를 담당하고 있었기 때문이었다. 실제로 서제는 내수사 소속 노비의 관리를 비롯하여 奴婢身貢의 수납과 上送, 내수사 長利의 수납, 지방 소재 내수사전의 田租 수납과 상송 등의 실무를 담당하고 있었다. 따라서 이들은 조선 초기부터 '胥徒'로 인식되고 있었다.

---

45) 內需司書題에 관해서는 다음의 글을 참고하였다.
申解淳, 〈朝鮮前期 內需司書題에 대한 小考〉(《溪村閔丙河敎授停年紀念史學論叢》, 1988).

서도로 인식되었던 서제는 법제적으로 상급서리인 녹사와 비슷한 대우를 받아서 종6품이 한품이었고, 한 품계 올라가는 데 실사로 514일이 필요하였으며, 복무기간 중 토지나 녹봉과 같은 정식 반대급부를 받지 못하고 다만 1년 3개월만에 한 번 꼴로 체아직을 번갈아 가며 받아 체아록을 받을 뿐이었다. 따라서 서제의 지위는 대체로 상급서리인 녹사와 비슷하였다고 할 수 있다.

서제도 설치 초기인 개국 초만 하더라도 생원이 입속하였고, 또 거관 후의 수령 진출이 가능하게 되어 있어서 그 사회신분적 지위가 일반 사류에 버금가는 것이었다. 그러나 15세기 중엽에 내수사 서제가 서도로 여겨지게 된 데다 수령 진출에 제동이 걸리게 되고, 또한 15세기 중엽 무렵부터 서얼 출신이 다수 서제가 됨으로써 그 신분적 지위도 크게 떨어져 결국은 하급 지배 신분층으로 굳어지게 되었다.

6) 향 리[46]

鄕吏는 주·부·군·현 등 대소 지방관아에 소속되어 행정실무를 담당하고 있던 계층으로서 外衙前이라고도 하였다.

대체로 호족의 후예인 향리는 고려시대에는 각 지방의 실질적인 지배자로서 토호적 성격을 띠고 있었는데, 이것은 고려왕조의 중앙집권화를 가로막는 큰 요소였다. 그래서 고려에서는 향리에 대한 계속적인 억압정책을 써서 그들의 세력을 억제하는 한편 향리의 상층부를 과거나 서리직을 통하여 중앙관료로 흡수함으로써 왕조의 기반인 관료층을 보강하였다.

그리하여 고려 말에는 향리의 세력이 상당히 약화된 모습을 보이게 되었다. 그러나 한편으로는 향리 출신의 중앙관료 진출이 특히 고려 후기에 활발해져서 이들을 주축으로 주자학을 신봉하는 신진 관료군인 신진사대부층이

---

46) 鄕吏에 관해서는 다음의 글을 참고하였다.
李成茂, 앞의 글(1970)
李相佰, 《韓國史－近世前期篇－》(震檀學會, 1962).
金成俊, 〈其人의 性格에 대한 考察〉(《歷史學報》 10·11, 1959).
武田幸男, 〈高麗·李朝時代の邑吏田〉(《朝鮮學報》 39·40, 1966).

성립되었다.

그러나 조선을 개국한 사대부관료들은 고려 말에 문란해진 신분질서를 재편하기 위해 지배계층을 상·하 두 계층으로 양분화하기 시작하였다. 이의 일환으로 사대부관료들은 기득권층으로서 자신들이 보유한 정치적·사회적 지위를 배타적으로 유지하기 위해서 자신들을 배출한 모집단인 향리층이 계속 중앙관료로 진출하는 것을 억제하기 시작하였다. 즉 향리가 생원·진사시에 응시할 때 반드시 本官의 허가를 받도록 했고, 향리에게는 생원 진사시의 복시 전에 보이는 學禮講(소학·가례 시험) 이외에 4서와 1경을 더 시험보도록 하였다. 이러한 제약으로 인해 조선 초기 이래로 향리가 과거에 합격해서 문신으로 진출하는 것은 크게 억제 당하게 되었다.

또한 향리들은 조선 초기에 사대부관료들의 향리 억압정책에 따라 그들의 세력이 크게 약화되고 아울러 사회적 지위도 크게 저하되었다. 우선 군·현의 개편에 따라 향리 세력의 중심지인 縣司가 이동되고 향리의 수가 많은 군·현에서 적은 군·현으로 다시 배정됨에 따라 많은 향리들이 그들의 '本貫地'를 떠나 다른 군·현으로 옮겨가게 되었다. 이에 따라 향리들은 오랫동안 본관지에 구축해 놓은 그들의 세력 기반을 한꺼번에 잃어버려 그 세력이 크게 약화되었다. 그리고 유향소를 설치하여 향리의 작폐를 규찰하게 되고, 또 토호적 향리를 제거하기 위한 원악향리 처벌법을 제정함으로써 향리의 토호적 성격이 크게 배제되게 되었다. 이에 따라 향리의 지위도 종래의 지방 지배자적 위치에서 지방관아의 행정실무자 또는 행정사역인으로 전락하여 버렸다.

이리하여 향리는 조선 초기부터 사족과는 구분되는 하위의 신분층으로 격하되게 되었다. 즉 향리는 國役의 특수한 형태인 鄕役과 其人役을 부담하고, 그 외에 잡역도 부담하는 有役人으로 파악되어 사족과는 사회신분적으로 구분이 되고 있었다. 그리고 복색에 있어서도 고려시대에 紫衫을 입는 계층이었던 상급향리인 호장에게 자삼 아래의 綠衫을 입게 하고, 사족만이 입는 紅染의 착용을 금지하였으며, 하급향리에게는 方笠을 쓰게 하여 사족 신분과 구별되도록 하였다.

향리가 위와 같이 조선 초기부터 지방행정 실무자 또는 지방행정 사역인으로 전락하는 한편 비사족신분으로 인식되어 상급 지배신분층인 사족계층과는 사회신분적으로 뚜렷이 구별되기 시작하였다. 이리하여 조선 초기에 이미 지방사회의 지배신분층 안에서 지방행정 실무 즉 향역을 부담하는 향리층이 분화되어 나옴으로써, 지방사회의 지배신분층이 사족계층을 중심으로 하는 상급 지배신분층과 향리 등을 중심으로 하는 하급 지배신분층으로 나뉘어지게 되었던 것이다.

조선시대의 향리는 세습적으로 지방관아에서 행정실무를 담당하여 온 유역인이였다. 이러한 향리의 세습적 직사를 향역이라 하였으며, 이것은 향리의 身役인 동시에 국역으로 파악되었다. 이 외에도 향리는 중앙 각 관아에 選上되어 柴炭을 공급해야 하는 기인역을 부담하여야 했으며, 때로는 잡역도 부담하여야 했다. 이들은 유역인이었기에 군역을 지지 않았으며, 그 대신 유사시에 대비하여 편제한 예비군인 잡색군에 편입되어 있었다.

향리의 의무적인 향역은 지방관아에서 수령을 보좌하여 각종 행정실무를 직접 담당하는 것이었다. 그런데 수령은 일정한 임기가 있고 행정실무에 어두운데다가 자신의 본거지인 출신 고을에는 부임할 수 없었기에 부임한 지방의 사정에도 밝지 못하였다. 반면에 향리는 대대로 그 지방에 살면서 오랫동안 행정실무를 담당하여 왔기 때문에 지방사정에 밝았다. 그러므로 수령은 향리의 보조가 없이는 부임한 지방을 원활하게 다스려 나갈 수가 없었다. 따라서 조선시대에 지방의 행정실무는 거의 대부분이 향리들의 손에 의하여 좌우되고 있었던 것이다.

조선시대 지방관아의 행정조직은 중앙관제의 축도로서 이·호·예·병·형·공의 6房으로 나뉘어졌고, 그 사무는 6방향리들에게 분담되었다. 6방향리의 여러 가지 직무 가운데 주요한 것은 일반 농민들의 호적을 정리하고 貢賦와 군역 및 徭役을 독려하는 것이었다. 6방향리 가운데 이방·호방·형방의 首吏는 '三公兄'이라고도 하였으며, 특히 향리의 수반인 戶長은 수령 이 부재할 때에 그 직무를 대리하는 수석향리였다.

향리들이 의무적으로 지방관아의 행정실무를 담당하고 있었지만, 조선시대에는 고려시대와 달리 그들에 대한 반대급부를 지급하지 않았다. 즉 조선시대 향리에게는 녹봉이 지급되지 않았다. 그리고 고려시대 이래 향역의 대가로 지급되었던 外役田도 조선 초기인 세종 27년(1445)에 혁파됨으로써 향리들은 전지의 지급대상에서도 제외되었다. 이후 향리들은 국가로부터 공식적으로 향역에 대한 반대급부도 제대로 받지 못하였다. 다만 지방관아에서 자체 수입 가운데 일부를 떼어 편법으로 향리들에게 약간의 급료를 지급하였던 것으로 보인다.

이처럼 조선시대 향리가 반대급부를 제대로 받지 못하였다고 하지만, 그들은 자기 조상이 고려시대에 지방의 실질적 지배자로서 확보해 놓은 토지와 노비 등의 경제적 기반을 물려받은 자들이었다. 이러한 사적 경제기반이 있었기 때문에 조선시대 향리들은 공식적인 반대급부가 없이도 그들의 생계를 유지하는 데 그다지 큰 어려움이 없었던 것이다. 그러나 공식적인 반대급부가 없었다는 점은 결과적으로 그들이 각종 폐해를 저지르게 하는 중요한 요인으로 작용하였다.

향리들은 지방행정의 실질적인 담당자로서 조선 초기 이래로 직무와 관련하여 지방민들에 대해서 그들 나름의 권세를 부리고 있었다. 그리고 나아가서는 각종 폐해를 자아냄으로써 지방행정을 문란시키는 동시에 지방민들을 괴롭히고 있었다. 또한 이들은 수령이 행정실무나 부임지 사정에 어둡다는 것을 이용하여 수령을 농락하기도 하였다. 그래서 강직하고 능력있는 수령이 부임하여 향리들을 제어하면 향리들은 음모를 꾸며 그 수령을 고소하고, 반대로 탐오한 수령이 부임하여 자기들의 부정에 동조하면 그 수령이 비록 잘못한 일이 있더라도 덮어주는 일까지 있었던 것이다. 이러한 까닭에 조정에서는 향리가 왕권 대행자인 수령을 고소하는 것을 금하였다.

이와 같은 향리들의 작폐는 토호적 향리와 표리관계를 이루는 것으로서 중앙집권체제를 강화하려는 입장이었던 조정으로서는 향리의 작폐와 토호적 향리 두 가지 모두를 없애야만 하였다. 그래서 조정에서는 원악향리의 10가지 예를 규정하고, 이 규정에 따라 원악향리로 판정된 자는 殘驛의 역리로 영속시키는 처벌을 하도록 하였다. 《경국대전》에 조문화된 원악향리의 10가지 예는 다음과 같다.

① 守令을 조롱하여 권력을 마음대로 하여 폐단을 일으키는 자
② 몰래 뇌물을 받고서 役을 지우는 것을 불공평하게 하는 자
③ 稅를 거둘 때 횡렴하여 남용하는 자
④ 良民을 冒占하여 은폐하고 役使시키는 자
⑤ 田莊을 넓게 설치하여 백성을 부려 耕種하는 자
⑥ 마을을 횡행하면서 남의 것을 빼앗아 私利를 도모하는 자
⑦ 귀족의 권세에 좇아 本役을 부당하게 회피하는 자
⑧ 役을 피하여 도망하여 숨고 있는 자를 촌락에 받아들인 자
⑨ 官의 위세에 假托하여 民人을 침학하는 자
⑩ 良家의 여자 및 官婢를 첩으로 삼는 자

그러나 원악향리 처벌법에도 불구하고 향리들의 작폐는 계속 자행되고 있었다. 그 이유는 향리들이 앞서 언급한 바와 같이 공식적인 보수가 지급되지 않는 데다 향리들을 지휘 감독해야 할 수령들이 행정실무에 어두웠을 뿐만 아니라 그들의 부임기간이 짧아서 부임한 고을의 사정을 충분히 파악할 시간적 여유가 없었기 때문이었다.47)

한편 향리가 조선 초기에 하급 지배신분층으로 격하되고 있지만, 이들은 조선시대 지방통치에서 중앙관료군의 일원으로 지방의 군·현에 파견된 왕권 대행자 또는 租稅·力役請負者의 성격을 가진 수령, 그리고 고려 말기 이래로 중앙의 관료군에서 도태된 前銜品官으로 자기의 본관지에서 세거한 토착사족과 함께 서로 삼각관계를 이루고 있었다. 즉 수령과 토착사족은 같은 사족신분으로서 향리를 감독 제재하였고, 수령과 향리는 지방관아에서의 호령자와 그 막료로서 지휘하고 복종하는 상하의 유대관계를 가지고 토착사족과 대립하였으며, 토착사족과 향리는 같은 토착세력으로서 왕권 대행자인 수령에 대항하였던 것이다.

요컨대 조선시대 향리는 당시의 지배기구 안에서 하부구조를 이루고 있으면서 지방사회의 대표자인 토착사족과 중앙관료군의 일원인 수령 사이에서 교량적 구실을 하는 중간적 존재였다.

그러나 향리가 세습적으로 향역을 짊어진 하급 지배신분층이었지만, 그들의 신분 상승을 의미하는 免役從仕의 기회가 전혀 없었던 것은 아니었다.

47) 李鍾恒, 〈鄕吏制度의 變遷과 腐敗에 關한 一考察〉(《論文集》 7, 慶北大, 1963).

앞에서 언급했듯이 여러 가지 제약을 받기는 했지만, 향리가 생원·진사시나 문·무과에 합격할 경우 자신은 물론 자손의 향역까지 완전히 면제받았을 뿐만 아니라 그들의 사회신분적 지위를 상급 지배신분층인 사족으로 상승시킬 수 있었으며, 나아가서는 양반관직이 임용될 수도 있었다.

그리고 과거보다는 못하지만 향리의 가장 일반적인 免役路는 3丁 1子 면역이었다. 그러나 3정 1자라도 관찰사의 文憑을 받아 잡과에 합격하거나 중앙 각 관서의 이전(서리)으로 복무한 뒤 거관하여야만 하였다. 이 경우에도 자신은 물론 자손에게까지 향역이 완전히 면제되었다. 특히 잡과에 합격했을 경우 기술관으로 나아갈 수 있었다.

또한, 향리는 군공을 세웠을 경우 면역의 특전을 받았다. 향리는 군역을 지지는 않았지만 유사시에 자원 또는 징발에 의하여 출정하는 경우가 있는데, 이 때 군공을 세운 驍勇鄕吏에게는 그 등급에 따라 면역의 특혜를 주어 충성의 대가로 삼게 하였다. 이러한 군공면역은 향리에게 가장 간단한 면역방법이었다. 이 경우에도 자신은 물론 자손에게까지 향역이 완전히 면제되었다. 군공과 아울러 도적을 체포한 향리에게도 그 공의 대소에 따라 면역의 특전을 주었다.

이 밖에 향리들은 일시적인 특전으로 향역을 면제받는 경우도 있었다. 조선 초기에 새로 개척한 北界에 들어가 살기를 자원하는 향리에게 면역종사의 길을 열어주었으며, 또한 효도의 경우, 各官習射에서 우등한 경우, 그리고 기타의 공이 있는 경우 등에도 免役 또는 復戶의 특전을 받았다. 또 향역을 피한 자 10인 이상을 붙잡아 보고했을 경우에는 자신이 면역을 받았고, 20인 이상일 경우에는 그 아들까지 면역이 되었으며, 9인 이하일 경우에는 1인당 3년씩으로 계산해서 합산된 기간 동안 자신의 향역이 면제되었다.[48]

이와 같이 향리가 조선시대에 제한적이기는 하지만 면역종사할 수 있는 기회는 주어지고 있었다. 따라서 조선시대 향리층이 상급 지배신분층인 사족에는 미치지 못하지만 하급 지배신분으로서 피지배신분층과는 구별되는 우월한 존재였다.

조선시대 향리가 이와 같이 제한적이나마 면역종사할 수도 있는 하급 지

48) 《經國大典》 권 1, 吏典 鄕吏.

배신분층이었지만, 향리라고 해서 다 같은 대우를 받은 것은 아니었다. 조선시대 향리의 내부구조는 크게 戶長層·六房層·色吏層의 셋으로 구분할 수 있다. 호장층은 5품 이하의 初仕郞 품계를 받을 수 있는 지위가 보장된 계층으로서 지방행정의 고문 역할을 하였고, 6방층은 6방아전들로서 지방관부의 행정 실무자층이었다. 그리고 색리층은 천역에 가까운 향역을 지고 있는 지방행정의 하수인이었다. 이들 색리층은 사회신분적으로 하급 지배신분층에 드는 것이 아니라 樂工·志道·繪史 등의 잡직 기술관과 마찬가지로 양·천인 신분에 해당되는 자들이었다.[49]

7) 토 관[50]

조선시대에 평안도와 함경도의 특수지역에는 다른 지방의 향리에 비유될 수 있으면서도 그 類를 달리하는 土官이라는 특수한 제도가 있었다.

토관의 제도는 고려 후기 원의 直屬領地가 되었다가 다시 우리의 영토로 편입된 지방을 통치하기 위한 정책으로 平壤과 和寧(和州 ; 뒤에 永興으로 개칭)에 토관을 설치한 것에서 비롯된다. 이러한 토관의 제도는 조선왕조에도 그대로 답습되어 건국 초에는 감영이 있는 평양과 영흥에만 설치되어 있었으나, 永興府 토관의 경우, 태종 때 새로 감영이 된 함흥으로 옮겨졌다가 성종 초에 잠시 영흥이 감영이 됨으로써 환원되기도 했으나, 다시 함흥으로 감영이 바뀜으로써 또 옮겨졌다. 그리고 세종 10년(1428) 이후부터 대체로 세종 말 까지 평안도의 寧邊大都護府·義州牧·江界府, 함경도의 慶源·寧北鎭(뒤에 富寧으로 개칭)·會寧·鏡城·鐘城·穩城·慶興都護府에도 토관이 설치되어[51] 그 설치지역이 12곳으로 확대되었으며, 이것이 《경국대전》에 명시되어 제도화되었다.

---

49) 李成茂, 앞의 글(1971), 229쪽 참조.

50) 土官에 관해서는 다음의 글을 참고하였다.
李載龔, 앞의 글(1966).
李章熙, 앞의 글(1978).

51) 吉州都護府에도 세종 14년에 土官이 설치되었으나 2년 만인 세종 16년에 都節制使 本鎭이 富居站으로 옮겨짐으로써 없어졌다.

이와 같이 조선왕조에 들어와 토관이 신설된 시기는 대체로 세종대 여진족을 내몰고 4군·6진을 개척한 시기이며, 그 지역 역시 당시 개척하여 확보한 6진을 비롯하여 대부분이 여진족과 접경한 변방이었고 또한 국방의 요충지였다. 그리고 대체로 西班土官이 먼저 설치되고, 東班土官은 나중에 설치되었다. 따라서 토관을 설치한 목적은 궁극적으로는 변민의 수어 내지는 영토의 보전에 있었다. 또한 변방인들이 여진족과 연결할 수 있다는 가능성에 대비해서 미리 그것을 막고자 하는 회유정책이기도 하였다.

한편 조선 초기에는 평안도와 함경도 이외의 지방에도 한때 토관이 설치된 곳이 있었다. 즉 제주도에 토관이 있었으며, 세조 때에는 경주와 전주에 동·서반의 토관을 신설하였다가, 긴요한 곳이 아니라 하여 곧 혁파하였고, 개성부에도 한때 토관이 설치된 적이 있었다.

토관은 本道人, 즉 토착인을 선발 임용하였는데 동반은 관찰사가, 서반은 兵馬節度使가 주관하였다. 대체로 토관에 선발·임용된 본도인은 千戶·百戶·鎭撫·知印·令史 등이었다. 이 중 천호·백호·진무는 군계통으로서 그 지방에서 군사적으로 높은 지위에 있는 유력한 자들이었다. 그리고 지인·영사는 향리였는데, 평안·함경 양도의 토관이 설치되어 있는 지방의 경우 향리역은 閑良人에게 정해졌다. 이들 한량도 여말 선초에는 지방에서 사회적으로 유력자였다. 그러므로 조선 초기 토관의 성분은 대체로 함경도와 평안도에서 군사적·사회적으로 유력한 계층들이었다. 이 밖에 때로는 補充軍·防牌·火砲軍과 習射에 우수하게 합격한 자에게 토관직이 주어지는 경우도 있었다. 또 하삼도 양인으로서 북도로 이주를 자원하는 자에게 토관직이 주어지는 경우가 있었는데 이는 토관직을 매개로 새 영토를 보전하려는 北道徙民 정책의 일환이었다.

그러나 토관에 임용된 자의 대부분은 천호·백호·진무·지인·영사였다. 따라서 조선 초기의 토관은 대체로 평안도와 함경도에서의 군사적·사회적 유력층에 속하는 무인 혹은 이속 등에 대한 賞職으로 주어진 것이었다. 이를 통해 중앙정부는 양도 지방의 유력층을 지배기구 속에 흡수할 수 있었고, 양도 지방의 유력층으로서는 그들의 세력과 지위를 중앙정부로부터 어느 정도 인정받게 되었다.

결국 조선 초기에 평안도·함경도 등에 토관이 널리 설치된 것은 그 궁극적인 목적이 영토의 보전에 있었던 것이며, 이를 위해 지방사회의 유력층을 통한 지방 지배와 군사적 요충의 방어체제를 토관에 의하여 강화하고자 한 것이었다. 이러한 점으로 보아 토관은 특히 조선 초기에 새로 개척한 북변의 통치지배의 강화 및 野人과 접경한 북변의 군사적 방어조직을 강화하는 데 중요한 역할을 한 자들이었다.

토관도 조선 전기에 하급 지배신분층으로 격하된 서얼·중앙의 서리·기술관과 마찬가지로 올라갈 수 있는 품계가 한정되어 있었다. 즉 토관은 동·서반 모두 정5품이 한품이었다. 그리고 토관도 관직의 轉任, 품계의 승진, 근무일수의 규정은 京官의 경우와 동일하였으나, 다만 6품 이상의 품계부터는 경관의 900일보다 배인 1800일을 근무해야만 한 품계가 올라갔다. 또한 토관이 한품에 이르면 지관이 된다고 하지만 실제로는 60세가 되어야만 허용되었던 것으로 보인다.

토관에게는 재직 중 資品에 따라 일정량의 전지가 지급되었다. 이미 고려말 공양왕 3년(1391)에 토관에게 地祿으로 5품은 10결, 6품은 8결, 7품은 6결, 8품은 4결, 9품은 3결이 지급되었다. 이러한 토관의 지록은 조선왕조에 들어와서도 군전의 명목으로 계속 지급되었다.

토관도 조선 초기에는 경·외관 같은 양반관직에 진출할 수 있었다. 이 경 우 자진의 품계보다 한 품계를 낮추도록 되어 있었으니, 예컨대 토관 5품은 朝官 6품에 준하는 것으로 하였다. 그러나 실제 토관이 경·외관직으로 진출한 예는 극히 일부에 지나지 않으며, 이 경우에도 대체로 서반의 8·9품직에나 서용되었을 뿐 다른 관직에 서용되기는 힘들었다. 간혹 다른 관직에 서용되는 경우도 있었지만, 그 때마다 문제가 야기되었다. 예컨대 세종 때 토관 출신이 수령직 가운데 가장 낮은 縣監에 서용된 적이 있는데, 이 때 사대부관료들은 아전과 같은 일을 한 자를 조관에 서용한 것에 대해 못마땅하게 생각하고 반대하는 상소를 계속 올렸던 것이다.

위의 예는 당시 사대부관료들이 토관의 지위가 자신들과는 차원이 다른 것으로 생각하고 있었음을 뜻하는 것으로서, 조선 초기에 지배신분층을 양분화하는 과정에서 토관도 점차 하급 지배신분층으로 격하되고 있음을 반영한 것이라 하겠다. 이에 따라 토관이 상급 지배신분층인 사족의 소업인 경·외 관직으로 진출하는 것이 갈수록 어려워지게 되었던 것이다. 결국 토관을 경·외 관직으로 진출할 수 있게 하는 제도는 유명무실한 상태로 존속하다가 임진왜란이 일어나기 전인 선조 어느 시기에 폐기되고 말았다.

이와 같이 토관이 조선 초기에 하급 지배신분층으로 편입되어 신분상 양반관료와 현격한 차이가 있었지만, 토관이 설치된 지역이 평안·함경도의 먼 곳으로서 중앙의 통치력이 두루 미치지 못하는 데다 사족신분층도 희소하였기 때문에 토착인이 토관직을 차지한다는 것은 세력 기반을 마련하는 방편이 되기도 하였다. 따라서 토관 중에는 일부가 세력 기반을 구축하여 변방의 백성들을 괴롭히는 일이 있었고, 심지어는 하급수령을 안하무인격으로 대하는 자도 있어 사단을 야기시키기도 하였다. 그러나 전반적인 면에서 볼 때 토관의 설치는 변방의 백성을 위무하는데 큰 성과를 거둘 수 있어 邊界徙民에 따른 불안을 줄일 수 있었으며, 특히 서반토관은 북변 수어에 중요한 역할을 담당하기도 하였다.

8) 군 교

조선시대의 軍校는《故事通》에 의하면, 후기의 상황을 반영하는 것으로 보이지만, 중앙에서는 궁중의 사역에 임하는 掖庭署 소속의 掖隷와 각 군영의 '營門所屬'이 여기에 들며, 지방에서는 장교라고 하는 직역이 여기에 포함된다.[52] 이 중 액정서의 액례는 司謁·司鑰 등으로서 잡직이었다.[53] 그러나 그 수가 적어서 군교 전체에서 차지하는 수적 비중은 미미하였다. 다음으로 조선 후기의 중앙 각 군영의 영문소속은 5군영의 將官(종9품 哨官 이상의 직) 밑에 있던 품외의 하급사관인 軍官·敎鍊官·旗牌官 등을 일컫는 것으로써, 이들은 흔히 장교라고 불렸다.[54] 그리고 지방의 장교는 병영 등에 소속된 屬僚 또는 하급사관으로서 군관이라고도 불렸다. 따라서 조선 후기에

52) 崔南善,《故事通》제79장.
53)《經國大典》권 1, 吏典 雜職.
54) 李相佰, 앞의 책, 312~313쪽.

군교의 절대 다수를 점하는 것은 중앙과 지방에 폭 넓게 존재하고 있던 군관으로 대표되는 장교층이었다.

그런데 5군영이 설치되기 전인 조선 전기에는 중앙군인 5위에 하급사관으로 군관같은 장교층이 있었다는 기록이 보이지 않는다. 그러므로 5위에서의 군관의 존재는 확인할 수가 없다. 그러나 지방 각지의 병영 등에는 군관 즉 장교가 소속되어 있었다. 따라서 조선 전기에 군관 즉 장교라 하면 지방의 병영 등에 소속된 군관이요 장교라 할 수 있는 것이다.

조선 전기에 지방의 군관 즉 장교는 대체로 두 종류로 구분되는데, 하나는 향리층과 밀착되어 있는 직역으로서의 장교층이고,[55] 다른 하나는 병사·수사 이하 鎭將의 천거를 받아 率行하는 군관으로서 口傳軍官 또는 率行軍官이라 불리는 자들이다.[56]

향리층과 밀착되어 있는 조선시대 직역으로서의 장교는 대체로 군사와 경찰에 관한 실무를 담당하고 있던 무관적인 속료로서 고려시대 都軍의 계통을 이은 것이다. 고려시대 도군에는 都領·別正·校尉가 있는데, 이들은 州縣軍 통솔자인 장교층을 뜻하는 것이다.[57] 그런데 고려시대에는 호족적 전통을 가진 지방유력자인 향리세력을 지방 군사조직의 장교로서 그 직무를 겸하게 함으로써 여진인 추장에게 주는 칭호인 도령을 제외한 별정은 호장층이 담당하고 교위는 記官層이 담당하였다. 따라서 고려시대의 장교층은 하나의 독립된 계층이라기보다는 향리인 호장층과 기관층이 담당할 수 있는 주현군 관직이었다.[58]

이와 같이 고려시대 향리에게 주현군 지휘자로서의 조건이 주어짐으로써 그들은 군직을 통하여 중앙관직으로 나아가거나 군공을 통하여 출사할 수 있었다. 즉 고려시대 향리들이 서리직을 통하여 문반으로 진출할 수 있었던

---

55) 《經國大典》 권 3, 禮典 京外官迎送條의 鄕吏에 대한 세부설명에 戶長·記官·將校를 함께 포함시키고 있어 장교가 넓게는 향리의 범주에 속하는 것임을 알 수 있다.

56) 吳宗祿, 〈朝鮮初期 兵馬節度使制의 成立과 運用 (上)〉(《震檀學報》 59, 1985), 111~114 쪽.

57) 《世宗實錄》 권 81, 세종 20년 4월 갑인.

58) 李成茂, 앞의 글(1970), 90쪽.
羅恪淳, 앞의 책, 30쪽.

것처럼 장교가 됨으로써 무반으로 진출하여 신분을 상승시킬 수 있었던 것이다.[59]

그러나 조선 초기에 지배신분층의 양분화 과정에서 향리가 사대부관료에 의한 억압정책에 따라 하급 지배신분층으로 고정되어 그들의 면역 종사로가 대폭 제한되는 상황 하에서 향리층과 밀착되어 있는 직역으로서의 장교직도 고려시대와 같은 무반 진출로로서의 기능을 발휘하기는 어려워졌다. 결국 조선시대 장교는 향리와의 밀착적인 관계 때문에 흔히 吏校로 연칭되어 지방사회의 중간신분층으로 존재하였다. 그러나 마치 중앙관계에서 관념적으로 무신이 문신보다 격이 낮았던 것처럼 지방에서도 校는 吏보다 격이 낮은 것으로 여겨졌다. 그 결과 17세기 초엽에 이르러 장교의 지위는 羅將과 같이 천하게 보일 정도[60]로 그 격이 낮아지게 되었다.

다음 솔행군관은 장수를 보좌하고 방비를 돕는 임무를 담당하고 있던[61] 하급사관이었다. 이러한 솔행군관은 주진 이하 여러 진의 진장이 각기 천거하여 거느리는 것인데, 아무나 천거하면 임명되는 것이 아니라 《경국대전》 규정에 의해 무과출신자와 하번의 별시위·갑사로 자격이 제한되고 있다. 그런데 진장들은 아들·조카 등의 친족이나 친근한 사람들을 천거하여 데려가는 경향이 많았다.[62] 이처럼 조선 초기에는 무과출신자나 양반관료인 진장의 아들·조카 등과 같이 상급 지배신분층에 해당되는 자들도 솔행군관이 되고 있다. 따라서 솔행군관이 되는 자의 신분만 가지고 본다면 조선 초기의 경우 그 신분적 위치가 일률적으로 하급 지배신분층에 해당되는 중간적인 것이었다고 보기는 어렵다고 생각된다.

그러나 16세기 전반인 중종 35년(1540) 경에 이르면 시정의 무뢰한이나 서얼과 같은 잡류들이 청탁에 의해 솔행군관으로 되는 경우가 많았다.[63] 이러한 현상은 군관의 신분적 지위를 저하시키는 결과를 초래하여 10여 년 뒤인 명종 때에는 솔행군관을 閑雜人들로 보충하도록 하고 있다.[64] 이처럼 16

59) 羅恪淳, 〈高麗 鄕吏의 身分變化〉(《國史館論叢》 13, 1990), 150쪽.
60) 李睟光, 《芝峰類說》 권 3, 制度.
61) 《明宗實錄》 권 15, 명종 8년 9월 계해.
62) 吳宗祿, 위의 글, 111~112쪽.
63) 《中宗實錄》 권 94, 중종 35년 12월 갑술

세기 전반 경에 서얼같은 잡류 또는 한잡인이 솔행군관에 주로 봉직하게 됨으로써 그들의 사회신분적 지위도 하급 지배신분층인 중간신분층으로 고정되게 되었던 것으로 보인다.

그렇다고 이들에게 신분 상승의 기회가 전혀 없었던 것은 아니었다. 군관들은 응시자격의 제한이 문과보다는 덜 까다로운 무과에 응시하여 무관이 될 수 있었다.[65] 그리고 특례에 해당되지만 때로는 군공을 세움으로써 동반직에 陞叙되는 경우도 있었다.[66]

한편 16세기에 收取體制의 문란에 따른 가렴주구로 다수의 농민이 유망하기 시작하여 명종 때 각지에서 도적화되자 군관들은 이를 討捕하는 捕校로서의 임무까지 정하는 경우가 많았다.[67]

〈申解淳〉

5. 양 인

1) 양인의 개념

(1) 양인의 범주

조선사회는 흔히 兩班－中人·庶孼·吏胥－平民(常人)－賤民의 4분법적인 구조를 가진 것으로 설명되어 왔다. 조선 초기에 양반은 본래의 뜻 그대로 문·무반의 합칭으로 사용되고 있었고 중인은 용어 자체가 성립되어 있지 못했다. 그러나 시기적 차이를 무시하고 조선시대 전체를 통틀어 말한다면 이러한 설명에 큰 잘못은 없다. 문제는 오랫동안 많은 연구자들이 마치 이러

---

64) 《明宗實錄》 권 18, 명종 10년 5월 임자.
65) 《明宗實錄》 권 23, 명종 12년 10월 갑진·권 30, 명종 19년 6월 신묘.
66) 《明宗實錄》 권 20, 명종 11년 6월 임인·권 26, 명종 15년 11월 병술.
67) 《明宗實錄》 권 5, 명종 2년 4월 기유·권 26, 명종 15년 12월 기미·권 27, 명종 16년 10월 임술·기유, 그리고 권 28, 명종 17년 정월 병술·계사 및 권 29, 명종 18년 7월 갑진 등 다수의 기록이 있다.

한 집단들이 상이한 법제적 지위를 가지면서 수직적인 서열을 이룬 '신분'집단 들이었던 것처럼 취급하여 온 데에 있다. 이를테면 입증되지 않은 사실을 전제로 양반을 일종의 세습귀족처럼 간주한 것이 그것이다.

그 동안 조선사회의 연구성과가 축적되면서 양반이 배타적으로 향유한 특권으로서 거론된 것들이 실상 법제적으로 인정될 수 있는 것이 아니라는 사실이 하나 둘씩 밝혀지게 되었다. 예컨대 오직 양반만이 과거를 볼 수 있거나 관직을 차지할 수 있게 되어 있었던 것은 아니었으며[1] 양반이라 하여 군역이 면제되게 되어 있었던 것도 아니라는 것이다.[2] 양반만이 관인이 될 수 있는 것도 아니고 양반이라 하여 모두 관인이 되는 것도 아닌 이상 관인에 대한 예우나 토지·녹봉의 지급, 군역 면제를 양반이라는 신분에 주어지는 특전으로 간주할 수는 없는 노릇이다. 또 기술직에 진출한 자가 일정한 품계 이상 오를 수 없게 되어 있다 하여 이를 중인에 대한 신분적 차별로 취급하는 것은 부당하다는 사실도 지적되었다.[3] 이들이 일반 문반에 비하여 대우가 떨어짐을 알면서도 자의로 문과보다 쉬운 시험인 잡과를 선택하여 양반이 기피하는 기술직에 진출하고 그 결과 일반 문반보다 낮은 대우를 받게 되었다면 이는 서얼이라 하여 애당초 문과에 응시하지도, 문반으로 나아가지도 못하게 하면서 일정 품계 이상을 오를 수 없도록 규정한 限品敍用과는

1) 金錫亨, 《朝鮮封建時代農民の階級構成》(末松保和·李達憲 공역, 學習院 東洋文化硏究所, 東京, 1960)은 평민도 양반처럼 과거에 응시할 수 있고 관직에 나갈 수 있었을 뿐 아니라 실제로 관직에 진출한 자가 있었음을 지적한 점에서는 선구적이었지만 이러한 사실에 대하여 큰 의미를 부여하지는 않았다. 평민을 비롯한 다양한 성분의 사람의 과거 합격 사례를 찾아내고 그 의미를 적극적으로 평가하면서 기존의 통설에 대한 문제 제기를 한 연구로서는 Choe Yong-ho, Commoners in Early Yi Dynasty Civil Examinations : An Aspect of Korean Social Structure, 1392-1600, *Journal of Asiatics* Vol. 33. No.4, 1974 및 〈朝鮮王朝 前期의 科擧와 身分制度〉(《國史館論叢》 26, 국사편찬위원회, 1991)가 대표적이다. 법제상의 과거 응시규정을 면밀하게 분석하여 양인의 과거 응시에 아무런 법제적 제약이 없었음을 입증한 연구로서는 宋俊浩, 〈朝鮮時代의 科擧와 兩班 및 良人(1)-文科와 生員進士試를 중심으로 하여-〉(《歷史學報》 69, 1976)가 있다.

2) 이러한 사항을 분명히 지적한 것은 閔賢九, 〈社會構成과 軍役制度의 整備〉(《韓國軍制史-近世朝鮮前期篇-》, 陸軍本部, 1968 ; 《朝鮮初期의 軍事制度와 政治》, 韓國硏究院, 1981)이다.

3) 韓永愚, 〈朝鮮前期의 社會階層과 社會移動에 관한 試論〉(《제7회 東洋學學術會議座談會鈔》, 檀國大, 1977 ; 《朝鮮前期 社會經濟硏究》, 乙酉文化社, 1983).

전혀 그 성격을 달리하는 것이다. 종래의 신분제에 대한 설명은 이처럼 그릇된 사실이나 신분 징표가 될 수 없는 사항을 논거로 하여 양반과 중인을 마치 하나의 독립된 세습신분처럼 취급하였던 것이다. 결국 조선시대에 존재한 양반이나 중인은 어디까지나 현실상의 '계층'으로 다루어야 할 성질의 집단이지 법제상의 '신분'으로 다룰 집단은 아니었던 셈이다.

이러한 점에서는 평민과 천민도 마찬가지이다. 각기 현실상의 평범한 보통사람과 사회적으로 천시되는 사람을 가리킬 뿐이다. 그러나 良人이나 賤人은 이와는 전혀 다르다. 이제까지 적지 않은 연구자들이 평민과 양인, 그리고 천민과 천인을 대동소이한 것으로 보아 양반·중인·양인·천인으로 대비시켜 왔다. 그러나 조선 초기의 '양인'이란 '천인'과 대칭적으로 설정된 법제적인 신분규범이었다. 후술하는 바와 같이 양인과 천인은 권리·의무상으로 뚜렷한 차등이 지워져 있었으며 그 지위는 혈통에 따라 세습되도록 되어 있었다. 조선 초기의 양인·천인은 명백한 신분집단이었던 것이다. 따라서 평민이나 천민은 양반이나 중인과 대칭적으로 설정할 수 있어도 신분과 계층이라는 범주상의 차이를 무시하고 양인·천인을 양반·중인과 대칭적으로 설정할 수는 없다고 생각된다.

(2) 양인의 용례와 범위

양인과 천인은 각기 인민의 등급을 대조적으로 구분하는 '良'과 '賤'이 사람을 뜻하는 '人'과 결합하여 만들어진 용어로서 조선 초기에는 개개인의 신분을 표현하는 법제적 규범이었다. '民'은 '人'과 통용될 수 있음에도 불구하고 良人·賤人을 良民·賤民으로는 표기하지 않았다. 우선 천민의 경우에는 조선 초기 사료에 그 용례조차 찾아보기 어렵다. 후술하는 바와 같이 양민은 자주 나타나는 용어이나 통상 양인과는 용법이 다르며 지칭 대상도 일치되지 않는다. 법령에는 통상 양인이란 용어를 사용하였고 대상자의 신원을 명기할 때 반드시 '양인 ○○○'라 표기한 것은 양인만이 법제적 규범이었기 때문이다.

양인과 천인은 본래 남녀를 불문하고 모든 구성원을 포괄하는 법제적 규범이었으므로 여자도 양인·천인으로 표기할 수 있었다. 그러나 성별에 따라 다소 용례상의 차이를 보인다. 양인 중 남자를 가리킬 때는 간혹 군역과 관련하여 良丁, 혼인과 관련하여 良夫 등의 용어가 쓰이기도 하지만 보통 양인으로 표기한 반면 여자의 경우에는 양인 대신 양녀라 지칭하는 것으로 나타난다. 천인의 경우도 이와 유사하다.

조선 초기의 사료에서 천인 또는 그 약칭으로서의 '천'이 양인·양과 대조되어 나타날 때는 예외 없이 노비를 가리키는 것이었다. 천·천인이 단독으로 나타날 때에도 엄격한 법제적 문맥에서는 거의 틀림없이 노비를 가리키는 것이었다.[4] 반면에 양·양인은 모든 비노비자를 포괄하는 것이었다. 예컨대 자주 논란이 되었던 양·천 사이의 혼인문제에서 '양'과 '천'은 그렇게 사용되었다.

조선 초기의 양인은 이제까지 흔히 오해되어 온 바와 같이 평민과 같은 피지배층에 속하는 사람만을 가리키는 용어가 아니었다. 조선 초기의 포상규정이나 老人職 수여규정에서 각기 그 대상자를 양인·천인으로 양분하고 있었던 것도 양인·천인이 모든 인민을 포괄할 수 있었던 데서 가능한 것이었다. 잠시 뒤에 대상자의 표시 방식을 元有職者·無職者(또는 白身)·천인으로 바꾸게 된 것은 양인 안에 官人과 관직을 갖지 못한 庶人이 다 같이 포함되는 것이기 때문임은 말할 것도 없다. '良家'에 속하는 자로서 서인과 함께 양반을 구체적으로 지적하여 보인 경우라든지 사족부녀를 '양녀'라 지칭한 경우 등도 나타난다.

따라서 조선 초기의 양인은 다음의 사례에서 볼 수 있는 것처럼 그 구성은 대가문의 후예로부터 역리·보충군에 이르는 복잡한 것이 되지 않을 수 없었다.

---

4) 흔히 조선시대의 천인(또는 천민)으로 지목되어 왔던 廣大·巫覡·寺堂·娼妓·白丁 등은 천인 내에서 노비와 대립되는 신분집단이 아니었다. 이들은 工商人처럼 일종의 직업집단이라 할 수 있는 것으로 양·천과 대립되는 제3의 신분도 아니었고 천인 내에서 노비와 대립되는 독립된 신분집단도 아니었다. 그 중에는 양인도 있고 노비도 있는, 말하자면 신분적으로 양·천 어느 쪽으로 해소될 집단이었다. 다만 백정은 才人·禾尺을 세종 5년(1424)에 정부가 평민과의 동화정책의 일환으로 개칭한 이름이며 양인임을 공인한 부류이다.

> 오늘날 良이라 칭하는 자의 등급은 하나가 아닙니다. 비록 衣冠閥閱의 후예가 아니더라도 上下·內外의 구별이 있는 자가 있고 비록 상하·내외의 구별이 없어도 대대로 평민이 되는 자가 있으며, 몸은 천인이 아니나 천인과 다름이 없는 자가 있어서 驛吏·補充軍과 같은 자에 이르러도 이를 통틀어 양이라 합니다(《世宗實錄》 권 64, 세종 16년 4월 계해).

양인이 비노비자를 범칭하는 개념으로 정착된 조선 초기에도 양인이 반드시 비노비자 전부를 포괄적으로 지칭할 때에만 사용된 것은 아니었다. 양인이 문무관이나 공상인과 나란히 병기되는 경우가 없지 않았던 것이다. 그러나 이것은 양인이 문무관이나 공상인과 대칭적인 집단이기 때문이 아니라 단순한 표기상의 편의 때문이었다. 양인 중에서 문무관이나 공상인처럼 특수 취급을 받아야 할 자를 명기하고 나머지 자들은 양인으로 일괄하여 표기 한 데에 불과한 것이었다.

양인은 대상자의 신원을 밝힐 그 이상의 적절한 수단을 발견하기가 어렵거나 노비인가 여부 이외에는 구체적인 인적 상황을 명시할 필요가 없을 때에도 자주 사용되었다. 양인 중에서도 위정자의 특별한 관심의 대상이 되는 관인 집안의 사람일 경우에는 선대의 관직을 밝히며 그 밖의 양인은 '향리 ○○○', '수군 ○○○'처럼 신역을 명기함으로써 양인이라는 사실 이외에 보다 구체적인 정보를 제공하게 된다. 대체로 양인 중에서도 정해진 신역도 없고 특이한 생업에 종사하고 있지도 않은 자의 경우에만 '양인 ○○○'라 고 표기하게 된다. 양인 남자는 대체로 직책이나 신역을 갖고 있기 때문에 양인 남자가 '양인 ○○○'라 표기되는 경우는 드문 반면 여자의 경우에는 '○○○의 女', '○○○의 妻'와 같이 아버지나 남편과 함께 표기되거나 '양녀 ○○○'라 기재되어 나타나게 된다.

(3) 양인 규범의 확립과정

가. 고대·고려시대

양천 신분제의 기본 골격은 모든 인민을 양·천이라는 두 집단으로 구분하고 양자의 법제적 지위를 대칭적으로 설정하여 각각 상이한 권리·의무를 부여하는 것이라 할 수 있는데 그 이념적 배경은 대략 다음과 같이 설명할 수 있다. 모든 인민은 본래 하늘을 대신하여 만민을 다스리는 군주의 보편적 臣民이라는 유교적 관념에서 출발한다. 이러한 관념에 따르면 모든 인민은 원초적으로 군주의 赤子로서 동일한 위치에 놓이게 되며 관인은 어디까지나 인민 중에서 군주에게 발탁된 자에 지나지 않는다. 그러나 인민 중에는 선민의 자격을 인정받기 어려운 자들이 나타나게 된다. 신민으로서의 자격 유무를 판정하는 일차적인 기준은 범죄 여부에 있었다. 예컨대 노비는 중범죄를 저지른 자로서 신민의 자격이 박탈된 자로 관념된다. 실제에 있어서는 노비가 모두 범죄로 말미암아 발생하는 것은 아니었지만 통상 노비 중의 비범죄자의 존재는 무시되고 노비는 일단 범죄자나 그 후예로 간주되며 그것으로써 그들에 대한 차별이 정당화된다. 그리하여 신민의 자격을 상실한 자는 선량한 인민과 구별되어 천인으로 불리게 되는 것이다.

이러한 관념이나 체제는 중앙집권적인 군주권이 확립된 이후에야 구현될 수 있는 것이다. 그러나 군주권이 확립된 후에도 사회는 여전히 다양한 계층으로 구성되며 기득권을 유지하려는 지배층이 평민과 똑같은 호칭이나 권리·의무를 쉽게 받아들이려 하지 않기 마련이다. 따라서 양천제가 확립되기까지에는 오랜 시일이 소요되며 시기에 따라 그 구체적 내용은 상당한 차이를 드러내지 않을 수 없다.

양천제는 본래 중국에서 출현한 신분체제였다. 우리 나라에서는 6세기 후반의 자료에 '양인'의 용례가 나타나는 것으로 미루어 삼국시대부터 중국 양천제의 영향을 받았을 가능성이 있다. 그러나 당시의 양인이 천인이 아닌 자 전체를 포괄하는 규범으로 설정되어 있었다고 보기는 어렵다. 국왕이 귀족세력을 제어할 수 있는 힘을 제대로 발휘하지 못했던 신라 골품제사회에서 성골·진골과 4~6두품의 귀족을, 더 나아가서는 평민까지 동일한 신분으로 파악한다는 것은 상상하기 어렵기 때문이다. 결국 신라에서의 양·천은 단순히 평민과 노비를 대조하는 정도의 의미로 사용된 것으로 여겨진다.

그러나 고려 초기에 이르면 성종대의 崔承老가 "우리 조정의 양천의 법은 그 유래가 오래입니다"라고[5] 한 것에서 볼 수 있듯이 이미 양·천이라는 법제

5) 《高麗史》 권 93, 列傳 6, 崔承老.

적 규범을 명확히 인식하고 있었다. 뿐만 아니라 평민도 벼슬할 수 있는 권리(이하 仕宦權)를 가진 것으로 상정하고 있었다.[6] 나말려초의 격동기를 거치면서 골품제사회가 붕괴되자 관직을 독점하던 세습귀족은 소멸된 반면 이제까지 관계에서 소외되어 있던 평민은 명목상으로나마 사환권이 인정되게 되었던 것이다. 이는 이제 국왕이 과거의 귀족 대표자의 지위에서 벗어나 보편적 신민을 통솔하는 초월적인 지위로 부상된 것을 의미하는 동시에 혈통적으로 제한된 소수자만이 누릴 수 있었던 관인의 지위도 원리적으로는 경쟁에 의해 성취할 수 있는 지위로 변모되었다는 것을 의미하는 것이다. 바꾸어 말하면 세습귀족과 평민 사이의 경계선이 허물어진 것을 뜻하며 비노비자 사이의 신분적 간격이 크게 좁혀진 것을 뜻하는 것이다. 결국 양·천 이분법적 체계가 형성될 중요한 단서가 열리게 된 것이다.

그러나 고려시대에 양천제가 정착되었다고 보기는 어렵다. 무엇보다 모든 인민을 양·천 두 집단으로 대별하는 사례를 찾아보기 어렵기 때문이다. 고려시대 양·천의 용례를 통하여 분명히 알 수 있는 것은 노비는 '천'에 해당되며 평민(일반 군현민)은 '양'에 해당되는 자라는 사실 정도이다. 아직까지는 양인이 문벌에서 평민에 이르는 모든 계층의 사람들을 범칭하였다는 사실을 시사하는 증거를 찾기가 어렵다.

설사 고려시대의 양인이 천인이 아닌 자 모두를 포괄하는 것이었다 하여도 고려시대에는 양인 일반에 대한 보편적인 권리·의무 체계가 뿌리를 내릴 수 있는 단계에 도달하지는 못하였다고 보인다. 잘 알려진 대로 鄕吏·京軍과 평민층 사이에, 그리고 평민과 '雜尺'層 사이에 각각 권리상(사환권상)의 차등이 있었고 의무상으로도 丁戶와 白丁이 뚜렷이 대조되고 있었기 때문이다.

나. 여말 선초

고려시대에 양천제가 확립되지 못하였던 것은 골품제사회의 붕괴와 함께

---

6) 이른바 고려 태조의 訓要十條 가운데에는 후삼국 통일 과정에서 끝까지 저항하였던 옛 백제지역의 사람들에 대하여 "비록 그들이 良民이라 하더라도 그들로 하여금 관직에 나아가 일을 맡게 해서는 안된다"(《高麗史》 권 2, 世家 2, 태조 26년 4월)라고 지시한 것을 보면 양민=사환권을 가진 자로 인식하고 있었음을 알 수 있다.

세습귀족 체제는 무너졌으나 중앙에는 문벌이라는 새로운 지배층이 형성되고 외방에는 나말 이래의 지방세력이 온존하여 이들을 피지배층인 평민과 동등한 위치에 놓을 수 없었던 데서 연유한 것으로 생각된다. 그러나 고려 후기에 접어들면서 계층구조에 상당한 변모를 보이게 되었다. 우선 평민층보다 상위에 있던 향리나 경군과 같은 자의 지위가 내려가고 있었던 것을 들 수 있다.[7] 다음으로는 평민층보다 하위에 있던 부류들의 경우에는 고려 후기에 들어오게 되면 향·소·부곡이 해체되어 일반 군현화되면서 그 지위가 개선되었다는 사실이다. 이처럼 노비 아닌 자 사이의 등질화가 괄목할 만큼 진행되자 평민층과 향리·경군층 사이에 존재하던 신분적 경계선이나 평민층과 잡척층을 구분하던 경계선이 모두 흐려지게 되었던 것이다.

고려 후기에도 여전히 문벌은 잔존하였으나 이미 사회 내부에는 새로운 사회체제를 건설하려는 사대부세력이 자라고 있었다. 이들은 기존의 문벌체제를 타파하기 위해서 문벌을 제어할 수 있는 강력한 군주권을 확립하려 하였고 공개경쟁에 의한 능력주의 원칙을 내세우게 되었던 것으로 여겨진다. 군신관계의 절대성이 강조되면서 보편적 신민을 통솔하는 초월적인 존재로서의 군주의 지위는 이념적으로 더욱 공고화되게 되며 능력주의 원칙이 강조되면서 신분상 하자 없는 모든 인민은 군주의 신민으로서 균등한 권리·의무를 가져야 할 당위성이 높아진 것이다. 이러한 분위기 속에서 고려 후기 이래로 진행된 노비 아닌 자의 등질화를 바탕으로 하여 노비 아닌 자를 신분상 균등한 위치에 놓으려는 움직임이 나타나게 된 것이다.

첫째, 노비가 아닌 자로서 신분적 차별을 받으면서 국가의 특별관리 대상이 되고 있었던 특수한 부류의 상당수가 조선에 들어오면서 일반 양인화되고 있었던 점을 들 수 있다. 우선 이들은 국가에 의해 명확히 양인으로 지칭되게 된 점이 주목된다. 태종 말년에 고려 이래의 애매한 신분적 위치에 처해 있던 稱干稱尺者를 양인으로 공인한 것은 노비 아닌 특수부류를 양인으로 인정하는 방침이 제도적으로 확립되고 있었음을 시사하는 것이다. 세종대

7) 이러한 추세는 사회사적으로는 대단히 발전적인 의미를 지니는 것이다. 평민 위에 군림하던 특권층의 소멸은 평민 지위의 상대적인 상승을 의미하는 것이기 때문이다.

에 재인·화척을 "본래 양인이다"라 한 것도 이미 비노비자=양인이라는 등식이 명확히 정립되어 있었기 때문에 나올 수 있었던 것이다.

조선 초기에 노비 아닌 자 중의 특수부류를 양인으로 명시하기 시작한 것은 단순히 호칭상의 변화를 의미하는 것은 아니다. 양인이라는 호칭에 걸맞은 지위를 부여하고 있었기 때문이다. 예컨대 새로이 양인으로 편입되었거나 양인으로 공인된 여자에 대하여 그 신역을 면제한 조치가 그것이다. 그리고 세종대부터는 특수한 신분적 배경을 가진 이러한 여자들을 파악하기 위하여 부과하였던 등록의 의무조차 폐기하여 버렸다.

태종·세종대에 대대적으로 신역체계를 재편성하면서 세습역을 대폭 감축하여 나간 데서도 양인을 신분적으로 균등화하려는 노력의 일단을 엿볼 수 있다. 이와 아울러 주목해야 할 점은 驛吏·津尺·鹽干처럼 여전히 천시되는 신역을 지며 사환권의 제약을 받아야 했던 자들의 경우라도 고려시대와 달리 그러한 신역이나 사환상의 제약이 외손 쪽으로는 전수되지 않게 되었다는 사실이다.[8] 이는 신분적인 제한이 후손에게 세습되는 범위가 반으로 대폭 줄어든 것을 뜻하는 것이다.

둘째로, 이 시기에 양인의 권리가 보편화하고 있었던 점을 들 수 있다. 사회의 전체적인 분위기가 개방적으로 변모하면서 명목상으로만 인정되던 평민의 사환권이나 과거에 응시할 수 있는 권리(이하 赴擧權)가 이 시기에 이르러 그 제도적인 뒷받침을 얻게 된 것이다. 이 시기에는 능력주의 원칙에 따른 공개경쟁 체제가 크게 강화되고 있었다. 과거의 비중이 높아지고 음서의 비중이 낮아진 것,[9] 어떤 형태로든 시험을 통하지 않고서는 사환할 수 없게 된 것,[10] 관리의 임용에서의 가문의 영향력이 줄어들고 있었던 것[11] 등이 그것이다.

이 시기에 교육의 문호가 대폭 확장된 것도 주목할 만한 것이다. 유학의

---

8) 劉承源《朝鮮初期 身分制硏究》(乙酉文化社, 1987), 126~131쪽 참조.

9) 韓永愚, 〈朝鮮初期의 上級胥吏 '成衆官'〉(《東亞文化》 10, 1971).
金龍善, 〈朝鮮 前期의 蔭敍制度〉(《아시아문화》 6, 1990).

10) 무과가 신설된 것과 각종 取才 시험이 마련되어 有蔭子孫의 경우에도 蔭子弟 취재를 거쳐야 하였던 것 등이 그것이다.

11) 고려시대에는 '八祖戶口'를 사용하다가 조선 초기에 들어와서 친족의 기재범위가 대폭 축소된 '四祖戶口'를 사용하게 된 것이 그 단적인 예이다.

경우 지방의 모든 군현에 빠짐없이 향교가 설치된 것은 특기할 만한 일이며[12] 유학 이외의 분야에 있어서도 중앙의 여러 기관에 역학·의학을 비롯한 여러 학교가 나뉘어 설치되어 있었다. 2만 명에 달하는 관비 교육생이 있었다는 것, 정부 스스로가 적극적으로 교육기관의 확장에 힘썼던 것, 모든 국립학교가 평민에게까지 개방되어 있었던 것[13] 등은 평민의 사환 가능성을 높이는 조치로써 주목된다.

조선 초기에 평민층에게 군역부담에 대한 반대급부로 정3품까지의 산계를 수여한 것도 고려시대에는 볼 수 없었던 새로운 모습으로서 평민과 관직 의 거리가 그만큼 좁혀지고 있었던 것을 반영하는 것이다.

한편 여말 선초에는 의무면에서도 중요한 변화들이 있었다. 공민왕대에는 국역체계를 과거의 '職役'체계에서 '身役'체계로 대체해 가고 있었다.[14] 이 시기에 세 사람의 장정을 묶어 한 사람의 군인을 차출하는 3丁1戶 편제 원칙이 수립된 것은 田丁과 國役을 결합시킨 직역체계의 와해를 기정 사실로 하여 이에 대치할 보편적 의무체계의 시행을 시도하였다는 점에서, 그리고 퇴직관인에 대한 군역부과가 시도되었다는 것은[15] 신역 부과의 무차별성을 보여준다는 점에서 대단히 중요한 변모라 할 수 있다.

공민왕대에 간헐적으로 시행되던 퇴직관인에 대한 군역부과는 위화도회군 이후 강화되었으며 조선에 들어와서 그대로 지속되었다.[16] 한편 왕족에 대한 군역부과는 세조대에 이르러서 이루어지게 되었으니 4세대 이내의 종친을 비롯한 왕의 근친들을 제외한 宗姓袒免以上親을 비롯한 친척들은 族親衛에 소속시키고 이보다 더 관계가 먼 친척들은 일반 군역에 충속시켰다. 왕

---

12) 李成茂, 〈朝鮮初期의 鄕校〉(《漢坡李相玉博士回甲紀念論文集》, 1970)

13) 李範稷, 〈朝鮮前期의 校生身分〉(《韓國史論》 3, 서울大, 1976)에서는 조선 전기의 향교에 평민들이 실제로 입학하고 있었음이 밝혀져 있다.

14) 고려시대의 '직역'에서 조선시대의 '신역'으로 국역에 대한 호칭이 변화한 것도 보편적인 의무체계의 성립과 무관하지 않는 것으로 여겨진다. 직역이란 어디까지나 토지의 지급을 매개로 부여된 의무이며 특정한 부류에게 부과되는 의무인 반면에 신역은 '有身則有役'이라는 표현에서 보는 바와 같이 모든 개인에게 무차별적으로 부과되는 것임을 선명히 보여주는 용어이어서 그 성격상의 차이가 뚜렷하다.

15) 閔賢九, 〈高麗後期의 軍制〉(《高麗軍制史》, 陸軍本部, 1983).

16) 韓永愚, 〈麗末鮮初 閑良과 그 地位〉(《韓國史硏究》 4, 1969).

족에 대한 군역부과가 이처럼 건국 후 상당한 시일이 흐른 후에야 개시된 것은 4세대가 경과하기 전까지는 왕의 근친으로서 대우를 받게 되어 있기 때문에 세조 이전까지는 왕족의 군역이 별로 문제되지 않았던 데서 연유하는 것으로 여겨진다.

양인이라는 규범은 이처럼 오랜 역사적 과정을 거치면서 여말 선초에 이르러 뚜렷이 정착되게 되었던 것이다. 조선 초기에 양인에 속하는 사람들의 신분 호칭으로 다른 동의어를 사용하지 않고 반드시 '양인'으로만 기재하고 있었던 것도 이 시기에 들어와서 '양인'이라는 신분 규범이 명확히 정립된 것임을 시사하는 것이다.

2) 양인의 신분적 특성

(1) 천인에 대한 양인의 상대적 신분 특성

가. 권리상의 특성

조선 초기의 양인이 지닌 신분적 성격은 그 대립 신분인 천인과의 대비 속에서 명확히 드러난다. 우선 공권력에 의한 신체·생명의 보호라는 기본권에서부터 양자는 뚜렷한 차이를 보였다. 양인은 자유인이며 공민으로서 기본권의 보장을 받은 반면 노비에 대한 공권력의 보호는 소유주가 자의적으로 체벌을 가하는 것을 제한한다는 소극적인 것에 그치고 있었다. 소유주가 잘못을 저지른 노비에게 체벌을 가하려 할 때 관아에 신고하여야 할 의무를 부여한 것이다. 이러한 의무를 이행하였다면 설사 노비가 벌을 받다 죽는 경우가 있어도 별 문제가 되지 않았으며 신고 없이 체벌을 가하다 죽게 한 경우라도 일반 살인과 달리 비교적 가벼운 처벌을 받는 데 그치고 있었던 것이다.[17]

양인과 천인은 동일한 범죄에 대해서도 그 처벌을 달리 하였다. 노비가 양인을 구타하거나 살상한 경우는 같은 노비끼리의 경우보다 무겁게 처벌하고 양인이 노비를 구타하거나 살상한 경우에는 더 가볍게 처벌하게 한 것이

17) 金錫亨, 앞의 책, 51~55쪽.

그것이다. 노비가 상관을 매도한 경우 다른 부류보다 한 등급 무거운 처벌을 가하게 되어 있었다.

양인과 천인 사이의 권리상의 차이는 무엇보다 사환권의 유무에서 상징적으로 표현되었다. 실제에 있어서는 양인 가운데에도 사환권이 박탈되거나 제한된 자가 적지 않았으나 양인 일반은 일단 사환권을 지닌 자로 상정되었다. 과거응시의 기회나 공교육의 문호도 양인에게만 개방되어 있었다. "본 조정의 제도가 賤者가 공이 있으면 관작을 상으로 하지 않고 포와 비단으로 하는 것은 양천을 구분하고 존비를 엄히 하는 때문입니다"라 하고 있는 것처럼[18] 포상규정에서 양인에게만 관직을 주게 되어 있는 것이나 노비에게 특례적으로 관직을 줄 경우에도 항상 노비의 양인으로 신분을 일단 바꾼 다음에 수직한 것은 양인이 아니면 流品職(문무 양반직)을 수직할 수 없는 것임을 상징적으로 보여주는 것이다. 유품직 이외의 잡직을 수여할 경우라도 양·천을 달리 취급함으로써 양자의 신분적 차이를 명확히 하려 하였다.[19]

이처럼 양·천을 엄격히 구분한 것은 양인=신민의 자격보유자, 천인=신민의 자격상실자라는 관념에서 연유한 것임은 앞에서 말한 대로이다. 조선 초기에 아무런 관직을 갖지 않은 평민도 관인처럼 스스로를 일컬어 '臣'이라 표현할 수 있었던 반면[20] 노비는 칭신할 수 없었던 것이라든지[21] 평민이 왕에게 직접 상언할 수 있었던 반면 노비는 조선 초기의 사회가 언로의 개방을 표방하는 유교사회였음에도 불구하고 타인을 통해서만이 자신의 의사를 전달할 수 있었던 것은[22] 그 명백한 증거가 된다.

나. 의무상의 특성

신민의 자격을 보유한 양인과 신민의 자격을 상실한 천인은 그 의무에서

---

18) 《世宗實錄》 권 47, 세종 11년 2월 병술.

19) 劉承源, 〈朝鮮初期의 雜職--掌樂院의 雜職-〉(《震檀學報》 51, 1981).

20) 《世祖實錄》 권 38, 세조 12년 3월 병신.

21) 典農寺奴로서 風水에 밝다 하여 면천되어 風水學에 종사하게 되었던 睦孝智가 상서에서 칭신하였을 때 세종이 "천인도 稱臣할 수 있는가"라 물었던 것(《世宗實錄》 권 121, 세종 30년 8월 신유)이 그 좋은 예이다.

22) 앞에서 소개한 목효지는 풍수학이나 예조를 거치지 않고 직접 상언하여 사헌부 掌令 金孟獻으로부터 탄핵을 받은 바 있었다(《世宗實錄》 권 93, 세종 23년 9월 병신) .

도 뚜렷한 차이를 보였다. 양인의 경우에는 공민으로서의 국가에 대한 의무라는 형식으로 남자만이 입역 대상이 된다. 그러나 천인의 경우에는 범죄에 대한 징벌이라는 형식으로 신역을 부과하는 것이기 때문에 여자라고 하여 신역이 면제될 수 없었다. 따라서 노비는 남녀 모두가 입역하여야 하였던 것이다.[23] 또한 양인의 신역은 일차적으로 군역을 의미하는 것인데 비하여, 천인은 군역에서 철저히 배제되어 있었다. 태종대에 사원을 혁파하여 얻게 된 노비를 軍器監의 火㷁軍과 司宰監 水軍에 충속시켰다가 "賤口를 군에 충속시키는 것은 곤란하다"는 이유로 그 명칭을 각기 '助役奴', '轉運奴'로 바꾼 것은 그 좋은 예이다.[24] 노비는 "軍士·助丁은 모두 양민을 쓴다"는 의정부의 계문에서 볼 수 있는 것처럼[25] 실제로 입역하는 正軍은 물론 정군을 재정적으로 지원하게 되어 있는 奉足으로도 설정하지 않았다.

양인이 일차적으로 군역 부담자로 간주되는 것은 국가에 대한 제1의적 의무가 국가의 수호이기 때문이며 양인이 국가에 대한 의무를 수행한다는 것은 그들이 보유하는 공민권－보다 구체적으로는 사환권－의 대가라는 형식을 띠고 있었다. 노비가 군역에서 철저히 배제된 것은 범죄로 인하여 공민권이 상실된 자로서 국가를 수호할 자격이 없음을 상징하는 것이었다. 다시 말하면 노비는 공민으로서의 자격이 없는 만큼 공민으로서의 의무도 부여될 수 없었던 것이다.

양·천 사이의 혼인은 고려시대 이래 금지되고 있었다. 그러나 천첩을 거느리는 풍조로 말미암아 양부와 천녀의 관계는 애당초 문제가 되지 않았다. 노와 양녀가 혼인하면 그 소생을 자기의 노비로 할 수 있기 때문에 奴主는 오히려 이를 권장하는 입장이었다. 따라서 천부와 양녀의 혼인의 경우에도 노주의 이해를 무시할 수 없는 정부는 일시적인 단속과 처벌에 그칠 수밖에 없었다.

다만 양·천 사이에 태어난 자식의 신분귀속 문제만은 엄격히 다루어 규

23) 노비 가운데에는 면포를 납부하고 실제에 입역하지 않는 노비가 적지 않았지만 납공은 신역의 대치물이기 때문에 이것이 신역의 면제를 의미하는 것이 아님은 말할 것도 없을 것이다.

24) 《太宗實錄》 권 32, 태종 16년 12월 신미.

25) 《世祖實錄》 권 2, 세조 원년 9월 병자.

정대로 철저히 시행하였다. 태종대에는 아버지가 양인이면 어머니가 천인이라도 그 소생을 양인으로 하는 '從父爲良' 법이 실시되었다. 그러나 세종대에 이르면 다시 이를 폐지하여 관리나 과거 급제자 등의 자식만을 예외적으로 양인이 되게 하였으니 바로 이들이 서얼의 주축을 이루는 천첩자손이었다. 이리하여 조선 초기에도 여전히 고려 이래의 '一賤則賤' 원칙, 즉 부모의 어느 한 쪽이라도 천인이면 그 소생을 천인이 되게 하는 원칙이 관철되었던 것이다. 이처럼 권리·의무상의 뚜렷한 차이를 가진 양·천이 혈통에 의해 구분되고 있었으므로 양자가 둘로 구분된 대립적인 기본 신분임은 의심할 바 없을 것이다.

(2) 양인 내부의 권리·의무상의 차등관계

양인 내에서도 법제적 차등은 설치되어 있었다. 관인과 서인의 차등이 대표적이다. 다만 이러한 차등은 원리적으로 보았을 때 후천적으로 취득한 지위의 결과, 즉 경쟁이라는 형식을 통하여 나타난 것이므로 신분적인 차등과는 무관한 것이다. 그러나 조선 초기에는 양인 내에서도 혈통에 따라 권리·의무상의 차등이 주어지는 경우도 적지 않았다.

근대 이전의 사회에서는 어떤 개인의 범죄에 대하여 그 범죄와 직접 관련이 없는 사람들까지 처벌하는 연좌제가 곧잘 시행되었다. 그 대표적인 것이 반역죄로서 조선 초기에도 반역으로 인하여 사건과 무관한 친족이 사형을 받거나 노비로 전락되는 경우가 자주 보인다. 반역죄가 아닌 범죄의 경우에도 연좌제는 곧잘 실시되어 그 자손은 양인의 신분을 유지한다 하여도 사환권이 박탈되는 징벌을 받는 경우가 적지 않았다. 이 경우 사안의 성격이나 당시의 상황에 따라 연좌의 범위와 처벌의 내용이 결정되기 마련이며 후일 사면을 받아 복권되는 경우도 많았다. 그러나 뇌물을 받거나 국가의 자산을 횡령한 贓吏 및 失行婦女나 再嫁女의 경우에는 연좌의 범위와 사환상의 제한의 내용이 명확히 규정되어 있었다. 즉 장리 자손의 경우에는 2대에 걸쳐서 의정부·대간을 비롯한 주요 문반직의 서용이 금지되었으며 실행부녀 및 재가녀 자손의 경우에는 3대까지는 문무반직이 일체 허락되지 않으며 3대에 이르면 요직을 제외하고 임용할 수 있게 되어 있었다.[26] 한편 과거 응시의 경우에는 장리 자손은 아들 1대, 재가녀·실행부녀의 자손은 아들과 손자 2대에 한하여 그 자격이 인정되지 않았다.[27]

이처럼 특정한 개인의 행위에 대한 징벌을 후손에까지 확장하여 연좌집단을 생성시키고 있었던 반면 특정 개인에 대한 시혜를 일정한 범위의 친족에게 확장하여 특권적인 집단을 생성시키고 있었다. 그 대표적인 것이 유음자손이었다. 즉 공신 및 2품 이상의 아들·손자·사위·동생·조카나 實職으로서 3품직을 역임한 자의 아들과 손자, 일찍이 이조·병조·도총부·사헌부·사간원·홍문관·부장·선전관과 같은 요직을 역임한 자의 아들은 과거보다 쉬운 시험인 음자제 취재에 응시하거나 錄事를 거쳐 관리로 진출할 수 있는 특전이 부여되어 있었다.[28] 국왕의 4세손의 범위에 해당되는 종친의 경우에는 종친부의 관직을 받아 녹봉과 군역면제의 혜택을 누릴 수 있었다는 점에서는 시혜집단에 해당한다. 그러나 이들은 그와 동시에 종친에게는 직책을 맡기지 않는다는 원칙에 따라 '親盡' 즉 4세대가 지나기까지는 다른 관직으로 나아갈 수 없었고 과거에도 응시할 수 없었다는 점에서[29] 반드시 우대자라고만 말하기 어렵다. 4세대가 지나면 사환상의 제한이 풀리지만 종친부직도 얻을 수 없고 다른 양인과 마찬가지로 경쟁을 통하여 사환하여야 하고 군역부담도 져야 하였던 것이다.

장리 및 재가녀의 자손이나 유음자손 및 종친과 같은 집단은 그 밖의 양인에 비하여 특정한 귀속적 지위를 지닌 집단이기는 하지만 하나의 독립된 신분집단으로 간주할 수는 없다. 첫째, 이들 성원의 귀속적 지위는 일정 대수로 한정되어 있어 미리부터 집단의 영속적인 재생산을 막고 있었다는 점, 다시 말하면 지위의 세습이 이루어지지 못한다는 점이다. 다음으로는 특전이나 차대를 발생시킨 자와 혈통에 따라 그것을 물려받는 자의 지위가 일치하

26) 《經國大典》 권 1, 吏典 京官職 前文.
27) 《經國大典》 권 3, 禮典 諸科.
28) 韓永愚, 앞의 글(1971).
金龍善, 앞의 글(1990),
29) 金成俊, 〈宗親府考〉(《史學研究》 18, 1964 ; 《韓國中世政治法制史研究》, 一潮閣, 1985).

지 않는다는 점이다. 예컨대 유음자손은 입사상의 특혜를 받고 있기는 하지만 시험을 통과하여야 하는 것으로 되어 있고 시험 통과 후에도 선대와 동일한 지위를 누릴 수 있도록 하는 보호장치가 전혀 마련되어 있지 않아 다시 그 자손에게 문음의 혜택을 내릴 수 있는가 여부는 오로지 당사자의 성취에 달려 있었다. 또 장리나 재가녀 자손과 같은 차대자의 경우도 2~3대가 경과하면 그 사환상의 제한이 풀리게 되어 있었던 것이다.

이와 달리 서얼·세습적 천역자·향리는 모두 하나의 독립된 신분집단으로 취급할 수 있는 것으로 생각된다. 우선 서얼은 문반이나 무반의 正職에 진출할 수 없었을 뿐 아니라 승진 상한선까지 설치되어 있었고 문과, 생원·진사시, 무과 등 모든 과거의 응시자격이 박탈되어 있었다. 서얼에 대한 차대는 시기에 따라 다소 변동되었으나,[30] 차대규정을 입안할 때 장리나 재가녀의 자손처럼 대수의 경과에 따라 제한을 해제해 나가려는 분명한 의사를 갖고 있지도 않았고 한번 서얼이 되면 비록 흠 없는 양인과 계속 혼인한다 하더라도 여전히 서얼로 머물면서 그 지위를 그대로 물려받게 되어 있었다.

고려 이래 사회적으로 천시되는 신역을 세습적으로 져야 했던 부류들(이하 세습적 천역자) 중에는 驛吏·津尺처럼 고려 이래로 형벌과 관련하여 역이 부과된 자도 있고 鹽干처럼 형벌과 무관한 자도 있었다. 이러한 자는 사환권 자체가 인정되지 못하고 있었다.

마지막으로 향리의 경우가 특이하다. 향리 역시 일반 양인처럼 어떠한 관로나 입사로를 선택할 수 있었고 승진에 아무런 제한을 받지 않았다. 그러나 향리에게는 평민에게서도 찾아볼 수 없는 사환권상의 제약이 있었다. 그것은 과거 중 잡과의 경우에 3丁 1子, 즉 3명 이상의 아들 가운데 한 사람만으로 응시가 제한되었던 것과 무과에 응시할 때 먼저 武經七書의 講시험에서 通·略(通)·粗(通)·不通으로 구분된 등급 중 낙제가 아닌 粗 이상의 성적을 받도록 한 것이 그것이다.[31] 향리는 과거에 급제하거나 관리의 진출에 성공하지 않는 한 자자손손 향리로 복무하면서 이러한 제한을 받아야 하였다는

---

30) 李泰鎭, 〈庶孼差待考－鮮初 妾子 '限品敍用制'의 成立過程을 中心으로－〉(《歷史學報》 27, 1965) 및 宋俊浩, 앞의 글(1976) 참조.

31) 李成茂, 〈朝鮮初期의 鄕吏〉(《韓國史硏究》 5, 1970)

점에서 신분집단으로 간주할 수 있을 것이다.

조선 초기에 있어서 서얼·세습적 천역자·향리를 제외한 그 밖의 양인들 속에서는 더 이상의 신분집단을 가려내기가 불가능하다. 그 밖의 양인 사이의 법제적 지위는 한결같지 않으나 그러한 지위상의 차등은 원리적으로 볼 때 후천적인 성취나 경쟁에 기초를 둔 형식을 보이기 때문이다. 따라서 이들은 신분적으로 동일한 집단에 속한다고 보아야 할 것이다.

양인 내부의 독립된 신분집단이 우대자가 아닌 차대자 속에서만 나타난 것은 가급적 군주의 교화 대상에서 소외되는 자를 축소하려는 의지에서 비롯된 것이다. 노비가 아닌 자들은 일단 양인으로 하여 군주의 신민으로 포섭해 두고 2차적으로 그 밖의 완전한 신민과 구분하는 방식을 채택한 것이 다. 따라서 아무런 흠이 없는 양인의 경우에는 저절로 동일한 권리·의무를 갖기 마련인 것이다. 신분제사회에서는 귀족같은 소수의 상위신분의 범위나 특권은 명확히 규정되는 것이 보통이지만 조선 초기에는 평민과 상류층이 법제적으로 동일한 권리·의무체계에 포섭되어 있었다는 점은 주목할 만한 사실이다. 결국 조선 초기의 신분제는 노비를 천인으로 하고 노비가 아닌 자를 일괄적으로 양인으로 간주하는 양천 2분법적 체계와 모든 양인이 신분 적으로 균등한 위치에 놓이도록 편제하는 방식을 구조적 특성으로 하는 것이었다고 말할 수 있다.

3) 양인의 존재양태

여기에서는 조선 초기의 법제적 원칙들이 양인 내의 다양한 성분의 사람들에게 실제로 어떻게 적용되고 있었는가를 다루어 보기로 한다. 이 책의 다른 항목과의 중복을 피하기 위해 양인 중 평민 이하의 사람들에 대해서만 간략히 언급하였다. 또 '천인'항목에서 취급하게 되어 있는 백정도 제외하였다.

(1)농 민

가. 양인 농민의 호칭

조선 초기의 양인은 다양한 계층으로 구성되어 있었다. 그러나 조선 초기에는 상류층이나 중류층을 범칭하는 용어는 좀처럼 발견되지 않는다.[32] 하류층의 경우에도 마찬가지였다. 오직 그들이 영위하는 특수한 생업이나 그들이 부담하는 특수한 신역으로 개별집단을 지칭하고 있었을 뿐이다. 다만 피지배층의 주축이 되는 일반 양인 농민을 가리키는 용어만은 일찍부터 발달되어 있었으니 그것이 '평민'이었다.

당시에는 평민과 동의어로 常人·平人 등이 함께 사용되고 있었는데 이들 용어 모두는 보통을 나타내는 '平'·'常'과 사람을 뜻하는 '人'·'民'이 한 데 어울려 만들어진 용어로서 '平常之人'즉 문자 그대로 '보통사람'을 가리키는 것이었다.[33] 다만 조선 초기에는 평민이 단연 많은 용례를 보이고 다음은 상인 그 다음은 평인의 순으로 나타나며 같은 뜻을 나타낼 수 있는 常民은 거의 사용되지 않았다.

여기서 보통사람이란 개인의 능력이나 인격을 표준으로 한 것이 아니라 그가 차지하는 사회적 위치를 기준으로 한 것임은 말할 것도 없다. 따라서 사회적 위치가 보통사람과 다른 특별한 사람은 평민으로 지칭될 수 없었다. 예컨대 관인과 같이 높은 지위를 차지한 자나 노비처럼 엄격한 차대를 받는 자는 평민일 수 없다. 승려·무격·백정처럼 특수한 업무에 종사하는 자도 보통사람으로 간주되기 어렵다. 향리·역리·목자·염간 등과 같이 특이한 신역을 부담하는 자도 보통사람에서 제외되기 쉽다. 그리하여 이들이 평민과 구별되어 평민과 나란히 표기되고 있는 사례를 쉽게 찾아볼 수 있다. 결국 가장 순수한 평민이라 할 수 있는 자는 조상 가운데 이렇다할 만한 현달한 자도 없고 그렇다고 뚜렷한 신분적인 흠도 가지지 않은 일반 양인 농민일 수밖에 없었다.

한편 양인 농민을 '양민'이라 부르는 경우도 자주 보인다. 양민은 천인이 아닌 자의 일부, 즉 주로 평민에 해당하는 자를 가리키는데 사용되었다. 그리하

32) 兩班·衣冠·士大夫·士類·士流 등과 같이 오직 관인을 나타내는 용어가 발달되어 있었을 뿐이다. 다만 士族은 양반 등의 용어에 비하여 좀더 넓게 사용되는 경우가 있었지만 이 역시 관인 당사자를 가리키는 데 주로 사용되었고 관인 이외의 자를 가리키는 경우에는 관인의 아주 가까운 혈족에 한하여 대부분 '士族婦女'처럼 연칭으로 사용하였다.

33) 세종대의 贊成事 許稠는 상인을 다음과 같이 풀이하였다. "常者 平常也 平常之人"(《世宗實錄》 권 49, 세종 12년 9월 을사).

여 동일한 대상에 대하여 양민과 평민으로 번갈아 표기한 경우가 나타난다.[34] 그러나 평민과 양민은 다소 어의상의 차이가 있어 서로 다른 문맥에서 쓰이고 있었다. 즉 평민이 주로 사족과 같은 양인의 상층부 또는 향리·승려와 같은 특수부류를 의식하여 '보통사람'임을 나타내기 위하여 쓰였다면 양민은 노비와 대조하여 천인이 아닌 자임을 강조하기 위해 많이 쓰였으며 유력자의 침탈로부터 국가가 보호해야 할 선량한 인민임을 강조할 때도 자주 나타난다.[35] 그리고 천인(또는 승려)과 달리 군역을 부담하는 자임을 강조할 때에도 곧잘 사용되었다.

나. 의 무

양인 농민은 소수의 지주를 제외하면 대부분이 자영농이나 소작농이었다. 이들은 주로 자신과 가족의 노동력으로 농사를 지으며 때로는 노비나 고공으로 부족한 노동력을 보충하기도 하였다. 양천제의 강화는 바로 이러한 소농민을 군주가 개별 인신적으로 지배하려는 데서 나온 것이라 말할 수 있다. 조선 초기 정부가 부세의 합리화를 통하여 국가의 재정기반을 확충하면서도 소농민의 부담이 경감될 수 있도록 노력한 것도 그러한 정책의 일환이었다. 貢法이라는 새로운 조세 수취방식의 수립이나 요역이나 공납까지도 조세처럼 토지를 기준으로 과세하도록 개편하여 토지를 많이 소유할수록 더 많은 부담을 지도록 한 것이 그것이다. 그러나 이러한 수취체제의 개편은 실제의 운영과정에서 많은 문제를 드러냄으로써 기대한 만큼의 성과를 거두지 못하였다. 신역의 경우에도 사정은 마찬가지였다

조선 초기에는 皆役制의 원칙을 강하게 천명하였으며 실제로도 조선 초기는 그 어느 시기보다 양인에 대한 신역부과가 강력히 추진되던 시기였다. 그러나 당시의 신역체제는 신역부과 대상자를 모두 동원하는 체제가 아니었다. 이것은 단순히 정부가 모든 인정 수를 정확히 파악하기 어려웠던 데서 연유한 것만은 아니다. 정부 스스로가 '盡括'즉 신역부과 대상자를 모두 차출할 때 야기되는 인민의 도산이나 저항 등을 우려하여 대상자의 일부만을

34) 《世宗實錄》 권 10, 세종 2년 11월 신미.

35) 《經國大典》 권 5, 刑典 元惡鄕吏條에 원악향리의 한 유형으로 명시된 "良民을 불법적으로 점유하여 은폐하고 부리는 자"는 그 좋은 예다.

동원하는 방식을 채택하고 있었던 것이다.[36] 그리고 무엇보다 양인의 보통역이라 할 군역에서부터 정액제를 실시하고 있었다.[37]

조선 초기에는 정부가 필요로 하는 항구적인 노역이나 물자의 수요를 충당하기 위하여 군역 이외에도 잡다한 신역(이하 雜色役)이 설치되어 있었다. 군역은 양인 고유의 역이며 공민으로서의 제1의적 의무인 만큼 군역과 잡색역은 보통역과 특별역의 관계에 있었다고 할 수 있다. 따라서 모든 신역부과 대상자에 대하여 특별역인 잡색역을 부과할 자를 먼저 차출하고 나머지 인원에 대하여 군역을 부과하는 것이 타당한 순서가 될 것이다. 그러나 실제로는 신역부과가 그렇게 이루어지고 있지 않았다. 각 군현에서는 세습적으로 특정한 신역을 부담하도록 지정된 자를 제외한 일반 신역부담자 가운데서 일차적으로 중앙에서 할당한 군액부터 확보하였던 것이다. 각 군현은 인정이 부족하다 하여 군액을 줄일 권한도 없었지만 군액을 늘일 재량권도 갖고 있지 못하였다.

각 군현에서 군역자원을 차출하는 과정에서는 중앙의 지침과는 달리 우선적으로 힘없고 가난한 농민을 뽑아 그 액수를 채우기 마련이었다. 또 중앙에서는 각 군현의 번성한 정도에 따라 군액을 책정한다 하지만 애당초 군현의 실정을 정확히 파악하기 어려우므로 군액 할당의 형평성을 보장할 수 없었다. 그리고 군액이 한 번 책정되면 여간해서는 변경되지 않는 것이어서 인구변화에 따라 불균형은 심화되기 마련이었다. 군적의 작성은 6년마다 이루어지지만 기존 액수의 결원을 보충하는 선에서 그치는 것이 보통이었다.

군역으로 차출되지 않는 농민은 잡색역에 동원되거나 일단 閑丁으로 남아 있었다. 잡색역에 동원된 농민에게는 정부가 지정한 일정량의 물자를 현물로 납부하는 물납역이 부과되는 경우도 있었으나 관아의 사령 역할이나 공공건물을 간수하는 등의 勞役이 부과되는 것이 보통이었다. 대체로 잡색역의 경우도 군역처럼 중앙에서 지정된 액수만큼의 인원을 임의로 차출하게 되어 있지만 임의로 차출하게 되어 있는 역이 후일 세습역으로 바뀐 경우도

36) 조선 초기의 戶口成籍法 자체가 모든 인민을 빠짐없이 기재하게 되어 있는 것이 아니었지만(李樹健, 〈朝鮮初期의 戶口硏究〉, 《論文集－人文科學篇－》 5, 嶺南大, 1971) 호적에 실린 장정을 모두 군적에 올리는 것도 아니었다.

37) 金錫亨, 〈李朝初期 國役編成의 基柢〉(《震檀學報》 14, 1941).

있었다.

태종·세종대를 기점으로 하여 정부는 국가가 필요로 하는 물자를 각 군현과 일반 민호에 분정하거나 요역으로 동원한 노동부대로 하여금 생산케 하여 조달하고 물납역은 되도록 축소시켜 나갔다. 반면, 노역의 경우에는 부담자가 크게 증가하는 경향을 보였다. 그 가장 큰 원인은 각 군현에서 임의로 日守·書員·羅將·差備軍과 같은 새로운 명목의 외아전을 잇따라 설치한 데에 있었다. 그리고 이와 같은 신역 자원의 잠식을 가능케 하는 근본적인 요인은 바로 양인의 보통역인 군역에서부터 정액제가 실시된 데에 있었다. 군역에 대한 정액제 실시 목적의 하나는 신역자원의 보호에 있었지만 실제에 있어서는 閑丁이 관리의 침탈 대상이 됨으로써 당초의 의도와는 전혀 배치되는 방향으로 전개되었다. 정부는 외아전의 설치를 추인하고 군액의 감소를 막기 위해 정원을 책정, 더 이상의 濫占을 방지하는 데 급급한 실정이었다.[38] 이러한 과정에서 助丁을 제외한 정원만하여도 수만에 달하는 외아전이 설정되었고 한정의 남점행위는 이후에도 여전히 자행되고 있었다.

당시의 입역 연령은 16세부터 60세까지로 되어 있었다. 그러나 이것이 16세에 입역을 시작하여 60세에 마치는 것을 의미하는 것은 아니다. 정액제를 원칙으로 하는 신역체제에서는 새로운 역이 신설되든가 기존 인원에 결원이 발생할 경우에 한하여 신역을 부과하는 것이기 때문에 이는 어디까지나 신역을 부과할 수 있는 연령 범위를 나타내는 데 불과한 것이다. 다시 말하면 16세는 입역을 시작하는 연령이 아니라 신역을 부과할 수 있는 최저 연령선이었던 것이다. 이리하여 개개인의 실제 입역기간은 상당한 차이를 갖게 된다. 그러나 전체적으로 입역기간이 무척 길었음에 틀림없다. 이와 같은 장기간의 신역으로 인한 소농민의 파산을 막기 위한 대책이 바로 奉足制와 分番制였다. 분번제란 실제로 입역해야 하는 正軍들끼리 일정한 기간을 번갈아 복무하게 하는 제도였다. 그러나 이러한 제도에도 불구하고 농민에게 신역은 대단히 큰 부담이었다. 그것은 무엇보다 실제의 입역 부담이 주로 농민에게 떨어지기 때문이었다.

38) 劉承源, 〈朝鮮初期 良人의 雜色役〉(《震檀學報》 62, 1986).

다. 사환권

조선 초기에는 신분적 흠이 없는 평민의 경우 관직의 계통이나 입사 경로를 선택하는 데 아무런 제한이 없었다. 그리고 이러한 평민의 사환권은 사회적으로 당연한 것으로 받아들여지고 있었다. 《경국대전》과 같은 당시의 법전에 천인에 대한 사환권 박탈에 관한 규정이 없었던 것은 굳이 명시할 필요조차 없는 당연한 사항이었기 때문인 것과 마찬가지로 신분상 흠이 없는 평민에 대하여 사환권 부여에 관한 언급이 없었던 것도 그것이 명시할 필요없는 공지의 사실이었기 때문이었다. 당시의 평민은 자신이 지닌 사환권을 뚜렷이 의식하고 있었다. 태종 14년(1414) 한강 연안에 거주하던 水站干이 정부에 호소한 내용은 다음과 같다.

> '아무개들은 본래의 계통이 양인으로서 물가에 산다 하여 水站干에 속하여 배를 끌어 조운하고 있습니다만, 후세에 양·천을 가릴 수 없는 자 및 婢妾産으로서 사재감 수군에 속한 자와 섞여서 자손의 벼슬길에 지장이 있을까 참으로 두렵습니다. 원컨대 사재감에 속한 수군으로 수참역을 대신하게 하고 아무개들은 양역으로 옮겨 주십시오'하니, 이에 (왕은) 마땅히 사재감 수군과 구별하여 水夫라 부르도록 명하였다(《太宗實錄》 권 28, 태종 14년 11월 병진).

여기서 이들이 '양역'으로 이속시킬 것을 요청한 이유가 주목을 끈다. 후일 자신들의 자손이 仕路에 지장을 받게 될까 우려된다는 것이 그 이유였다. 수참간이 되어 양천을 가릴 수 없는 자나 비첩 소생과 함께 배를 끌어 조운해야 했던 자들이 가문의 지위가 높은 양인일 리가 없을 것이다. 그런데 도 이들은 자손의 사로에 지장이 있을까 우려된다는 점을 내세워 양역으로의 이속을 당당히 요구하고 나선 것이다. 또 이들이 자손의 사로만을 문제 삼은 것을 보면 당사자들은 현재 사환상의 제한을 받고 있지 않았음을 시사한다. 비록 이들의 요구사항이 그대로 관철되지는 못하였으나 일단 이들의 주장이 정당한 것으로 받아들여져서 그들의 자손의 사로에 지장을 초래하는 일이 발생하지 않도록 호칭을 구분해 준 것도 음미할 만하다. 세조대의 충청 도 공주 廣程驛의 助役人인 自順 등의 상언도 이와 맥을 같이 한다.

> '광정 驛子들이 조역인을 얻고자 꾀하여 남녀 45명을 산속에 은닉하고 상소하

여 사람들이 유망하였다 하자 (정부는) 근처의 평민 30인을 뽑아 조역이라 이름하여 정하였습니다. 그 후 역자들이 모두 돌아왔습니다. 臣들은 본래 평민으로서 영구히 역졸에 속하여 벼슬길이 통하지 못할까 각자 원망과 번민을 품고 있습니다'라고 상언하였다. 왕은 이를 병조로 하여금 의론하게 하였다. 병조가 '유리한 역자가 이미 안집하였으니 말을 마련하기를 자원하는 자를 제외하고는 본역으로 돌려보내십시오'하고 계하니, 이에 따랐다(《世祖實錄》 권 38, 세조 12년 2월 병신).

여기에서도 대표적인 천역의 하나인 驛役에 조역인으로 동원된 '평민'이 장차 영구히 역졸에 속하여 벼슬길이 통하지 못하는 결과가 야기될 것을 우려하고 있다. 그리하여 정부는 자원자 이외에는 본역으로 환속시키는 조치를 취하게 되었다. 수참간이나 조역인의 요구의 진의가 설사 수월한 역으로 옮기고자 하는 데 있었다 하더라도 사환권을 그 명분으로 내세우고 있었다는 점, 그리고 정부가 그러한 주장을 타당한 것으로 받아들이고 있었다는 것은 평민이나 정부 모두가 양인으로서의 권리를 충분히 자각하고 있었다는 명백한 증거가 된다.

앞에서 살펴본 바와 같이 당시의 세습적인 천역부담자들은 사환상의 제약을 감수하여야 하였다. 따라서 이러한 역에 일반 양인을 부득이 차출해야 할 경우에는 그들의 반발을 무마시키는 방법으로 수참간이나 조역인의 예처럼 정부는 본래의 부담자와 임의로 차출된 자를 구분하여 호칭과 기록문서를 달리하는 조치를 취하였던 것이다. 세습적 천역자인 驛吏·牧子와 평민으로부터 차출된 자를 구별하여 각기 助役百姓과 牧馬軍으로 한 경우가 좋은 예다. 그리고 '永定館軍'의 경우처럼 새로이 천역에 동원된 자들의 역을 영구히 옮겨주지 않으려 한 경우에도 부거권만은 보장하고 있었다.[39]

당시에 평민의 사환권이 당연한 것으로 인정되고 평민이 자신의 권리를 자각하고 있었다 하더라도 현실적으로 많은 평민들이 관인으로 진출하기는 어려웠을 것이다. 사회적 위신이 가장 높고 출세도 빠른 문반으로 진출하기 위해서는 문과에 합격하여야 한다. 그러나 평민들로서는 우선 가정 형편상 문과에 합격하기 위해 장기간 수학에만 전념하기가 쉽지 않다. 어느 정도 경제적 여유가 있다고 하여도 좋은 지도를 해줄 스승을 찾기란 어려운 일이었

39) 《大典續錄》 권 4, 兵典 雜類.

을 것이다.

서울이나 지방에는 국가 재정으로 교육시키는 국립학교로서 중앙의 사학과 지방의 향교가 있었다. 현재까지는 향교의 입학 절차에 대해 별로 알려져 있지 않으나 지원자가 많을 경우 간단한 선발시험을 거쳤을 가능성이 있고 중등교육 과정에 해당하는 향교에 진출한 자들은 최소한의 한문 소양을 갖춘 자일 수밖에 없다. 이러한 향교에 평민들의 자제도 다닌 것을 보면 어느 정도 여유있는 평민들의 자제들은 초급과정 정도의 학업은 이수하고 있었으리라 추측된다. 그러나 당시의 관학은 그다지 좋은 성과를 내지 못하고 있었다. 그리고 평민이 향교에 진학한 것이 반드시 수학을 위해서만은 아니었다. 교생이 되면 면역의 혜택이 주어지기 때문이다. 평민의 자제로서는 어려운 문과의 응시보다는 무반이나 기술학 계통으로 진출하거나 書吏와 같은 관속으로 진출하는 편이 수월하였을 것이다.

그러나 평민 중에도 과거에 응시하는 자가 있었고 이러한 일이 설사 흔한 일은 아니었다 하여도 사회에서는 이를 당연한 것으로 받아들이고 있었다. 세종 32년(1450)의 수군 金義精의 사례는 당시의 사회 분위기를 잘 반영하고 있다. 김의정의 집안 배경은 정확히 알 수 없으나 '寒門'이라 표기되고 있다는 점이나 文科榜目에 조상의 관력이 전혀 보이지 않는 점, 그리고 무엇보다 일반 평민조차 입속되기를 꺼린 수군의 역을 지고 있었다는 점에서 평민으로 보아 큰 잘못이 없을 것이다. 그런데 式年文科 會試에서 장원을 한 김의정이 왕이 시험관이 되는 殿試에서 權近의 손자인 權擥에게 장원을 빼앗기자 세종이 가문을 고려하여 순위를 바꾸었다고 물의가 일어났다. 여기 에서 유의할 점은 당시의 사대부들이 평민을 밀어내고 명문가의 자제를 앞세운 세종의 처사를 당연한 것으로 받아들인 것이 아니라 부당하게 여기고 있었다는 점이다. 다시 말하면 과거에 가문의 지위를 고려해서는 안된다는 것이 당시의 여론이었던 것이다. 그리하여 史官은 "사람들이 모두 이를 비난하여 말하기를 '(김)의정의 계통이 한문에서 나왔고 또 명망도 없어 비록 策文을 잘 만들었다 하더라도 수위에 있기가 마땅치 않았을 것이다'라 하였다"라고 특기하면서도, "(권)람의 일은 비록 상이 지극히 공정히 한 데서 나온 것이라 하여도 당시의 의론은 후일의 폐단을 두려워하였다"라 하여 뒷날 이것이 빌미가 되어 가문을 고려하여 순위를 뒤바꾸는 일이 나타나게 될까 우려하는 여론이 일어났음을 전하였다.[40] 결국 당시의 사회분위기는 평민의 사환권이나 과거 응시자격을 지극히 당연한 것으로 여기고 있었음을 입증하는 것이다. 동시에 평민들도 그와 같은 자신의 권리를 자각하고 있었음은 물론 이를 적극적으로 주장하고 이용하고 있었던 것이다. 태종대의 金寬의 경우도 그러한 맥락에서 이해되어야 할 것으로 생각된다.

> 생원 시험관 卞季良 등이 尹粹 등 100인을 뽑았다. 초시를 보는 날 시험장을 열자 金寬이라는 자가 왕의 수레 앞에 엎드려 말하기를 '臣은 宣州 사람입니다. 오늘 三館이 臣의 조상의 계통이 비미하다고 하여 쫓겨났습니다'하였다. 上이 이를 가엾이 여겨 즉시 성균관 掌務를 불러 말하기를 '이 사람의 조상의 계통이 양천을 가릴 수 없는 자이니 시험 보게 하여도 되겠다'고 하였다. 寬은 시험 볼 수 있었으나 마침내 합격하지 못했다(《太宗實錄》 권 15, 태종 8년 2월 정해).

당시에는 양천을 가릴 수 없는 자의 자손은 사환권 자체가 인정되지 못하고 있었으므로 3館이 김관을 쫓아낸 것은 아무런 잘못이 없었다. 그런데도 태종이 응시를 허락한 것은 분명히 하나의 정치적인 선심이었을 것이다. 그러나 중요한 것은 이처럼 신분적 흠을 가진 한미한 집안의 사람조차 과거의 응시를 시도하였을 뿐 아니라 시험장에서 축출되었음에도 불구하고 처벌의 위험을 무릅쓰고 왕의 수레 앞에 나아가 응시 불허의 억울함을 호소하고 있다는 사실이다. 이는 천인이 아니면 마땅히 과거를 볼 자격이 있다는 것을 확신한 데서 나온 것임은 말할 것도 없다.

조선 초기의 평민은 권리 없이 무거운 의무만 부담하는 그러한 존재는 아니었다. 적어도 법제적인 측면에서는 양인이 지는 의무는 사환권의 대칭물의 성격을 띤 것이었다. 세종 당시에 백정을 평민과 동화시키는 방안의 하나로 한편으로는 군역을 부과하고 한편으로는 사환권을 인정한 것도[41] 권리는 의무를 매개로, 의무는 권리를 매개로 부여되는 것임을 입증하는 것이다.

---

40) 《文宗實錄》 권 4, 문종 즉위년 10월 임오.
41) 《世祖實錄》 권 2, 세조 2년 4월 정유.

(2) 신량역천과 칭간칭척자

가. 칭간칭척자와 그 권리·의무

여말 선초에는 '干'이나 '尺'이라는 칭호를 붙여 이름지어진 자들이 상당히 많았다. 이들은 곧잘 稱干稱尺者 또는 干尺之徒로 범칭되고 "나라의 풍속이 身良役賤을 혹은 干이라 칭하고 혹은 尺이라 칭한다"라는 사관의 해설 과 같이[42] 한때 신량역천의 표본처럼 간주되고 있었다.

본래 칭간자와 칭척자는 그 기원을 달리하여 칭척자는 칭간자보다 더 오랜 내력을 가지고 있었다. 가장 그 기원이 뚜렷하고도 오랜 칭척자로서는 津尺을 들 수 있다. 수상교통의 중심이 되는 나루에서 관선을 부리는 역을 세습하던 진척은 驛子와 함께 후삼국을 통일하는 과정에서 고려에 저항하였던 후백제 출신자들로서 진·역에 충속되었던 자들이었다. 사료상 고려 전기의 칭척자의 구체적인 명칭으로는 진척밖에 확인할 수 없지만 역자도 진척과 함께 雜尺으로 범칭되고 있었고 향·소·부곡민도 잡척으로 취급되고 있었던 것으로 미루어 본다면 진척 이외에도 칭척자들이 상당수 존재했을 것임에 틀림없다.

고려 후기에 들어오면서 향·소·부곡의 해체와 함께 잡척이 지닌 신분적 특징도 많이 흐려지게 되었지만 진척과 역자는 그대로 존속하였으며 자료에서는 이 밖에도 몇 종류의 칭척자를 더 찾아볼 수 있다. 달탄계통의 이민족으로서 鍮器匠·倡優·사냥 등을 생업으로 하던 楊水尺·水尺·禾尺과 墨尺·刀尺·琴尺 등이 그것이다. 일종의 창고지기로 생각되는 稤尺과 內需司에 소속되어 생선의 납공을 담당한 海尺도 그 시원은 여말로 소급될 수 있는 것으로 보인다.[43]

한편 칭간자의 경우에는 왕실이나 사원과 같은 권력기관에 집단적으로 소속되어 토지 경작의 의무를 진 處干·直干이 가장 먼저 나타난다. 여말의 권

---

42) 《世宗實錄》 권 4, 세종 원년 5월 경오.

43) 劉承源, 〈朝鮮初期의 '身良役賤'階層－稱干稱尺者를 중심으로－〉(《韓國史論》 1, 서울대 國史學科, 1973)

세가들이 佃戶를 처간이라 부르면서 3稅를 포탈하였던 사실은 잘 알려져 있다. 조선 태종 때까지 陰竹縣 國農所에서 둔전을 경작하던 간이라 불린 농부도 고려시대부터 존재해 온 자였다. 그러나 전호의 모습을 띠고 나타난 칭간자들은 태종 5년(1405) 음죽현의 국농소가 혁파된 것을 끝으로 자취를 감추었다. 이외에 고려시대로 기원이 소급되는 칭간자로서는 鹽干이 있다. 염간이 간이라 불리게 된 것은 조선에 들어와서의 일이었지만 고려의 충선왕 이 소금에 대한 전매권을 확립하면서 징발한 鹽戶의 후신이었다.

이처럼 고려시대부터 세습적으로 특수한 신역을 부담해 온 칭간칭척자는 대부분 조선에 들어와서도 사환권을 인정받지 못하고 있었다. 당시의 위정자들은 진척·역자·부곡인과 같은 고려의 잡척층이 노비의 경우처럼 범죄로 말미암아 천역에 충당된 자임을 명확히 의식하고 있었기 때문이다.[44] 염간은 범죄와 전혀 무관한 자였으나 고려 이래의 세습적 천역자라는 점 때문에 염간 역시 사환권이 인정되지 못하고 있었다. 의무군에 대한 수직이 처음 실시될 때 騎船格軍에게 관직을 주면서 '鹽干賤者'는 그 대상에서 제외하고 있었던 것이 그것이다.[45] 이처럼 고려 이래의 세습적 천역자는 사환상의 차대를 받는 자였기 때문에 전술한 바와 같이 인원 부족으로 이러한 역에 동원되는 평민과는 호칭이나 문적을 달리 하였던 것이다.

조선 초기의 신역체제는 평민의 경우 군역이든 잡색역이든 모두 정액제를 바탕으로 운영되었다. 그러나 칭간칭척자에 대해서는 그 밖의 잡색역 부담자와 달리 정액제가 시행될 수 없었다. 또한 이들에게는 봉족제나 분번제도 시행되기 어려웠다. 원칙적으로 그들의 자손은 외손을 제외하고는 모두 역을 세습하여야 했기 때문이다. 그러나 실제로 모든 자손이 신역에 동원되는 것은 아니었다.

우선 물납역의 경우에는 그 의무가 이행되는 한, 정부는 그들의 일에 전혀 간여하지 않았다고 보인다. 염간의 경우 자신의 소금가마를 가지고 소금

---

44) 《太祖實錄》 권 1, 태조 원년 8월 기사.

45) 《定宗實錄》 권 1, 정종 원년 정월 경인. 다만 조선이 건국될 무렵 새로이 干이라 불리게 된 자에게는 仕宦權을 제한하지 않은 것으로 보인다. 공양왕 2년에 처음 설치된 水站에 차출된 水站干이 당시에 사환권의 제한을 받지 않고 있었던 자임은 앞에서 본 대로이다.

을 생산하여 지정된 물량만 소속 염창에 납부하면 나머지의 소금은 마음대로 처분할 수 있었다. 정부는 사실상 그들의 영업에 대하여 과세하고 있었던 데에 불과하였다. 세종대에 일시 소금세 수입을 대폭 확장하려는 義鹽法을 추진하는 과정에서 '원래 지정된 鹽漢(염간)의 挾丁', '은폐하여 누락된 鹽戶의 자식'을 추쇄하자는 의견이 제출되었으나 은닉된 염호를 찾아내지 않는 것으로 낙착되었으며 그나마 의염법 자체가 실행에 옮겨지지 못하였다.[46] 이를 보면 염간의 자손을 모두 염간으로 입역시키는 것이 아니라 실제로는 염간의 원액을 유지하는 선에서 그치고 있었을 것으로 짐작된다. 다시 말하면 내용적으로는 정액제에 준하여 운영되고 있었던 것이다. 신역을 세습하게 하는 원칙은 결과적으로 염세 납부 의무자로 지정되지 않은 자손으로 하여금 다른 신역에도 차출되지 않고 무역자로 남게 하는 기회를 제공한 셈이다.

노역의 경우에도 모든 칭간칭척자의 자손이 빠짐없이 입역하고 있었다고는 보기 어렵다. 구체적인 입역 실태를 알 수는 없으나 척으로 불리지 않았을 뿐 내력이나 성격이 진척과 똑같은 驛吏(驛子)를 통하여 진척의 입역 상황을 추정하여 볼 수 있다. 조선 초기에는 전국 각지의 역을 수 개~20개로 묶어 驛道를 편성하고 역도마다 驛丞이나 察訪과 같은 외관을 두어 소속 역을 관할하도록 하였기 때문에 외관은 역을 왕래하면서 감독만 할 뿐 개개의 역에서 실제의 운영은 대대로 역에 거주하면서 신역을 세습하여 일에 익숙한 역리가 담당하였다. 역에 배정된 역노비나 조역인도 역리가 지휘하였다. 따라서 역의 기능이 제대로 발휘되기만 하면 정부는 역리의 자손의 입역 문제는 간여하지 않았을 것으로 여겨진다. 다만 역의 업무가 과중하고 역에서의 역리의 역할이 워낙 컸기 때문에 역리가 부족한 역에는 조역인을 배정하는 외에 다른 곳의 역리로 하여금 이주하게 하거나 돌아가며 입역하게 하기도 하였다.[47] 진척의 경우에도 사정은 비슷하였으리라 보인다. 당시의 주요 津渡에는 왕래자의 검색을 위하여 관선을 배치하고 이를 이용하여 강을 건너게 하되 도선료는 받지 않게 되어 있었다. 그러나 실제로는 진척이 여행자로부터 운임을 받기도 하고 관선보다 경쾌한 私船을 부리며 비싼

---

46) 劉承源, 〈朝鮮初期의 鹽干〉(《韓國學報》 17, 1979).
47) 劉承源, 〈朝鮮初期의 驛吏의 身分的 地位〉(《論文集》 10, 聖心女大, 1979).

운임을 받아 물의를 빚기도 하였다.[48] 관선을 부리는 데에 특별히 일손이 부족하지 않는 한 진척의 자손 모두가 입역할 필요는 없었을 것으로 보인다. 관할관인 渡丞은 서울이 가까운 경기도의 중요 진도 7곳에만 두어졌으므로 그 이외의 진도의 경우는 역의 경우보다 더 독립적으로 운영되고 있었을 것으로 추정된다.

나. 신량역천 규범과 칭간칭척자

고려 이래 세습적으로 역을 부담해 오면서 사환권의 제약을 받았던 칭간칭척자는 태종 말년에 이르러 중요한 신분상의 변화를 보게 되었다. 태종 12년(1412)에는 칭간칭척의 여손이 종량되고,[49] 태종 16년에는 관아에서 역을 지던 칭간칭척자의 모녀·자매가 방역되고 있었다.[50] 당시의 위정자가 이러한 조치를 '免賤'으로 표현하고 있었던 데서도[51] 확인할 수 있듯이 칭간칭척자들은 태종 말년에야 공식적으로 양인으로 취급되기 시작하였던 것이다. 그런데 흥미로운 것은 이 무렵부터 관리들이 곧잘 이들을 고려 이래의 신량역천이라 표현하고 있었던 점이다. 그러나 '신량역천'은 조선 건국 초에야 비로소 국가가 인위적으로 설정한 신분규범이었고 그 첫 적용 대상자도 이들 세습적 천역자와 전혀 무관한 자들이었다.

신량역천이라는 규범은 良賤籍俱不明者·良賤未辨人·文籍不明者 등으로 불리던, 신분을 증빙할 만한 문서가 없었던 자(이하 문적불명자)에 대한 신분처리 방안을 최종적으로 확정하는 과정에서 탄생되었다. 양인으로 판결을 낸다는 원칙이 수립되었음에도 불구하고 여러 대에 걸쳐 역사되었다면 노비로 판정한다는 유보조항 때문에 분쟁이 계속되었던 문적불명자에 대하여 태조 6년(1397)에 왕은 "신량역천으로 결정하여 官司의 사령으로 정속시키라"는 단안을 내렸던 것이다.[52]

문적불명자를 신량역천으로 하라는 판정의 표면적인 의미는 글 뜻 그대로

48) 《世宗實錄》 권 83, 세종 20년 11월 계묘·권 102, 세종 25년 10월 임진. 《成宗實錄》 권 40, 성종 5년 3월 임진.
49) 《太宗實錄》 권 26, 태종 13년 8월 병자.
50) 《太宗實錄》 권 31, 태종 16년 5월 신해.
51) 《世宗實錄》 권 3, 세종 원년 4월 무자.
52) 《太祖實錄》 권 13, 태조 7년 4월 경진.

신분은 양인으로 인정하되 신역은 천역을 지운다는 것이지만, 내면적으로는 노비 신분에서 해방시켜 주지만 완전한 양인으로는 인정할 수 없다는 것을 표현한 것이다. 즉 이들에게 '역천'이라는 단서를 단 것은 천역의 부과 자체에 목적이 있었다기보다는 칭간칭척자와 같은 세습적 천역자들을 선례로 하여 양인이 지니는 사환권을 허락하지 않고자 했던 데 있었던 것이다. 태조가 신량역천이라는 판정을 내리면서 지정한 관사 사령이라는 역 자체가 반드시 천역이라 하기 어려울 뿐 아니라 실제로 이들에게 부과된 역은 역처가사재감 수군이라는 특이한 곳이기는 했지만 대표적인 양역인 군역이었던 것이다.53)

신량역천이 양인으로 인정되면서도 사환권이 유보되는 양인을 가리키는 규범으로 설정되게 되자 그 규범은 문적불명자 이외의 자에게도 확대 적용되었다. 문적불명자를 신량역천으로 판정하던 날과 같은 날에 종량이 결정된 관리와 자신 소유의 비 사이의 소생과 태종 원년에 종량된 노와 양녀 사이의 소생이 그들이다.54)

태조 6년(1397)에서 태종 원년(1401)에 이르는 사이에 탄생되었던 신량역천은 곧 그 구성원의 변동을 보게 되었다. 우선 노와 양녀 사이에 소생은 불과 4년 뒤인 태종 5년에 다시 천인으로 환원되어 신량역천에서 제외되게 되었다. 정부가 문적불명자와 관리의 비첩 소생을 사재감 수군에 충속시킨 조치는 신분적 흠을 지닌 이러한 자들을 다른 양인과 구별하여 특별 관리하기 위한 것임은 말할 것도 없다. 그러나 이 목적이 사재감 수군이라는 수단을 통하여 이루어졌으므로 이제 역천이라는 용어가 마땅치 않게 되었다. 그리하여 정부는 이후에 종량문호의 확장에 따라 새로이 양인이 되게 된 자들에 대해서는 신량역천이라는 판정 대신에 사재감 수군에 충속시킬 것을 지시하는 것으로 대체하였던 것이고 그들을 '身良水軍'이라 부르게 되었던 것이다.

이처럼 신량역천이라는 규범이 부적절하게 되고 그 규범이 적용된 자들이

53) 당시에 사재감 수군에 노비를 충속시켰다가 노비를 군에 충속시키는 것은 곤란하다는 이유는 그 명칭을 轉運奴로 바꾼 바 있음은 앞에서 본 대로이다.

54) 《太宗實錄》 권 2, 태종 원년 정월 갑술 · 권 27, 태종 14년 정월 기묘.

해체되게 되었지만 정부는 이 무렵부터 칭간칭척자를 신량역천이라 부르기 시작하였다. 그러면서도 이들을 고려 이래의 신량역천이라 표현하고 있었던 것은 무엇보다 노비 아닌 자=양인이라는 등식이 이미 확립되어 있었던 때문이었다. 이러한 관념에서는 노비 아닌 자인 칭간칭척자는 고려 이래의 신량인일 수밖에 없는 것이다. 이들을 새삼스럽게 신량역천으로 지칭하기 시작한 것은 앞서의 문적불명자 등의 경우와는 반대로 '역천'이지만 양인임을 강조한 데서 '신량' 역천이라 부르기 시작하였던 것이다. 앞서 태종 말년에 이들이 양인으로 공인되었음을 살펴 본 바 있지만 이 무렵부터 성격이 다른 칭간자와 칭척자를 나란히 병칭하기 시작한 것 역시 정부가 이들에 대한 신분적 처우를 바꾸려는 데서 비롯된 것이었다. 신량역천이라는 규범은 이제 양인이지만 현재 천한 역을 지고 있는 자를 가리키는 것으로 단순화되고 있었던 것이다.

종부위량법을 제정하여 종량의 문호를 대폭 넓히고 신분적 흠을 지닌 양인에게 일정한 제한을 두어 입사자격을 허용하여 나가던 태종은 동왕 15년(1415)에 이르러 사재감 수군을 대신하여 흠있는 양인을 모아 놓는 補充軍이라는 새로운 병종을 신설하였다. 이 보충군에는 일찍이 사재감 수군에 속하였던 자 이외에도 염간을 제외한 모든 칭간칭척자들을 입속 대상으로 하였다. 당시의 정부는 보충군에 입속시킬 칭간칭척자의 수를 9,000명으로 잡고 3정 1호의 편호 방식에 의해 입역시키도록 결정하였다. 칭간칭척자가 보충군 입역을 마치게 되면 서반의 隊長·隊副職을 받아 去官하고 정7품까지의 수직이 가능하게 되었던 것은 그들의 신분적 지위에 큰 변화를 가져다 준 것이었다. 칭간칭척자가 보충군에 입속하게 되면 자손은 또다시 보충군에 충속되지 않았으며 그렇다고 해서 조상의 역을 다시 계승하게 되어 있지도 않았다.

칭간칭척자 중에는 보충군의 입속대상에서 제외된 염간 이외에도 진척처럼 그대로 남아 있던 칭간칭척자가 없지 않았다.[55] 그러나 칭간칭척자의 보충군 녹적이 계속 추진되었고 보충군 설치 이전에 보이던 칭간칭척자들이

55) 태종 무렵 설치된 것으로 보이는 鐵干은 보충군 설치 후에도 남아 있었으나 세종 12년에 선공감이나 군기감에 일정량의 철을 납부하던 의무가 폐지되면서 군역에 충속되었다.

자취를 감춘 것으로 미루어 보면 상당수가 여기에 입속하여 일반 양인화된 것이 분명하다. 그러나 이후 정부는 기존의 칭간칭척자와 전혀 관련이 없는 잡색역 부담자들을 새로이 간이라 명명하고 있었다. 이는 칭간칭척자가 이미 신분적 특이자가 아니라 단순히 이색적인 신역을 부담하는 자로 인식되게 되었기 때문이다. 그리하여 간이라 불리게 된 자 중에는 生鮮干의 경우처럼 심지어 천인까지도 끼어 있게 되었다.

이 때 새로운 유형의 칭간자가 출현한 경위를 보면, 첫째 양수척과 같은 달탄 계통의 이민족 출신으로 司饔房에 소속되어 매를 바치던 時波赤와 낙농제품을 바치던 酥油赤가 각각 生鷹干, 酥油干으로 명명되었던 것처럼 종래의 칭호가 간으로 대체된 경우가 있다. 다음으로는 고려 이래로 목장에서 우마를 사육하던 목자를 牧子干이라 부르기 시작한 것처럼 종래의 명칭에 간이 덧붙여진 경우가 있다. 전혀 새로운 명칭을 부여한 예도 있었다. 한강변에 거주하는 어부에게 생선을 진상하는 의무를 지우면서 생선간이라 한 것이나 徒刑을 받은 자를 庭燎干이라 명명한 것을 들 수 있다.[56]

이처럼 '간'이 단순히 이색적인 역을 지는 자를 가리키는 칭호로 변모되어 가다가 마침내 칭호 자체가 사라지게 되었다. 세조대에 이르면 기존의 칭간칭척자에 대하여 신분적 차별을 보이지 않는 '夫'라는 칭호를 사용하여 염간→염부, 진척→진부, 해척→어부, 수참간→수부, 생선간→어부의 경우처럼 '○夫'라 호칭하든지, 양역임을 보이는 '軍'을 사용하여 烽火干→烽燧 軍, 守護軍→看守軍의 경우처럼 '○軍'으로 부르든지 아니면 목자간→목자처럼 '간'이라는 칭호를 삭제하든지 하였다. 그리고 이 때부터 종전의 칭간 칭척자들은 일반 잡색역 부담자와 더불어 군역을 부담하지 않는 자를 범칭 하는 雜類로 분류되기 시작하였다.

이처럼 칭간칭척자마저 대부분 일반 양인화되어 가자 정부는 양인 내의 신분적 하자가 있는 자를 포괄적으로 지칭하던 신량역천의 용어는 더 이상 사용하지 않게 되었다. 양인 중에는 여전히 염간이나 역리와 같은 세습적 천

56) 이외에도 從父爲良法이 시행되던 시기에 종량되었던 평민과 공사비와의 소생을 營繕干이라 명명한 경우가 있고 세종 27년(1445), 대대적으로 位田을 혁파할 때 유일하게 나타나는 宗廟干·迎曙亭干도 이 경우에 해당되는 것으로 여겨진다.

역자가 남아 있었으나 정부는 더 이상 이들을 신량역천이라 명명하지 않았으며 이들의 신역도 사회적으로 천시되기는 하였어도 법제적으로는 엄연한 양인의 역, 즉 양역으로 간주되었다. 이리하여 신량역천이라는 용어는 세종 초년을 끝으로 사료에서 자취를 감추어 버렸던 것이다. 다만 수군의 경우 처럼 고역이어서 누구나가 기피하는 역의 부담자를 확보하기 위해 국가가 강제적으로 그 역을 세습시키고 이에 따라 더욱 그 역이 천시되고 기피되는 악순환과정에서 고정되어버린 부류, 즉 현실상의 신량역천이라고 간주할 수 있는 부류가 형성되어 가고 있었던 점은 간과할 수 없을 것이다.[57]

(3) 공상인 및 기타 특수 부류

가. 공상인

조선 초기의 양인 중 수공업이나 상업에 종사하는 자들의 성분은 다양하였다. 당시의 농민 중에는 부업으로 수공업을 영위하는 자가 많았으며 공공연히 상업에 손을 대는 품관이나 향리 등도 적지 않았다. 승려나 백정, 그리고 칭간자 가운데에는 전업적으로 수공업에 종사하는 자가 있었다. 그러나 이러한 부류들은 통상 공상인으로 취급되지 않았다. 이 밖에 전업인 중에서도 정부가 工匠·商賈로 문적에 등록한 자는 한정된 범위의 사람들이었다.

정부는 공상인 가운데 수공업자만을 따로 가리킬 때에는 보통 공장이나 장인으로 통칭하였고 개별적으로는 그들이 생산하는 물품명을 붙여 '○工'·'○匠'으로 불렀다. 한편 상인의 경우에는 주로 商賈로 불렀는데 이는 行商과 坐賈를 합칭한 용어였다.[58] 좌고는 일정한 곳에 머물러 장사하는 상인을 가리키며 행상은 다시 육로를 이용하는 陸商과 수로를 이용하는 水商으로 나누어 파악하였다. 농업 이외의 생업에 종사하는 자들에 대한 정부의 관리는 농민의 경우보다 훨씬 느슨한 편이었다. 공상인을 낱낱이 파악하여 녹적한다는

57) 李載龒, 〈朝鮮前期의 水軍〉(《韓國史硏究》 5, 1970 ; 《朝鮮初期 社會構造硏究》, 一潮閣, 1984).

58) 당시의 수공업자 중에는 직접 판매를 담당하는 경우가 많았다. 따라서 행상이나 좌고 가운데에는 수공업자도 포함되어 있었던 것으로 여겨진다. 조선 초기의 자료에 흔히 공상으로 합칭되어 나타나는 것은 이러한 사정과도 관련이 있는 것으로 보인다.

것은 쉬운 일이 아니지만 그러한 의사조차 별로 가지고 있지 않았던 것이다. 공상인 중에서도 상인이, 상인 중에서도 행상의 경우가 특히 그러하였다.59) 특별히 녹적을 강화하려는 정책이 세워지지 않는 한 그대로 방치하는 것이 보통이었다. 간간이 공상인을 녹적하자는 요청이 나타나는 것은 평소에 그들이 사실상 방치되고 있었기 때문이다.

정부가 녹적한 공상인은 그 대다수가 몰려 있는 서울의 경우 정부가 건설한 상설 점포인 市廛(行廊·公廊·長廊 등으로 불림)에 들어 있는 자들이었고 이외에 시전 부근의 상설점포를 가진 자나 비교적 규모가 큰 행상들이었던 것으로 여겨진다.60)

녹적된 공상인에게는 공상세의 납부 의무가 부과되었다. 《經國大典》 戶典 雜稅條에는 공장을 3등급으로 나누어 등급에 따라 매달 일정한 세를 납부하고, 좌고는 등급을 나누지 않고 일률적으로 세를 납부하도록 되어 있었는데 이는 일종의 영업세였다. 이외에 공랑세도 받게 되어 있는데 이것은 공랑을 이용하는 공상인들로부터 공장세나 좌고세와는 별도로 건물사용료로써 징수한 것으로 보인다.

녹적된 공상인에게는 이러한 공상세 이외에는 특별한 신역의 의무가 없었던 것으로 보인다. 이제까지 흔히 공장은 정부기관에 일정한 기간을 의무적으로 입역해야 했던 것으로 알려져 왔는데 그 근거는 공장세를 받을 때 공역일수를 공제하게 되어 있는 조항이었다. 그러나 실제 사료에서는 정부가 녹적하여 수세하는 공장들을 중앙의 여러 기관에 강제적으로 동원한 증거는 전혀 찾아볼 수 없다. 조선 초기 京工匠의 주류는 공천이었고 양인의 비중이 점차 커져 갔지만61) 강제로 동원된 공장은 공천이었고 양인 출신 공장들은 자원에 의해 투속한 자로 나타난다. 따라서 위의 규정은 녹적된 공상인 가운

59) 行商에 대한 관계 규정이 이미 법전에 수록되어 있었는데도 지금의 商賈는 그 수가 농부보다 몇 배나 된다면서 漢城府로 하여금 서울과 지방의 행상의 이름을 문서에 기록하자는 진언이 나오고 있는 것은 당시의 행상에 대한 관리가 대단히 허술하였음을 보여주는 좋은 예가 될 것이다(《世宗實錄》 권 89, 세종 22년 5월 경술).

60) 태종 15년(1415), 공상인에 대한 수세를 강화하고 있던 당시에도 '巷市'즉 동네에 있는 소규모 가게는 수세 대상에서 제외하고 있었다(《太宗實錄》 권 29, 태종 15년 4월 기사).

61) 姜萬吉, 〈朝鮮前期工匠考〉(《史學硏究》 12, 1961 ; 《朝鮮時代 商工業硏究》, 1984).

데 정부기관에 투속하여 복무하는 자에 대한 대우책의 하나로 보는 것이 타당할 듯하다. 양인 출신의 공장이 부역의 의무가 없는 데도 스스로 자원하여 복무한 것은 공역일수에 따른 공장세의 감면 외에도 朔料가 있었고 잡직을 수직할 기회가 주어지고 있었기 때문이다.62)

경공장에 투속한 자 가운데에는 본래 수공업을 전업으로 하고 있지 않았던 자도 적지 않았을 것으로 짐작된다. 이들은 경공장으로 복무하게 되면 좋은 기술을 연마할 기회를 가질 수 있을 뿐 아니라 여타의 신역은 부담할 필요가 없다는 점까지 고려하였을 것이다.63)

자원 입속을 유도할 만한 대우책을 갖지 못한 외방 각관의 경우에는 공장이 부족하면 전업인이 아니라도 외공장으로 동원하고, 인원에 여유가 있을 때는 나머지 공장은 특별한 경우가 아니면 신역을 부과하지 않고 방치해 두지 않았을까 추측된다. 성종 4년(1473)에 공장세를 납세하고 있는 水鐵匠에게 군역을 지게 한 사례는 이례적인 것으로64) 이는 본래 수철장이 납세 이외에는 다른 신역이 없었음을 반증하는 것이다. 이렇게 본다면 공상인의 부담은 조세 외에도 신역을 져야 했던 농민에 비하여 상대적으로 훨씬 가벼운 부담을 지고 있었다고 할 수 있다

다음으로는 공상인의 권리문제를 살펴보기로 한다. 전통적인 유교사회에서는 흔히 모든 인민을 그 생업을 기준으로 하여 士·農·工·商이라는 4개의 범주, 즉 4民으로 나누어 표현하였다. 그리고 이러한 4민은 윤리적 등급을 표시하는 것이기도 하였다. 위정자는 공상은 농민에 비하여 노력을 적게 들인다 하여 공상을 농민보다 천시하는 것이 보통이었다. 특히 상인의 경우는 '遊手'즉 놀고먹는 자로 간주하는 경향이 있었다. 조선 초기에 공·상을 평민과 구별하여 평민과 나란히 병칭하는 사례가 많았던 것은 그러한 데에

---

62) 劉承源, 〈朝鮮初期 京工匠의 官職-雜職의 受職을 중심으로-〉(《金哲埈博士華甲紀念史學論叢》, 知識産業社, 1983).

63) 조선 초기의 중앙 各司에는 '傳習'을 위해 공장으로 투속한 자가 많았는데(《世宗實錄》 권 120, 세종 30년 5월 병신), 繕工監의 木手에 편입되어 있다가 축출된 '外方接人'(《太宗實錄》 권 29, 태종 15년 4월 정축)은 바로 이러한 이점을 노리고 지방에서 올라와 투속했던 자가 아닌가 한다.

64) 이 때에 호조가 군역에 충속된 水鐵匠에 대한 특별조치를 요청한 것(《成宗實錄》 권 27, 성종 4년 2월 병인)은 군역 부과가 이례적인 것이었기 때문일 것이다.

도 원인이 있다.

그러나 한편으로는 4민에 속하는 공·상은 인민의 기본 생업 중의 하나이며 현실생활에서 그들은 없어서는 안될 존재라는 인식도 없지 않았다. 그리하여 공상인이라도 양인이라면 이를 평민에 해당하는 자로 간주한 사례도 없지 않았던 것이다.65) 또 경우에 따라서는 공상인을 군역에 충속시킬 수 있었던 것도 이들 역시 일반 양인과 다름이 없다는 인식에서 연유한 것일 것이다. 따라서 공상인이라도 양인인 경우에는 사환권이 부인되고 있었다고는 생각되지 않는다. 위정자는 흔히 "士는 農에서 나오며 工商은 여기에 참여할 수 없다"라든지, "옛날에 사민 가운데 士와 農은 조정에서 관작을 받을 수 있으나 工商이 여기에 참여할 수 없었던 것은 업이 천하기 때문이다"라 말하고 있었지만 이러한 발언들은 언제나 경공장으로 복무하고 있던 자를 유품직에 임용하려 한 경우에 나타났을 뿐이었다. 다시 말하면 공상인이 다른 경로를 통하여 입사하려 할 경우에도 공상의 직업을 가졌다는 이유로 유품직의 진출이 금지되었을 것으로 단정할 수 없다는 것이다.

과거의 응시나 학교의 입학에 지원자의 생업조건까지 조사하고 문제삼았을 지는 의심스럽다. 더구나 공상의 자손이 그 부조의 직업이 미천했다는 이유만으로 사환권의 제약을 받았다고 생각하기 어렵다. 예컨대 鹽夫의 아들인 崔涇이 圖畵院의 생도로 들어가 화업을 연마하고 화원이 되었다가66) 당상관으로까지 오른 경우를 들 수 있다. 염부는 고려 이래로 수공업자 중에서도 가장 차별을 받아온 자들이었다. 그러나 최경은 오직 화원으로서 당상관에 오르는 것 때문에 대간의 탄핵을 받았을 뿐, 염부의 아들이라는 출신 성분 자체는 문제가 되지 않았던 것이다.67) 고려시대와 달리 공상인 자손의 사로 진출을 금지하는 자료를 찾아보기 어려운 것도 결코 우연한 일은 아니다. 태종 19년(1419) 사간원이 "지금 甲士를 취재할 때 조상의 계통을 묻지 않고 오직 弓矢나 체력이 뛰어난 자를 뽑아 工商賤隷도 수직하여 縉紳子弟와 어깨를 견주어 나란히 서니 진신자제가 더불어 함께 함을 부끄러워한다"하여 4祖

---

65) 세종 11년, '本系常人'의 범위를 놓고 논란할 때 형조판서 金自知는 常人에 공상을 포함시키고 있었다(《世宗實錄》 권 44, 세종 11년 5월 갑술).

66) 《世祖實錄》 권 30, 세조 9년 3월 병신.

67) 《成宗實錄》 권 18, 성종 3년 5월 임술.

즉 부·조·증조·외조를 보고 다른 사람의 보증을 받아 취재를 허락하자고 하였을 때 의정부에서 모두 우활하다 말하여 성사되지 못한 것도[68] 그 하나의 예가 될 것이다. 또 공상의 과거금지를 청원한 사례가 없지는 않았으나 받아들여지지 않았다.[69]

결국 공상인은 정부로부터 적극적인 권리 보장도 못 받았지만 그렇다고 뚜렷한 제한이 가해진 것도 아니었으며 그들에게는 신역을 면제한다는 원칙도 없지만 신역을 부과해야 한다는 원칙이 수립되어 있었던 것도 아니었다. 여 타의 양인들처럼 고정된 신역을 부담하지 않으니 그들의 권리를 인정하기 어렵고 권리의 보장이 불충분하니 신역을 부과할 명분도 찾기 어려웠던 상태에 놓여 있지 않았을까 한다.

끝으로 조선 초기의 공상인은 어디까지나 직업집단에 불과한 집단이지 법제적인 세습집단=신분집단은 아니었다는 점에 유의할 필요가 있다. 누구든 원하기만 하면 수공업이나 상업에 종사할 수 있었고 공상인이 轉業하는 데에 무슨 법금이 있었던 것도 아니다. 전통적인 유교사회에서는 농민이 이농하여 공상인이 된다는 것은 정치를 잘못한 것을 의미하는 것이며 현실적으로도 신역 부담자의 감소를 초래하는 일이므로 공상인이 전업하는 것은 금지할 이유도 없고 오히려 장려할 만한 일이었을 것이다. 그와 같은 사회분위기 속에서 세습규제가 입안된다는 것은 상상하기 어렵다. 가장 규모도 크고 긴요하였던 경공장이 자원 모집으로 충원되었던 것은 세습 규제의 부재를 방증하는 것이다. 세습 규제의 부재를 입증하는 무엇보다 뚜렷한 자료는 司饔院 沙器匠의 자식들은 다른 역에 차정하지 않고 그 업을 세전하게 한다는 《大典後續錄》 工典 工匠條의 규정이다. 이는 사기장 이외의 공장은 아무런 세습 규제가 없었음을 오히려 반증하는 것이기 때문이다.

나. 기타의 특수 부류

양인 가운데에는 사·농·공·상이라는 전통적인 생업 분류로서는 도저히 포괄하기 어려운 생업을 가진 사람들도 많았다. 이 중에는 승려처럼 법적으

68) 《太宗實錄》 권 19, 태종 10년 4월 정사.
69) 《太宗實錄》 권 33, 태종 17년 2월 경진.

로 인정된 직업을 가진 경우도 있고 遊女처럼 불법적인 매춘업에 종사하는 자도 있었다. 그리고 합법화된 것도 아니며 그렇다고 불법적인 것이라 말하기도 어려운 성격을 지닌 巫覡같은 자도 있었다. 특이한 생업을 영위하는 자에 대하여 정부는 대체로 그것이 법적으로 허용되는 직업인 경우에는 공상인처럼 녹적하고 과세하되 신역은 부과하지 않는 정책을 취하였다.

조선 초기에는 사원을 감축하고 사원 소유의 노비를 속공하는 등 대대적인 억불책을 시행하였으나 불교의 근절을 꾀한 것은 아니었다. 국왕이나 왕실이 불교행사를 벌이는 경우가 잦았으며 승직까지 마련되어 있었다.[70] 정부가 승려가 되는 것을 억제하려 한 것은 억불숭유책 때문만이 아니라 피역의 수단으로 승려가 되는 길을 봉쇄하려 한 때문이다. 정부가 度牒制를 실시하고 승려가 되는 조건을 엄격히 했던 것은 바로 그 때문이었다. 승려에게는 그 직업에 대한 과세는 하지 않았지만 도첩을 발급하는 과정에서 丁錢을 부과하였다. 정전이란 면역의 대가로 "그들이 져야할 역에 해당되는 금액을 일시에 받은 것"이었다.[71] 출가한 승려에게는 양인 출신이라도 사환권이 주어지지 않았던 것은 말할 것도 없다. 통상적인 양인의 권리와 의무가 모두 인정되지 않았던 셈이다.

조선 초기에는 매춘업이 일체 인정되지 않았다. 관인과의 관계로 자주 물의의 대상이 되었던 妓란 으레 公婢 출신의 기예인을 가리키는 것으로 그들의 임무는 가무나 기악을 연주하는 것이었다. 지방의 관기는 京妓와 달리 종종 소속 관아를 방문하는 관인에게 몸을 제공하고 있었으나 매춘이라기보다는 일종의 신역으로서 하는 행위이므로 공창제와는 성격이 다르다고 하여야 할 것이다. 성리학을 숭상한 당시 사회에서 공창제가 실시될 수는 없었을 것이다.[72] 따라서 조선 초기에 매춘에 종사하는 여자들이란 모두가 불법적인 사창이었다. 사창 중에는 한 곳에 정주하면서 음성적으로 매춘에 종사하는

70) 韓沽劤, 〈麗末鮮初의 佛敎政策〉(《論文集》 6, 서울大, 1957).
———, 〈世宗朝에 있어서의 對佛敎施策〉(《震檀學報》 25·26·27, 1964).

71) 李成茂, 〈丁錢〉(《譯註 經國大典－註釋篇－》, 韓國精神文化硏究院, 1986), 826쪽.

72) 세종 9년, 제주에서 매춘행위자를 관비로 사역시키는 습속이 문제가 되었을 때 그들을 '遊女'로 등록시키는 것은 도리어 음란한 풍조를 권장하게 된다 하여 이를 금지시킨 사례 (《世宗實錄》 권 36, 세종 9년 6월 정묘)는 公娼制가 인정 될 수 없는 당시의 분위기를 잘 보여 주는 것이다.

여자도 있었지만[73] 이리저리 떠돌아다니면서 매춘에 종사하는 자도 적지 않았던 것으로 보인다. 이들이 주로 정부의 단속의 대상이 되었던 것으로 보이며 조선 초기 자료에 사창들이 보통 '遊女'로 불린 것도 이와 무관하지 않을 것이다.

당시에는 매춘 자체가 불법이었기 때문에 공상인처럼 이들을 등록하여 과세하는 일은 있을 수 없었다. 또 양·천이라는 신분상의 차이는 오로지 처벌할 때에만 작용하였다. 유녀는 양인의 경우에는 적발되면 쇠잔한 고을의 관비로 정속되었고 천인의 경우에는 체형을 받은 후 본주에게 환급되었던 것이다.[74]

巫覡은 여자무당을 가리키는 '무'와 남자 무당을 가리키는 '격'이 합쳐 진 말이다. 무당의 절대다수는 여무였지만 남무도 없지 않았다. 무격에는 양인과 노비가 모두 있었지만 상대적으로 독립적인 활동을 하기가 쉬운 양인이 많았을 것으로 여겨진다.

조선 초기의 정부는 祀典 정비에 상당한 노력을 기울이면서 유교적 제사 이외의 신앙행위를 소위 淫祀라 하여 이를 억제하려 하였는데 무격신앙은 그 주요 표적이 되었다. 그러나 일거에 사회의 습속을 바꾸기 어려웠을 뿐 아니라 정부 스스로가 國巫를 두고 있었고 각종 제사에 무녀를 동원하는가 하면 무녀가 지닌 의료의 기능을 활용하여 환자를 치료하게 하기도 하였다. 이는 정부가 무업을 공식적으로 인정한 것이나 마찬가지여서 무격의 근절은 바랄 수 없는 것이었다.[75]

당시에는 정부로부터 공인 받지 못한 무격이 적지 않았다. 이러한 무격은 흔히 妖巫라 불렸다.[76] 현재로서는 당시의 무격의 공인 기준을 잘 알 수 없으나 과거부터 巫籍에 올라 있던 자의 업을 계승한 자는 정부가 인가하여 줄 수 있었지만 새로이 출현한 자에 대해서는 이를 인정하지 않고 요무로 취급하

73) 본주가 자신의 비에게 매춘을 시키고 돈을 받았던 사례가 이에 해당될 것으로 보인다(《成宗實錄》 권 21, 성종 3년 8월 무인).

74) 《成宗實錄》 권 20, 성종 3년 7월 을사.

75) 韓㳓劤, 〈朝鮮王朝初期에 있어서의 儒敎理念의 實踐과 信仰·宗敎－祀祭문제를 中心으로－〉(《韓國史論》 3, 서울大 國史學科, 1976)

76) 《世宗實錄》 권 101, 세종 25년 8일 정미조에는 "不付巫籍 號爲要巫"라 하여 무적에 오르지 않은 무당을 要巫라 하고 있지만 그 밖에 자료에는 항상 妖巫라 표기되고 있었던 것으로 미루어 여기서의 要巫는 妖巫를 잘못 기재한 것이 아닐까 생각된다.

여 금압하려 한 것이 아닌가 한다. 정부는 요무에 대해서는 이를 타처로 축출하여 자연히 소멸되게 하는 정책을 취하였다. 특히 서울에 거주하는 요무에 대해서는 자주 금령을 내리고 성 밖으로 축출하는 일을 되풀이하였다.

무적에 등록된 무격에 대해서는 생업을 공인하는 대신 무세를 받았다. 강원도·함길도의 경우에는 巫家에 출입하는 민호에 호당 1필씩 神稅布라는 명목의 세를 받아 무녀와 정부가 3:1로 배분하기도 하였다. 서울의 活人院이나 지방의 군현에서 救療에 종사한 무격에게는 실적에 따라 포상도 하고 무세를 감면하게 하고 있었다.

정부로부터 인가를 받지 못한 양인 출신의 남무에게는 군역이 부과될 수 있었다. 성종대의 충청도 보은의 正兵 金永山의 경우가 좋은 예이다. 그가 당번이 되어 서울로 올라와서 무업을 벌이자 부녀자들이 몰려드는가 하면 군졸들을 멋대로 부려 물의를 빚었다. 이 때에 그를 수군에 집어넣어 서울에 오지 못하게 하자는 의견도 제출되었으나 당번이 되어 올라오면 성문 밖에서 역사하여 성안으로 들어오지 못하게 하는 것으로 일단락되었다.[77] 이를 통하여 보면 무업에 종사한다 하여 신역을 면제받게 되어 있었던 것은 아니었음을 알 수 있다. 인가를 받은 무격이라 하더라도 그 자손들은 신역 부과대상자로서 국가에 차출되었다. 宗廟·圜丘·社稷·文廟 등 국가적인 중요 제향에서 아악을 연주하는 기악인인 아악공인은 천인을 배제하고 양인으로 충당하고 있었는데 정부가 이러한 아악공인으로 복무할 대상자를 차출 할 때 무적의 자손이 종종 그 대상자로 선정되고 있었다.

끝으로 양인 가운데 그가 처한 처지로 인하여 국가로부터 특수한 취급을 받았던 雇工과 婢夫·奴妻에 대하여 간단히 언급하기로 한다. 고공은 잘 알려진 대로 부모가 사망하거나 아이를 버리는 등 여러 가지 사정으로 어릴 때부터 남의 집에서 양육된 자나 생활이 어려워 남의 집에 더부살이하게 된 자이다. 비부는 용어 자체로 본다면 단순히 여종의 지아비를 가리키는 것일 뿐이지만 보통 남의 집 여종과 혼인하여 처의 주인집에 기거하는 양인을 말한다. 노처도 비부처럼 남의 집 사내 종과 혼인하여 남편의 주인집에 기거하는 양녀를 가리킨다.

---

77) 《成宗實錄》 권 243, 성종 21년 8월 갑신.

조선 초기의 정부는 고공·비부·노처에게 奴·主 사이의 의리를 확대 적용하여 가부장적 질서를 수립하려 하였다. 이들이 가장의 비행을 고발하거나 가장에 항거하는 경우에는 국가로부터 가혹한 처벌을 받게 되어 있었다.78) 그러나 이들과 가장과의 관계는 노·주의 관계와 달리 언제든지 파기될 수 있는 여지를 가지고 있는 점에서 차이가 있다. 다른 한편 정부는 항상 이들의 신분이 양인임을 확인하고 있었다. 이는 양·천의 판별을 엄격히 함으로써 이들이 노비로 전락하는 것을 막고 경우에 따라 신역 자원으로 활용하려는 것이었다. 그들의 자활하기 어려운 사정을 감안하여 보통 신역을 부과하지 않으나 "고공이라는 자는 노비가 아니면서도 빈궁하여 붙어사는 사람이다. 실은 양민이니 법으로는 마땅히 군역에 녹적되어야 할 자이다"라 한 것처럼79) 신분이 양인인 만큼 원칙적으로 군역부과 대상자였고, 실제로 군역이 부과된 자도 없지 않았던 것이다.80) 그리고 이러한 점으로 미루어 본다면 이들도 명목상으로는 사환권의 소유자였음에 틀림없다.

〈劉承源〉

6. 천 인

1) 천인의 구성

조선 초기의 천인으로는 일반적으로 奴婢가 대표적이지만, 통설에서는 노비와 함께 白丁·廣大·社堂·巫覡·娼妓·樂工 등이 포함되는 것으로 이해되고 있다. 그러나 이들의 신분을 구체적으로 검토해 보면 모두가 천인은 아니었다. 통설에서 이들 모두가 천인으로 간주되었던 것은 이들이 사회적으로 천시되었기 때문이었다. 조선시대의 천인은 일반적으로 사료상 양인과 대비되어 나타나는데, 그것은 양인과 천인 사이의 신분적 장벽이 그만큼 높

78) 《經國大典》 권 5, 刑典 告尊長.
79) 《世祖實錄》 권 46, 세조 14년 6월 병오.
80) 《成宗實錄》 권 13, 성종 2년 11월 경술·권 195, 성종 17년 9월 임자.

았던 것을 반영한 것이다. 통설에서 천인으로 간주되어 온 이들이 양인과 대비되는 천인신분이었는지 구체적으로 살펴 볼 필요가 있다.

노비 외에 천인으로 간주되어 온 대표적인 존재인 白丁의 신분은 적어도 조선 초기의 사료를 통해서 살펴보면 일반적으로 양인으로 간주되고 있었다. 백정은 고려시대 이래 북방계의 이민족 출신으로 간주되어 온 禾尺과 才人을 세종 5년(1423)에 토지에 정착시켜 일반 백성으로 동화시키기 위하여 이들에게 농토를 나누어주고 농사짓는 법을 가르쳐 주면서 개칭한 것이었다. 이 때 병조에서 이들의 명칭을 백정으로 개칭할 것을 건의하면서 "화척과 재인은 본래 양인인데 그들의 직업이 천하고 호칭이 특수하여 백성들이 모두 異類와 같이 여겨 더불어 혼인하는 것을 수치로 여기고 있다"[1)]하고 있는 것을 보면, 백정은 적어도 조선 초기에는 사회적으로 '직업이 천하고 호칭이 특수'하여 천시되고 있었을 따름이지 법제적인 신분은 천인이 아니었음을 알 수 있다. 후에 살펴볼 바와 같이 이들은 양인의 역인 軍役에 편입되기도 하였으며, 양반이 입속하는 군종인 甲士에도 충원되었고, 군역을 지지 않은 백정들에게도 甲士取才가 허용되었다. 이와 함께 정부에서는 독서를 원하는 자에게는 향교에 입학할 수 있게 해주었으며, 백정과 양인과의 통혼을 적극 장려하고 있었던 데에서도 이들의 신분이 결코 천인이 아니었음이 확실하다.

그러나 이들은 도살업을 주로 하면서 피혁이나 유기 제조업을 겸하였고, 이러한 직업을 세습하면서 집단적으로 모여 특수 촌락을 이루고 살고 있어서 일반 양인과 동화되지 못하고 異類視되어 사회적으로 점차 천시되어 중기 이후 천인으로 굳어졌던 것으로 보인다.

백정 중에도 물론 그 신분이 천인인 자들이 있었다. 세종 5년에 재인과 화척을 백정으로 개칭하여 양인과 동화시키려고 하면서, 그들 가운데 私處奴婢에 대해서는 本主의 의견을 들어 처리하도록 하고 있는 것에서 그것을 알 수 있다. 이 경우는 백정의 신분이 천인이어서가 아니라 해당 백정 개인의 신분이 노비였기 때문이었다. 이와 같이 백정 중에는 노비도 있었으나 조선 초기에 있어서 그들의 신분은 결코 법제적으로 천인으로 간주되지는 않았다.

---

1) 《世宗實錄》 권 22, 세종 5년 10월 을묘.

廣大는 倡優의 일종으로 고려시대에는 재인과 같은 계열이었다. 조선 초기 사료에서는 이들도 화척과 같이 백정으로 개칭된 것으로 되어 있으나 실제로는 화척만이 백정으로 불렸고, 재인은 조선 중기까지도 백정과 뚜렷이 구별되어 그대로 재인으로 불리고 있었다. 조선 초기 사료에 나타난 바에 의하면 재인 또한 화척과 마찬가지로 그 신분은 양인이었다.

고려시대에 재인은 絃歌, 鼓吹와 雜戲 등을 演戲하는 자들이었는데, 조선시대에도 마찬가지로 창우와 잡희를 전업으로 하고 있었다. 조선 초기의 사료에서는 재인이 화척(또는 백정)과 구별되지 않고 함께 서술될 때에는 창우·잡희·현가·고취와 함께 도살업에 종사한 것으로 기술되어 있으나, 실제로는 구별되어 백정은 도살업을, 재인은 창우와 잡희를 주로 했을 것으로 보인다. 그것은 재인과 백정이 명확히 구별되어 서술되는 조선 중기의 사료에서는 재인만이 優戲나 잡희를 연희하고 있는 것으로 되어 있고, 또 궁중에서의 儺禮도 재인이 전적으로 담당하고 있기 때문이다. 이를 통해서 볼 때 조선 중기까지도 우희나 잡희를 전업으로 하는 재인이 존재하고 있었음은 틀림없다 하겠다. 이들 재인이 조선 중기 이후 어느 시기에 광대로 불리지 않았을까 생각된다.

어떻든 이들은 적어도 조선 초기에 있어서는 법제적인 신분이 천인은 아니었으나, 그들의 직업이 사회적으로 천시되면서 점차 천인으로 간주되어 갔던 것 같다.

社堂은 조선 초기에는 남자는 社長, 여자는 사당이라 불렸으며, 그 기원은 불교를 믿는 신도들의 단체로서 圓覺寺 募緣으로 白蓮社를 모방하여 결사된 것이었는데, 생업이 없는 남녀가 사찰을 돌아다니다가 사당패가 되어 마을을 돌아다니면서 賣技, 賣娼하기에 이르렀다고 한다.[2)]

이들 사당패의 신분도 원래부터 천인은 아니었다. 이들 가운데는 "사장은 밤낮을 가리지 않고 남녀가 같이 거처하면서 매음을 일삼으며, 심지어는 처자를 거느리고 마을에 섞여 살고 있으나 죄책이 미치지 않아 鄕吏·日守·正兵·船軍·公私賤隸들이 여기에 모여들어 저자를 이룬다"[3)]는 기록에 나타

2) 李能和, 《朝鮮解語花史》(翰南書林, 1927), 142쪽.

3) 《睿宗實錄》 권 5, 예종 원년 5월 임진.

난 바와 같이 공사천, 즉 천인도 있었지만 정병·선군 등의 양인은 물론 향리까지 포함되어 있어, 사당이 전적으로 천인신분으로만 구성된 것은 아니었다. 정병·선군 등의 양인층이 사당패에 가담한 데 대해서는 예종 원년(1469) 6월 공조판서 梁誠之가 사당을 금하자고 하면서 "군액의 감축, 田疇의 황폐, 差役의 불균, 남녀의 혼음 등 양민들이 죄를 짓게 됨이 바로 이 때문이다"[4]라고 한 데서도 잘 나타난다. 이로써 보면 사당은 조선 초기에 있어서는 독립된 신분집단이 아니라 잡다한 신분집단으로 이루어져 있었음을 알 수 있다. 그런데 이들 사당이 점차 특정한 직업집단으로 화하는 과정에서 이들의 직업이 천시되고 그들 자체까지 천인시되었던 것으로 보인다.

따라서 사당 역시 적어도 조선 초기에는 천인으로 간주되지 않았으며, 이러한 인식은 巫覡의 경우도 마찬가지였다. 즉 무격도 조선 초기에는 일종의 직업집단으로서 천인신분 집단은 아니었다. 세종 18년(1436)에 黃喜·崔允德·盧閈 등이 사헌부에서 추핵한 妖巫의 처리를 논의하면서 "良女는 관부에 소속시키고 私賤은 본주에게 주어 수령으로 하여금 수시로 규찰하여 肆行하지 못하게 하자"[5]고 한 말에 나타난 바와 같이 무격에는 양인과 천인이 모두 포함되어 있었다.

양인 무격에는 여자뿐만 아니라 남자도 있었다. 성종 21년(1490)에 妖言으로 도성 안 사대부가의 부녀자들을 현혹시킨 金永山[6]은 충청도 보은에서 번상한 정병이었고, 같은 왕 20년에 魚有沼의 집에 사람의 두개골을 몰래 파묻어 재앙이 내릴 것을 빈 男巫 孟孫[7]도 양인이었다. 이상에서 살펴 본 바와 같이 조선 초기에 있어서 무격은 결코 그 자체로 천인이 아니었다. 물론 그들 중에는 공사천 즉 천인도 있을 수 있었다.

이와 같이 무격 그 자체로는 천인이 아니었으나 이들은 법제상으로 일반 양인과는 구분되어 취급되고 있었다. 즉 이들은 이미 조선 초기부터 巫籍에 올라 양인과 구별되었던 것이다. 무적은 3년마다 수정되어 작성되었는데, 그 사이 推刷·物故·加現 등으로 일어난 변동 사항을 기록하여 戶曹·濟用監

4) 《睿宗實錄》 권 6, 예종 원년 6월 신사.
5) 《世宗實錄》 권 72, 세종 18년 5월 정축.
6) 《成宗實錄》 권 243, 성종 21년 8월 을유.
7) 《成宗實錄》 권 234, 성종 20년 11월 경진.

그리고 무격이 거주하는 각 도와 군현에 비치하도록 되어 있었으며, 무적에 올라있는 무격은 무세를 부담하였다. 이와 같이 무격은 신분상으로 천인은 아니었지만 일반 양인과 달리 무적에 올려져 구별되고 있었다.

이들 무격은 세종 때에 淫祀를 금하면서 도성에 거주하지 못하도록 되었는데 이 금령이 제대로 지켜지지 않아 정부에서는 이들을 수시로 색출하여 도성 밖으로 축출하였다. 이러한 가운데 무격의 자손들은 양인과 뚜렷이 구별되어 공사천·공상·향리의 자손과 함께 과전의 지급대상에서 제외되었을 뿐만 아니라 출사도 금지되어 사회적으로 천시되어 갔다. 이렇게 하여 무격도 그들의 직업이 천하였기 때문에 점차 천인시되어 조선 중기 이후에는 천인으로 간주되기에 이른 것으로 보인다.

다음 娼妓의 경우를 살펴보자. 창기란 기생을 지칭하는 용어였으나 일반적으로 官妓를 지칭하였다. 기생에는 관기와 私妓가 있을 수 있다. 그러나 조선 초기의 사료에 나타나는 창기는 예외 없이 慣習都監(掌樂院)의 京妓와 외방 군현의 관기를 지칭하는 용어로 사용되고 있다.

서울의 女妓 즉 경기는 조선 초기에 관습도감에 소속되어 있었는데 이들이 창기로 불리고 있었다. 관습도감은 세조 3년(1457)에 樂學과 통합되어 악학도감으로 되었다. 다시 동왕 12년에 掌樂署에 병합되었으며, 장악서는 후에 掌樂院으로 개칭되었다. 이에 따라 관습도감에 소속되어 있던 창기도 장악원에 소속되었다. 경기의 신분을 살펴보면 이들은《經國大典》에 외방 官婢의 選上으로 충원하도록 되어 있어 천인이었음을 알 수 있다. 장악원의 창기로 선상되는 관비는 연소자이어야 했으며, 도성에 살고 있는 各司婢도 가능하였다.

관비로서 선상되는 경기의 수는 세종 29년(1447)까지는 125명이었으나, 이해에 蓮花臺 6명을 포함하여 100명으로 25명을 감액하였으나[8]《경국대전》에서는 다시 증액되어 여기 150명과 연화대 10명 등 모두 160명으로 늘어났다. 이들에게는 2명의 봉족이 지급되었다.

지방 각 고을의 여기들도 각관창기라 하여 창기로 불리고 있었는데 이를 줄여 흔히 관기라 불리고 있었다. 이들 외방 각 읍의 관기가 언제부터 설치되기 시작

8)《世宗實錄》권 115, 세종 29년 3월 경진.

하였는지 명확하지는 않지만 이미 고려시대 이전부터 있었을 것으로 생각된다.

지방 각 고을 관기의 신분도 관비였다. 즉 이들은 해당 지방 군현의 관비 가운데서 뽑아서 정하도록 되어 있었던 것이다. 따라서 이들과 양인과의 交嫁 소생의 신분 귀속도 양인과 공사비와의 교가 소생과 같은 범주에서 결정되어 종친 緦麻 이상, 外姓 小功親 이상 및 대소 인원이 거느리고 사는 창기의 소생은 종량될 수 있도록 되어 있었다.[9]

이렇게 볼 때 조선시대의 창기는 노비와 구별되는 별개의 천인 신분집단이라기보다는 노비의 변이형으로 '공노비 중에서 직업이 창기인 자'라고 할 수 있다. 다시 말해서 이들은 노비신분의 범주에 용해될 존재인 것이다.

醫女의 신분적 성격도 창기와 비슷하였다. 《경국대전》에 의하면 이들도 창기와 마찬가지로 지방 각 고을의 관비 중에서 나이 어린 사람을 선상하여 충원하도록 되어 있었다. 이들 의녀들이 지방 각 고을의 관비 가운데서 선상되었던 것은 창기와 같지만 이들은 창기와 같이 서울에서 계속 근무한 것이 아니라 의녀로서의 재능과 기예를 익히게 되면 출신 고을로 돌아가 근무하도록 되어 있었다.

의녀는 태종 6년(1406)에 처음 설치되었다. 부녀자들이 질병에 걸려도 수치심 때문에 男醫들에게 환부를 드러내 보이지 않아 치료받지 못하고 죽음 에 이르는 일이 많아 부녀자의 질병을 치료하기 위하여 濟生院으로 하여금 나이 어린 倉庫와 宮司의 비 수십 인을 선발하여 맥경과 침구의 기술을 가르치게 하였던 것이다.[10]

의녀는 이것이 처음 설치된 태종 때에는 창고와 궁사의 비나 각사의 비 가운데서 선발되어 충원되었으나, 세종 이후에는 지방 군현의 官婢가 선상되어 충원되었다. 지방 군현의 관비를 의녀로 선상시킨 것은 세종 5년에 충청·경상·전라도의 계수관에서 10살 이상 15살 이하인 영리한 관비 2명씩을 제생원에 선상시켜 제생원의 의녀와 함께 의술을 가르치게 한 것이 시초였다.[11] 이들 지방에서 선상된 의녀는 의술을 제대로 익히면 출신 고을

---

9) 《經國大典》 권 5, 刑典, 賤妻妾子女.
10) 《太宗實錄》 권 11, 태종 6년 3월 병오.
11) 《世宗實錄》 권 22, 세종 5년 12월 신해.

로 돌려보냈다. 서울에는 의녀가 설치되어 있어 부녀자들이 이에 힘입은 바가 컸으나, 지방에는 그렇지 못하여 부녀자들이 질병을 제대로 치료받지 못하고 있었기 때문이었다. 이후 의녀의 선상은 그 대상 지역이 하삼도에서 경기·강원·황해도에까지 확대되고 대상 군현도 계수관에서 일반 군현으로 점차 확대되어 문종 때에는 의녀들 대부분이 지방 각 고을에서 선상된 관비로 채워지기에 이르렀다.

지방 각 고을의 관비가 의녀로 선상되어 서울에서 생활하면서 의술을 제대로 익히기에는 여러 가지로 어려움이 많아 의술을 제대로 익힌 의녀는 아주 적었다. 이들의 어려움은 의서를 읽고 의술을 익히기 위해서는 먼저 문자를 익혀야 했는데 그러하지를 못했던 데에 있었다. 이에 따라 정부에서는 관비가 의녀로 선상되기 전에 문자를 익히도록 하였다.

지금까지 살펴본 바와 같이 의녀는 설치 초기에는 창고와 궁사의 비나 각사의 비로써 충원되었지만 본 궤도에 오른 후에는 지방 각 고을에서 선상된 관비로 대부분 충원되었다. 뿐만 아니라 이들 소생의 신분 귀속도 창기 소생의 그것과 마찬가지로 종친 시마 이상, 외성 소공친 이상과 대소 인원이 거느리고 사는 의녀의 소생은 종량될 수 있었다. 이러한 사실들을 종합해 보면 의녀 역시 노비의 변이형으로 '공노비 중에서 직업이 의녀인 자'를 지칭한 것임을 알 수 있다. 따라서 이들도 노비신분의 범주에 포함된다 할 것이다.

조선 초기의 樂工은 음악기관이 세조 3년(1457) 장악서로 통합되기 전에는 典樂署·雅樂署·慣習都監에 각각 소속되어 있었다. 전악서의 악공은 향악과 당악의 연주를 담당하였으며, 아악서의 악공은 아악의 연주를 담당하였고, 관습도감에 소속된 악공은 여기의 반주 음악을 담당하여 敎坊工人이라고도 불렸다.[12] 그러나 이들의 신분은 소속 관사에 따라 차이가 있어서 전악서와 관습도감의 악공은 공천 즉 천인이 입속하도록 되어 있었으며, 아 악서의 악공은 양인이 입속하도록 되어 있었다. 이들에게는 잡직으로서 체 아직도 설정되어 있었다.

12) 宋芳松, 《樂掌謄錄硏究》(嶺南大 民族文化硏究所, 1980), 72쪽.
李惠求, 《韓國音樂論叢》(秀文堂, 1976), 304~306쪽.

이와 같이 음악 기예인이 양인과 천인을 불문하고 모두 악공이라고 불림에 따라 천인은 다투어 악공으로 투속하는 실정이었으나 양인들은 이를 기피하게 되었다. 이에 세종 30년(1448)에는 우선 양인만이 입속하는 아악서 악공들에게 주어지는 체아직 녹관의 명칭을 바꾸어 전악서 악공의 그것과 구별하였다.[13] 또 세조 3년에는 앞에서 서술한 바와 같이 전악서와 아악서가 장악서로, 관습도감과 악학이 악학도감으로 통폐합되었다. 이에 따라 양인으로 구성된 아악서의 악공과 천인으로 구성된 전악서의 악공이 한 관서에 소속됨으로써 양천이 혼효될 수 있었다. 이를 막기 위하여 악공도 그들의 신분에 따라 명칭상으로도 구별할 수 있도록 천인은 그대로 樂工으로 둔 채 양인을 악생으로 바꾸어 악생은 左坊에, 악공은 右坊에 소속시켰다.[14] 이때부터 악공은 장악서(장악원) 우방에 소속되어 속악을 연주하는 자들만을 지칭하게 되었으며, 이러한 편제는 《경국대전》에까지 그대로 이어졌다.

《경국대전》에 의하면 장악원 우방에 소속되어 속악을 연주하는 악공은 공천으로만 충원하도록 되어 있어, 그들의 신분이 천인이었음은 말할 것도 없다. 양인도 본인의 의사에 따라 입속할 수는 있었으나, 천인들로 구성된 악공에 양인이 입속하는 일은 거의 없었을 것이다.

이렇게 본다면 조선 초기의 악공의 신분은 천인이었다 할 것이다. 그러나 이들 역시 창기나 의녀와 마찬가지로 악공이기 이전에 노비였기 때문에 노비와 구별되는 별개의 신분집단이라 할 수는 없다. 이들 역시 노비 가운데서 '직업이 악공인 노비'인 것이다.

지금까지 통설에서 노비 이외의 천인신분으로 간주되고 있는 백정·광대·사당·무격·창기·의녀·악공의 신분관계를 살펴보았다. 그 결과 이들 집단은 한결같이 직업이 천시되고 있었다. 그러나 신분관계에 있어서는 모두가 천인은 아니었다. 즉 이들 집단 가운데 백정·광대·사당·무격은 적어도 조선 초기에 있어서는 법제적으로 천인으로 간주되지는 않았다. 그러나 이들의 직업이 사회적으로 천시되면서 이 직업에 종사하는 사람까지 천시되기 시작하여 조선 중기 이후에는 천인화한 것으로 보인다. 반면에 창기·의

13) 《世宗實錄》 권 119, 세종 30년 2월 신유
14) 《世祖實錄》 권 10, 세조 3년 11월 정해.

녀·악공은 법제적으로 천인인 노비만으로 충원되었기 때문에 천인임에 틀림없다. 그러나 이들은 각각 창기·의녀·악공이기 이전에 노비신분이었기 때문에 노비와 구별되는 별개의 천인신분이라 할 수 없다.

2) 노비의 존재양태

(1) 공노비의 존재양태

노비는 그들의 상전인 소유주가 국가기관이나 왕실인가 혹은 개인인가에 따라 공노비와 사노비로 구분되고, 공노비에는 各司奴婢(寺奴婢)·內奴婢·官奴婢·驛奴婢·校奴婢가 있었다.

각사노비는 중앙 각사 소속의 노비를 말하는 것으로 이들은 각사에 선상되어 입역하거나 身貢을 납부했다. 각사노비는 그들이 각사에 소속된 시기에 따라 元屬奴婢와 屬公奴婢로 구성되어 있었다. 원속노비는 고려 말부터 각사에 소속되어 사역된 노비로 이들은 봉족을 지급 받고 차례대로 돌아가면 서 입역하고 있었는데, 그 규모는 대략 2만 명 내외였을 것으로 추정된다.[15] 속공노비는 국가에 속공된 뒤 다시 각사에 분급되었다. 속공노비의 분급은 조선 건국 초부터 수시로 이루어졌다.

조선시대 최초의 속공노비는 태조 원년(1392)에 고려의 종친과 거실이 소유하고 있던 노비를 각사의 공노비로 소속시킨 것이었다. 이들이 속공되어 어느 관사에 분급되었는지는 알 수 없으나 번차로 나누어지지 않고 모두 입역하게 되어 있어 가혹한 처지에 놓여 있었으며, 유고시에는 본주가 대신 채워놓도록 되어 있었다.

속공노비의 대부분은 태종 6년(1406)에 속공된 革去寺社奴婢였다. 이들은 사원을 정리하면서 속공된 후 典農寺에 소속되었다가 필요에 따라 각사에 분급되어 각사노비의 주류를 이루었다. 혁거사사노비를 각사에 분급하는 일은 이들이 속공된 그 해에 바로 실시되기 시작했다. 정해진 인원을 초과하는

---

15) 周藤吉之, 〈高麗末期より朝鮮初期に至る奴婢の研究〉(《歷史學研究》 9-1, 1937), 51쪽.

사원의 노비를 속공하여 전농시에 소속시켜 둔전의 경작에 사역시키면서 軍器監에 4,000명, 內資寺와 內贍寺에 각 2,000명, 禮賓寺와 福興庫에 각 300명씩 나누어 소속시켜 돌려가며 입역하도록 하였던 것이다. 이들 가운데 군기감에 나누어 소속된 자들을 제외하고는 다음해에 다시 전농시로 돌려보내고 대신 개성과 한성에 살고 있는 京居奴婢만은 일이 많은 중앙의 각사에 분급하여 사역하도록 하였다. 이 후에도 혁거사사노비를 각사에 분급하는 일은 필요할 때마다 수시로 행해졌다. 각사로 분급된 속공노비에는 혁거사사노비가 가장 많으나 범죄에 연루되어 적몰된 노비도 있었다. 이 밖에 관노비나 다른 공노비도 각사노비로 충원되었다.

조선 초기에 각사노비의 수가 얼마나 되었는지는 잘 알 수 없으나, 세종 21년(1439)에 124관사에서 소유하고 있는 노비가－추쇄한 노비 21만 수천 명, 추쇄하지 못한 노비 2만 수천 명－모두 23만 수천 명을 상회하고 있었으며, 세조 7년(1461)에는 114관사에서 소유하고 있는 노비만 20 수만 명에 이르고 있었고, 성종 15년(1484)에는 서울과 지방에서 추쇄한 노비가 261,984명에 이르고 있어, 조선 초기의 각사노비는 대략 23만~27만 명 수준으로 공노비 가운데 가장 많았다.

각사노비는 노비안에 등재되어 파악되었다.《경국대전》의 규정에 의하면 노비안은 각사의 관원이 먼저 추쇄하여 작성하고 掌隷院 관원이 마감하여 작성하도록 되어 있었다. 이렇게 하여 3년마다 續案이 작성되는데 이 속안을 바탕으로 20년마다 正案을 작성하여 형조·의정부·장례원·사섬시 및 노비가 소속된 각사와 그들이 거주하고 있는 지방 각도와 군현에 이를 보관하도록 되어 있었다.

內奴婢는 內需司와 각 궁방 소속의 노비로 내수사에서 관장하고 있었기 때문에 내노비라고 불리웠다. 내수사는 내노비 외에 외방 각 군현에 흩어져 있는 내수사의 田庄을 관리하였다. 내수사는 세조 12년에 內需所를 개칭 한 것이며 내수소는 태조 이래의 왕실 재산을 관리하는 본궁이 개편된 것이었다. 태조 이래의 본궁 재산에는 전지와 더불어 다수의 노비도 있었는데 이들 본궁노비가 내수사에 이관되어 내수사노비가 성립되었던 것이다. 본궁노비로 내수사에 이관된 수가 얼마인지 잘 알 수는 없으나 상당한 규모에

이르렀다고 한다.[16)]

내수사노비는 본궁 소속으로 내수사에 이관된 노비 외에 혁거사사노비도 일부 이속되어 충원되었다. 혁거사사노비 가운데 雲巖寺·地藏寺·會剛寺·甘露寺·嵩孝寺와 大慈菴 등의 사원에서 속공한 노비가 내수사로 이속되었는데, 그것은 이들 사원의 노비가 원래 태종의 비인 元敬王后의 본가에서 시납한 노비였기 때문이었다. 이 가운데서도 "내수사노비는 본래 감로사의 노비였다"[17)]고 한 기록으로 미루어 보아 감로사에서 속공한 노비가 압도적으로 많았던 것 같다.

내수사노비는 각사노비와는 별개의 노비안에 부적되어 파악되었는데 이를 宣頭案이라 하였다. 내노비 선두안은 세조 10년(1464) 이전에는 1부만 작성하여 내수사에 보관하였으나, 이 때부터는 2부를 작성하여 1부는 노비에 관한 사무를 관장하는 형조 都官에, 나머지 1부는 내수사에 보관하도록 하였다가 《경국대전》에는 장례원·형조·내수사와 내노비가 살고 있는 각 도 와 지방 군현에 보관하도록 되었다.

官奴婢는 지방 각 군현이나 감영 및 병영에 소속된 노비로 각각 읍노비, 영노비라고도 불리웠다. 조선시대의 관노비는 태종 13년(1413)에 외방 각 군현의 노비 정원을 법제화함으로써 정비되었다. 이 때에 留守官 200호, 大都護府·牧官 150호, 單府官 100호, 知官 50호, 縣令·監務 30호, 無官各縣 10호씩으로 정하여 정액 외의 노비는 전농시에 소속시키며 정액보다 부족한 군현에는 전농시 소속의 혁거사사노비로 보충하도록 하였던 것이다. 여기에서 이들 관노비 역시 혁거사사노비가 이속되어 충원되고 있음을 볼 수 있다. 이 때의 조처는 그 전해에 사헌부에서 "관노비가 부족한 지방 각 군현에서 관노가 담당해야 할 驅從의 임무를 백성에게 맡겨 관노비와 같이 사역시키고 있는 폐단을 제거하려 하나, 각 군현의 노비수가 많은 곳은 1,000여 명을 넘으나 적은 곳은 불과 수 명에 지나지 않을 정도로 고르지 못한 실정이니 각 군현의 구종수를 군현의 등급에 따라 정하고 노비를 소유하지 못한 군현에는 노비를 많이 소유한 군현에서 노비를 충원할 것이며 그래도

16) 鄭鉉在, 〈鮮初 內需司 奴婢考〉(《慶北史學》 3, 1984), 75쪽 참조.
17) 《成宗實錄》 권 262, 성종 23년 2월 무신.

부족할 경우에는 속공한 혁거사사노비로 보충하자"[18]고 건의한 것에 따른 것이었다. 이 당시 관노비는 각사의 선상노비와 같이 3명이 1호로 편성되어 사역되었다.

관노비는 혁거사사노비 뿐만 아니라 세조 때 이후에는 각사노비나 적몰노비의 이속으로 충원되었다. 세조 6년(1460)에 開城, 義州, 安州는 사신이 왕래하는 길목에 위치한 도회지인데도 관노비가 부족하여 잡다한 역을 감당할 수 없다 하여 안주에 각사노비 40명, 개성부에 亂臣의 적몰노비 10명과 각사노비 14명을 각기 그 고을에 거주하는 자 중에서 지급한 것이 그러한 예이다.[19]

이후 조선 초기 중앙집권화 정책의 진전과 더불어 지방관제가 정비되어 가면서 여기에 상응하여 관노비제도 정비되어 《경국대전》에는 병마절도사진 200명, 수군절도사진 120명, 부 600명, 대도호부·목 각 450명, 도호부 300명, 군 150명, 현 100명, 속현 40명으로 그 정액이 규정되었다. 이것을 그 당시 군현제와 결부하여 계산하면 관노비의 수는 영·진노비를 포함하여 대략 62,000여 명 정도에 이른다.

驛奴婢는 역참에 소속된 노비로 立馬役·駄運役·雜役 등의 노역을 제공하였다. 조선 초기의 역노비는 그들이 담당하는 역역에 따라 크게 轉運奴婢와 急走奴婢로 구분되었다. 전운노비는 역에서 사신의 卜物이나 進上·貢賦 등의 관수품을 운반하는 임무를 맡았으며 급주노비는 문서를 전송하는 임무를 맡았다.

전운노비는 태종 16년(1416)에 혁거사사노비를 분급하여 설치한 司宰監 수군을 전운노라 개칭하면서[20] 그 명칭이 처음 나타난다. 혁거사사노비는 앞에서 언급한 바와 같이 태종 6년에 약 8만여 명이 속공되어 군기감에 4,000 명이 획급되고 나머지는 전농시에 소속되어 있었는데, 태종 15년에 사재감에 소속되어 있던 보충군을 병조에 이속시키고 전농시에 소속되어 있던 혁거사사노비를 사재감에 이속시킨 바 있었다. 이리하여 사재감 수군으로 복역하고 있던 혁거사사노비가 전운노비로 되었다. 급주노비도 전운노비와 마찬가

18) 《太宗實錄》 권 23, 태종 12년 6월 정묘.
19) 《世祖實錄》 권 20, 세조 6년 4월 갑인.
20) 《太宗實錄》 권 22, 태종 16년 12월 신미.

지로 혁거사사노비로 충원되었으며 혁거사사노비가 각사에 분급된 뒤에는 각사노비나 적몰노비가 역노비로 분급되었다.

역노비는 역의 등급에 따라 그 수가 달라서《경국대전》에는 상등역 50명·중등역 40명·하등역 30명·수운 20명으로 규정되어 있다. 이를 이 당시 전국의 역수를 고려하여 계산하면 역노비수는 대략 21,000명 정도가 된다. 역노비는 驛奴婢形止案에 등록되어 파악되었다. 역노비 형지안은 역노비가 소재하는 고을의 수령이 작성하여 병조와 감영, 역노비가 거주하는 지방 각 군현 및 역노비가 소속된 역에 비치하여 도망한 노비의 추쇄에 대비하도록 되어 있었다.

校奴婢는 향교에 소속된 노비로서 토지와 함께 향교의 중요한 경제기반의 하나였다. 향교에 노비가 처음 지급된 것은 태종 13년(1413)이었다. 이 때에 향교노비는 군현의 등급에 따라 유수관 20호, 대도호부·목 15호, 도호부 10호, 지관 7호, 현령·현감 각 5호씩으로 정액하여 정액 외의 노비는 전농시에 이속하고 노비가 없는 향교에는 전농시의 노비로 그 액수를 채워주었다.[21]

태종 13년에 결정된 향교노비의 정액은 같은 왕 17년에 다시 유수관 30명, 대도호부·목관 25명, 단부관 20명, 지관 15명, 현령·현감 10명씩으로 고쳐졌다.[22] 이 때에도 정액 외의 나머지는 모두 전농시로 이속시키도록 하였다. 이 때의 향교노비 정액을 태종 13년의 그것과 비교해 보면 먼저 지급단위가 戶에서 口로 바뀌고 있음을 볼 수 있다. 이러한 변화는 이 당시 모든 공노비의 파악에서 나타나고 있었다. 그것은 그 사이 노비의 파악 방식이 호단위에서 인구단위로 변화한 것을 반영한 것으로 보인다. 또 향교노비의 지급규모가 줄어든 것을 볼 수 있다. 이 규정은 그대로《경국대전》에 반영되어 법제화되었다.《경국대전》에 규정된 향교노비를 군현제와 결부하여 계산하면 대략 모두 61,300여 명에 이른다.

조선시대의 공노비 중에서도 관노비와 역노비, 교노비는《경국대전》에는 모두 外奴婢로 분류되고 있다. 따라서 이들 외노비가 때로는 관노비로 범칭되기도 하였지만 관노비라 하면 흔히 지방 군현 소속의 노비를 지칭하였다.

---

21)《太宗實錄》권 26, 태종 13년 11월 정해.
22)《太宗實錄》권 33, 태종 17년 5월 무자.

이들 공노비는 모두 국가기관에 소속되어 신역을 제공하거나 신공을 바치고 있었다.

조선 초기에 공노비는 결코 적은 수가 아니었다. 공노비 수는 성종 15년(1484) 推刷都監의 보고에 의하면 추쇄된 노비만 각사의 京外奴婢 211,984명, 각 고을의 역노비 90,581명으로 모두 35만여 명에 이르고 있었다.[23] 이 당시의 전체 인구가 얼마인지 정확히는 알 수 없으나, 세조 12년(1466) 대사헌 양성지가 이 당시의 전체 인구가 무려 100만 호라 한 바 있는데,[24] 이것을 이 당시의 1호당 인구를 3~4명으로 계산하여 환산하면,[25] 국가에서 파악한 인구는 대략 340만 명 정도였을 것으로 추정된다. 이렇게 본다면 조선 초기의 공노비의 수는 국가에서 파악하고 있는 전체 인구의 1할 정도에 이르고 있다 할 것이다.

(2) 사노비의 존재양태

사노비에게는 공노비와는 달리 그들을 직접 구속하여 통제하는 개인으로서의 주인이 있었다. 물론 공노비에게도 그들의 소유주체로서 국가기관이 있었지만 사노비의 소유주인 개인과는 그 노비에 대한 지배와 구속력에는 상당한 차이가 있었다. 사노비의 소유주는 노비를 토지와 함께 주요 재산으로 간주하여 소유 지배하고 있었다.

사노비는 그 존재양태가 다양하게 분화되어 있었다. 사노비에는 率居奴婢와 外居奴婢가 있고, 외거노비 가운데에는 주인의 전지를 경작하는 노비와 그렇지 않은 노비가 있었다. 주인의 전지를 경작하지 않는 노비는 주인이 아닌 다른 사람의 전지를 경작하는 것이 보통이나 그 가운데는 자신의 전지을 경작하는 자도 있었다.

솔거노비는 자신의 독자적인 경리를 보유하지 못하고 주인집의 가족구성의 최하층의 일원으로 포함되어 있으면서 그 생사여탈권이 주인의 임의에

---

23) 《成宗實錄》 권 169, 성종 15년 8월 정사.

24) 《世祖實錄》 권 40, 세조 12년 11월 경오.

25) 周藤吉之는 세종대의 1호당 인구를 3,338명으로 추정하고 있다(周藤吉之, 앞의 글, 14쪽).

맡겨져 있었다. 이들은 주로 주인집의 농업경영에 사역되는 노동력으로 노예적인 존재로 규정될 수 있는 존재였다.

외거노비 가운데 주인집의 토지를 경작하는 노비는 주인집으로부터 독립하여 자신의 독자적인 경리를 보유하고 노동과정에서 독립적인 경영을 행하고 있었으나, 그들은 주인집의 토지에 매여 있었고 토지경작의 대가인 地代를 수탈당하고 있는 농노적인 존재였다. 이러한 유형의 노비가 조선 초기의 노비 가운데 절대적으로 우세한 비중을 차지하였다. 따라서 조선 초기의 노비는 농노적 존재로 규정될 수 있다.[26]

위에 서술한 바와 같은 사노비의 유형 구분에 대하여 최근에 그 반론이 제기되고 있다.[27] 즉 고문서를 검토하여 통설화되어 있는 조선시대 노비=농노설에 체계적으로 반론을 제기하고, 노비는 농노적 관계로 토지와 결합되지 못하였으며, 노비가족은 농노처럼 토지소유와 경영의 생산단위가 아니었다는 것이다. 그 내용은 외거노비를 在地奴婢와 外方奴婢로 나누어 외방노비를 외거노비의 전형으로 규정하고 이들 대부분이 주인집의 토지와 비결합상태에 있었음이 일반적이었으며, 외방노비에 대한 주인의 수탈은 오로지 신공의 형태로 이루어졌다는 것이다. 또한 솔거노비는 주인집의 직접적 농업경영에 사역되는 예속적 노동력과 주인집의 소작지를 차경하는 소작농의 두 가지 형태로 존재하였다고 하였다. 이와 함께 솔거노비와 외거노비의 구분의 지표를 지금까지와 같이 거주지에 있어서 노비의 주인집과의 결합 또는 분리의 여부가 아니라 토지의 소유와 경영의 제측면, 즉 직접적 생산과정에서 노비가 차지하는 위치나 그 역할의 차이에서 구해야 한다는 것이다.

또 사노비를 솔거노비와 외거노비로 구분하는 데서 한 걸음 더 나아가 솔거노비를 자기의 농업경영을 갖느냐 못 갖느냐에 따라 家內使喚奴婢와 率下奴婢로 구분하려는 제안도 있다.[28] 즉 가내 사환노비는 주인집에 완전히 예속되어 직영지의 경영에 신역을 직접 제공하는 노비이며, 솔하노비는 주인집의

---

26) 金錫亨, 《朝鮮封建時代農民の階級構成》(學習院東洋文化硏究所, 1960), 61~75쪽.

27) 통설화되어 있는 조선시대 노비=농노설에 체계적으로 반론을 제기한 것으로 李榮薰, 〈古文書를 통해 본 朝鮮前期 奴婢의 經濟的 性格〉(《韓國史學》 9, 정신문화연구원, 1987)이 있다.

28) 李鎬澈, 《朝鮮前期 農業經濟史》(한길사, 1986), 452~458쪽.

울타리 안에 따로 거주하면서 자기의 독자적 경리를 가지고 있었지만 주인집의 농장경영에 부역노동으로 동원되는 노비로 이들이 주인집의 농장경영에 중심이 되었다는 것이다.

이러한 사노비의 유형 구분을 둘러싸고 제기된 새로운 견해들은 나름대로 설득력을 갖고 있으나, 종래의 솔거노비라는 용어가 단순히 주인집에 같이 산다는 의미만이 아니라 거기에는 신역을 제공한다거나 가내에서 사역된다는 의미도 포함하여 사용되고 있고, 외거노비라는 용어 또한 주인집에서 독립해서 살면서 신공을 제공한다는 의미가 포함되어 있는 것으로 사용되고 있기 때문에 이 점을 명확히 하여 개념을 규정하여 사용한다면 외거노비와 솔거노비로 구분하는 종래의 견해는 그대로 유용한 것으로 보인다. 물론 솔거노비 중에는 자신의 토지를 가지고 있는 자도 있을 수 있고, 외거노비 중에도 또한 주인집에 노동력을 제공하는 자가 있을 수 있으나, 이러한 예외는 어떠한 구분에 있어서도 다 있을 수 있다. 솔거노비와 외거노비의 구분이 고정 불변의 것이 아니라 주인의 의사나 노비의 형편에 따라 얼마든지 바뀔 수 있기 때문에 그러한 예외는 항상 생겨날 수 있는 것이다. 따라서 솔거노비와 외거노비로 구분하는 것은 그 자체로서 의미를 갖고 있다 할 것이다.

조선 초기의 사료에서 솔거노비와 외거노비의 용례를 찾아보면 대체로 위에서 언급한 의미를 포함하여 사용되고 있다. 세조 3년(1457) 양성지가 사족의 솔거노비와 평민으로 부모와 동거하는 자 외에는 3정을 1호로 편성할 것을 제안한 바 있는데,[29] 여기에서 사족의 솔거노비와 평민으로 부모와 동거하는 자가 같이 제외되고 있는 것으로 보아 솔거노비는 사족과 동거하고 있는 노비임이 분명하다. 평민의 경우 동거에 해당하는 것이 노비에 있어서는 솔거로 표기되고 있는 것이다. 또 성종 24년(1493) 韓健이 그의 권세를 믿고 수령과 상응하여 그의 서울집에 솔거하고 있던 노비를 다른 사람이 바다에 제방을 쌓아 만든 전지에 옮겨 새로 이사온 백성이라고 모칭하여 이를 빼앗으려 한 일이 있는데,[30] 이 솔거노비는 한건이 서울집에 거느리고 살면서

29) 《世祖實錄》 권 7, 세조 3년 3월 무인.
30) 《成宗實錄》 권 274, 성종 24년 2월 기유.

사역하고 있는 노비였음이 분명하다. 이와 같이 솔거노비는 주인가에 동거하면서 사역되는 자들이었다. 이들은 '使喚家内'또는 '家內使喚奴婢'로도 표현되고 있는데, 이러한 표현에서도 이들이 주인집에 더불어 살면서 직접 주인에 의하여 사역되고 있는 존재임을 알 수 있다.

솔거노비는 일반적으로 주인집의 행랑에 살고 있었다. 성종 15년 형조판서 魚世謙이 "소를 도살하는 자들이 사대부의 행랑에서 많이 나오니 사대부가에 의심되는 곳이 있으면 이를 수색하자"고 하자 성종이 "행랑에 거주하는 노복의 행위를 주인이 반드시 알 수는 없으므로 노비의 범죄로 주인을 같이 죄줄 수는 없다"31)고 한 말에서 행랑에 노비들이 거처하고 있었음을 알 수 있다. 이들이 바로 솔거노비인 것이다. 이상에서 살펴본 바와 같이 솔거노비는 주인집에 동거하면서 주인의 가내에서 사역되는 노비였다.

외거노비는 일반적으로 외거노비라고 불리는 외에 '異居奴婢'· '別戶私賤'· '各居奴子'로도 표기되고 있었다. 이러한 표현에서 외거노비가 주인과 다른 지방에 살거나 호를 달리하여 따로 거주하고 있는 존재였음을 확인할 수 있다.

외거노비 가운데는 자기 재산을 소유하고 있는 자들도 있었다. 세조 4년(1458) 형조에서 "《續六典》 戶典에 본주의 전지를 경작하던 노비가 죽으면 그 전지를 본주에게 돌려주며, 자기 전지인 경우 그에게 자식이 있으면 자식에게 주고 자식이 없으면 본주에게 주게 되어 있으니 지금부터 사노비와 공사노비가 혼인한 경우에 그의 노비와 가산도 전지의 예에 따라 처리하고, 만약 본주가 자식이 있는 노비의 재산과 노비를 침탈하면 그 노비의 자손으로 하여금 관청에 호소할 수 있게 하자"32)고 하여 그대로 실시된 바 있었다. 여기에서 외거노비 중에는 주인의 전지를 경작하는 노비가 많았지만 자기 자신의 전지를 경작하는 노비도 있었음이 분명하다. 여기서 언급되고 있는 재산을 소유한 노비는 외거노비였을 것이다. 그것은 솔거노비에 대하여 그가 경작하던 본주의 전지를 사후에 주인에게 돌려주도록 법전에까지 규정할 필

31) 《成宗實錄》 권 172, 성종 15년 11월 계묘.

32) 《世祖實錄》 권 11, 세조 4년 정월 기축. 이 《續六典》의 규정은 《經國大典》에 실려 법제화되었다(《經國大典》 권 5, 刑典 公賤).

요는 없었을 것으로 보이기 때문이다.

외거노비 가운데는 전지 외에 노비까지 소유한 노비도 있었다. 그것은 앞에서 인용한 기록에도 언급되어 있거니와 세종 10년(1428) 한성부에서 "노비가 자식 없이 죽은 후 그가 사역하던 노비는 본 주인이 사역하도록 하며 문권이 없는 경우에는 그렇지 않도록 되어 있으니, 지금부터는 家舍·資産도 노비의 예에 따라 決給하자"[33]고 하여 그대로 실시되고 있는 것에서도 노비중의 일부는 가옥, 자산뿐만 아니라 노비까지 소유하고 있었음을 알 수 있다. 실제로 조선 초기에 많은 재산을 소유하고 있으면서 국가에 2,000석 이상의 곡식을 바치고 아들을 면천시킨 노비도 있었다.[34] 이러한 유형의 노비는 극히 예외적인 존재이기는 하였지만 지주적인 토지경영을 하였을 것이다.

이상의 여러 사실을 종합하면 조선 초기의 사노비는 솔거노비와 외거노비로 나눌 수 있으며, 외거노비는 또 주인의 전지를 경작하는 노비와 자기 자신의 전지 등의 재산을 소유하고 이를 경작하는 노비로 나뉘어져 있었다 할 것이다. 외거노비 가운데는 물론 자기 토지를 갖지 못하고 있으면서 주인의 토지가 아닌 제3자의 토지를 경작하던 노비도 많이 있었다.

사노비는 말할 것도 없이 개인이 소유한 노비로서, 그 소유자는 대부분 양반 사대부였으나 일반 양인은 물론이고 노비까지도 노비를 소유하고 있었다. 양반이라 해서 모두 노비의 소유자는 아니었고 양인이나 노비라 해서 모두 노비를 소유하지 못했던 것은 아니었다. 그러나 일반적으로 노비의 소유자는 양반 사족이 그 중심이었다.

조선 초기에 노비 소유자의 중심이 양반사대부였던 것은 그 당시에 그들이 소유하고 있던 노비의 규모에서도 드러난다. 태종 7년(1407) 南陽君 洪吉旼은 貴顯鉅富로서 1,000여 명의 노비를 소유하고 있었으며, 세종대의 安望之의 妻 許氏도 1,000여 명의 노비를 소유하고 있었다. 또 문종대의 柳漢도 부모의 노비를 合執한 것만 1,100여 명에 달했으며, 성종대에 永膺大君은 그의 신분이 왕자였기 때문이었겠지만 무려 만여 명의 노비를 소유하고 있었듯이[35]

---

33) 《世宗實錄》 권 42, 세종 10년 11월 임술.
34) 《成宗實錄》 권 181, 성종 16년 7월 임신·권 182, 성종 16년 8월 무신.
35) 周藤吉之, 앞의 글, 13쪽.

노비 소유의 주체는 주로 왕족을 비롯한 양반 사대부들이었다.

이와 같이 노비의 소유 주체가 사족이었기 때문에 노비는 사족 양반들이 혼인할 때에 가풍의 높고 낮음을 나타내는 지표로 여길 정도가 되어 노비를 적게 소유한 사족들은 시집갈 딸이나 누이동생에게 소유하고 있는 노비를 모두 주어 출가시키고 있는 실정이었다. 세종 9년 고려 말에 승지를 지낸 林樸은 비 3명만을 소유하고 있었는데, 이를 동생들과 의논하여 모두 출가할 누이동생에게 주어 시집보낸 일이 있었다.[36] 이는 "노비가 없으면 누가 그녀에게 장가들려 하겠느냐" 하는 생각에서였다.

조선 초기에 사노비를 포함한 전체 노비의 인구가 얼마나 되었는지 정확히 알 수는 없으나, 성종 15년(1484)에 추쇄하지 못한 공노비가 10여 만 명이나 되고, 공사천인 중에 도망하여 숨어사는 자가 무려 100만 명에 이르고 있었는데,[37] 이로 미루어 보아 공노비와 사노비를 합한 인구가 이 당시의 전체 인구를 340만 명으로 볼 때 대략 조선 초기의 전체 인구의 1/3정도에 육박했을 것으로 보인다.[38] 일반적으로 조선시대의 인구통계가 철저하지 못하여 누락된 호구가 많았던 것을 감안하더라도, 이러한 노비의 인구 비율에는 큰 변화가 없었을 것이다. 왜냐하면 노비 인구도 그만큼 누락이 많았을 것이기 때문이다. 이들 노비 인구 중에서도 사노비가 공노비에 비하여 월등히 많았음은 말할 것도 없다.

3) 노비의 입역과 신공

(1) 공노비의 입역과 신공

노비는 그들이 소속된 국가 기관에 따라 각사노비·내노비·관노비·역노비·교노비 등으로 나뉘어져 있었다 함은 전술한 바 있다. 이들 공노비는 그들이 소속된 국가기관에 그들의 노동력을 직접 제공하거나 신공을 납부하

---

36) 《世宗實錄》 권 38, 세종 9년 12월 갑술,

37) 《成宗實錄》 권 170, 성종 15년 9월 임인

38) 周藤吉之도 이 당시 노비 인구를 전체 인구의 1/3정도로 추산하고 있다(周藤吉之, 앞의 글, 15쪽).

였다.

공노비의 노동력 동원은 選上立役制로 운영되었다. 물론 공노비 모두가 선상 입역의 의무만을 지고 있는 것은 아니었다. 이들은 선상 입역하는 기간을 제외하고는 신공의 납부로 그들의 의무를 대신했다. 그러나 이들은 번차가 정해져 있어 언제라도 자기 차례가 되면 선상 입역하여야 했기 때문에 기본적으로 국가 기관에 대하여 노동력의 제공자로 존재하였다.

공노비 중에서도 선상 입역의 의무를 지고 있는 것은 각사노비였다. 각사노비의 선상 입역제는 《경국대전》에 "서울에 사는 노비는 2번으로 나누어 서로 교대로 입역하고, 외방에 거주하는 노비는 7번으로 나누어 교대로 선상한다"[39]고 되어 있어 서울에 살고 있는 노비의 입역과 외방에 살고 있는 노비의 선상으로 나뉘어 운영되고 있었다. 선상 입역노비의 한 번의 근무기간은 6개월이었다.

서울에 살고 있는 노비의 입역 번차가 2번인데 비하여 외방에 살고 있는 노비의 선상 번차를 7번으로 나누고 또 한 번의 근무기간을 6개월로 정한 것은, 외방에 살고 있는 노비의 대부분이 농업을 생업으로 하고 있었기 때문에 선상으로 인한 이들의 생활기반이 파괴되지 않도록 배려하고 또 서울에 올라와 입역할 때 서울생활의 어려움을 덜어주기 위함이었다.

선상 입역노비의 수는 세종 26년(1444)에 각 도에서 선상된 수만 1,100명에 달했는데, 그 후 계속 증가하여 성종 3년에는 중앙 각사에 선상된 奴가 4,200여 명에 이르렀다.[40] 《경국대전》에 규정되어 있는 선상 입역노비는 闕內差備 390명, 각사의 差備奴 2,416명, 根隨奴 1,480명 등 모두 4,286명에 이르고 있으며, 이들과는 별도로 종친과 공신에게는 丘史가 선상노로서 지급되었다.[41]

이들이 물론 모두 외방에 살고 있는 노비의 선상으로만 충원된 것은 아니었다. 궐내차비는 모두 2번으로 나뉘어 입역하도록 되어 있어 서울에 살고 있는 노비로 충원되었고, 각사의 차비노와 근수노는 서울에 살고 있는 노비

---

39) 《經國大典》 권 5, 刑典 公賤.
40) 《成宗實錄》 권 16, 성종 3년 3월 기미.
41) 《經國大典》 권 5, 刑典.

와 외방에 살고 있는 노비 가운데 선상하는 자가 입역하며, 선상노가 부족한 경우 補充隊로 충원하도록 되어 있었다. 따라서 《경국대전》에 규정되어 있는 선상 입역노비가 모두 외방에 살고 있는 노비의 선상으로 충당된 것은 아니었지만, 각사에 역을 서고 있는 노비가 십중 팔구는 본래 외방에 거주하는 자였던 것을 감안하면,[42] 이들의 대부분이 외방에 살고 있는 노비 가운데서 선상된 자들로 충원되었을 것으로 생각된다.

선상 입역노비의 의무는 양인의 군역과 마찬가지로 15세에서 시작하여 60세가 넘어야 면제되었다. 선상 입역노비의 임무는 각사의 사령으로서 잡역이나 관원의 수발을 담당하는 것이었다. 이들은 맡은 바 임무에 따라 차비노와 근수노로 나뉘어졌다. 차비노는 각사 외에 궐내에도 있었다. 궐내차비가 그것이다.

闕內差備는 대궐 내에서 각종 잡역을 담당하는 노비였다. 《경국대전》에서 이들이 맡고 있는 직역을 살펴보면 飯監·別監 등 모두 16가지에 이르고 있다. 이들은 별도로 노비가 분급되어 있는 것이 아니고 각사노비의 입역으로 운용되었다. 궐내차비에 각사노비가 입역하게 된 것은 세종 4년(1422) 궐내차비의 역을 담당하던 其人의 역이 혁파되면서부터였다.

한 번에 입역하는 궐내차비는 세종 5년에는 300명에 이르고 있었는데,[43] 《경국대전》 체제에서는 390명으로 늘어났다. 궐내차비는 2번으로 나누어 입역하게 되어 있어 각사노비 중에서도 서울에 살고 있는 노비가 입역하였다. 궐내차비에게는 잡직이기는 하지만 체아직이 주어지는 등 각사에 입역하는 노비에 비하여 우대되었기 때문에 각사노비들이 궐내차비로 투속하는 실정이었다. 이에 따라 각사에서는 서울에 살고 있는 노비만으로는 입역할 노비가 부족하여 외방에 살고 있는 노비의 선상을 늘려야 했기 때문에 선상의 폐를 야기시키는 요인의 하나가 되었다.

각사에 입역하는 差備奴는 庫直·房直·城上 등의 임무를 맡았으며, 각사 관원의 공궤를 담당하여 점심을 마련해야 했기 때문에 執饌奔走한 실정이었다. 이와 같이 각사의 차비노는 사역처가 많아 성종 24년(1493) 禮賓寺의

42) 《世宗實錄》 권 36, 세종 9년 6월 신미.
43) 《世宗實錄》 권 19, 세종 5년 2월 신유.

경우 노비를 사역해야 할 곳이 41개소나 되어 부득이 3~4명을 2~3개소의 役處에 함께 배정하는 실정이었는데, 이에 따라 노비들이 무거운 역을 견디지 못하고 도망하는 자가 속출하여 그 해에만 15명에 이르고 있었다.[44] 이 밖에 공물을 수납하는 관사에 입역하는 차비노는 대납이나 방납에 참여하기도 하였다.

《경국대전》에 규정된 각사의 차비노 정액이 관사에 따라 큰 차이가 있음을 볼 수 있다. 이것은 차비노가 관사의 규모와 업무량에 따라 차등있게 지급된 결과였을 것이다. 차비노는 2번으로 나누어 입역하게 되어 있는데 서울에 살고 있는 노비가 주로 담당하였다.

根隨奴는 각사의 잡역을 담당하는 차비노와는 달리 종친이나 각사 소속의 관원에게 배당되어 사역되었다. 이들은 관원이 출입할 때에 수종하였으며, 관원이 지방에 출장갈 때에는 관원을 수행하여 수발을 담당하기도 하였다. 이 들 중 궐내에 입직하는 대소 인원을 수종하는 근수노에게는 信符가 지급되었다.[45] 근수노는 관원 개인에게 지급되었기 때문에 관원의 사노와 같이 취급되기도 하여 사역에 동원되는 일도 흔히 있었다.

각사에 분급된 근수노는 소속 관원의 관품 및 인원수에 비례하여 지급되었다.《경국대전》에 규정된 근수노의 정액은 다음 〈표 1〉에 나타난 바와 같이 문무관과 종친으로 나뉘어 관품에 따라 차등있게 규정되어 있다. 이렇듯 근수노의 정액이 관원의 관품 및 인원수에 비례하여 정해졌기 때문에 각사의 근수노 수는 차이가 날 수밖에 없었다. 관사에 따라 관원의 관품과 그 수가 크게 달랐기 때문이다.[46]

〈표 1〉 관원별 根隨奴 定額(《經國大典》에 의함)

관품 \ 구분	종 친	문 무 관	관품 \ 구분	종 친	문 무 관
1품	6	5	3품 당하관	3	2
2품	5	4	4품	2	1
3품 당상관	4	3	5품~6품	1	1

44) 《成宗實錄》 권 277, 성종 24년 5월 경술.
45) 《世宗實錄》 권 18, 세종 4년 10월 을묘.
46) 池承鍾, 〈朝鮮 前期 公奴婢制度의 構造와 變化〉(《韓國學報》 32, 一志社, 1983), 60쪽.

《경국대전》에 규정되어 있는 근수노 정액은 근수노가 관원의 사노와 같이 사역되는 상황에서는 부족한 것으로 여겨지고 있었다. 이러한 현실에서 관사에 따라서는 차비노를 근수노로 사역시키는 현상까지 벌어졌다. 이들 근수노는 대부분 외방노의 선상으로 충원되고 있었는데, 이들은 관원이 濫率하고 또 차비노까지 근수노로 사역시킴에 따라 외방노비의 선상수가 가정되어 이것도 선상의 폐를 가중시키는 요인이 되었다.

선상 입역제는 공노비의 노동력을 무상으로 강제 징발하는 것이었기 때문에 항상 그 자체 내에는 과도한 노동력 수탈로 노비 가호의 재생산 기반이 붕괴될 위험을 안고 있었다. 따라서 선상 입역제가 효율적으로 운영되기 위해서는 노비 가호의 재생산 기반이 위협을 받지 않는 범위 내에서 노동력 징발이 이루어질 필요가 있었다. 이들에게 신공이나 잡역을 면제하고 2명의 봉족을 지급한 것은 바로 이러한 필요에서였다.

그러나 이러한 조처만으로는 과도한 노동력 징발에 따르는 선상 입역노비 가호의 재생산 기반이 붕괴되는 위험을 완전히 막을 수는 없었다. 선상 입역노비는 봉족에게서 입역기간 중 면포 1필과 正布 1필씩만을 거둘 수 있을 뿐이어서, 이것만으로는 선상 입역기간의 경비에도 턱없이 모자랐기 때문이다. 이에 따라 侍丁을 인정해 주거나, 출산 휴가를 지급하며, 부모 처자를 完聚시켜 서로 도우면서 살 수 있도록 하는 등의 시책이 그 대책으로 실시되었다.

시정은 세종 14년(1432)에 처음 인정되었다. 이 때의 규정에는 10세 이하의 어린 자식을 거느리고 있는 홀아비와 중병에 걸린 노비의 외아들을 시정으로 인정하여 선상 입역을 면제해 주고, 80세 이상인 노비로 가호 내의 인정이 4명이 못되고 경작토지가 4결에 미치지 못하는 자는 復戶하여 생계의 안정을 기할 수 있도록 되어 있었다.[47] 이 규정은 그 후 《경국대전》에는 소생 5명 이상이 貢役하는 자와 70세 이상으로 소생 3명 이상이 공역하는 자에게는 아들 1명을 시정으로 인정하고, 80세 이상인 자에게는 이에 1명을 더 인정해 주며, 90세 이상인 자는 아들 모두를 시정으로 인정하여 역을 면제하도록 되어 있었다.[48]

---

47) 《世宗實錄》 권 58, 세종 14년 11월 정축.

출산 휴가는 세종 8년에 처음 실시되었다. 이 당시에는 婢가 입역 중에 출산하여도 7일 후에 바로 입역을 계속하도록 되어 있었는데, 이로 말미암아 갓 출산한 비가 입역하기 위해서 갓난애를 돌보지 못하여 어린애를 상하게 하는 사태가 발생하여 그 대책으로 지급되었다. 이것이 처음 실시된 세종 8년에는 출산한 비에게 100일의 휴가를 지급하도록 되어 있었는데, 같은 왕 12년에는 해산이 임박하여 입역에 어려움을 겪는 비의 고통을 덜어주기 위하여 산후 100일 외에 산전 1개월도 입역을 면제해 주도록 하였다.[49] 또 같은 왕 16년에는 출산한 비의 간호를 위하여 그녀의 남편이 公奴인 경우 그에게도 30일의 휴가를 주어 부부가 서로 도울 수 있도록 하였다.[50] 이 출산한 비에 대한 휴가지급 규정은《경국대전》에서는 비에게는 산전 한달과 산후 50일 남편에게는 산후 15일로 단축되었다.[51]

각사노비 중에는 부모형제나 처자가 서로 다른 관사에 소속되어 모두 일시에 선상 입역됨으로써 생계의 유지가 어렵게 된 자들이 있었는데, 정부에서는 이들에 대해서도 가능한 한 같은 관사에 소속시키거나 이들 중 일부의 선상 입역을 면제하여 생계를 안정시키려고 하였다.

이러한 조처에도 불구하고 선상 입역제는 이미 그 실시 초기부터 제대로 운영되지 못하였다. 그것은 선상 입역제 자체 내의 모순과 운영과정에서의 관리의 농간, 노비의 冒避 때문이었다.

선상 입역제의 모순은 외방노비를 서울로 올라오게 하여 입역시키는 선상제에서 집중적으로 나타났다. 이 당시 각사에 입역하고 있는 奴는 십중팔구 외방에서 선상된 자들이어서 고향에서 처자와 함께 힘써 농사를 지어도 빚을 질 수밖에 없는 형편에 놓여 있었다. 이들은 일단 선상에 뽑히게 되면 생업을 포기하고 고향을 떠나 서울에 올라와 役使에 잠시도 쉴 틈이 없어서 살아갈 방도가 없었다. 이들은 대부분이 외방에서 농업을 생업으로 하여 살아가고 있었는데, 선상에 뽑히는 노는 그들 가호의 중심되는 노동력이었기 때문에 한 번의 선상기간인 6개월 동안만 집에서 떠나있게 되어도 폐농하여

48)《經國大典》권 5, 刑典 公賤.
49)《世宗實錄》권 50, 세종 12년 10월 병술 · 임진.
50)《世宗實錄》권 64, 세종 16년 4월 계유.
51)《經國大典》권 5, 刑典 公賤.

생업을 잃게 될 정도로 농업 생산력의 유지를 크게 위협을 받고 있었다.[52)]

지방에서 올라와 입역하는 동안 연고가 없는 서울에서의 생활도 선상노에게는 큰 고통이 아닐 수 없었다. 이들에게는 앞에서 살펴본 바와 같이 2명의 봉족을 지급한 것 외에는 따로 경제적인 반대급부가 없어서 선상기간 동안의 식량과 경비를 스스로 마련해야 하는 데다가 서울에 올라와서도 마땅한 거처가 없었기 때문이었다. 이러한 현실에서 정부에서는 외방에서 선상된 노비의 고통을 덜어주기 위하여 세종 5년(1423)에 서울에서 멀리 떨어져 살고 있는 외방노비의 선상을 금하고 서울에서 6~7일 걸릴 정도 떨어진 비교적 가까운 곳에 거주하는 노비로 부모형제와 함께 살면서 서로 도와줄 수 있으며, 경제적으로도 어느 정도 여유가 있는 자 중에서 연소자를 선상하도록 조처하였으나 별 효과를 거두지는 못하였다. 이러한 모순은 選上代立이 일어나는 직접적인 요인이 되었다.

각사노비를 노비가 부족하거나 별도로 분급되어 있지 않은 관사나 직역에 옮겨 사역시키는 移役도 선상제 모순의 하나였다. 이역은 조선 초기부터 새로운 노동력의 수요가 있을 때마다 수시로 행해졌는데, 이로 말미암아 선상노비의 수가 크게 늘어났다. 이역은 궐내차비·의녀·창기·악공을 비롯하여 匠人·丘史·養蠶人·屯田耕作人·圓覺寺 照羅赤 등의 직역에서 주로 행해지고 있었다.

각사노비가 다른 관사나 직역으로 이역된 실상을 성종 18년(1487) 長興庫 노비의 예를 들어 살펴보면, 115명의 노비 가운데 守僕·各色掌·別監 등 궐내차비로 10명, 구사로 43명, 장인·악공·잠실고직으로 43명, 照羅赤·蠶母·房子로 10명 등 모두 69명이 다른 관사나 직역으로 이역되고 있으며, 이 밖에 시정 6명, 도망 6명, 거지 10명이 또 있어 역을 담당할 수 있는 자들은 노 8~9명, 비 10여 명에 불과한 실정이었다.[53)] 이러한 현상은 각 사노비가 이역되는 직역이 대체로 각사에 입역하는 것보다 비교적 쉬운 역이었으며, 궐내차비와 같은 경우에는 잡직이기는 하지만 관직까지 보장되어 각사노비들이 다투어 이러한 역에 투속하였기 때문이었다. 따라서 이역은

52) 《世宗實錄》 권 30, 세종 7년 11월 임진.
53) 《成宗實錄》 권 199, 성종 18년 정월 갑자.

정부의 필요에 의해서도 이루어졌으나, 고된 역을 피하여 노비들이 이러한 헐한 역에 적극적으로 투속함으로써 더욱 조장되었다.

각사노비가 이역하거나 투속하는 직역이 서울에서 근무하는 역인 경우에는 선상노를 더 뽑아 올려 지급했으며, 지방에서 근무하는 역인 경우에는 이들을 선상의 대상에서 제외시킨 데다가 봉족까지 각사노비로 지급했기 때문에 각사에 선상해야 할 대상자는 그만큼 줄어들기 마련이었다. 따라서 각사노비가 선상할 차례는 그만큼 더 빨리 돌아오게 되어 이것도 선상의 폐를 가중시켰다.

외방노비의 선상제는 지금까지 살펴본 제도상의 모순뿐만 아니라 이를 운영하는 과정에서 나타난 관리의 농간과 노비의 모피로 더욱 제대로 유지되기 힘들게 되었다. 관리의 농간은 선상노를 선발하는 과정에서 뇌물을 받고 부유한 노비를 방면하고 가난한 노비를 선상시키는 방법으로 행해졌다. 이에 따라 가난한 자들만이 선상되고 부유한 자는 빠지는 이른 바 '貧者選上富者免'의 현상이 초래되었다 관리의 농간은 주로 지방에서 선상노 선발의 실무를 맡고 있는 향리에 의해 자행되었다. 이의 대책으로 정부에서는 각도 관찰사의 주관 아래 差使員으로 하여금 노비의 빈부와 입역의 선후를 살펴 선상노를 선발하게 하여 향리의 농간을 막아보려 하였다.[54]

그러나 이러한 조처에도 불구하고 가난한 자만이 선상으로 뽑히고 부자는 빠지는 폐단은 사라지지 않았다. 그것은 선상노의 선발을 차사원이나 수령이 직접하지 않고 여전히 향리에게 위임했기 때문이었다. 이러한 현상이 계속되자 이번에는 정부에서 좀더 구체적인 개선책을 마련하였다. 중앙 각사의 외방노비안에 올라 있는 노비의 이름 아래에 선상 여부와 정역인가 봉족인가를 분간하여 표시하고 한 번도 선상하지 않은 자가 있는데도 앞서 선상했던 자를 다시 정역으로 삼아 선상시키거나, 이전에 봉족이었던 자를 다시 봉족으로 삼는 일이 있을 때는 당해 각사에서 이를 자세히 조사하여 형조에 보고하고, 형조에서 다시 해당 군현에 공문을 보내 사실을 조사한 뒤 담당 色吏 및 수령과 차사원 등을 賦役不均律로 다스리도록 하였던 것이다.[55] 그

54)《世宗實錄》권 30, 세종 7년 11월 임진.
55)《世宗實錄》권 105, 세종 26년 윤7월 정해.

러나 이러한 개선책이 마련된 후에도 향리의 농간은 근절되지 않았다.

부자는 다 선상에서 빠지고 가난한 노비만이 선상으로 뽑히는 폐단은 부유한 노비들이 서울에 살고 있는 입역노비의 봉족이 되거나, 각사에 입역하는 것보다 부담이 가벼운 閑役이나 歇役에 투속하여 선상을 모피함으로써 더욱 심화되었다. 이러한 역으로는 궐내차비·장인·악공 등이 있었다 함은 전술한 바 있다. 이에 따라 가난한 자들만이 선상되었는데, 이들은 고역을 맡아 밤낮으로 관아에서 사역하느라 자신의 생업을 돌볼 여가가 없어 스스로 살아갈 길이 없는 지경에 이르렀다.

각사노비를 사역하는 관사나 관원이 정액보다 많은 노비를 점유하는 濫占도 선상제의 유지를 어렵게 만든 요인의 하나였다. 남점은 특히 각사의 提調들의 근수노에서 심하여 근수노를 6~7명에서부터 30~40명까지 거느리고 있는 실정이었다.56)

이러한 상황에서 가난한 노비만이 선상으로 뽑히게 되자, 이들 중의 일부는 도망 유리하여 선상을 면하려고 하였다. 그러므로 도망 유리하는 노비가 증가하면 남아있는 노비의 선상 부담은 더 커질 수밖에 없었다.

노비들이 선상으로 뽑히게 되면 자기 대신 다른 노동력을 고용하여 대신 역을 서게 하고 선상을 면하는 代立의 현상도 광범위하게 나타났다. 대립은 조선 초기 군역에서 널리 행해지고 있었는데 노비에 있어서도 외방에서 농업에 종사하고 있는 자들 사이에 선상을 피하는 방법으로 널리 행해졌다.

선상대립 현상이 나타난 것은 기본적으로는 선상제의 모순 때문이었으나, 보다 직접적으로는 선상 자체가 고역인 데다가 연고가 없는 서울생활의 어려움과 선상으로 초래되는 생활기반의 파괴를 우려한 노비들이 선상을 기피한데서 기인하였다.

외방의 선상노는 상경하면서 불과 몇 말의 식량만을 짊어지고 올라오기 때문에 열흘만 지나면 식량이 떨어져 굶주림에 직면하였으며, 거처를 마련할 길이 없어 관청 청사의 처마에 의지하여 겨우 비바람을 피하고 있었고, 침구도 없고 취사도 어려운 형편에 놓여 있었다. 이와 같은 서울생활의 어려움을 피하기 위하여 선상노비들은 너도나도 다른 사람을 고용하여 대립시키

56) 《世宗實錄》 권 3, 세종 원년 3월 무신·권 32, 세종 8년 5월 갑인.

고 있었다.

또 이 당시에 농업을 생업으로 하고 있는 외방노비들은 농사철에 선상되지 않으려고 閑遊人을 고용하여 대립시키고 있어서 왕과 신하 모두가 "선상노가 다른 사람을 대립시키고 고향에 돌아가 농사를 짓는 일은 온 나라에 예사로 있는 일"[57]로 인식하고 있을 정도였다.

선상노의 대립이 문제가 되어 조정에서 처음 논의된 것은 세종 18년(1436)의 일이었다. 이것이 문제가 된 것은 한 번의 선상기간인 6개월의 代立價가 15필이나 될 정도로 비싸서 대립가를 지불하고 나면 노비가 파산하게 되어 선상제 자체가 제대로 유지될 수 없다는 우려에서였다. 이 때문에 정부에서는 선상노의 대립을 금하고 본인 자신이 직접 입역하도록 하였다.

그러나 선상대립이 선상제의 모순에서 비롯된 것이기 때문에 이러한 정부의 금지에도 불구하고 선상대립은 이후에 더욱 성행하여 "외방에 사는 각사노 모두가 남을 고용하여 대립시키고 있다"[58]할 정도로 전국적으로 확산되었으며, 이와 같이 선상대립이 만연되어감에 따라 직접 입역할 때 드는 비용의 배가 넘는 대립가를 마련하느라 외방노비 중에는 가산을 모두 날리고 파산하는 자들이 속출하였다.

이와 같이 선상대립 현상이 확산되어 선상노들이 대립가를 마련하기 위하여 가산을 팔고 생계를 유지할 수가 없어 유망하는 사태가 속출하였으나 정부에서는 선상대립을 전적으로 금할 수도 없었다. 다만 각사노비의 多寡가 같지 않고 苦歇이 균등하지 않은 데서 오는 노비의 모피행위를 막기 위하여 선상노의 수를 조정하여 균일하게 선상케 하는 소극적인 정책이 정부에서 취할 수 있는 현실적인 대안이었다. 그것은 선상대립이 선상제의 모순에서 비롯된 것으로 이를 금하면 반대로 差役을 피하여 도망하는 자들이 많이 나타났기 때문이다. 이러한 상황에서 정부의 공식적인 금지에도 불구하고 선상대립이 확산되자 세조 4년(1458)에는 정부에서 이를 공식적으로 허용하기에 이르렀다.[59]

---

57) 《成宗實錄》 권 276, 성종 24년 4월 병오.
58) 《端宗實錄》 권 12, 단종 2년 12월 기묘.
59) 《世祖實錄》 권 14, 세조 4년 11월 무자.

선상대립의 공인만으로 선상대립을 둘러싸고 나타난 문제점이 완전히 제거된 것은 아니었다. 이 당시 선상대립은 대립가가 정해져 있지 않고 선상노와 대신 역을 서는 사람과의 사이에 맡겨져 있어서 대립시키기를 원하는 선상노들이 불리한 위치에서 많은 대립가를 지불하지 않으면 안되어 큰 피해를 입고 있었다. 선상대립이 공인되기 전의 대립가는 세종 18년(1436)에는 한 번의 선상기간인 6개월에 면포 15필이었으며, 같은 왕 21년에는 한 달에 면포 3필에 이르고 있어 대체로 한 달에 2.5필 내지 3필 수준이었다. 이 정도 수준에 머물던 선상대립가는 선상대립이 공인된 후에 모리배의 농간으로 배 이상이 높아졌다. 이렇게 선상대립의 공인 후에 대립가가 높아지자 세조 4년(1458)에 정부에서는 선상노의 대립가를 한 달에 2필을 넘지 못하도록 公定하고 이를 위반하는 자는 처벌하도록 했다.[60]

그러나 국가에서 정한 선상대립가는 제대로 지켜지지 않았으며, 그 피해도 여전하여 각사 선상노의 대립가가 관사 역사의 고되고 쉬움에 따라 한 달에 9필 또는 7~8필에 이르고 있었다. 선상노들이 이를 스스로 마련하지 못하면 서울의 부호에게 빌려 충당하는데, 그 물주는 선상노의 고향에 내려가 대가를 배나 징수하기 때문에 원근의 친척이 그 해독을 입어 생계가 막연하게 되어 유망하는 자가 많이 나타나고 있었다. 이와 같이 선상대립가를 공정한 후에도 이것이 제대로 지켜지지 않자 성종 5년(1474)에는 선상대립가를 선상노가 거주하는 군현에서 직접 거두어 소속 관사로 직송하여 지급하도록 하는 官收官給制를 실시하였다.[61]

선상대립이 공인되고 대립가의 관수관급제가 실시된 뒤에는 관리들이 선상대립가를 노려 직접 입역하려는 노비에게 대립을 강요하거나 선상노를 사사로이 돌려보내고 면포를 수취하는 폐단이 나타났다. 이러한 일은 주로 선상노를 선정하는 권한을 갖고 있는 수령이 대립가를 강제로 거두어 각사에 올려보내 대립케 하거나, 남은 수의 선상노를 관장하는 형조의 관원이 대립가를 받고 이들을 방면하는 방법으로 행해지고 있었다. 남은 수의 선상노는 그 일부를 형조에 남겨 사령으로 부리고 나머지는 장례원으로 보내 각 처에

60) 《世祖實錄》 권 14, 세조 4년 11월 무자.
61) 《成宗實錄》 권 38, 성종 5년 정월 임자.

나뉘어 역을 지고 있는 奴에 궐액이 생겼을 때 충원하기 위한 것이었는데, 이들도 관수관급제 실시 후에는 한 달에 면포 2필씩만 내면 대립이 가능하여 형조 관원들이 이들을 남점하여 대립시켰던 것이다.

이처럼 선상대립의 공인과 대립가의 관수관급제 실시 이후 수령이 선상노의 대립을 조장하고 형조 관원들이 선상대립가를 수취하는 폐단이 나타나자, 성종 6년에 다시 선상대립을 금하고 다만 부득이한 사유가 있어 대립이 불가피한 경우에 한하여 본인이나 경주인이 형조에 신고한 뒤 대립을 허가하고 대립가도 역을 대신 서는 사람이 역을 마친 후에 이를 증명하는 牒文을 발급받아서 수취하도록 하였다.[62]

이리하여 부득이한 사유가 있는 경우를 제외하고는 선상대립은 공식적으로 금지되었다. 그러나 이후에는 부득이한 사유가 있을 때 본인과 함께 경주인도 형조에 신고하여 대립을 허가 받을 수 있도록 한 예외 조항을 이용한 농간이 많이 발생하였다. 이에 따라 1개월 후에는 이것도 금하여 본인이 직접 형조에 신고한 경우에만 대립을 허가하도록 하였다. 이와 함께 부득이한 사유가 있는데도 본인이 직접 신고하지 못할 때는 수령이 그 사실을 조사하여 첩문을 발급하고 대립가를 거두어 형조에 보내 대립시키도록 하였으며, 사적으로 대립할 경우에는 해당 선상노와 대립인 모두를 죄주고 대립가를 관에서 몰수하도록 하여 불법적인 대립을 철저히 금하였다.[63]

선상대립은 부득이 한 사유가 있을 때를 제외하고는 전면 금지되었으나, 이후에도 선상대립은 끊이지 않아 "각사의 선상노들이 직접 입역하지 않고 대립가를 마련하여 보내면 사대부들이 이를 당연한 것으로 받아들이고 있다"[64]고 할 정도로 일반화되고 있었으며, 이에 따라 선상노 대립가의 族徵 현상까지 나타나고 있었다.

이 무렵에 들어와 선상대립은 주로 관원의 근수노와 종친이나 공신에게 지급된 구사를 중심으로 행해지고 있었으며, 이와 관련된 관원도 형조 관원에 한정되지 않았다. 이들 근수노와 구사는 앞에서 살펴본 바와 같이 외방의

62)《成宗實錄》권 61, 성종 6년 11월 계유.
63)《成宗實錄》권 62, 성종 6년 12월 정해.
64)《成宗實錄》권 239, 성종 21년 4월 임진.

선상노로서 관원이나 종친 또는 공신에게 지급된 자들이었기 때문에 쉽게 대립이 행해질 수 있었던 것이다.

이와 같이 정부의 공식적인 금지에도 불구하고 선상대립이 만연되어가자, 성종대 후반에 이르러서는 정부의 대책도 선상대립의 전면적인 금지보다는 대립가의 남징을 막으려는 데 치중하였다. 이에 따라 선상대립은 더욱 성행하였으며, 이와 함께 대립인을 세우지 않고 대립가만을 받고 선상노를 방면해 주는 일이 만연되어 갔다. 이렇듯 대역인을 세우지 않고 선상노를 대립가만 받고 돌려보내는 것은 선상노의 입장에서는 면포만을 내는 것이 되어 후일 布納化의 단서가 되었다.

한편, 공노비들은 선상 입역하는 기간을 제외하고는 신공을 바치도록 되어 있었다. 신공 납부의 의무가 있는 노비는 내수사 노비와 각사노비 가운데 외방에 살고 있는 노비였다. 서울에 살고 있는 노비는 이들이 당연히 입역노비가 되었기 때문에 신공 납부의 의무에서 제외되었다. 신공 납부의 의무 역시 선상 입역과 마찬가지로 15세에서 60세까지였으며, 60세가 넘어야 면제되었다. 이들은 선상 입역이 아니라도 雜故가 있으면 신공이 면제되었다. 잡고에는 질병·侍定 등이 있었다.

각사노비의 신공은 사섬시에서 관장하였다. 그러나 모든 공노비의 신공을 사섬시에서 관장했던 것은 아니었다. 내수사 노비의 신공은 내수사에서 관장했으며, 각사노비 중에서도 尙衣院 노비와 養賢庫(成均館) 노비의 신공 가운데 면포는 각각 해당 관사에서 직접 수납하였다. 공노비 신공은 면포로 납부하는 元貢과 쌀 또는 楮貨로 납부하는 餘貢으로 되어 있었는데, 상의원과 성균관의 납공노비의 신공 가운데 원공인 면포만은 각기 본사에서 관장했던 것이다. 그것은 아마도 이들 관사가 다른 관사에 비하여 재력이 많이 소요되었기 때문이었을 것이다. 각사노비의 신공은 그들이 거주하는 군현의 수령이 매년 가을과 겨울철 안에 거두어 사섬시에 납부하도록 되어 있었다.

노비의 신공이 처음 정해진 것은 태종 7년(1407)으로 그 전 해에 사사노비를 속공하고 이 해에 이들의 신공액을 정했던 것이다. 이에 의하면 壯奴는 쌀로 平 3석을, 壯婢와 처없는 장노는 2석을, 남편없는 장비는 1석을,

노비끼리 결혼한 자는 五升布로 각 1필씩을 바치도록 되어 있었다. 이 신공액은 그 후에 몇 차례 조정을 거쳐 세종 초에 베로 내는 원공과 저화로 내는 여공으로 구분하여 노는 원공으로 正布 1필과 여공으로 저화 2장을, 비는 원공으로 정포 1필과 여공으로 저화 1장씩을 바치게 하였다가, 같은 왕 7년에 원공은 그대로 두고 여공을 노는 錢 100문, 비는 50문을 바치도록 고쳤다.[65] 그 후 세종 28년(1446) 공법이 제정되어 시행되면서 노비 신공액도 크게 낮아졌으나, 세조 때에 들어와 면포의 수요가 늘어나면서 다시 증액되어 노는 면포 1필과 쌀 2말을, 비는 면포 1필과 쌀 1말씩 바치도록 고쳐진 뒤, 《경국대전》에서는 노는 면포 1필과 저화 20장을, 비는 면포 1필과 저화 10장을 바치도록 규정되었다. 이 당시는 저화 1장의 가치가 쌀 1되의 가치와 같았으므로 세조 때의 여공인 쌀의 가치와 《경국대전》에서의 여공인 저화의 가치는 같았다.

노비의 신공은 국가 재정에서 중요한 몫을 차지하였다. 성종 16년(1484)의 경우 사섬시에서 거두어들인 노비 신공이 면포 72만 4천 5백여 필, 정포 18만여 필에 이르고 있었다.[66] 노비들은 이러한 신공 외에 그 운반비인 輸轉價를 부담하였는데, 그 비용이 본래의 신공보다 배나 무거웠다고 한다.

(2) 사노비의 입역과 신공

공노비가 그들이 소속된 국가 기관에 선상 입역의 형태로 노동력을 제공하거나 신공을 바치듯이 사노비도 주인에게 노동력을 제공하거나 신공을 바치고 있었다.

사노비는 앞에서 언급한 바와 같이 솔거노비와 외거노비로 나뉘어지며, 외거노비는 다시 농업경영 형태에 따라 주인이나 다른 사람의 전지를 경작하는 전호적인 노비와 자신의 전지를 경작하는 자작농 내지는 지주적 노비로 나뉘어진다. 조선 초기의 사노비는 공노비에 비하여 그 수가 월등히 많았으며, 사노비 중에서는 솔거노비보다 전호적인 외거노비가 월등히 많았다. 또한 많은 재산을 소유한 지주적인 노비도 있기는 하였지만 이러한 유형의 노

65) 《世宗實錄》 권 28, 세종 7년 6월 임자.
66) 《成宗實錄》 권 184, 성종 16년 10월 을유.

비는 아주 적어 극히 이례적인 존재였다. 이들은 같은 사노비라 하더라도 그들의 존재 양태와 농업경영 형태에 따라 역 부담의 형태와 내용이 달랐다.

솔거노비는 앞에서 살펴본 바와 같이 주인집의 일원으로 주인집의 행랑에 거주하며 생계를 부양받고 있었다. 이들은 주인집의 종속 노동력으로 가내에서 사역되고 있었다. 이들이 하는 일은 사대부의 수족과 같았고 노는 농경에, 비는 길쌈에 동원되었다.[67] 앞에 언급한 바와 같이 성종 24년(1493) 韓健이 그의 권세를 믿고 다른 사람이 바다를 막아 조성한 전지를 수령과 상응하여 그의 집에 솔거하고 있는 노비를 동원하여 빼앗은 것도 솔거노비가 농사와 관련이 있기 때문이었을 것이다. 또 永安道에서는 노비가 없어 雇工을 노비 대신 부리고 있었던 데서, 노비가 많은 지역에서는 노비가 고공과 같이 농사에 동원되었음을 짐작할 수 있다. 노비가 없는 영안도에서 가내의 사역이나 농사짓는데 동원되는 고공과 같은 양상으로 사역되고 있는 존재가 바로 솔거노비였던 것이다.

솔거노비는 이 밖에 세종 즉위년(1418) 順德侯 陳理의 妻 李氏가 "성은을 입어 노비를 하사받아 짐을 지고 물을 긷는 노고를 면하게 되었다"[68]고 한 말에 나타난 바와 같이 노는 나무짐을 지는 등 남자가 해야 할 가내의 잡일을, 비는 물을 긷고 부엌일을 하는 등 여자가 해야 할 가내의 잡일을 하였다. 앞에서 사례로 들었던 전 승지 林樸이 그가 소유하고 있던 비 3명을 모두 그의 누이동생에게 주어서 출가시킨 것도 그의 형제들은 모두 처가 있어 몸소 부엌일을 할 필요가 없었으나, 누이동생은 노비가 없으면 스스로 물을 긷고 절구질을 하여야 했기 때문이었다. 이 밖에 중앙 각사 관원의 솔거노는 대립에 동원되기도 하였으며, 관원이 잘못하여 죄를 짓게 되는 경우 관원 대신 옥에 갇히기도 하였다.

이상에서 살펴본 바와 같이 솔거노비는 주인집의 농업경영에 직접 사역되고 있었으며, 이 밖에 노는 주인의 수족이 되어 가사를 처리하거나 땔나무를 하기도 하였고, 비는 길쌈·부엌일·물긷기 등의 가사를 처리하였다. 이 외에 주인의 婢妾이 되는 경우도 있었다.

---

67) 《成宗實錄》 권 129, 성종 12년 5월 경자.
68) 《世宗實錄》 권 1, 세종 즉위년 9월 기유.

이에 비하여 외거노비는 주인집에서 독립하여 살면서 주인집의 토지를 경작하고 있는 자들이 많았다. 외거노비 가운데 주인집의 토지를 경작하고 있는 자들이 있었음은 앞에서 보았듯이 "본주의 전지를 경작하는 노비가 죽은 후에는 그 전지를 주인에게 돌려주도록 한다"는 《경국대전》의 규정을 통해서도 확인할 수 있다.

실제로 외거노비가 주인의 토지를 경작한 예는 얼마든지 있다. 태종 5년(1405)에 사사노비를 속공하고서 각 사원에 남겨놓은 노비 중 사원 근처에 거주하여 사원에서 직접 사역하는 노비를 제외하고 사원의 10리 밖에 거주하는 노비에 대해서는 각기 농사를 짓고 살아가게 하고서 그들이 경작한 땅에서 나온 소출의 일부를 신공과 함께 바치도록 한 바 있는데, 이들이 경작한 토지는 예전부터 사원이 소유하고 있던 토지로 여기에서 외거노비가 소유주의 토지를 경작하고 있었음을 알 수 있다. 또 세종 28년(1446)에 여러 곳에 토지를 가지고 있던 응교 魚孝瞻이 노비를 시켜 이들 토지를 경작하고 있었던 데에서도 외거노비가 주인의 토지를 경작하였음을 확인할 수 있다.[69] 이와 같이 조선 초기에는 일반적으로 외거노비가 주인의 전지를 경작하고 있는 일이 많았다.

외거노비가 경작하는 주인의 전지는 농장의 형태로 존재하는 것이 많았다. 조선 초기의 농장은 勳舊派의 등장 이후 고관 대신들에 의해 전국 각지 에 설치되고 있었다. 이들의 농장은 특히 삼남지방에 광범위하게 분산되어 존재하고 있었다. 세조 원년(1455)과 그 이듬해, 그리고 예종 원년(1469)에 적몰된 錦城大君 瑜, 鄭悰, 成三問 부자, 朴彭年 부자, 尹令孫 등이 소유했던 농장만 하여도 경기도 18군현, 충청도 15군현, 전라도 7군현, 황해도 6군현에 걸쳐 1인당 8~14지역에 걸쳐 산재해 있었다.[70]

농장은 외거노비와 전호에 의해 경작되었다. 세종 31년 사헌부의 상소에 "하삼도는 토지가 비옥하고 물산이 풍부하여 朝士의 농장과 노비가 반을 넘는다"[71]하고 있는데, 여기에서 조사의 농장과 노비가 같이 언급되고

---

69) 《世宗實錄》 권 112, 세종 28년 6월 갑인.

70) 周藤吉之, 〈麗末鮮初に於ける農莊に就いて〉(《青丘學叢》 17, 1934) 참조.

71) 《世宗實錄》 권 124, 세종 31년 4월 계축.

있는 것은 양자가 결합관계에 있었기 때문이었을 것이다. 실제로 이들 농장이 노비에 의해 경작되었음은 노비를 많이 소유하여 農舍에 나누어 살게 한 黃喜 부자의 예에서 여실히 드러난다. 세조 8년(1462) 牙山의 官屯田 24개 처를 자신의 농장으로 만들었다 하여 사헌부에 의해 推訴된 좌찬성 黃守身이 "신이 만약 비옥한 땅을 얻어 농장을 설치했다면 서울에 올라오는 대로 즉시 노비를 모아 그 곳에 거주시켜 갈아먹게 했을 것이다"[72]라고 한 바 있는데, 이것도 외거노비가 주인집의 농장을 경작하는 주요한 노동력이었음을 말해주는 것이다. 한편 외거노비 중에는 직접 주인의 전지를 경작하지 않더라도 일정한 기간 주인집에 노동력을 제공하는 자도 있었다.

외거노비는 주인집에 직접 사역되지 않는 대신 주인집에 신공을 납부해야 했다. 성종 2년(1471) 대사헌 韓致亨 등이 "무릇 私家의 노예는 사역은 고통스럽고 신공은 무겁다"[73]고 한 바 있다. 여기에서 솔거노비의 사역과 외거노비의 신공이 함께 언급되고 있는 것으로 미루어 보아 외거노비의 신공 부담도 만만치 않았을 것으로 보인다.

사노비의 신공액도 공노비의 그것과 같았을 것으로 생각된다. 그것은 "공사노비의 신공은 매년 麤布 1~2端에 불과하다"거나 "무릇 公私賤隷의 일년 신공은 면포 2필에 불과하다"는 등 위정자들이 공노비와 사노비의 신공을 같은 수준에서 언급하고 있는 것으로 미루어 알 수 있다.

그러나 이러한 신공액은 실제 양반 소유주들이 신공을 거두는 과정에서는 제대로 지켜지지 않고 과다하게 징수되는 일이 많았다. 성종 2년 崔致江은 그의 외거노비인 同金으로부터 신공뿐만 아니라 그의 우마와 가재까지 빼앗은 바 있으며,[74] 같은 왕 7년 忠州·陰竹·竹山의 경계에 있는 愁理山과 驪州의 剛金山 근처에는 戚里 權聰의 노비들이 그들의 주인이 신공을 가혹하게 징수하였으므로 이를 채우려고 도적이 되어 남의 재물을 약탈하고 있었다.[75] 또 성종 10년 私奴 李山은 신공과 잡물을 과도하게 징수했다 하여 본주 李堣의 처 權氏를 고발하였다가 오히려 告尊長罪로 치죄된 일이

72)《世祖實錄》권 28, 세조 8년 4월 병술.
73)《成宗實錄》권 10, 성종 2년 6월 기유.
74)《成宗實錄》권 10, 성종 2년 6월 병진.
75)《成宗實錄》권 67, 성종 7년 4월 신축.

있었다.[76]

노비들은 일반적으로 신공 납부를 기피하고 있었다. 성종 8년 咸陽 사람의 노비가 長興府에 살고 있었는데 그 주인인 함양 사람이 신공을 거두려고 아들과 함께 찾아갔다가 그 마을 사람들에게 구타를 당하여 팔이 부러진 일이 있었다.[77] 아마 이 함양 사람은 가세가 빈한하거나 권세가 없는 양반이었을 것이다.

이러한 상황에서 노비 신공을 효과적으로 거두기 위하여 노비주들은 친인척의 권세를 이용하기도 하였다. 성종 24년 예조판서 盧公弼은 그의 妾甥인 金波回의 외거노비가 熊川에 살고 있었는데 그들로부터 신공을 효과적으로 거두려는 김파회의 부탁으로 薺浦僉使에게 노비집을 完護해 줄 것을 청탁한 일이 있었다.[78]

주인의 토지를 경작하는 외거노비도 소작료 외에 신공을 더 냈을 것으로 보인다. 앞에서 언급한 바와 같이 태종 5년에 사사노비를 속공하면서 사원에 남겨놓은 노비에 대해서 사원에서 사역하는 노비 외에는 모두 농사를 지으며 살게 하고 '土田所出'을 신공과 함께 바치도록 하였는데, 여기에서 '토전소출'은 그들이 경작하고 있는 전지에서의 산물, 즉 소작료에 해당하는 것으로 사원의 토지를 경작한 대가로 이것을 신공과 함께 납부하게 하였던 것이다. 성종 7년 충주·음죽·죽산의 경계에 있는 수리산과 여주 금강산에는 척리 권총의 노비들이 많이 살고 있었는데, 권총이 신공을 가혹하게 거두자 이 노비들이 이를 채우려고 도적이 되어 남의 재물을 겁략하고 있었다 함은 전술한 바 있다. 여주 금강산에는 권총의 親墓가 있었던 것으로 보아 이들 외거노비의 일부도 권총의 전지를 경작하였을 것으로 보인다. 권력있는 양반들의 묘소 근처에는 그들의 전지가 많이 있었기 때문이다. 이들도 신공과 소작료를 같이 냈을 것으로 보인다. 이와 같이 외거노비는 주인의 토지를 경작하지 않는 노비는 물론 주인의 토지를 경작하는 자들까지도 신공을 바치고 있었다.

76) 《成宗實錄》 권 105, 성종 10년 6월 갑진·권 106, 성종 10년 7월 임오.
77) 《成宗實錄》 권 86, 성종 8년 10월 임술.
78) 《成宗實錄》 권 279, 성종 24년 6월 정묘.

조선시대에 사노비에게는 원칙적으로 국역 부담이 없었으나, 세종 23년(1441)에 雜色軍을 설치하면서 여기에 편입된 私賤에게 잡역을 면제해준 조처에 나타난 바와 같이 잡역과 함께 때때로 군역이 부과되기도 했다.[79] 잡역이나 군역을 부담하는 노비는 외거노비였다.

조선 초기에 사노비는 특수군에 입속되기도 했다. 이들이 입속하는 군종으로는 잡색군과 壯勇隊, 彎强隊 등이 있었다. 잡색군은 세종 23년에 향리, 驛子, 공사노복 및 향교생도로 편성되었는데 여기에 편입된 사노비는 외거노비였다.[80]

장용대는 세조 5년(1459)에 창설되었는데 여기에는 공사노비 가운데 무용있는 자를 취재하여 입속시키고 체아직으로 上林園의 잡직을 주어 거관 후 공노비는 면역시키고 사노비는 나이가 비슷한 공노비를 주인에게 대신 지급하고 면역시키도록 되어 있었다. 만강대는 세조 8년에 여러 명목의 군사 중에서 120근 이상의 활시위를 당길 수 있는 자를 선발하여 편성되었는데 같은 왕 13년(1467)에 천인도 이에 입속시켜 근무성적이 우수한 자는 거관 후 종량될 수 있었다. 장용대와 만강대에 입속하고 있는 사노비도 잡색군의 예로 미루어 보아 대체로 외거노비였을 것으로 보인다. 장용대와 만강대에는 성종 원년(1470)에 이미 입속해 있는 자들을 제외하고는 천인의 입속이 금지되었다.

사노비 가운데 외거노비는 이 밖에도 양인, 공사천과 함께 공조 소속의 각종 工匠으로 충원되기도 하였다. 사노비 가운데 외거노비가 공장으로 충원된 것은 세종 7년부터였다. 공조에서 "본조 소속의 여러 장인들은 그 소임이 중요한가 그렇지 않은가에 따라 그 수가 정해졌는데, 지금 그 정해진 액수 가운데 부족한 자가 많으니 부족한 인원을 공노비 및 주인과 호를 달리하여 따로 살고 있는 사노비 가운데 재주있는 자를 골라 채워 번차를 나누어 입역시키자"[81]고 하여 그대로 시행되었던 것이다. 여기에서도 그 대상이 된 사노비는 외거노비였다. 그러나 사노비는 성종대에 들어와 공장의 입

79) 《世宗實錄》 권 93, 세종 23년 6월 계유.
80) 위와 같음.
81) 《世宗實錄》 권 28, 세종 7년 4월 정묘.

속 대상에서 제외되어 《경국대전》에서는 사천의 입속이 불허되었다.

이와 같이 사노비 중에는 잡역을 부담하고 군역이나 공장에 충원되기도 하였는데 이들은 사노비 중에서도 외거노비였다. 이것은 아마도 외거노비들은 독립된 가호를 이루고 살고 있어서 솔거노비보다는 자립성이 강화되어 있었기 때문이었을 것이다.

4) 노비의 신분적 성격

노비는 조선시대 신분제도에 있어서 사회 최하층 신분이었다. 이들이 사회적으로 최하층 신분이었음은 그들의 신분세습법과 법제상의 지위를 살펴봄으로써 잘 알 수 있다.

조선시대에는 양인과 천인 사이의 신분이동이 극도로 제한되어 있었다. 노비의 신분귀속은 일반적으로 賤者隨母法에 따라 결정되었다. 천자수모에는 두 가지 의미가 있었다. 하나는 소유주가 서로 다른 노와 비가 혼인했을 경우 그 소생이 어머니의 소유주의 소유로 되는 소유권 귀속의 의미였고, 다른 하나는 양인 남자와 비가 혼인한 경우 그 소생이 어머니의 신분을 따라 노비로 되는 신분귀속의 의미였다. 또 노와 양녀와의 交嫁 소생에게는 從父法이 적용되어 어느 경우에나 노비신분에서 벗어날 수가 없는 가혹한 처지에 놓여 있었다. 이러한 노비의 가혹한 신분세습법은 이미 고려 초기부터 실시되었다. 이와 같이 가혹한 신분귀속법에 따라 노비 상호간의 결혼은 물론이고 노비와 양인 사이의 결혼에 있어서도 '一賤則賤'의 원칙이 적용되어 부모 중 한쪽이 노비이면 그 소생은 무조건 노비신분으로 귀속되게 되어 있었다.

이러한 고려왕조 이래의 노비의 신분세습법은 조선왕조에 들어와 약간의 수정이 가해졌다. 그것은 '천자수모'와 '일천즉천'의 신분귀속 규정과 고려 말기에 이르러 사회적 혼란이 가중되는 중에 壓良爲賤 현상이 만연되어 노비가 크게 늘어난 반면 국가의 근간이 되는 양인 인구가 크게 줄어들어 양인 확대정책을 실시하지 않을 수 없게 된 데다가 고관대신을 중심으로 한 양반 지배층들의 비첩 소생까지 從賤되어 이들을 구제하지 않으면 안되었기 때문이었다. 이에 따라 조선 초기에 들어와 국가에서는 良賤交嫁 소생 중에서, 양인과 비의 교가 소생에게 종부법을 적용하여 이들을 양인으로 삼아 조세·역역 수취의 대상인 양인 인구를 늘리려 하였다.

양천교가 소생을 양인으로 귀속시키려는 조처는 조선이 건국되기 직전인 고려 공양왕 4년(1392)에 양천 相婚을 금지하고 그 소생을 종량시키기로 한 것이 최초였다. 그러나 양천교가 소생 중 양인과 비와의 교가 소생을 아버지의 신분올 따라 양인으로 삼는 종부법이 본격적으로 실시된 것은 조선왕조에 들어와서부터였다. 태조 6년(1397)에 각 품 대소 인원의 자기 비첩의 소생이 放良된 뒤 태종대에는 양천교가 소생 중 각 품 대소 인원의 공사천첩 소생이 아버지의 신분을 따라 양인으로 되어 사재감 수군에 입속되었다가 보충군이 설치되면서 이에 모두 이속되었다. 각 품의 대소 인원은 문무관·문무과 출신 자·생원·진사·녹사·유음자손 등으로 대체로 양반의 범위와 일치한다. 따라서 양천교가 소생 중 종량된 자들은 양반의 천첩 소생에 한정되었다 할 것이다.

물론 각 품의 대소 인원이 아닌 일반 양인과 공사비와의 교가 소생도 태종 14년(1414)에 아버지의 신분을 따라 종량시키기로 결정되었으나, 이들은 각 품의 대소 인원의 공사천첩 소생과는 달리 사재감 수군에 입속하지 못하고 고려의 判定百姓과 같이 身良役賤으로 호적에 등재되었다.[82] 그러나 이들까지를 종량시킴에 따라 노비의 수가 크게 줄어들게 되자, 세종대에 들어와서는 다시 일반 양인과 공사비와의 교가 소생의 종량을 제한하려는 움직임이 나타나 세종 14년(1432)에는 양인과 공사비와의 교가를 금지하고 이를 어기고 결혼한 자의 소생은 어머니의 신분을 따라 종천하도록 하였으며, 예외적으로 문무관·문무과 출신자·생원·성중관·유음자손의 공사비첩 소생과 40세가 넘도록 자식이 없는 평민의 비첩소생만을 종전대로 아버지의 신분을 따라 종량하도록 하였다.[83] 이로써 태종 14년부터 실시되어 오던 일반 양인과 비와의 교가 소생을 아버지의 신분을 따라 종량시키던 종부법은 다시 종모법으로 바뀌었고 다만 각 품의 대소 인원의 공사천첩 소생만이 태종 때와 마찬가지로

82)《太宗實錄》권 27, 태종 14년 6월 무진.
83)《世宗實錄》권 55, 세종 14년 3월 을유.

종부법의 적용을 받아 종량될 수 있었다. 그 후 일반 양인과 비와의 교가 소생은 세조 말년에 다시 일시적으로 종부법이 실시되면서 종량되기도 하였으나, 곧바로 종모법이 부활되어 종천되었으며 성종대에 들어와 일시 종량되기도 하였으나, 성종 23년(1492)에 종천으로 환원되어 이것이 《경국대전》에 그대로 반영되어 법제화되었다. 이렇게 하여 양인과 공사비와의 교가 소생은 각 품의 대소 인원을 주축으로 한 양반의 비첩 소생을 제외하고는 모두 노비신분으로 귀속되었다.

양천교가 소생 중 노와 양녀와의 교가 소생은 노와 양녀와의 혼인 자체가 금지되는 가운데 태종 원년에 이를 어기고 혼인한 자들을 이혼시키면서 그 소생을 신량역천으로 하여 사재감 수군에 입속시킨 바 있으나, 같은 왕 5년에 공사천과 양녀와의 교가를 금지시키면서 그 소생 모두를 속공함으로써, 다시 종천으로 결정되어 종부법이 적용되었다.

이렇게 볼 때 조선 초기에 양천교가 소생 중 종부법의 적용을 받아 양인으로 된 자들은 각 품의 대소 인원을 주축으로 한 양반과 공사비와의 교가 소생이었으며, 이 법 또한 양반의 비첩 소생들을 구제하기 위한 것이었다 할 것이다. 이와 같이 혼인과 출생을 통하여 노비가 양인으로 되는 길은 부계혈통이 양반이 아니고서는 거의 불가능할 정도로 폐쇄적이어서 노비의 자식들은 자자손손 노비신분에서 벗어날 수가 없었다.

노비신분층은 신분귀속에 있어서 뿐만 아니라 법제상의 지위에 있어서도 그 처지가 대단히 열악하여 국가의 공권력 지배에 있어서도 예외적인 존재였다. 이러한 면은 공노비보다 사노비에서 더욱 심하였다. 그것은 이들 사노비가 개인의 사적 재산으로 간주되었기 때문이었다.

노비와 주인과의 관계는 개별적·사적 지배관계에 놓여져 주인이 소유노비를 직접 다스렸으며, 노비의 의사와는 관계없이 소유주의 자의로 매매·상속·증여가 가능하였다. 국가에서는 주인이 자신의 노비에게 私刑을 가할 수 있도록 허용하여 노비의 직접 통제가 가능하도록 하였다. 심지어는 노비가 죄를 지은 경우 주인은 이를 관에 고하고 죽일 수 있는 권한까지 갖고 있었다. 그러나 주인이 노비에게 가할 수 있는 형벌이 무한정 허용되었던 것은 아니었다. 노비를 관청에 고하지 않고 마음대로 죽이거나 노비에게 참혹

한 형벌을 가하는 것을 금하고 이를 어긴 노비 소유주는 처벌하도록 되어 있었다.[84)]

실제로 조선 초기에는 노비를 국가에 고하지 않고 참혹하게 죽이거나 혹독한 형벌을 가한 일이 발각되어 치죄된 일이 많이 있었다. 이러한 경우 살해된 노비의 가족이나 혹독한 형벌을 받은 노비는 방량된 경우도 있었으나, 대부분이 속공되었다.[85)] 이러한 조처는 주인과 노비의 관계를 단절시켜 주인의 가혹한 형벌로부터 노비를 보호하려는 것이었다. 이와 같이 사노비는 개인 소유의 재산이었지만 주인이 그들을 지배하는 데는 무한정의 권리가 인정된 것은 아니어서 그 소유권은 국가의 공권력에 의해 일정하게 제한을 받고 있었다.

이와 같이 국가에서 노비 소유주들이 노비를 마음대로 죽이지 못하게 하고 또 노비에게 참혹한 형벌을 시행하지 못하게 금지하였음에도 불구하고 주인이 노비를 마음대로 죽이거나 노비에게 참혹한 형벌을 가하는 일이 완전히 근절되지는 못하였다. 그것은 이러한 일이 주로 고관대가의 집안에서 일어나고 있어서 이웃집에서 알기 힘들었으며, 더구나 노비는 모반이나 모역·반역행위를 제외하고는 주인의 불법행위를 관청에 고할 수 없는 不告律의 규정에 얽매어 있어서 함부로 주인을 고발할 수 없어 주인의 불법행위가 관청에 적발되는 일이 적었기 때문이었다. 그러나 이러한 점을 감안하더라도 노비를 마음대로 죽이거나 노비에게 참혹한 형벌을 가한 노비 소유주가 발각되면 국가의 처벌을 받고 제재되었으므로 주인이 노비를 마음대로 죽이는 일이 공공연히 자행되지는 않았을 것이다.

노비는 앞에서 언급한 바와 같이 주인의 범법행위를 관청에 고발할 수 없었으며, 만일 이러한 일이 있을 때에는 교수형에 처하도록 되어 있었다. 따라서 노비는 주인이 자신의 부모형제를 죽이거나 자신에게 혹독한 형벌을 가하더라도 불고율에 따라 주인을 관청에 고발하여 호소할 길이 전혀 없었다. 이것은 주인과 노비와의 관계가 綱常의 차원에서 군신·부자의 관계와 같은 것

---

84) 《世宗實錄》 권 105, 세종 26년 윤7월 신축.

85) 구체적인 사례는 池承鍾, 〈朝鮮前期 主奴關係와 私奴婢의 性格〉(《한국의 사회신분과 사회계층》, 文學과 知性社, 1986) 참조.

으로 인식되고 있었기 때문이었다. 이 불고율의 규정은 본래의 의도와는 달리 노비 소유주가 자기의 노비를 효과적으로 통제할 수 있게 하는 주요 수단으로 기능하였다.

조선시대에는 앞에서 언급한 불고율과 함께 노비가 주인에게 죄를 짓는 경우에 일반인이 죄를 짓는 경우보다 훨씬 무거운 형을 과함으로써 노비가 주인에게 반항하는 것을 막아 노비 소유주들이 노비를 효과적으로 통제할 수 있도록 하였다. 또한 노비가 자기의 주인이 아닌 일반 양인에게 죄를 지은 경우에도 자기 주인에게 죄를 지은 것보다는 가벼웠으나 일반 양인이 죄를 지은 경우보다 무거운 벌을 받았다. 예컨대 노비가 자기 주인을 구타했을 경우에는 참형에, 주인의 친족 또는 외조부모를 구타하였을 때는 교수형에 처해졌으며, 과실로 주인에게 상처를 입혔을 경우에도 杖一百에 流三千里의 중형에 처해졌다. 이에 비하여 노비가 주인이 아닌 일반 양인을 구타했을 경우에는 일반 양인에 비하여 일등을 가하여 처벌받았으며, 이와는 반대로 일반 양인이 남의 노비를 구타했을 때는 일등을 감하여 처벌받았다. 또 일반 양인 사이에 발생한 구타사건은 중상을 입힌 경우를 제외하고는 笞刑 20에서 40에 처해지고 있어[86] 노비가 대단히 무거운 형벌을 받았다는 사실을 알 수 있다. 노비들은 심지어 주인에게 욕설하는 경우에도 중벌을 받아 주인을 욕한 자는 교수형에, 주인의 期親이나 외조부모에게 욕한 자는 장 80에 도 2년의 중형에 처해졌다.[87] 이러한 법률 규정은 고관대가보다는 가세가 빈한한 노비 소유주들이 노비를 확실히 지배하는 데 유용하였을 것이다.

요컨대 조선시대의 노비는 신분적으로 사회의 가장 최하층에 위치하고 있었을 뿐만 아니라, 신분세습법에 의하여 그 신분이 엄격히 세습되어 대대로 노비의 신분에서 벗어날 길이 없는 존재였다. 물론 노비 중의 일부는 국가에 공을 세워 합법적으로 종량되어 노비신분에서 벗어날 수 있도록 되어 있었으며,[88] 실제로 노비가 모반사건에 공을 세우거나 흉년에 국가에 많은 곡식을 바치고 면천된 사례도 있었고, 열녀 효자로서 면천된 실례도 있었으나,

86) 《大明律直解》 권 20, 鬪毆 奴婢毆家長, 良賤相鬪.
87) 《大明律直解》 권 21, 罵詈 奴婢罵家長.
88) 《經國大典》 권 5, 刑典 私賤.

이러한 일은 극히 이례적인 경우여서 노비가 합법적으로 양인이 되는 길은 거의 막혀 있었다. 또 노비와 양인과의 교가 소생도 양반의 천첩소생 외에는 양인이 되는 길이 막혀 있었다.

노비는 이와 같이 극도로 폐쇄적인 세습신분이었을 뿐만 아니라 소유주에게 철저히 예속되어 주인이 마음대로 죽이거나 혹독할 형벌을 가하였다가 관청에 발각된 경우를 제외하고는 국가로부터 어떠한 보호도 받지 못하였으며, 오히려 죄를 짓는 경우에는 일반 양인에 비하여 훨씬 무거운 처벌을 받아야 했다. 노비는 주인의 범법행위에 대해서도 모반이나 대역죄를 제외하고는 고발한 권리마저 없어서 주인이 자신의 부모 형제를 마음대로 죽이거나 자신에게 혹독한 형벌을 가한 경우에도 그 사실을 관청에 고발할 수 없었기 때문에 국가의 규제를 받는 일이 거의 없어서 노비 소유주는 사실상 노비에 대하여 무한정의 권한을 소유하고 있었다 할 것이다. 이처럼 노비신분층은 사회 최하층으로서 주인에게 소유되어 철저히 지배당하고 있으면서 국가의 공권력에 의해서도 생명조차도 제대로 보호받지 못하는 무권리한 존재였다.

5) 백 정

조선 초기의 백정은 앞에서 검토한 바와 같이 천인신분은 아니었다. 그러나 이들은 주로 도살업에 종사하고 있어서 천시되고 있었다.

백정이란 명칭은 이민족 출신으로 우리 나라에 들어와 정착생활을 못하고 떠돌아 다니면서 사회불안을 일으키고 있던 화척과 재인을 일반 평민으로 동화시키려고 세종 5년(1423)에 개칭한 것이었다. 화척은 胡種·달탄 등으로도 불리고 있었으며 고려시대에는 楊水尺이라고 불렀다.

유목민 출신인 이들은 우리 나라에 들어와서도 그들의 전통적인 생활 양식을 청산하지 못하여 일정한 처소 없이 유랑생활을 하면서 수렵과 도살업, 유기의 제조 등을 생업의 수단으로 하고 있었다.

조선 초기의 實錄 기사에는 화척과 재인이 같이 백정으로 개칭되었다고 하였으나, 실제로는 화척만이 백정으로 개칭되었으며 재인은 그대로 재인으로 불렸다. 그것은 아마도 그들이 그 연원에서 서로 달랐으며 그들이 종사하는 직업에도 서로 차이가 있었을 정도로 구별되어 있었기 때문이었을 것이다. 화척은 일반적으로 수렵·도살업·유기의 제조를 주로 하였으며, 재 인은 歌舞나 技藝의 연희를 주로 하였던 것으로 보인다.

조선 초기의 기록에는 화척과 재인이 같이 언급되는 경우에는 이들이 구분되지 않고 도살·수렵·유기제조와 가무·기예·잡희의 연희에 종사하고 있었던 것으로 기술되고 있다. 그러나 이들이 따로 언급되는 경우에는 화척은 도살업을, 재인은 가무·기예 잡희의 연희를 전업으로 하는 것으로 기술되고 있는 반면에, 화척이 가무나 잡희를 연희하였다거나 재인이 도살업에 종사했다는 기록은 없다. 유기제조업의 경우도 禾尺戶만이 유기그릇을 공물로 상납하고 있어서[89] 화척이 주로 하고 있었던 것으로 보인다. 고려시대에 있어서도 화척의 전신인 양수척이 유기그릇의 제조를 전담하고 있었다.

화척과 재인의 생업이 서로 달랐을 것임은 그들이 부담하는 공납액의 차이에서도 확인된다. 태종 14년(1414) 豊海道 관찰사 李垠이 上啓한 화척과 재인의 納貢法에 따르면 화척은 저화 30장인데 비하여 재인은 50장으로 큰 차이가 있었다.[90] 같은 신분에서 서로 공납액이 달랐던 것은 이들이 종사하는 직업이 서로 달랐기 때문이었을 것이다.

화척과 재인이 서로 구별되고 있었음은 이들이 백정으로 개칭된 세종 5년 이후의 그 명칭의 변화에서도 확인된다. 화척과 재인은 백정으로 개칭된 이후에도 서로 구분되어 불리고 있었다. 이들은 백정으로 개칭된 세종 때에는 일시적으로 新白丁으로 불리기도 했으나, 병칭되는 경우 백정 재인, 또는 신백정 재인, 화백정 재백정 등으로 호칭되어 구별되고 있었으며, 문종 때에는 재인 水尺, 또는 재인 신백정이라 불리는 중에 兩色白丁[91]으로도 불려 뚜렷이 구분되고 있었다. 수척은 양수척을 줄여서 부른 것이다. 이어서 단종 이후 세조 8년(1462)경까지는 다시 재인 화척으로 불리고 있는 가운데 재인 백정으로도 불리고 있으며, 이 이후에는 재인 백정 또는 재백정

89) 《世宗實錄》 권 23, 세종 6년 3월 갑신.
90) 《太宗實錄》 권 27, 태종 14년 6월 갑인.
91) 《文宗實錄》 권 5, 문종 원년 정월 병신·권 8, 문종 원년 6월 계미.

으로 합칭되고 있는데 이 명칭은《경국대전》에 그대로 반영되었다. 여기 에서 재백정은 재인과 백정을 합칭한 것이어서 세조 이후 재인은 본래의 명칭으로 환원되고 화척만이 백정으로 불리었음을 알 수 있다.

재인은 그대로 재인으로 불린 반면에 화척만이 백정으로 불렸음은 중 종 9년(1514) 執義 金崇祖가 "전라도의 각 고을에 거주하는 재인들이 일정한 산업이 없고 일정한 거처도 없어, 작당하여 백성들의 재물을 약탈하다가 여의치 못하면 인명까지 해치고 있다"고 그들의 생활 실정을 말하자, 領事 鄭光弼이 "이러한 일은 비단 재인뿐만이 아니라 백정도 또한 그렇다"[92] 하고 있는 것에서도 확인할 수 있다. 여기에서 재인과 백정의 생활상이 조선 초기와 크게 달라지지 않았음을 볼 수 있다.

이와 같이 화척과 재인이 서로 구별되고 있었는데도 조선 초기의 일부 기록에 재인과 화척이 같이 언급되면서 이들이 도살업, 유기 제조업과 함께 가무·기예·잡희에 종사하고 있는 것으로 기술된 것은 화척과 재인이 정착생활을 하지 못하고 유랑생활을 하면서 서로 밀접한 관계를 가지면서 생활하고 있었기 때문이었을 것이다. 재인과 화척 가운데 도살업을 주로 했던 화척만이 백정으로 개칭되었고 가무·기예·잡희를 전업으로 했던 재인은 그대로 재인으로 불리웠다 하겠다.

유목민 출신인 백정은 우리나라에 들어와서도 유목민적인 생활을 청산하지 못하고 무리를 지어 초원지대와 소택지대를 떠돌아다니면서 유랑생활을 계속하고 있었다. 따라서 이들은 貫籍도 없었으며, 內外祖의 이름도 모르는 자가 대부분이었다. 또한 이들은 조선사회에 동화되지 못하여 자기들끼리만 모여 살면서 혼인도 자기들끼리만 할 정도로 결속력이 강하였다. 이들은 무리를 지어 마을을 전전하다가 굶주림을 이기지 못하면 도둑질을 하거나 인명을 상하게 하기도 하고 농경에 절대적으로 필요하여 정부에서 도살을 금하고 있는 농우를 훔쳐다가 도살하는 등 사회불안을 야기하고 있었다. 실제로 문종 원년(1451)의 경우 각 도에 갇혀 있는 강도와 살인자 380명 중 재인과 신백정이 반 수를 차지하고 있었다.[93] 백정들은 또 외적이 침입하거나 반

92)《中宗實錄》권 21, 중종 9년 12월 갑진.
93)《文宗實錄》권 10, 문종 원년 10월 임오.

란이 일어나면 그들과 결탁하기도 하였다.

이와 같이 백정들이 사회불안을 야기하고 있었기 때문에 정부에서는 흉년이 들어 기근이 발생하거나 병란이 있을 때에는 이들의 동태를 우려하고 있었으며, 이들을 조선사회에 동화시켜 사회불안을 제거하려고 일찍부터 여러 가지 대책을 실시하였다.[94]

백정을 우리 사회에 동화시키기 위한 대책으로 일찍부터 중요시된 것은 이들에게 농토를 주어 농사에 종사하게 하는 권농정책이었다. 일정한 생업이 없이 떠돌아다니는 이들이 유랑생활을 청산하고 정착생활을 하기 위해서는 생계가 안정되어야 했기 때문이었다. 백정들에게 농토를 지급하고 영농법을 가르쳐 일반 백성과 동화시키려는 정책은 조선왕조가 건국된 해부터 계속적으로 실시되었다. 이러한 정부의 노력은 세종 때에 더욱 적극화하여 이들의 명칭을 백정으로 고치고 평민과 혼인하여 섞여 살도록 하는 동시에 閑田과 陳荒田을 주어 농사를 짓게 하고 종래 이들이 부담하고 있던 유기·모피·뿔 등의 공물을 면제해 주었다. 이러한 조처에도 불구하고 유랑생활을 계속하는 자들은 논죄한 후 본래 살던 곳으로 쇄환하도록 하였다.

백정을 농업에 종사하게 하려는 정책은 자기들끼리 모여 살지 못하게 하고 평민과 서로 혼인하여 섞여 살도록 하는 정책과 병행하여 실시되었다. 백정끼리의 혼인을 금하고 평민과 서로 혼인하게 하며, 또한 평민과 섞여 살도록 한 정책은 태종 11년(1411)에 처음 실시되었는데, 만약 이를 어기고 자기들끼리 결혼할 경우에는 이들을 이혼시키고 논죄하도록 하였다.[95] 이 정책도 권농정책과 마찬가지로 지속적으로 실시되었다. 백정을 평민과 혼인하여 섞여 살도록 하는 것은 이들이 자기네들끼리만 모여 살지 못하게 하기 위해서였다. 이들이 한 곳에 모여 살게 되면 도둑질을 하거나 도살을 하는 등 사회불안을 일으키게 된다고 판단했기 때문이었다.

정부에서는 또 이러한 동화정책과 함께 유랑생활을 하는 백정들의 기동성을 약화시키고 이들이 도살업에 종사하는 것을 막기 위하여 백정이 소나 말

94) 姜萬吉, 〈鮮初白丁考〉(《史學硏究》 18, 1964), 503~504쪽.
95) 《太宗實錄》 권 22, 태종 11년 10월 을사.

을 소유하는 것을 제한하려 하기도 하였다. 정부의 동화정책에 따르지 않고 계속하여 도살업에 종사하는 백정이 기르는 가축을 몰수하고 일반 백성들에게는 농우를 백정에게 팔지 못하게 하며, 만약 이를 어겼을 경우에는 사고 판 사람 모두를 宰殺律로 다스린다거나,[96] 구걸을 구실로 무리를 지어 도둑질을 하는 백정들의 말을 빼앗아 강제로 매각시키는 조처[97] 등이 그 대책으로 실시되었거나 고려되었다.

정부에서는 또 백정들이 떠돌아다니는 것을 막기 위하여 이들의 거주이전의 자유를 제한하기도 하였다. 여기에는 行狀制가 주로 이용되었다. 행장은 원래 조선 초기에 농민층의 이동을 막기 위하여 실시한 것이었는데, 유동성이 많은 백정들의 유리를 막기 위하여 이를 적용하였던 것이다. 이에 따라 백정들은 다른 지방에 출입하려면 기한을 정하여 행장을 발급 받아야 했으며, 백정들이 만약 행장을 발급받지 않고 마음대로 다른 지방에 출입하였다가 붙잡히게 되면 도망하다 붙잡힌 것으로 되어 사형에 처하도록 되어 있었다.[98]

이 행장제는 백정들의 생활에 큰 불편을 초래하였다. 행장은 원래 백정이 살고 있는 고을의 수령이 발급하도록 되어 있었는데, 백정들이 정당한 사유가 있어 다른 고을에 다녀오기 위하여 행장을 신청하여도 행장을 발급 받아 출타한 백정이 도망하게 되면 그 죄가 자신에게 미칠 것을 염려한 수령들이 행장을 발급해 주지 않았으며, 또 수령이 부재중이어서 행장을 발급 받지 못하고 부득이 출타하게 되면 里正이나 이웃사람이 불고죄에 걸릴 것을 두려워하여 백정을 붙잡아 관청에 고발하고, 관청에서는 그 실정을 물어보지도 않고 중형으로 다스려 백정은 이웃 고을에도 마음대로 왕래하지 못하는 실정이었다. 이에 성종 4년(1473)에는 부모형제 등 족친을 만나거나 장사를 하여 생활하기 위하여 부득이 출입하려는 자는 거리의 원근과 사정의 긴급 여부에 따라 일수를 계산하여 행장을 발급해 주며 만약 관청에 신고하였으나 수령이 부재중이어서 행장을 발급 받지 못하고 부모처자의 喪事나 병간호를 위해 출

96) 《世宗實錄》 권 10, 세종 2년 11월 경오.
97) 《世宗實錄》 권 84, 세종 21년 2월 을축.
98) 《成宗實錄》 권 33, 성종 4년 8월 무진.

입한 자는 죄를 면해주고 행장이 없이 돌아다니는 자와 기한이 넘어도 돌아오지 않는 자는 이전과 같이 죄주도록 하였다. 또한 백정이 행장의 발급을 신청했는데도 이를 발급해 주지 않은 수령을 관찰사로 하여금 규찰하도록 하고, 왕래하는 데 3일 이상 걸리는 곳을 15일 이상 다녀오려는 자만이 행장을 발급 받은 후 출입하게 하였으며, 그 외에는 이정에게 신고하는 것만으로 출입하도록 하여 행장제로 인한 백정의 불편을 줄여주려 하였다.[99] 그러나 이러한 행장제만으로 백정들의 유랑생활이 청산될 수는 없었다.

백정을 일반 양인으로 동화시키려는 정책은 소기의 성과를 거두지 못하였다. 그것은 세종 30년(1448) 前同知敦寧府事 趙賁가 "화척과 재인을 신백정이라 이름을 바꾸고 이들에게 토지를 주며 군적에 편입시켜 평민과 서로 혼인하고 정착생활을 하게 하였으나, 아직 평민이 백정에게 장가들었다는 말이나 백정의 딸이 평민에게 시집갔다는 말을 들어본 일이 없으며, 백정들이 농사에 힘쓰고 있다는 말도 또한 들어보지 못했다"[100]고 한 말에서 잘 알 수 있다.

백정을 일반 양인으로 동화시키려는 정책이 실패한 것은 백정들이 그들의 전통적인 생활 방식보다 농사짓는 것을 더 고되게 여겨 이를 기피했을 뿐만 아니라 각 고을의 수령이나 각 도의 관찰사 등 백정을 단속하는 관리들이 이들을 수렵에 동원하고 유기 등의 공물을 여전히 징수하는 등 정부의 정책을 제대로 봉행하지 않았기 때문이었다. 이에 정부에서는 수령이 백정을 제대로 살피지 않아 유망하는 자가 발생하면 수령을 치죄하거나, 백정들이 농사를 잘 짓고 못 짓는 것을 수령의 殿最에 반영하여 관리들을 독려하였다.

백정을 일반 양인으로 동화시키려는 정책은 실패로 돌아갔으나 백정 중에는 일부이기는 했지만 위정자들이 의도했던 대로 농사를 지으면서 평민과 같이 살고 있는 자들도 있었다. 정부에서는 이러한 백정들을 군역에 편입하였으며, 그 자제들 가운데 독서를 원하는 자들에게는 향교에 입학할 수 있게 해 주었다.[101]

---

99) 《成宗實錄》 권 33, 성종 4년 8월 경진.
100) 《世宗實錄》 권 120, 세종 30년 4월 갑자.
101) 《世宗實錄》 권 58, 세종 14년 10월 정유.

일반 백성과 동화되어 정착하여 농사를 짓고 있는 백정을 일반 양인과 마찬가지로 군역에 편입시킨 것은 이들이 수렵을 생활 수단으로 하고 있어서 용감했을 뿐만 아니라 기동성까지 뛰어났기 때문에 이를 이용하기 위함이었다.

재인과 화척이 군정으로 편입되기 시작한 것은 고려 말부터였다. 조선왕조에 들어와서도 태종 때부터 이들을 군역에 입속시키기 시작한 이후 세종 때에 들어와 북방 개척과 대마도 정벌 때에 국방력을 강화하기 위하여 대대적으로 군역에 입속시켰다. 세종 때는 앞에서 살펴본 바와 같이 백정의 동화정책이 강화되고 있었던 시기로 국가에서는 농사를 짓고 정착생활을 하고 있는 백정들을 군역에 편입시켰던 것이다.

백정이 입속하는 군종은 守城軍·侍衛牌·別牌 등이었으며, 이들의 봉족 또는 보인으로 작정되기도 하였다. 이들 중 시위패에 입속한 자들은 세종 때에는 다른 양인 시위패와 마찬가지로 甲士取才에 응시하여 갑사에 오를 수도 있었으며, 세조 때에는 군역에 입속하지 않은 백정들에게도 일반 평민과는 달리 갑사취재가 허용되어 사로에 나아갈 수 있게 되었다.[102] 조선 초기에 이들 백정으로 군역에 입속된 자가 얼마나 되었는지 정확히 알 수는 없지만 세종 7년(1425) 강원도에서만 별패·시위패·수성군 등의 정군에 입속된 자가 98명이었으며, 이 밖에 426명이 봉족으로 擇定되고 있어[103] 상당한 수에 이르렀을 것으로 보인다.

군역의 입속 대상이 된 백정은 유랑생활을 하면서 수렵이나 도살업 등 그들의 전통적인 생활을 계속하는 자가 아니라 정부의 동화정책에 순응하여 농업을 생업으로 하여 생업의 기반이 확보된 자들이었다. 백정으로 가계가 풍족한 자 중에서 武才가 있는 자는 시위패에, 그 다음은 수성군에 입속시키기로 한 것[104]이나, 신백정으로 농업에 종사하여 생활 기반이 확실한 자는 3정을 1호로 편성하고, 비로소 농업에 종사하여 생계가 부실한 자는 5정을 1호로 편성하여 그들 재주의 품등에 따라 별패·시위패·수성군에 충정하기

102) 《世祖實錄》 권 16, 세조 5년 4월 계유.
103) 《世宗實錄》 권 27, 세종 7년 정월 계사.
104) 《世宗實錄》 권 22, 세종 5년 10월 을묘.

로 한 것,[105] 또는 재인과 백정 가운데 재산이 풍족하고 軍伍에 입속하기를 원하는 자에게는 이를 허가하며, 그렇지 못한 자에게는 한전을 지급하고 농업을 권장하여 십여 년을 기다려 그들이 부유하게 된 후에 역을 부담시키기로 한 것[106] 등의 조처로 미루어 보아 백정으로 군역에 입속된 자들은 이미 농업에 종사하여 스스로 생계 유지가 가능한 자들이 그 대상이었음을 알 수 있다.

백정을 군정으로 입속시키려는 정책은 이들을 일반 양인으로 동화시키려는 정책과 결부되어 세종 때에 집중적으로 추진되었으나, 성종 때에 들어와서 동화정책이 실효를 거두지 못하게 됨에 따라 이들은 군역의 부과 대상에서 제외되었으며, 이후에는 군역 부과의 대상으로 거론조차 되지 않았다.

지금까지 살펴 본 바와 같이 백정은 이민족 출신으로 우리 나라에 들어와 그들의 전통적인 생활 방식을 청산하지 못하고 유랑생활을 계속하면서 사회 불안을 야기하고 있었다. 이 때문에 국가에서는 이들에게 농업을 장려하여 생계를 마련해 주고 이들을 군역에 편입하는 등 일반 양인으로 동화시키려 시도하였다. 그러나 이는 거의 실효를 거두지 못하였고 이들의 직업이 도살업 등으로 특수화되어 일반 양인과는 격리되고 자연히 사회적으로 천시되어 일반 양인과 엄격히 구분되었던 것으로 보인다. 그러나 이들은 조선 초기에는 결코 법제적으로 賤身分은 아니었으며 오히려 良身分으로 간주되고 있었다.

〈全炯澤〉

105) 《世宗實錄》 권 26, 세종 6년 6월 신해.
106) 《成宗實錄》 권 54, 성종 6년 4월 경인.

Ⅱ. 가족제도와 의식주 생활

1. 가족제도
2. 의식주 생활

Ⅱ. 가족제도와 의식주 생활

1. 가족제도

가족과 친족에 관련된 제도는 단기간에 급격히 변화하지 않는다. 마찬가지로 조선 초기의 가족제도는 그 전시대인 고려의 가족제도와 여러 측면에서 동질적인 모습을 보이고 있다. 따라서 고려시대 가족제도에 대한 이해는 조선 초기의 가족제도를 이해하는데 많은 도움을 줄 수 있을 것으로 생각된다.

이를 위하여 조선의 초기 가족제도와 관련이 되는 혼인제·가족유형·상속과 양자제도·喪祭와 계보 관념 등의 실상을 고려시대와의 연결 선상에 살펴 볼 것이며 아울러 동성동본자의 조직화 내지 집단화로서의 씨족의 존재 여부에 관해서도 언급하고자 한다.

혼인규칙에 대하여는 그 동안 적지 않은 고찰이 행해졌으며 실제 고려시대에서는 근친혼 내지 동성혼이 상당히 많이 행해진 것으로 알려져 있다. 혼인규칙에 대한 법제적인 측면을 살펴보면, 고려시대에는 초기부터 근친간의 혼인을 금지하는 법령을 내려 동성혼·근친혼에 대한 금령이 내려진 횟수는 고려 말까지 무려 12회에 달하였다. 문종 12년(1048)에 최초로 내린 근친간의 금혼령은 4촌인 당자매까지의 혼인을 금하였으나 그 후 숙종 원년(1096)에는 6촌인 재종자매까지의 금혼으로 그 범위가 확대되었다. 고려 말 충선왕 원년(1309)에 이르러서는 문무 양반의 동성혼까지도 금하기에 이르러 금혼의 범위가 더욱 확대되어 갔다. 실제로 위와 같은 금혼령의 실시로 인하여 고려사회의 동성혼 근친혼은 점차 약화되어 갔다. 그러나 현재까지의 연구에 의하면 왕실은 물론이고 문무 양반과 일반 서민에 이르기까지 동성혼은 물론 大功親이나 당질녀와의 혼인 등 근친혼의 사례가 적지 않게 발견되고 있다.

혼인형태에 있어서는 조선 초기에 이르러서야 여러 명의 처들 가운데 하나의 처만을 正妻로 하고 정처 소생의 자녀들만을 嫡子로 인정하고자 하였으므로 고려시대의 경우처럼 일부일처제도에 관한 법적 조항은 찾아보기 어렵다. 실제로도 고려사회에서는 왕은 물론 지배층이나 고급관료 혹은 부유층에서 여러 명의 처를 취한 사람이 많았으며 선초의 정처제 확립을 위한 법제의 정비에 비추어 볼 때 妻妾分辨이 곤란하고 거의 동등한 지위를 가진 여러 명의 처가 동시에 존재하여 일부다처제가 허용되는 사회였음을 알 수 있다. 이들 여러 처와 그 소생 자녀의 상호간에는 그들에 대한 호칭이나 재산상속 등 측면에서 별로 차이가 없었던 것으로 알려지고 있다.

혼인한 부부가 어디에서 생활을 하느냐 하는 혼인 거주규칙은 가족유형이나 그 밖의 가족제도에 큰 영향을 주기 때문에 매우 중요하다. 이미 알려져 있는 바와 같이 고려시대의 혼인 거주규칙은 결혼 후의 생활이 장기간에 걸쳐 처가에서 이루어지는 '婿留婦家'의 형태였다. 《高麗史》 열전 李穀傳에 기록되어 있듯이 고려시대에는 딸을 결혼시키면 차라리 아들을 내보내는 경우가 있더라도 분가시키지 않고 사위와 함께 사는 혼인형태를 취하였다. 《조선왕조실록》의 기록에서도 고려시대에는 혼인생활을 처가에서 하였으며 거기에서 자녀를 낳고 그 자녀가 장성할 때까지 처가에서 생활하였다고 지적하였다.[1] 20년 이상의 장기간에 걸친 '서류부가'의 혼인형태 하에서는 부계의 친족원들보다 오히려 처가나 외가의 부계가 아닌 친족원들과 더욱 빈번히 접촉하게 됨으로써 부모보다는 처부모가, 친조부모보다는 외조부모가, 그리고 백숙부모와 당형제자매들보다는 외숙부모나 외사촌, 고모 및 고종사촌들이 더욱 친밀하고 자신에게 보다 중요한 의미를 갖는 친족원들이었을 것이다. 이러한 사정은 당시 고려인들의 평균 수명을 염두에 둔다면 더욱 명백히 이해될 수 있다.

또 고려시대에는 지배층이나 양인을 막론하고 상당히 자유롭게 재혼할 수 있었고 또 재혼하였던 것으로 알려져 있다. 비록 법제적으로 부녀자들의 재가에 대한 규제가 존재하기는 하였으나 조선 후기와 같이 그 규제가 강력한 것이 아니었을 뿐만 아니라 그 규제의 강도 또한 전남편의 신분에 따라 규제하는 정도에 차이가 있었다. 즉 낮은 신분인 사람의 처가 재가하는 것은

1) 《太宗實錄》 권 29, 태종 15년 정월 갑인.

문제삼지 않았지만 높은 신분인 사람의 처가 재가하려는 것은 금지하고자 하였다. 시기적으로는 고려 초기보다는 후기에 이를수록 그에 대한 규제가 제도적으로는 강화되고 있었다. 그러나 실제로는 고려시대 전체를 통해 부녀자의 재가가 귀족신분의 부녀자에게도 자유롭게 허용되고 있었으며,[2] 또한 이 시기에는 재가녀가 전남편의 자식과 재산을 가지고 다른 남자와 재혼하기도 하였다. 이러한 사실은 고려시대의 부녀자들의 재혼이 조선 후기의 경우와는 달리 상당히 자유로웠음을 보여주는 것이라 하겠다.

고려시대에 가족의 구성이 어떤 종류의 친족원이었던가를 알기 위해서는 국보 131호인 《李太祖戶籍》에 기재된 가족구성의 내용을 살펴보는 것이 중요하다. 이 사료에는 양인 26호, 천민 15호 도합 41호의 가족이 기재되어 있는데 그 중 판독이 가능한 가족은 양인 19가족과 천민 13가족이다. 그 중 천민의 경우 정상적인 가족을 구성하지 못했을 가능성이 크므로 19가족의 양인 가족의 구성만을 검토함으로써 당시 고려사회의 가족구성의 일면을 살펴보고자 한다.

《이태조호적》에 기재된 양인 가족 19사례는 가구주(戶主)를 기준으로 하여 볼 때 다음의 6가지 유형으로 구분될 수 있다.

① 부부와 미성년의 자녀로 이루어진 가족……3가족
② 부부와 배우자 없는 성인 자녀로 이루어진 가족……3가족
③ 처부모를 포함하는 가족……3가족
④ 딸과 사위를 포함하는 가족……5가족
⑤ 연로한 성인 자매를 포함하는 가족……1가족
⑥ 전남편의 자식을 포함하는 가족……1가족

이러한 6가지 유형의 가족 중 특히 주목되는 가족의 형태는 ③과 ④의 형태이다. 이들 양자의 형태는 호적에 기재된 가구주를 기준으로 하였을 때 가구주가 장인인 경우에는 그 밖의 가족원이 딸과 사위로 나타나거나, 사위가 가구주인 경우는 처부와 처모가 가족원으로 기재되어 있음을 뜻한다. 따라서 이들 두 가지 유형의 가족구성 원리는 사실상 동일한 것으로 보이며 그 경우 전체 양인 가족 19가족 중 무려 42%의 비율인 8가족이나 된다.

2) 《高麗史》 권 116, 列傳 29, 李豆蘭.

부모 · 장남 · 장남의 처 · 손자 등으로 구성되는 직계가족이 이상적인 형태로 간주되었던 조선 후기사회에서 직계가족이 전체가족에서 차지하는 구성비가 양반 가족의 경우 약 40% 전후를 차지하고 있었던 것으로 나타나고 있는 점에[3] 비추어 볼 때 고려사회의 이상적인 가족유형은 기혼의 딸이 그의 배우자(사위)와 자녀(외손)들과 함께 자신의 부모를 모시고 사는 '兩邊的傍系家族'의 형태임을 알 수 있다.

고려시대의 상속제도를 재산상속과 지위상속으로 나누어 살펴보면 모두 '子女均分相續'의 성격이 강하였음을 알 수 있다. 먼저 재산상속의 주요한 대상이 있던 노비상속에 있어서는 자녀 균분상속이 학계의 정설로 받아들여지고 있다. 또한 자손이 없을 때는 使孫에게[4] 상속되거나 夫邊傳來의 노비 와 처변전래의 노비로 각각 구분되어 남편과 처의 本孫으로[5] 돌아가며 친척 이 없는 경우에는 관에 속하게 되어 있었다. 여기서 주의할 것은 노비의 상속이 결코 적장자→적장손으로 이어지는 적장자상속의 형태가 아니었다는 점이다. 만일 이러한 적장자 상속제도를 고려사회가 취하고 있었다면 아들 이 없는 경우 동성의 부계혈연자를 입양하여 적장자→적장손의 상속형태를 취하였겠지만 고려시대에는 이러한 '同宗支子'의 입양제도가 거의 행해지지 않았다. 따라서 자녀가 없는 경우 노비의 상속은 노비주의 형제자매와 백숙부 · 고모와 그들의 자손들에게로 상속되었던 것이다.

고려시대에 상속 대상이 된 토지는 父母田(祖業田 · 父祖田 등으로도 불림)과 국가로부터 지급 받은 토지인 '田丁'의 두 가지가 있는데 먼저 부모전의 경우를 보면, 그 상속의 실제형태는 자녀간에 균분상속하는 형태를 취하였다. 부모전과 상속이 실제로 자녀간에 어떻게 상속되었는가를 조사해 본 결과 적장자가 단독으로 토지를 상속한 사례는 하나도 발견되지 않는 반면 자녀간에 분할하거나 균등한 경우는 여러 사례가 발견되고 있다.

---

3) 조선시대 양반계급의 가족형태에 대하여는 崔在錫, 《韓國家族制度史硏究》(一志社, 1983), 제6장 참조.

4) 이 당시 '使孫'의 의미는 남자뿐만 아니라 여자도 포함하게 되는데 그 구체적인 내용은 형제자매 · 조카(姪)와 질녀 · 생질과 생질녀 · 조카의 자녀 (즉 종손과 종손녀) · 생질의 자녀 · 백숙부 · 고모 · 친사촌과 고종사촌이 포함된다(崔在錫, 위의 책, 292쪽 참조).

5) 本孫의 의미에 대하여는 崔在錫, 위의 책, 347~348쪽 참조.

국가에서 지급받는 토지인 전정의 상속은 법제적으로는 女孫(외손)이 참여하기는 하지만 대체적으로 부→적장자→적장손으로 이어지는 '嫡系主義'에 입각하고 있는 것 같다. 그러나 고려사회의 가족제도에 이와 같은 적계주의가 전혀 반영되어 있지 않았으므로 唐律의 단순한 모방에 지나지 않는 것으로, 실제 시행될 수 있는 사회적 기반을 상실한 제도라고 보아야 할 것이다.

한편《고려사》선거지 음서조를 살펴보아도 이 시기에는 부계친족 위주의 사상이 존재하지 않았다는 점을 명백히 알 수 있다. 특히 공신자손과 조종묘예의 경우는 각각 '挾7女外孫'과 '挾22女外孫'에 이르는 광범한 계열의 자손들에게 거의 차별없이 부조의 은덕으로 음직을 받을 수 있도록 규정하고 있다. 이 때 '挾○女'의 개념은 한 사람의 계보선상에 게재되는 딸의 수를 지칭하는 개념으로 예를 들어 '狹3女'외손이란 딸의 딸이 낳은 딸의 아들로서 성이 세번째 달라진 외손을 말한다.

결국 고려사회에서는 본인의 먼 내외손을 모두 '子孫'혹은 '苗裔'의 범 주로 포괄하여 인식하고 그들에게 거의 대등한 지위를 인정하여 부조의 은덕을 기려 지위를 상속하게 하였다.

부계조상의 제사를 위한 제도로써 딸(사위)이나 외손이 있더라도 아들이 없으면 자기와 동일한 부계 혈연자(즉 동성동본의 자)와 사회적인 부자관계를 맺는 것을 입양이라고 규정할 수 있다. 다시 말해 양자제도란 집안의 영속성과 조상의 제사를 한 세대에서 다음 세대로의 이행을 통해 보장하려는 집단성원의 충원과정을 의미한다.

따라서 고려시대에 부계 혈연자들만으로 구성된 부계 혈연집단인 씨족이 존재하고 그것이 유지되려면 끊임없는 동종지자의 입양을 통하여 혈족의 순수성을 보장하고 그를 통한 집단성원의 충원을 도모하여야만 할 것이다. 이에 고려시대에도 법제적으로는 아들이 없는 사람은 형제의 아들·동종지자나 3세 전에 유기된 어린아이를 입양하도록 규정되어 있었다. 그러나 실제로는 고려시대의 입양은 자기의 아들이 있고 없고에 구애되지 않았으며, 입양 대상자가 동성인가 혹은 이성인가에도 구애되지 않았다. 더욱이 입양사례를 검토해 보면 양자보다는 양녀의 비율이 높고 그 입양의 목적도 제사나 가계 계승을 위한 것이 아니라 주로 보은과 아부, 출세와 존경 때문이었던 것이다.

이렇게 보면 고려시대에는 극히 일부의 사람들만이 양자나 양녀를 들였으며 고려시대의 과거 합격자들에 대한 기록인《國朝榜目》에서도 양자는 발견되지 않는다. 따라서 집단의 성원을 충원하는 과정인 양자제도를 취한 씨족집단은 고려사회에서 존재할 수 없었다.

불교는 고려시대의 모든 계층의 사람들에게 출생에서부터 사후의 祭禮에 이르기까지 생의 단계마다 깊은 영향을 주었다. 따라서 고려시대의 상례와 제사는 모두 불교식이었으며, 이것은《고려사》열전 鄭夢周傳의 "時俗喪祭專尙桑門法"이라는 기록에 의해서도 뚜렷이 확인되고 있다.

묘지명의 분석에 의하면 객지나 전장에서 사망하는 경우를 제외하고 고려인은 보통 私家나 절에서 임종을 맞이하였는데 비록 사가에서 사망한 경우라도 殯所를 佛寺로 옮기는 경우 또한 적지 않았다. 이러한 현상은 고려시대의 사망·상례 의식에 불사의 참여가 많았음을 나타내 준다. 또 불교의 지배적인 장례 절차는 사망→빈소→화장→습골→불사에서의 遺骨權安→埋骨의 과정을 거치는데 불사에서의 유골권안 기간이 짧게는 수개월에서 수년, 길게는 6년 이상인 경우도 있었다. 그런데 이와 같이 수개월에서 수년에 이르는 장기간의 장례기간에 주목한다면 고려시대의 '三年喪'에 관한 법적규정은 실제 거의 행해지지 않았던 것임을 알 수 있다. 실제로는 고려시대에는 3년상에 관한 법제의 시행과 시행중단이 여러 차례 반복되었는데 이러한 현상은 불교식의 장례절차가 지배적인 고려사회의 현실과 다른 유교적인 상례절차를 도입하고자 시도하는 과정에서 나타나는 시행착오를 명백히 입증하는 것이라 하겠다.

《고려사》禮志의 五服制度에 의하면, 친족의 존비친소에 따라 斬衰 3년·齊衰 3년(또는 朞年)·大功 9월·小功 5월·緦麻 3월 등 5종류의 복제로 나누어 상복을 입는 기간을 규정하고 있다. 이와 같은 법제적인 五服親의 규정은 고려사회 현실의 가족·친족제도를 반영하기보다는 중국의 5복제도를 모방하는데 더 역점을 두었기 때문에 부계친의 有服親의 범위가 실제의 고려사회의 현실보다 더욱 넓게 확대되어 있다. 반면 모계친과 처계친의 범위는 현실에 비해 매우 좁은 범위로 한정되고 있다. 특히 처계친족은 처의 부모만이 유복친의 범주에 들어 있다.

그러나 앞에서도 간략히 밝힌 바와 같이 사위와 외손이 처가와 외가에서 생활을 하여 처가와 외가에 대한 은의가 돈독하였으며 처가를 자기집으로 삼아 처부를 아버지로, 처모를 어머니로 호칭하며 마치 부모처럼 섬기는 고려 가족제도의 현실에서 중국과 같은 부계·적계주의가 바탕을 이루는 5복제도와 같은 유교식 상례 절차는 수용되기 어려웠을 것으로 짐작된다.

또한 고려시대에는 아들도 딸도 없는 경우 부계의 근친자를 입양하여 그로 하여금 상례 절차를 주재하게 하는 것이 아니라 남편의 조카나 친정의 조카로 하여금 主喪하게 하거나 아들이 없더라도 딸이 있으면 외손으로 하여금 상례 절차를 관장하게 하였다.

비록 공민왕 2년(1390)에 가묘의 설치와 큰아들이 祭主가 되는 '大夫·士·庶人'의 立廟 및 그 밖의 제사에 관한 법을 제정하였지만 고려사회의 제사제도는 가정에서 주자가례에 의해서 행해지기보다는 대부분 불사에서 재를 올리는 형식으로 치러졌다. 절에서의 '饗祀'는 승려들에 의해 행해졌으나 그에 대한 보답은 사망자의 근친자들인 부녀자가 행하였다. 또 忌齋에는 여자도 남자와 똑같은 자격으로 참여하였다. 재를 준비하기 위한 비용은 자녀들이 모여 공동으로 기금을 마련한 '忌日寶'에서 충당하기도 하였는데, 이와 같은 자녀들이 장례경비를 공동 부담한 것은 자녀간의 균등상속의 현실에서 기인하는 것으로 생각된다.

이상에서 우리는 고려시대의 가족·친족제도에 대하여 개괄해 보았다. 이와 같은 가족·친족제도의 성격을 고려하면서 과연 고려시대에는 씨족집단 즉 부계 혈연자들만의 집단이자 조직체가 존재할 수 있었는가에 대해 살펴보자.

동성인 사람들을 집단화 내지는 조직화한 것을 씨족이라고 한다면 씨족이 존재한다는 것은 동성인 아들·친손 등을 존중하고 중요시하며 이성인 사위나 외손 등을 차별대우한다는 것을 뜻한다. 이러한 존중과 차별대우의 성격은 여러 측면의 가족·친족제도에서 구체적으로 나타나게 된다.

그러나 고려시대에는 혼인제·가족유형·상속제·양자제도·상·제 등 어느 측면에서도 동성인 자만을 존중하고 이성인 자를 차별하는 경우는 발견할 수 없다. 남자가 여자의 집에 가서 혼례를 올리고 처가에서 자녀를 낳아 장성할 때까지 오랜 기간을 생활하는 가족적 전통 속에서는 결코 조선 후기사회에서 볼 수 있는 바와 같은 부계 혈연자들만의 조직체, 즉 동성의 친족원들로서만 구성되는 씨족집단이 형성될 수 없는 것이다. 더욱이 처부모를 자기의 부모처럼 여기고 사위를 자기 자식처럼 생각하며 심지어는 아들을 분가시키는 한이 있더라도 딸은 결혼 후에도 데리고 사는 고려사회의 '서류부가'의 혼인제도와 아들이 없어도 입양을 하지 않고 딸이나 외손으로 하여금 자신의 장례를 주상케 하는 양자제도 및 아들과 딸을 차별하지 않고 재산을 균분상속하는 상속제도 등을 상호 관련지어 볼 때 고려사회에는 집단화 또는 조직화된 동성자의 집단인 씨족이 존재하지 않았음이 명백하다.

이상과 같이 조선 초기의 가족제도의 성격을 이해하기 위한 작업의 일환으로 고려사회의 가족계도에 대하여 살펴보았다. 고려사회에서는 혼인제·가족유형·상속제도·양자제도·상·제 등 가족제도의 여러 측면에서 일관하여 나타나고 있는 바와 같이 동성의 친족만을 존중하고 이성의 친족은 차별하는 부계사회의 일반적인 특성이 거의 발견되지 않았다. 이는 오랜 기간 처가에서 생활을 하는 소위 '서류부가'의 혼인 거주규칙에 기인하는 당연한 사회적 결과인 것이다.

다음에서 우리는 이러한 고려사회의 부계적이 아닌 가족제도의 특성들이 그 다음 시대인 조선사회의 가족제도와 어떻게 관련되고 있는가를 살펴보기로 하자.

1) 혼인제도와 가족유형

고려시대에는 동성혼이 일반적으로 행해졌으며 일부다처제 사회로서, 장기간에 걸친 '서류부가'의 혼인 후 거주규칙이 수용되고 있었다. 그 결과 고려사회의 가족구성에서도 사위와 외손 혹은 장인과 장모가 포함되는 '양변적 방계가족'의 형태를 취하고 있음을 알게 되었다.

조선사회에서도 법제적 측면에서 이성혼에 대해 강조했음에도 불구하고 전기까지는 족보와 호적 등에서 동성혼의 사례가 적지 않게 발견되고 있다. 또 妻妾分辨과 庶孼禁錮의 법제화를 통한 일부일처제도를 지향하고 있으나 실제로는 조선조 중종 때까지도 고려시대의 다처혼의 풍습이 잔존하여 논란의 대상이 되고 있었다.

부녀자의 재혼에 대하여도 조선 전기에 이미 '再嫁女所産子女禁錮法'이 제정되어 있었고 부녀자의 재가에 대한 금지의 논의가 빈번하였다. 그러나 실제에 있어 사대부의 정처였던 자들조차도 재가하는 것을 수치스럽게 생각하지 않는 것이 일반적인 상황이었다.

조선 초기 혼인제도의 여러 측면들 중 가장 중요한 점은 혼인 후 고려시대의 거주규칙과 동일하게 장기간에 걸친 '서류부가'의 관행을 보인다는 것이다. 왕조실록에서 여러 번 언급되고 있는 바와 같이 조선사회의 제가족제도가 적어도 법제도적 측면에서는 중국의 모범을 따르고 고려의 그것과는 상이함을 보이고 있음에도 불구하고 혼인에 있어서는 유독 고려의 풍습을 그대로 답습하고 있다고 지적하고 있다.

또한 그러한 장기간에 걸친 '서류부가'의 결과로서 가족구성에 있어 유교적 이상형인 직계가족적 구성이 아닌 '양변적 방계가족'의 형태를 가져오게 하였을 뿐만 아니라 부계의 동성친족보다는 모계나 처계의 이성친족을 중시하는 결과를 초래함으로써 종법제도가 조선 초기사회에서는 존재할 수 있는 사회적 기반이 결여되고 있다고 기록하고 있다. 다음에서 우리는 이와 같은 점을 보다 상세히 살펴보자.

(1) 조선 초기의 혼인제도

가. 동성혼

조선시대에 들어와 차용된 大明律에 의하면 동성혼을 한 자는 杖 60에 처한다고 하여 동성혼을 금지하고 있으나 실제로는 조선 초기의 양반 사대부 계층에서도 이러한 동성혼의 금지가 전적으로 받아들여지고 있었던 것은 아니다. 예컨대 선조 때의 李睟光의 《芝峯類說》에 따르면 그 때까지도 同姓異貫끼리 혼인을 하였다고 기록하고 있다. 현종 10년(1669)에 이르러 異本이라 하더라도 동성끼리 혼인하는 것을 금지하였음에도 불구하고 동성이본간의 혼인은 심지어 조선 말기까지도 사대부집안에서 일반적으로 행해지고 있었던 것이다.

그런데 조선조의 대표적 양반의 하나인《文化柳氏族譜》에는 조선 전기까지 즉, 문화유씨 11세에서 19세까지의 문화유씨의 사위들 중에서 柳라는 성을 가진 사위들이 10명이 존재하는 것으로 기록하고 있다.[6] 그 구체적인 내용은 다음과 같다.

11세……………1사례(晋州柳氏)
12세……………없 음
13세……………없 음
14세……………1사례(晋州柳氏)
15세……………없 음
16세……………2사례(晋州柳氏·善山柳氏)
17세……………1사례(晋州柳氏)
18세……………2사례(본관 언급없음)
19세……………3사례(晋州柳氏 : 1, 무언급2)

합 계 10사례

위의 문화유씨 19세들은 대체로 1600년 전후로 생존했던 사람들이다. 이 때까지 유씨성을 가진 문화유씨의 사위들은 조선 초에서 조선 중기까지 모두 10사람이 기록되어 있다. 이들 10인을 본관별로 살펴보면 진주유씨가 5인, 선산유씨가 1인, 본관 기록이 없는 경우가 4인이다. 이 가운데 진주유씨와 선산유씨는 모두 문화유씨의 분파이며 문화유씨에서 분관한 사람들의 자손이므로 동성이관이라 하더라도 같은 조상의 자손임이 명백하다. 이렇게 본다면 그들은 같은 조상의 자손들끼리 혼인한 셈이 된다. 또한 본관의 기록이 없는 4인의 사위들도 문화유씨와 동족일 가능성이 전적으로 배제되는 것은 아니다.

한편 17세기 초의 자료이기는 하지만 다음의 〈표 1〉과 같이 1609년과 1630년의《山陰戶籍》의 예를 보더라도 당시까지도 일반 상민계층들 사이에서 동

6)《文化柳氏族譜》(1926).

〈표 1〉 17세기 《산음호적》에 나타난 혼인양상

구 분	1606년 《산음호적》[7]		1630년 《산음호적》[8]	
	소 계(사례수)	32(5.9%)	소 계(사례수)	25(5.8%)
동 성 혼	동성동본	4	동성동본	8
	동성이본	25	동성이본	15
	남편본관 불기록	1	남편본관 불기록	1
	처본관 불기록	2	처본관 불기록	1
이 성 혼		509(94.1%)		406(94.2%)
계		541(100%)		431(100%)

성혼의 사례가 발견되고 있다.

이렇게 볼 때 조선 전기사회에서는 고려시대의 경우와 같이 극단적인 근친혼의 사례는 발견되지 않는다 하더라도 동성동본의 동족원 상호간의 혼인이 지속적으로 행해지고 있었다고 말할 수 있을 것이다.

나. 일부다처제도

고려시대의 혼인형태는 일부다처제도였다. 조선사회에서는 중국 禮敎의 영향에 의해 다처제의 금지가 법제화되었다. 그러나 실제에 있어서는 조선 초에도 고려시대와 같은 다처제의 유습이 존재하다가 중종조 이후 후기로 내려가면서 일부일처제도와 처첩제도가 확립되었다. 따라서 조선 초기는 일부일처제를 지향하고자 하는 법제의 확립 시도와 일부다처제가 적지 않게 행해지고 있는 실제의 다처관행이 서로 상충되는 시기로서 이에 따른 쟁송과 논란이 적지 않게 나타났다. 이에 관한 《조선왕조실록》의 사료 가운데 대표적인 것은 다음과 같다.

① 태종 10년(1410)에 品官 康順이 4처 1첩을 두고 그 중 3처를 연달아 버렸는데 이에 대하여 憲司는 엄히 그 죄를 규탄하고 또한 형조에서는 처가 있는데도 또 처를 얻은 사실을 탄핵하여 職牒을 거두고 律에 의해 그 죄를 논죄하도록 주청하였다(《太宗實錄》 권 11, 태종 10년 정월 기묘).

7) 崔在錫, 앞의 책, 368~370쪽.
8) 崔在錫, 위의 책, 371~373쪽.

② 태종 13년(1413)에 사헌부가 時弊를 논하여 前朝末에 예교가 化行하지 못하여 부부의 의가 문란하여 경·사대부간에는 有妻娶妻한 자, 첩을 처로 삼은 자가 많아 마침내 처첩이 서로 소송을 제기하는 폐단을 이루었으니 지금부터 이들을 律에 의하여 처단하고 嫡庶를 정함에 먼저 취한 처를 嫡으로 할 것을 건의하였다(《太宗實錄》 권 25, 태종 13년 3월 기축).

위의 사료들에서 알 수 있듯이 조선 초기에는 사대부들 사이에도 처가 있으면서도 다시 처를 취하는 자나 첩으로써 처를 삼는 자가 많이 있었다. 또한 다처를 취하거나 처들 중 먼저 취한 자를 정실로 하고 나머지를 첩으로 하여야 한다는 논의 자체는 바로 당시 다처혼의 유습이 상당한 정도로 만연되어 있음을 알게 해주는 것이기도 하다.

다. 혼인 거주규칙

혼인 거주규칙의 측면에서 보아 고려시대에는 결혼 후 남편과 처가 상당히 오랜 기간을 처가에서 생활을 하다가 그들 사이에 자녀를 낳고 장성하면 그제서야 남편의 집으로 이주하여 생활을 하는 '서류부가'의 혼인제도가 일반화되고 있었다. 이와 같이 장기간에 걸친 서류부가는 다만 고려대에 그친 것이 아니라 적어도 사료상으로 보아 조선 중기까지도 지속되고 있는 것으로 생각된다.

조선 초기에도 서류부가가 널리 행해졌다는 것을 보여주는 대표적인 예를 들면 다음과 같다.

① 우리 동방의 典章文物은 모두 중국을 본받았으나 오직 혼인의 예만은 오히려 舊俗으로 돌아가 양으로서 음을 좇아 남자가 여자의 집으로 들어가 자식을 낳아 孫에 이르도록 외가에서 자라니 사람들이 本宗의 중함을 모르더라(《太宗實錄》 권 27, 태종 14년 정월 기묘).

② 우리 나라의 풍속은 (남자가) 처가에서 자라나니 처부모를 볼 때 오히려 자기 부모처럼 하고 처의 부모도 또한 그 사위를 자기 아들처럼 대한다(《成宗實錄》 권 206, 성종 18년 8월 계유).

③ 우리 나라의 풍속은 남자가 여자의 집으로 가니 異姓親의 은의의 분별이 동성친에 비하여 차이가 없다. (외가의) 할아버지가 살아계시면 종형제들이 한

집에서 자라나고 증조부가 살아 계시면 재종형제가 같은 집에서 자라나니 어려서부터 장성할 때까지 서로 형제라 하고, 叔姪祖孫이라 하니 그 은혜와 사랑이 어찌 동성친과 다르리오(《成宗實錄》 권 10, 성종 2년 5월 임진).

④ 우리 나라는 중국의 親迎의 예가 없어 모두 처가를 집으로 삼아 처부를 아버지라 칭하고 처모를 어머니라 부르며 항상 부모처럼 섬기는데 이 또한 綱常이다(《成宗實錄》 권 241, 성종 21년 6월 무신).

위의 사료에서 보이듯이 조선 초기에는 혼인의 예를 중국의 제도를 본받지 않고 오히려 고려로부터 내려온 '서류부가'의 풍습을 따라 남편이 처가에서 오랫동안 생활을 하고 그 자식이 외가에서 나서 자라난다는 것을 알 수 있다. 부모나 외조부모의 은의가 동성 친족에 못지 않고 처부모를 마치 친부모처럼 여기며 처부모를 마치 친부모처럼 여기며 처부모도 사위를 친아들처럼 여김으로써 동성친족의 중요성을 모르게 되었다. 이와 같은 이성친족에 대한 존중과 강조 또한 당시 사회의 윤리도덕의 일부였던 것이다.

이러한 오랜 기간에 걸친 '서류부가'의 혼인 거주규칙은 성종조까지의 조선 초기사회는 물론 중기 이후까지도 지속되었고 조선 후기로 내려갈수록 '서류부가'의 기간이 점차 단축되어 조선 후기에 이르러서는 1년 내지 반 년 혹은 3일로 단축되었다.

라. 부녀자의 재혼

우리 나라의 경우 고려시대에는 부녀자의 재혼이 상당히 자유롭게 행해진 것으로 알려지고 있으나 고려 말에 이르러 재혼을 금지하는 법령이 제정됨으로써 부녀자들의 재가가 규제되기 시작하였다.

그리고 유교사회를 지향하는 조선시대에 들어와 재혼에 대한 규제가 더욱 강화되면서 법제적 측면에서도 부녀자들의 재가에 대한 규제나 금지에 대한 포괄적 규정이 보다 명확히 입법화되기에 이르렀다. 그러나 이러한 법제적 측면에서의 입법규정의 마련이 곧 바로 당시 조선 초기사회에서 부녀자의 재가가 금지되는 결과를 초래하였다고 볼 수는 없다. 물론 조선 후기에 이르러 부녀자의 재혼이 부도덕시 되고 수절을 강요하는 경향이 지배적인 것으로 나타나고 있으나 조선 전기의 《安東權氏成化譜》에 나타나고 있는 바와 같이 부녀자들의 재혼은 실제에 있어 양반 사대부계층에서조차 적지 않게 행해지고 있었던 것이다.

성종 16년(1485)에 "재가하였거나 失行한 부녀자의 아들 및 손자와 서자손은 문과와 생원·진사과에의 응시를 불허한다"[9]고 하여 재가녀 소산자녀에 대해 금고법을 시행함으로써 부녀자의 재가를 금지하고자 하였다. 그러나 실제로는 사대부 부녀자들의 재가를 금지하기보다는 三嫁한 자만을 처벌하고 재가에 대하여는 용인하고자 하는 중신들의 견해가 끊임없이 제기되고 있었다. 따라서 동일한 《경국대전》의 刑典 禁制條에 보면 "士族의 부녀자로 실행한 자(三夫를 고쳐간 자도 같다)는 文案에 기록하고 이조·병조·사헌부·사간원에 공문을 보낸다"고 하여 재가를 실행으로 보지 않으려는 유화적인 태도를 보이기에 이르렀던 것이다.

다시 말해 이와 같은 조선 전기의 부녀자 재혼에 대한 금지 내지는 규제는 그것이 법제화된 것과는 별개로 당시 사대부 계급의 부녀자들 사이에 상당한 정도로 재가가 행해지고 있었음을 알 수 있다.

연산군 6년(1500)의 부녀자 재가에 대한 논의에서 "어미는 같고 아비가 다른 데도 벼슬을 한 사람이 많으므로 풍속을 바로잡기 위하여 성종대에 재가를 금지하였으며 국가에서 節義를 장려해도 失節하는 사람이 많은데 국가에서 개가하라고 하여 예절을 무너뜨리는 것은 불가하다"[10]라는 주장이 나 올 정도로 정부에서조차 부녀자의 재가에 대하여 관용적인 태도를 취하고 있었던 것이다.

(2) 조선 초기의 가족유형

이미 앞에서 우리는 고려시대의 이상적 가족유형이 외손·사위·기혼녀·처부·처모를 포함하여 구성되는 '양변적 방계가족'이라는 점을 언급하면서 이러한 가족유형은 부부가 결혼생활을 어디서 하느냐 하는 '혼인 거주규칙'과 밀접한 관계가 있으며 특히 고려시대의 양변적 방계가족은 당시의 장기간에 걸친 '서류부가혼'의 결과임을 살펴본 바 있다.

---

9) 《經國大典》 권 5, 禮典 諸科.
10) 《燕山君日記》 권 39, 연산군 6년 10월 기축.

조선 초기의 혼인 거주규칙도 사위가 처가에서 혼인생활을 하고 처가에서 자녀를 낳아 장성할 때까지의 오랜 기간을 생활하는 장기간에 걸친 '서류 부가'의 형태를 취하고 있었다. 따라서 조선 초기의 가족유형도 당연히 고려시대와 마찬가지로 '양변적 방계가족'을 이상으로 하는 형태를 취하고 있으리라고 볼 수 있을 것이다. 이러한 '양변적 방계가족'은 서류부가의 기간 이 점차 단축됨에 따라 사라지게 되고 조선 후기에 이르면 여러 명의 아들 중 가계계승 부부와 그들의 자녀를 포함하여 구성되는 직계가족이 이상적인 형태로 간주되게끔 되었다.

다음에서 조선 초기의 이상적 가족유형이 양변적 방계가족의 형태였음을 보여주는 자료를 검토해 보자.

① 우리의 풍속은 중국과 달라 親迎의 예를 거행하지 않는다. 따라서 혹은 외가에서 자라나고 혹은 처부의 집에서 자라나니 은의가 심히 돈독하다(《世宗實錄》 권 48, 세종 12년 7월 경오).

② 우리의 풍속은 남자가 여자의 집으로 가니 이성친의 은의 분별이 동성친에 비하여 차이가 없다. (외가의) 할아버지가[11] 살아 계시면 (외)종형제들이 한집에서 자라나고 (외가의) 증조부가 계시면 (외)재종형제가 한집에서 자라나니 어려서부터 장성할 때까지 서로를 일컬어 형제라 하고 서로를 일컬어 叔姪이라 하며 서로를 일컬어 祖孫이라고 하니 그 은혜와 사랑이 어찌 동성친과 다르리오(《成宗實錄》 권 10, 성종 2년 5월 임진).

③ 우리 나라는 중국의 친영의 예가 없어 모두 처가를 집으로 삼아 처부를 아버지라 칭하고 처모를 어머니라 부르며 항상 부모처럼 받드는데 이 또한 강상이다 (《成宗實錄》 권 241, 성종 21년 6월 무신).

이와 같은 《세종실록》과 《성종실록》의 기록을 통해 볼 때 적어도 조선 초기까지의 이상적인 가족유형은 외손과 외손녀·사위·기혼여식·처부·처모 등이 가족구성에 포함되는 양변적 방계가족의 형태였음을 명확히 알 수 있다.

---

11) 조선 초기에는 부계의 친조부나 모계의 외조부 모두 大父로 동일하게 표현하고 있는 것이 일반적이며 外祖父(혹은 外大父) 등으로 표현하는 예는 찾아볼 수 없다.

2) 상속제와 양자제도

(1) 조선 초기의 상속제

고려시대에는 재산상속이나 제사상속에 있어 모두 아들과 딸 사이에 균등하게 상속·지급하는 성격이 강하였다. 그런데 조선시대의 상속제도 대체로 17세기 중엽을 경계로 그 양상이 크게 다르게 나타나고 있다.

다시 말하면 재산상속에 있어서도 17세기 이전 조선사회는 고려시대와 마찬가지로 자녀간의 상속분에 차이가 없는 균분상속의 형태를 지속하였다. 그러다가 17세기 중엽에서 18세기 중엽에 이르는 동안 점차 장남우대·남녀차별의 차등상속의 형태를 띤 상속 사례가 출현하기 시작하여 18세기 중엽 이후는 이러한 장남우대·남녀차별의 차등상속의 형태가 지배적인 상속형태로 자리잡게 된다. 또한 한가족에서의 장남의 상속분도 1600년대 중엽부터는 점차 증가하는 양상을 보였다. 이렇게 볼 때 17세기 중엽이야말로 한 국역사상 재산상속 제도의 변화에 있어 획기적인 전환점이 되는 시기가 된다.

한편 제사의 상속에서도 대체로 17세기 중엽까지는 중국의 제사의례 수용으로 인해 '長男奉祀'의 사례가 보이기는 하나 대체로 자녀간에 분할하거나 돌아가면서 제사를 받드는 '輪廻奉祀'의 형태가 지배적인 시기였다. 그러나 18세기 초에 이르는 기간 동안 점차 장자봉사의 형태가 일반화되고 드디어 이후에는 '장자봉사'의 형태로 굳어지게 되었다. 따라서 제사상속의 형태 또한 재산상속의 그것과 마찬가지로 1600년대 중엽과 그 이후가 상위한 획기적인 전환의 양상을 보이는 점이 주목된다고 하겠다.

조선시대의 상속제도에 관한 연구는 주로 《分財記》의 분석을 통해 이루어졌다. 현재까지 학계에서 분석된 분재기는 주로 16세기 이후의 것이지만 앞에서 언급한 바와 같이 이 시기의 분재기의 성격이나 기재방식은 15세기 말까지의 조선 초기 그것과 대동소이할 것으로 생각되므로 기존 학계의 연구성과에 따라 16~17세기 사이의 분재기의 내용을 검토함으로써 조선 초기 상속제도의 일반적인 내용에 대하여 추론해 보고자 한다.

가. 조상전래의 재산에 대한 의식

조선시대에 주요한 상속대상이 된 조상전래의 재산인 祖業은 그 형성과 정상 父邊傳來의 재산과 母邊傳來의 재산으로 구분할 수 있다. 조선시대에 이러한 조업의 전래가 어떻게 의식되고 있는가를 먼저 살펴보자.

〈표 2〉 조상전래의 재산에 대한 표현

연 대	조업의 표현	전 거
1526	父母邊傳來 財産	서울대 고문서 No. 70420
1537	家翁邊傳來 家屋	邊時淵 소장 분재기
1548	父邊奴・母邊奴	孫東滿 소장 분재기
1619	父母邊傳來 奴婢田畓	金約瑟 소장 분재기
1630	父母田民	서울대 고문서 No. 66515
1642	父母邊 奴婢田畓	〃 No. 185052
1653	母主邊 奴婢	〃 No. 218193
1656	父母內外邊 奴婢田畓	〃 No. 709608
1664	父母內外邊 奴婢田畓	〃 No. 66498
1683	祖上傳來 田民	〃 No. 213983
1715	先世傳來 田民	〃 No. 231989
1761	祖上傳來 耕食畓	〃 No. 77380

위의 〈표 2〉 에 의하면 대체로 17세기 중엽까지는 외가 측에서 어머니가 결혼할 때 가지고 온 재산과 부계로 전래해 온 재산을 각각 나누어 기재하고 있는데 대하여 그 이후에는 단지 조상전래의 재산으로만 기재하고 있음을 알 수 있다.

이러한 사실에 대하여 다양한 해석이 있을 수 있지만 대체적으로 보아 17세기 중엽 이전까지는 부친쪽과 모친쪽 재산의 중요성이 거의 대등하여 각각 구분하고 동등하게 인식되었다. 그러나 시대의 경과와 함께 점차 재산상속할 때 아들과 딸에게 차등 상속하게 되면서 딸의 상속분이 감소하자 그들의 자녀가 어머니로부터 물려받을 수 있는 재산 즉 모변전래의 재산이 감소하였다. 그리고 사회여건의 변화에 의해 모변전래라는 재산을 굳이 구분하여야 할 필요성이 줄어듬에 따라 이들을 각각 구분하기보다는 부변전래의 재산이라는 표현으로 모변전래의 재산이 흡수된 것이 아닌가 한다.

결국 조선 초기에 자녀간의 균분상속 형태를 취하고 있을 때에는 어머니로부터 상속받은 재산과 아버지로부터 상속받은 재산이 모두 대등한 중요성을 가졌고 따라서 당시 사람들은 이를 각각 별개의 것으로 인식하고 있었음을 짐작할 수 있다.

나. 《분재기》에 나타난 자녀의 호칭

《분재기》에 나타나는 자녀에 대한 호칭의 유형을 시기별로 정리하면 다음의 〈표 3〉과 같다. 즉 대체로 17세기 중엽까지는 남자든 여자든 간에 첫 출생아이에 대하여만 1남(혹은 장남) 혹은 1녀(혹은 장녀)의 호칭을 붙이고 둘째 이하는 첫 출생아를 기준으로 2남(2녀), 3남(3녀) 등의 호칭을 붙이는 A형이 일반적이었다. 즉 자녀의 출생 순위에만 관심을 기울이는 호칭법을 사용하고 있는 것이다.

그런데 17세기 중엽부터 18세기 중엽까지는 이러한 호칭 이외에도 출생아를 남녀로 구분하고 남자는 남자대로 여자는 여자대로 각각 출생 순위를 나타내는 장남·2남·3남과 장녀·2녀·3녀의 호칭을 사용하는 B형의 호칭 법과 남자의 출생 순위만을 구분하여 호칭하고 여자는 다만 女로만 호칭하는 C형이 출현하여 그 비율이 점차 증가하고 있으며 17세기 중엽 이후부터는 C형의 호칭만 집중적으로 나타나는 경향을 보이고 있다.

다시 말하면 17세기 중엽 이전까지의 조선사회에서는 자녀의 출생 순위만

〈표 3〉 《분재기》에 나타난 자녀의 호칭

유 형	자녀의 호칭	1500~1649	1650~1749	1750~1850
A	長子·次女·三男·末男 長女·二女·三女·四男 一男·二女·三男·四男	16	16	–
B	長子·次子·次子·次女 長女·次子·次女 一女·二男·二女 一男·一女·二男	5	5	4
C	長子·長女·二子·次女 長子·次子·三子·女	6	12	8
계		27	33	12

을 강조하고 있음에 반하여 조선 후기부터는 남녀의 구분과 출생 순위를 동시에 강조하며 특히 남자의 출생 순위에 대해 한층 강조점을 두고 있는 것이다.

이와는 별도로 부모가 딸에게 재산을 상속할 때 누구의 명의로 상속분을 분급하는가에 대하여도 살펴보자. 다음의 〈표 4〉에서 보여지듯이 조선 초기로 올라갈수록 사위의 성명을 병기하여 딸의 이름으로 재산을 상속하는 사례가 많아지나 반대로 조선 후기에는 단지 사위의 이름으로만 재산을 상속하는 사례가 눈에 많이 띄고 있다. 이러한 경향은 이미 언급한 자녀의 호칭과 관련시켜 볼 때 조선 초기에는 자녀에 대한 남녀차별 즉 아들과 딸의 차별의식이 싹트지 않았으나 조선 중기를 지나 후기로 내려올수록 아들을 존중하는 반면, 딸을 차별하는 남아존중 의식이 강화 내지는 확립되고 있음을 알 수 있다.

〈표 4〉 딸에게 재산상속할 때의 호칭

	1500~1649	1650~1749	1750~1850
婿○○○妻△氏	15	10	–
三女○○○妻	2	–	–
次女婿○○○	1	14	2
婿○○○	3	4	2
女婿	–	2	–
長女(혹은 次女 등)	2	3	5
女이름	–	3	–
宅號	1	4	–
계	24	40	9

또한 분재기에 나타난 자녀에 대한 호칭의 변화와 재산상속의 경우 피상속인인 딸 명의로 재산을 상속하던 것에서 점차 사위의 이름으로 재산을 차속케 하는 등의 변화는 다음에서 살펴볼 재산상속이나 제사상속의 변화와 시기적으로 일치하고 있다. 그리고 앞에서 언급한 바와 같이 상속에서 아들을 우대하는 현상은 바로 이러한 자녀의 호칭과 피상속인의 변화와 밀접히 상호관련이 있음을 나타내 고 있다고 하겠다.

다. 노비의 상속

토지와 함께 가장 중요한 재산의 형태인 노비의 상속에 대하여《경국대전》

에는 嫡子女 사이에는 承重子에게 주어지는 奉祀條를 제외하면 원칙적으로 장남과 차남의 차별이나 아들과 딸에 대한 차별이 없는 자녀 균분상속의 상속 형태를 취하고 있음을 보여주고 있다. 그러나 상속제도에 대여하는 다만 법전에 의존하여 고찰하기보다는 실질적으로 가산 분급의 형태가 어떻게 이루어지고 있는가를 보여주는 《분재기》의 분석을 통해 살펴보는 것이 보다 정확할 것이다. 앞에서도 여러 번 언급하였지만 법적 규정과 실제의 가족관행은 차이를 보일 수 있기 때문이다.

《분재기》의 분석을 통해 볼 때 자녀간에 이루어진 노비의 상속은 조선 초기는 물론 17세기 중엽까지도 장남과 차남, 아들과 딸의 구별이 없이 철저하게 균분상속의 형태를 취하고 있었던 것으로 이해할 수 있다. 그러나 17세기 중엽부터 18세기 중엽까지는 여전히 균분상속의 형태를 취하는 가족이 많기는 하지만 장남우대·남녀차별이나 남자우대·여자차별 등 아들과 딸에게 차등상속을 하는 가족이 늘어나는 경향을 보였다. 18세기 중엽부터는 자녀간의 균분상속 제도는 거의 사라지고 장남을 우대하는 가운데 아들과 딸을 차별하는 상속형태가 일반화되고 있는 것이다.

다음의 〈표 5〉는 조선시대의 재산상속에 있어 노비의 상속이 자녀간에 어떻게 이루어지는가를 정리한 것이다.

〈표 5〉 嫡子女간의 노비 분급 형태

상속형태 \ 시 기	1500~1649	1650~1749	1750~1850
균분상속	21	22	–
장남우대	1	8	–
남녀차별	–	2	–
남녀균분 여자차별	–	4	1
장남우대 여자차별	–	–	2
장남 아닌 자 우대	2	2	–
계	24	38	3

위의 〈표 5〉에 보이는 바와 같이 조선 전기의 가족들이 거의 대부분 자녀간의 철저한 균분상속 형태를 취하고 있는 점은 뒤에 살펴볼 전답 즉 토지의 상속형태와도 일치하고 있다.

라. 토지의 상속

가산으로서의 토지 즉 父母田의 상속에서도 조선 전기까지는 노비상속의 예에서 보는 바와 마찬가지로 자녀간에 균분상속되었다. 이와 같은 토지의 자녀 균분상속은 고려시대는 물론 조선 초기와 중기까지도 대부분의 가족들이 수용하고 있던 일반화된 상속형태였으나 17세기 중엽부터는 노비상속의 예에서 볼 수 있듯이 점차 아들과 딸, 장남과 차남의 상속분에서 차이가 나타나기 시작하고 이와 같은 차등상속의 경향은 마침내 18세기 중엽 이후에는 보편화되었던 것이다.

다음은 조선시대의 《분재기》에서 나타나고 있는 아들과 딸간에 어떻게 상속되고 있는가 하는 토지상속 형태를 정리한 표이다.

〈표 6〉 嫡子女의 토지 분급형태

상속형태 \ 시기	1500~1649	1650~1749	1750~1850
균분상속	20	19	4
장남우대	1	5	1
남녀차별(남자우대)	–	5	2
남자균분 · 여자차별	–	4	3
장남우대 · 여자차별	–	2	2
장남 아닌 자 우대(여자차별)	–	1	1
장남 아닌 자 우대	3	7	1
계	24	43	14

위의 〈표 6〉에서 나타나는 바와 같이 토지의 상속은 대체로 노비의 분급경향과 일치하고 있다. 즉 조선 초기로부터 1600년대 중엽까지는 철저하게 아들과 딸의 구별이 없고 장남과 차남 이하의 차별이 없이 균등하게 토지를 상속하였으나 1600년대 중엽 이후부터는 이러한 균분상속 형태의 비율이 줄어들고 자녀의 성별 · 출생순위에 따른 차등상속이 급격히 증가하기 시작하고 18세기 중기 이후는 이와 같은 차등상속이 일반화하기에 이르렀다.

이와 같이 볼 때 조선 초기의 재산상속은 이전시기인 고려시대의 상속제도와 동일하게 재산의 내용이 노비이든 혹은 토지이든 간에 자녀 모두에게 균등하게 분급되는 균분상속의 형태를 취하였다. 그리고 그와 같은 균분상속의 결과 어머니가 친정으로부터 상속받아 온 모변전래의 재산의 중요성이 부계로 상속되어 온 부변전래의 재산의 중요성에 못지 않으므로 이들 양자를 각각 구분하여 별개의 것으로 인식해야 할 필요성이 대두되었다고 할 수 있다.

이러한 재산상속의 형태는 차라리 아들을 결혼시켜 내보낼지언정 딸을 사위·외손과 함께 데리고 살며 자신의 노후를 봉양하게 하는 장기간에 걸친 '서류부가'의 혼인규칙과 밀접하게 관련되고 있다. 당연한 이야기겠지만 실제로 자신을 봉양하고 있는 딸과 사위에게, 따로 나가서 살고 있는 아들보다 상속분을 적게 주는 남녀차별의 차등상속 형태를 취할 리는 없는 것이다. 다시 말하여 조선 초기에는 장기간의 서류부가가 행하여짐으로써 자녀간의 균분상속이 일반화되고 있었지만 후기로 내려가면서 점차 서류부가의 기간이 단축되어 딸과 사위가 더 이상 자신의 노후를 봉양하지 않게 되자 아들과 딸 사이에 재산을 차등있게 상속하는 차등상속 형태를 취하게 되었을 것이다.

조선 중기까지의 가족생활은 이미 언급한 바와 같이 장기간의 서류부가로 인해 양변적 방계가족의 형태를 취하고 있었고 딸도 아들과 동등한 상속분을 받고 있었는데 이 때까지의 조선사회의 혼인은 일반적으로 部落內婚의 형태를 취하고 있었을 가능성이 높다. 왜냐하면 사위가 처가에 입주하는 것이 용이하고 장기간의 서류부가 후 자기 집으로 돌아간 이후에도 처가로부터 상속받은 재산인 토지를 관리·경작하기 위해서는 필연적으로 토지를 중심으로 자신의 집과 처가가 인접하고 있는 부락내혼의 형태를 취하여야만 한다는 것이다. 만일 조선 후기처럼 사대부들이 수십 리나 혹은 수백 리 떨어져 있는 원거리혼인을 이상적으로 간주한다면 그 때는 처가로부터 상속받은 토지를 직접 관리·경작하는 것이 불가능하였을 것이기 때문이다.

마. 제사의 상속

고려사회의 喪·祭는 그 풍속이 전적으로 불가의 법을 숭상한다는 기록이나 가족유형과 입양의 관점에서 보아 제사상속에 있어 장남에서 장손으로 이어지는 嫡系主義에 따른 장자봉사가 행해지지 않았다.

그런데 조선 초기에 실제로 행해진 상·제의 거행에서는 전 시기인 고려 사회로부터 이어지는 불교식 상제법이 잔존하고 있는 가운데 유교식의 상제법을 따르면서도 장남만이 제사를 상속하고 상례를 주관하는 본래적 형태와는 달리 아들과 딸 혹은 외손 등이 모두 상례절차를 주관하였다. 아울러 제사를 상속·거행하는 경우에도 아들과 딸이 분할하여 각기 담당한 제사를 봉사하거나 그들 사이에 윤회하며 봉사하는 형태를 취하였다. 물론 당시에도 극소수의 사대부계층이 장자봉사의 원칙을 수용하는 예가 드물게 나타나고는 있으나 윤회나 분할봉사가 일반적이었다.

그런데 이러한 장자봉사와 자녀간의 윤화·분할봉사는 아무래도 각각 상이한 역사적·사회적 배경에서 유래하는 것으로 보인다. 다시 말하여 윤회·분할봉사를 가능하게 하는 기반이 고려식의 불교식 상제에서는 있을 수 있으나 장자봉사의 사회적 기반은 고려시대에는 찾아볼 수 없기 때문이다.

즉 고려시대에서는 매장이 아닌 화장에 의해 유골을 절에 안치하고 불교식 제사의식인 齋를 거행하였으며 가산인 토지와 노비를 아들과 딸, 장남과 차남간에 차등이 없이 균분상속케 하고 있는 점에서 자녀간의 분할이나 윤회봉사가 일반화될 수 있었다. 부모의 재산을 적장자가 단독으로 상속하거나 차남 이하에 비해 상대적으로 우월한 상속치분을 갖는 적장자 우대의 상속제도 아래에서만 시행이 가능한 장자봉사의 원리는 그 존재기반이 없는 고려사회와 조선 초기사회에서는 외래의 중국문화의 단순한 모방과 수용에 불과한 것이다.

그러면 먼저 《분재기》의 기록들을 통하여 조선사회의 제사 대상이 구체적으로 누구이며 어느 범위의 조상까지를 제사의 대상으로 삼았는가 그리고 그 대상이 시대적으로 어떻게 변화했는지 살펴보자.

조선 시대가 17세기 중엽에 이르기까지는 다음 <표 7>과 같이 제사의 대상자를 구체적으로 밝히지 않고 거의 전부가 '봉사'조로만 표기하였다. 그러나 17세기 중엽부터 18세기 중엽에 이르는 시기에는 '봉사'조로만 표기하는 경향이 두드러지기는 하나 부모·조부모 등의 제사대상을 구체적으로 밝히는 경향이 나타나기 시작하고 18세기 중엽 이후에는 거의 대다수가 부모·조부모·증조부모 등 봉사의 대상자를 구체화시키고 있다. 이러한 사실

〈표 7〉 제사의 명칭과 대상자

시기 명칭과 대상	1500~1659	1660~1749	1750~1880
奉 祀	21	20	3
祭 祀	–	2	–
承 重	1	2	–
祀 位	1	–	–
本宗祭祀	–	1	–
父母奉祀(祭位)	–	4	5
祖父母・父母奉祀	–	2	1
曾・祖・父母	–	–	2
高・曾・祖・父母	–	–	1
祖父母・祖上祭祀	–	1	–
父母・先世奉祀	–	1	–
七代位土	–	–	1
元奉祀・新奉祀	–	1	–
祖上祭需・父母忌祭・外祖父母	1	–	–
外家祭祀	–	1	–
本宗・妻邊父母	–	1	–
外家祭祀承重	1	–	–
不 明	2	–	–
계	27	36	13

은 조선 초기보다도 중기나 후기로 내려갈수록 조상에 대한 제사에의 관심이 커지고 있다는 점을 반영하는 것으로 이해될 수 있다.

한편 위의 표에서 보이는 바와 같이 조선 초기에는 막연하게 奉祀 등으로 표현하는 예가 많으나 외조부모나 외가의 제사를 지내기도 하고 부모와 조부모의 1・2대 조상에 대해 제사를 지냈다. 그러나 중기를 지나 조선 후기에 이르면 외가나 처가에 대한 봉사가 거의 사라진 반면 증조・고조 등의 부계의 3・4대 조상이 제사의 대상으로 확대되었다.

이와 같이 제사의 대상으로서 외가나 처가의 조상이 배제되고 부계의 조상에만 한정하고 제사의 범위를 부계 1・2대의 조상에서 3・4대의 조상으로 확대시키고 있는 점은 조선 후기의 부계 혈연자들만의 집단인 씨족집단의 형성과 밀접한 관련이 있다.

이상에서 논의한 바를 정리하여 보면 조선 초기의 제사상속은 부모나 조부모에 대한 봉사를 자녀간에 분할하거나 윤회하여 행하는 것이 일반적이었고 유교적 소양을 갖춘 일부 사대부계층에서 중국의 영향을 받아 장자단독으로 제사를 상속하고 봉사하는 것이 극소수의 예외적인 현상으로 나타나고 있었다. 장자봉사가 조선 초기사회에 일반화될 수 없었던 것은 그 바탕이 되는 적계주의의 원리가 다른 가족제도에서 발견되지 않는다는 점에서 명백히 이해될 수 있다.

《조선왕조실록》의 기록 속에서는 제사상속의 당시 실정을 다음과 같이 밝히고 있다.

> 우리 나라에서는 비록 사대부가 후손(아들)이 없는 경우라 하더라도 또한 후사를 세우지 않고 딸로 하여금 제사를 주관케 한다(《中宗實錄》 권 26, 중종 11년 10월 을사).

즉 조상에 대한 제사의 장자 단독봉사가 성리학 도입과 함께 일부 계층에서 수용되기는 하였으나 당시의 지배층인 사대부층에서 조차 아들이 없으면 同宗支子를 입양하여 그에게 제사를 주관케 하는 것이 아니라 딸로 하여금 제사를 지내게 하였다. 그러므로 적계주의의 원리가 지켜지지 않고 있음은 물론, 제사에 아들과 딸이 모두 참여하여 윤회·분할봉사하는 형태가 보다 일반적이었음을 알 수 있다. 다시 말하여 아들 중에서 장자만 제사를 상속할 수 있고 아들이 없이 딸만 있는 경우에는 당연히 부계 혈연자의 자손 가운데 자기 아들의 항렬에 맞는 자를 입양하여 그에게 자신을 봉사하게 하는 것이 제사상속에서의 적계주의의 본래적인 모습이다. 그런데 아들이 없을 때 딸에게 자신을 봉사케 하는 조선 초기의 제사상속 관행은 이러한 적계주의가 전혀 수용되지 않고 있음을 나타낸다고 하겠다.

다음에서 조선시대의 부모와 조상에 대한 봉사의 물질적 재원이 되는 봉사조의 존재와 그 상속에 대하여 살펴보자.

《경국대전》에 의하면 적장자 상속분의 20%를 봉사조로 하여 봉사자에게 별도로 지급하도록 규정하고 있으나 실제 《분재기》의 분석결과 이와는 달리 다양하게 행해지고 있었음을 알 수 있다. 즉 봉사조를 따로 분급하지 않는 경우도 있지만 무려 16배가 넘는 봉사조를 분급하기도 하였다. 대체로 보아 사례별로 차이가 있기는 하나 봉사조의 비율은 장남의 상속분의 20%를 상회하고 있다.

조선 초기의 제사상속이 자녀간에 분할 혹은 윤회되는 것이 일반적인 현상임을 생각할 때 봉사조가 존재한다고 하여 이것이 장남이나 아들들에게만 일괄 상속되는 것은 아니다. 조선 후기나 20세기 한국가족의 재산상속에서 장남의 상속분이 차남이나 3남 등에 비해 월등히 많은 것은 이 봉사조를 별도로 구분하지 않고 장남의 몫에 산입하여 일괄 분재하기 때문에 나타나는 결과이다. 만일 봉사조의 전답과 노비를 별도로 구분한다면 장남이 차지하는 상속분의 비율이 크게 줄어들 것이다. 다시 말하면 조선 초기는 물론 1600년대 중엽까지도 장남과 차남 사이나 아들과 딸 사이는 차별없이 재산 분배량이 동일하였다. 봉사조를 봉사자가 단독으로 갖게 되고 점차 장남이 다른 자녀에 비해 상속분을 더 많이 가지면서 동시에 봉사조도 가지게 되었던 것이다.

(2) 조선 초기의 양자제도

고려시대에는 족보·묘지명《국조방목》등의 여러 자료를 통해서 볼 때 입양이 거의 행해지지 않았으며 설사 입양이 행해졌다 하더라도 그것은 부계 조상의 제사나 가계계승과는 관계가 없었다. 그런데 지금까지의 학계의 연구결과에 의하면 양자제도의 이러한 경향은 조선 중기까지도 지속되고 있었던 것으로 밝혀지고 있다.

다시 말하여 딸(사위)이나 외손이 있더라도 아들이 없으면 반드시 자기와 동일한 부계 혈연자 가운데 *昭穆之序*에 맞는 자를 입양하여 사회적 부자관계를 맺고 그로 하여금 제사와 가계계승을 도모하여 혈족의 순수성을 보존하는 것이 입양제도의 본래적 의의임을 고려한다면, 입양제도나 상속제도는 후술할 제사나 족보·종법제도와 밀접한 관련이 있는 것이다.

그런데 이미 앞에서 살펴본 바와 같이 재산상속이 자녀 균분상속의 형태를 취하고 제사의 상속이 자녀간 분할·윤회의 형태를 취하기 때문에 아들이 없더라도 딸이 있으면 양자를 들이지 않고 딸에게 제사를 지내게 하는 것이 조선 초기사회의 사대부들의 실정이었다.

《조선왕조실록》에서는 다음과 같이 조선 초기뿐 아니라 16세기까지도 양자제도가 존재하지 않았음을 지적하고 있다.

> ① 오늘날 세상풍속에 女孫(즉 외손)이 있으면 아무도 타인의 아들을 빌어 후사로 삼지 않는다(《世宗實錄》 권 97, 세종 24년 8월 신축).
>
> ② 우리 나라에서는 비록 사대부가 후손이 없는 경우라도 또한 사당을 세우지 않고 딸로 하여금 제사를 주관하게 한다(《中宗實錄》 권 26, 중종 11년 10월 을사).

위의 기록에 보이는 바와 같이 조선 초기 당시의 풍습에 아들이 없다고 하더라도 외손(딸)이 있으면 비록 同宗의 아들이 있더라도 그를 입양하지 않고 딸에게 제사를 주관하게 하였음을 알 수 있다.

이와 같이 동종지자를 입양하여 남자로 하여금 자신의 제사를 담당케 하고,

〈표 8〉 《국조방목》을 통해 본 양자의 비율

연　대	급제자의 수	양자의 수(%)
1393~1405	205	–
1420~1429	176	–
1444~1453	263	–
1472~1478	158	–
1498~1504	161	2 (1.24)
1520~1528	208	2 (0.96)
1546~1549	108	4 (3.7)
1570~1577	238	8 (3.36)
1599~1603	176	9 (5.11)
1618~1624	246	13 (5.28)
1635~1644	264	14 (5.30)
1657~1663	222	18 (8.11)
1678~1683	307	21 (6.84)
1696~1702	263	15 (5.70)
1723~1728	328	18 (5.49)
1747~1754	313	29 (9.27)
1773~1777	400	42 (10.50)
1798~1803	265	33 (12.45)
1822~1829	287	34 (11.85)
1847~1853	247	31 (12.55)

가계를 계승케 하는 입양제도는 조선 초기사회에는 전혀 존재하지 않았다. 더욱이 조선 태조 때의 중신인 裵克廉의 경우는 자기 누이의 외손으로 하여금 자신의 제사를 주관케 하였다.[12]

조선 초기에 동종지자의 입양제도가 존재하지 않았다는 것은《국조방목》의 기록을 살펴보아도 알 수 있다. 즉 앞의 〈표 8〉에서 볼 수 있듯이 15세기 말까지도 입양자의 과거 합격사례는 전혀 발견되고 있지 않았다. 그러나 16세기 이후 급제자들 중에서 입양된 양자 사례가 출현하기 시작하여 후기로 내려갈수록 그들이 급제자들 중에서 차지하는 비율은 점차 증가해 갔다.

따라서 15세기까지 조선사회에서는 법제적인 측면에서 동종지자의 입양제도가 확립되어 있었다고 하더라도 현실적으로는 전혀 기능하지 못하고 있었음을 알 수 있다.

입양제도란 전술한 바와 같이 동종의 혈족집단을 계승·유지하기 위해 혈족집단의 성원을 충원시키는 장치이다. 그런데 조선 초기사회에서 동종지자를 입양하는 사례가 전혀 존재하지 않았다면 따라서 이 시기는 부계의 동종혈연자들만의 조직체인 씨족집단 또한 존재하지 않았을 것이다. 성원의 충원을 위한 장치를 결여한 사회집단은 결코 존재할 수 없기 때문이다.

3) 장례와 제사

조선 초기의 가족제도에 관한 국가적 과제는 家禮의 시행 즉 한결같이《朱子家禮》에 의거하는 것이었으므로 유교식의 喪·祭가 아닌 것에 대한 억제나 금지에 관한 논의가 확발하게 전개되었다.

먼저 葬法에서 조선 초기에는 대체로 불교식의 화장법과 매장법 등 여러 양식이 존재하고 있었다. 따라서 당시 상례를 유교화하는데 있어서 당면한 과제는 고려시대로부터 이어지는 화장의 근절이었다. 왜냐하면 그것이 불교식의 장례제도의 핵심이기 때문이다.

화장은 이미 고려 공양왕 원년(1389)부터 그 금지에 관한 논의가 전개되었

12)《太祖實錄》권 2, 태조 원년 12월 무신.

다. 즉 憲司는 茶毗法이 매우 부당하다고 지적하고 '오랑캐의 無父의 종교가 가르치는 바'에 따르는 화장을 금지하도록 상소하고 있었다.[13] 그리고 그 이듬해에는 大夫·士·庶人의 사당의 설치(立廟)와 제사를 《주자가례》에 의하여 시행하도록 하는 법령이 제정되고 동왕 3년에는 대명률에 따른 상복제를 시행하되 3년상이 천하에서 통상적으로 행하는 喪禮임을 밝혔다. 그리고 조선조에 수용된 대명률에서 화장 및 시체의 소각에 관한 처벌규정이 명문화되어 있음은 물론이다.

조선시대에서도 초기에는 불교식 장례를 법제적으로 '前朝의 폐단'이라든지 '음란한 제사' 또는 '귀신에 아첨하고 섬기는 것' 등으로 규정하여 엄금하고 《주자가례》에 의해 유교식 상제절차를 따르도록 강요하였다. 그러나 실제로는 《주자가례》에 의한 유교식의 상·제가 뿌리를 내리지 못하고 적어도 15세기까지는 대다수의 사람들에 고려에서 전래된 불교식 상·제를 행하였다. 그런데 이러한 불교식 상제는 조선 중기를 지나 후기로 가면서 점차 유교식의 상례와 제사절차에 그 지위를 양보하게 되었다.

(1) 법제로서의 상·제

전술한 바와 같이 상장법은 한결같이 《주자가례》에 의한 유교적 예법을 따르도록 하였다. 세종 24년(1442)에 외조모의 상에 상주노릇을 할 수 있는 사람은 오직 承重長孫이고 외손은 상주노릇을 할 수 없다고 판시하였다.[14] 한편 성종 5년(1474)에는 부모의 화장을 엄히 다스리도록 하고 위반자를 검거하지 못한 관리나 管領·里正은 물론 가까운 이웃까지도 논죄하도록 하였다.[15] 또한 중종 11년(1516) 鄭光弼 등은 서인이나 천민들도 모두 3년상을 거행하도록 할 것을 건의하였는데 서인 중에서 役事를 피하려고 3년상을 치르기를 자청하는 자가 있을 것이기 때문에 서인들이 모두 3년 상을 거행하도록 하는 것은 옳지 않다고 하여 다만 진정으로 이를 행하려는 사람이 있을 경우에만 허락하도록 하였다.[16]

---

13) 《高麗史》 권 85, 志 39, 刑法 2.
14) 《世宗實錄》 권 97, 세종 24년 7월 무인.
15) 《成宗實錄》 권 41, 성종 5년 4월 기묘.
16) 《中宗實錄》 권 26, 중종 11년 9월 갑진.

이러한 사례에서 볼 수 있듯이 적어도 성종조까지는 백성들 중에 부모의 장례를 불교의 전통의식에 따라 화장하는 자가 적지 않았으며 상주가 될 수 있는 사람에서 외손을 제외시키려고 법제화를 시도할 정도로 외손봉사 또한 널리 행해졌던 것이다. 화장을 엄금하고 상주가 될 수 있는 자에서 외손을 제거하려고 하는 시도 자체도 당시 법령에 위배되는 외손봉사와 화장 등이 만연하고 있음을 반영하는 것이다. 또 3년상의 시행에서는 서인이나 천민에 대하여도 논의한 바가 많았지만 주로 사족에 대하여만 3년상의 시행이 강력히 요구되었음을 알 수 있다.

조선조가 개국한 태조 원년(1392)에 벌써 가묘를 세워 선조에 대한 제사를 지내게 하고 그 밖의 제사는 일체 금단하게 하였다.[17] 태조 6년(1397)에는 기일을 정하여 기일까지 사당을 세우게 하되 소위 구폐인 불교식 제사를 따르는 자는 헌사로 하여금 糾理하도록 하였다.[18] 이 때는 《經濟六典》이 반포된 해인데 여기에 보면 차자는 가묘 즉 사당을 세울 수 없게 하였다. 즉 적장주의를 적극 권장한 것이다.

한편, 태종 원년(1401)에는 대사헌 李至 등의 상소를 받아들여 사대부 집안에서 솔선수범하여 가묘를 세우게 하고 만일 수령이 적장자이면 신주를 받들고 임지로 부임케 하여 《주자가례》에 따른 제사의식을 거행하도록 하였다.[19] 태종 16년(1416)에는 가묘 설치의 기한을 그 해로 잡으면 범법자가 많을 것이나 다음해 12월까지로 기한을 길게 잡을 것과 3품 이하로 집이 가난하고 터가 좁아 가묘를 세울 수 없는 자는 《經濟六典》에 의거하여 방 한 칸을 골라 제사지내게 하였다.[20]

또한 세종 11년(1429)에는 전년의 詳定所와 예조의 가례제사에 관한 상소를 받아들여 다음과 같이 결정하였다.

① 만일 장자와 장손이 잔약하고 용렬하여 남의 집에 고용되어 살고 있어 宗人이 상조하더라도 마침내 사당을 세울 수 없는 사람은 차자가 묘를 세울 수 없는 《경제6전》의 예에 따라 正室 한 칸을 가려서 신주를 받들도록 한다.

---

17) 《太祖實錄》 권 2, 태조 원년 9월 임인.
18) 《太祖實錄》 권 11, 태조 6년 4월 정미.
19) 《太宗實錄》 권 2, 태종 원년 12월 기미.
20) 《太宗實錄》 권 11, 태종 16년 6월 정축.

② 장자와 장손이 사당을 세우게 되면 신주를 奉還한다.
③ 그 밖의 장자와 장손은 廢疾者라 하더라도 진실로 舍宅만 있으면 모두 사당을 세우게 한다.
④ 曾祖廟는 文公家禮의 大宗·小宗의 그림에 의거하면 증조의 장자와 장손은 모두 宗이 되어 사당을 짓고 신주를 세워 제사를 지내는 것이므로 그 밖의 증조의 衆曾孫은 그 집에 가서 執事와 더불어 물건으로 상조한다.
⑤ 그들이 서로 멀리 떨어져 있어 제사에 참석하지 못하는 사람은 문공가례에 의거하여 제사를 지낼 때에만 신주를 설치하므로 紙榜으로 표기했다가 제사를 마치면 이를 불사르고 조부와 아버지의 廟祭 또한 그렇게 하도록 하였다 (이상《世宗實錄》권 44, 세종 11년 4월 정유).

세종 12년(1430)에는 判漢城府事가 금년이 5·6품들이 가묘를 세우는 연한이라고 아뢰니 세종은 다만 가묘의 설립 여부만을 고찰하라고 하였다.[21] 다음해는 대사헌이 가묘 설치의 연한을 계축년(1433)으로 하면 가묘를 설치하지 못하여 죄를 범하는 자가 많아질 것이므로 그 시한을 무오년(1438)으로 연기하는 것이 좋겠다고 상언하자 국왕이 또다시 기한을 늦출 수 없다고 하였다.[22] 또한 세종 14년(1432)에는 차소 人吏 중에서 가묘제사를 하지 않는 자는 갑인년(1434) 정월부터 조사하여 처벌케 하였다.[23]

한편 성종 16년(1485)에 반포된《경국대전》예전 봉사조에서는 적장자가 제사를 지내되 적장자에게 후사가 없으면 衆子가 봉사하고 중자에게 아들이 없으면 다시 첩의 아들로 하여금 제사를 지내도록 규정하였다.

이렇게 볼 때 조선 초기의 법제적 측면에서의 상·제에 관한 규정은 대체로 다음과 같은 특징을 가지고 있음을 알 수 있다.

첫째, 불교식 상·제에서 유교식 상·제로 바꾸었다.

둘째, 유교식 상·제 가운데에도 꼭《주자가례》의 내용만을 고집하였다.

셋째, 반드시 가묘를 설치하고 제사를 지내도록 하였다.

넷째, 반드시 장자가 제사를 봉사하도록 하였다.

다섯째, 장기간에 걸쳐 여러 차례 끈질기게 상·장이나 제사의 개혁을 추구하고 법제화하고자 하였다.

21)《世宗實錄》권 49, 세종 12년 9월 계유.
22)《世宗實錄》권 54. 세종 13년 12월 계유.
23)《世宗實錄》권 55, 세종 14년 2월 신묘.

여섯째, 상제가 변혁된 것은 자연발생적인 것이 아니라 국가권력에 의한 인위적이고 강제적인 것이었다.

(2) 조선 초기 상·제의 실제

앞에서는 주로 조선 초기의 상·제에 관한 법적 규정에 관하여 살펴보았는데 다음에서는 실제로 조선 초기에 상·제가 어떻게 행해지고 있었는가 하는 측면에 대하여 알아보자.

이미 살펴본 바와 같이 조선 초기에 수 차례에 걸쳐 여러 번 끈질기게 유교식 상·제의 법제화를 추구하였다는 것 자체는 당시에 불교식을 위주로 하는 비유교적인 상·제가 널리 행해지고 있었음을 반증하는 것이었다.

그러면 《조선왕조실록》에 나타난 실제의 상·제의 형태는 법제적 상·제와는 상위하다는 점을 제시하고자 한다.

고려시대에는 100일상이 일반의 풍습이고 《주자가례》에 있는 3년상의 제사가 행해지지 않았는데 이러한 사정은 다음의 태조 7년(1398)의 기록에 잘 나타나 있다. 즉 "묵은 습관에 따라서 겨우 100일만 하면 吉服을 입고 白笠으로 朝路에 분주히 돌아다니면서도 조금도 부끄럽게 여기지 않는다"[24]고 밝히고 있는 것이다. 또한 정종 원년(1399)에도 "3년상은 천하에 공통의 상인데 겨우 100일만에 길복을 입고 음주와 육식을 하여 남녀가 혼인한다"[25] 고 하였으며, 태종 3년(1403)의 기록 역시 "부녀자는 前朝의 弊習에 따라 모두 100일을 한계로 삼아 상복을 벗는다"[26]고 하였다. 또한 태종 4년의 기록에서도 "사대부 집안에서 자신과 혼인을 주관하는 자가 衰絰 중에 있더라도 혼인을 허락하거나 成婚하는 경우가 있다"[27]고 지적하였다.

개국한지 40년이 경과한 세종 14년(1432)의 기록을 보면 불교식으로 상을 치르는 자가 사대부 10명 중 6·7명에 달하고 유교식으로 상을 치르는 자는 겨우 3~4명에 불과한데 불교식으로 治喪을 하는 자는 제를 올리고 불사를

24) 《太祖實錄》 권 15, 태조 7년 2월 무인.
25) 《定宗實錄》 권 1, 정종 원년 2월 경진.
26) 《太宗實錄》 권 5, 태종 3년 4월 경술.
27) 《太宗實錄》 권 8, 태종 4년 8월 기축.

찾는다고 적고 있다.[28]

심지어 16세기의 중종 때까지도 사대부들이 상·제를 《주자가례》대로 거행하지 않아 哭踊하는 수나 음식절차, 期功의 복제가 모두 실시되지 않는데도 대책을 강구하지 않는 실정이었다.[29]

이렇게 볼 때 조선 초기에는 《주자가례》에 의한 유교식 상·제가 강요되고 있었음에도 불구하고 이에 따르는 자가 비록 사대부계급이라 하더라도 10명 중 3~4명에 불과한 실정이었으며 대다수는 3년상과 유교식 상·제 절차를 따르기보다는 오히려 불교식 상·제를 따르는 경우가 보편적인 현상이었던 것이다.

지금까지는 주로 상장제에 대하여 알아보았는데 다음에는 실제의 제사가 어떻게 거행되고 있었는가에 대하여 살펴보자. 이를 위하여 먼저 《주자가례》에 의한 가묘의 설립이 어느 정도로 널리 시행되고 있었는가에 대하여 《조선왕조실록》의 기록을 중심으로 살펴보자.

앞에서 살펴본 바와 같이 개국 첫해부터 가묘제사를 법제화하고자 노력하였음에도 불구하고 5년이 경과한 태조 6년에도 "사대부의 가묘제도가 이미 명령된 바 뚜렷한 데도 전적으로 불교를 숭상하고 귀신에 아첨하여 가묘를 세워 제사를 받들지 아니한다"[30]고 하였다. 또한 태종 원년(1401)에는 "가묘 설치의 명령이 내린 지 이미 여러 해가 경과하였음에도 불구하고 불교에 현혹되어 가묘를 세우지 않을 뿐 아니라 가묘제사를 즐겨 행하는 자가 없고 이단의 邪說 즉 불교에 굳어져서 이를 깨뜨릴 방법이 없으며 가묘를 설치하는 방법조차 모르고 있다"[31]고 하였다. 이와 같은 사정에 대하여 태종 6년의 기록에 "지금 가묘를 설치한 집은 100집에 한 두 집도 없고, 나라의 명령에 따르지 아니하고도 전혀 부끄러워하지 않고 있다"[32]고 하였는데 이것이야 말로 당시의 실제를 잘 나타낸 것이라 하겠다.

세종 13년에는 국법으로 《주자가례》를 따라 위로는 경·대부로부터 아래

---

28) 《世宗實錄》 권 55,세종 14년 3월 갑자.
29) 《中宗實錄》 권 26,중종 11년 11월 계미.
30) 《太祖實錄》 권 11, 태조 6년 4월 정미.
31) 《太宗實錄》 권 2, 태종 원년 12월 기미.
32) 《太宗實錄》 권 11, 태종 6년 6월 정축.

로는 서인들에 이르기까지 가묘를 세워 제사를 지낼 것을 규정하였으나 사람들이 불교에 감염된지 오래되어 유식자도 재를 올리는 풍속을 혁파하지 못하였고 조상의 기일에도 僧齋라 부르는 재를 행하고 승려에게 밥을 대접하는 것을 중요하게 여기며 가묘의 제사를 돌보지 않는다고 하였다.[33] 또한 다음해인 세종 14년(1432)에도 대소 人吏 중에 가묘를 세우지 않은 자가 대단히 많았다고 하였다.[34]

이와 같이 조선 초기에는 국법에 따라 경·대부로부터 서인들에 이르기까지 주자가례식의 가묘를 세워 제사하는 유교식의 제사절차를 따르도록 강요하였으나 가묘를 세워 제사를 지내는 자가 100집에 한 두 집도 안될 정도로 유식자를 포함한 대부분의 사람들이 전래의 불교식 제사인 재를 올리고 있음을 알 수 있다. 더욱이 가묘를 설치하고 유교식으로 제사를 거행하기 위하여 그 제사의 주재자를 장남·장손으로 이어지는 적장계열의 혈손에 국한하여 제사가 상속되어야 했다. 그러나 아들과 딸이 제사를 분할하게 윤회봉사하고 아들이 없더라도 딸이 있으면 양자를 들이지 않고 딸이나 외손으로 하여금 자신의 제사를 담당하게 하는 조선 초기의 사회적 현실 속에서 유교식 가묘설립과 가묘제사는 시행될 수 없었던 것이다.

16세기인 중종조와 명종조에 들어와서도 아들이 없는 사대부가 가묘를 설립하지 않고 딸로 하여금 제사를 지내게 하였으며, 중국과 달리 종법이 없어 장남의 처라고 할지라도 남편이 죽고 아들이 없으면 양자를 들이지 않고 직접 자신이 제사를 주재하였는데도 당시 사람들이 이를 이상하게 여기거나 이의를 제기하지 않았다.[35]

지금까지 살펴본 바와 같이 정부에서는 상·장제는 물론 조상의 제사까지도 일관하여《주자가례》에 의거하여 유교식 상·제를 확립하고자 지속적으로 법제화함과 동시에 불교적 상·제의 규제를 시도하였지만 실제의 유교적 상제는 당시 조선 초기사회에서는 거의 수용되지 못하였으며 여러 기록에서 나타나는 바와 같이 오히려 고려에서 전래된 불사에 의한 불교식 상·제가

---

33)《世宗實錄》권 54, 세종 13년 12월 정사.
34)《世宗實錄》권 26, 세종 14년 2월 신묘.
35)《中宗實綠》권 26, 중종 11년 10월 기사.

널리 시행되고 있었다.

(3) 5복제의 변화

五服親의 법제적인 규정은 죽은 이와의 관계 즉 산 자와 죽은 자 간의 은의의 후박과 친소관계에 의해 산 사람의 상복의 등급이 결정되는 것인데 우리의 경우 당시 현실을 전혀 고려하지 않고 중국의 것을 모방하는 것에 그쳤다. 예를 들면 조선조에 들어와서도 장기간의 '婿留婦家'가 계속되는 가운데 외조부나 처부모의 은의와 친소가 자신의 친부모나 친조부모의 그것에 못지 않았으나 이러한 현실을 고려하지 않은 채 중국의 예를 따라 외부모나 처부모의 복을 경시하였다.

이미 언급한 바와 같이 고려시대에 처음 시행된 5복제도의 규정은 그 자체가 당시 고려사회의 가족 현실과 유리되었는데, 조선시대에는 그것도 부족하였는지 종전의 5복제도 규정을 중국의 복제와 거의 동일한 내용으로 변혁시켰다. 5복친 규정에서 변동사항을 뽑아 표로 정리하면 다음 〈표 9〉와 같다.

〈표 9〉 《經國大典》의 服制

五服親	本宗	外親	妻親	夫族
父	斬衰 3年	-	緦麻	斬衰 3年
母	齊衰 3年	-	緦麻	齊衰 3年
祖父母	齊衰不杖期	小功	-	大功
伯叔父	期年	小功	-	大功
伯叔母	期年	緦麻	-	大功
姑	期年	小功	-	小功
姪·姪女	期年	小功	-	期年
堂兄弟	大功	緦麻	-	緦麻

위의 표에서 볼 수 있듯이 조선 초기의 《경국대전》에서는 부계친을 가장 중요한 복친으로 규정하고 그 다음으로 모계친을 중요시하고 처계친을 가장 가벼운 복친으로 규정하고 있음을 알 수 있다. 이러한 경향은 상호 대응적 관계에 있는 복친들, 예컨대 친손과 외손, 고모와 이모의 상복을 비교하면 더욱 뚜렷이 드러난다. 즉 친손에 대한 복은 '齊衰'로 규정되고 있음에 비해

외손의 복은 '緦麻'에 불과하며, 고모에 대한 복이 '齊衰'임에 반해 이 모의 복은 '小功'에 불과하였다.

더욱이 고려시대의 5복제도가 중국의 제도를 모방하는 가운데도 고려사회의 현실을 어느 정도 반영하고 있었음에 반하여 조선 초기사회에서는 고려와 거의 동일한 가족제도를 가지고 있었으면서도 《경국대전》 예전 5복조에서 보이는 바와 같이 거의 전적으로 중국의 5복제도 규정을 반영함으로써 현실과의 괴리가 한층 커지게 되었다. 그러나 5복제도의 규정을 따르도록 유교적 상·제의 절차를 끊임없이 강요하는 조선왕조의 정책은 조선 후기에 이르러 현실적인 가족·친족생활에 있어서도 모계친과 처계친, 딸(사위)과 외손을 부계친과 아들·친손에 비해 차별하고 부계친만을 존중·우대하는 의식과 제도를 만드는데 커다란 영향을 미쳤다고 생각된다.

4) 족 보

현재까지 고려시대의 족보가 전해지는 것은 없지만 묘지명에 나타난 계보관계의 기록이나 음직상속에서의 계보확인의 필요성 등을 고려할 때 당시에도 家牒이나 家乘의 형식을 따른 '자손보'가 존재하였을 가능성이 매우 높다. 이 경우 가첩에 기재된 친족원은 아들·친손 등의 부계 친족원들 뿐만 아니라 딸(사위)·외손 등도 아들 친손과 차별하지 않고 똑같이 기재하는 '자손의 기록'일 가능성이 크다고 하겠다.

현재까지 알려진 바에 의하면 우리 나라에서 최초로 발간된 족보는 세종 5년(1423)의 《文化柳氏永樂譜》이다. 이 밖에 15세기에 간행된 족보는 南陽洪氏(1454)·安東權氏(1476)·全義李氏(1476)·驪興閔氏(1478)·昌寧成氏(1493) 등의 족보가 알려지고 있다.

안동권씨의 성종 7년(1476) 족보에 대하여는 학계에 이미 소개된 바 있고[36] 명종 17년(1562)에 간행된 것이기는 하지만 15세기의 안동권씨의 족보와 동일한 형식의 《文化柳氏嘉靖譜》에 대해서도 그 내용이 상세히 학계에

36) 權寧大, 〈成化譜攷〉(《學術院論文集》 20, 1981).

소개되었다. 가정보의 경우 발간시기가 16세기 중엽이기는 하지만 그 대체적인 내용과 수록자손의 범위는 《영락보》의 내용과 거의 일치할 것이므로 여기서는 논의의 편의상 《가정보》의 분석결과를 소개하면서 조선 초기의 족보의 성격과 그 의의에 대하여 추론하여 보고자 한다.

현존하는 최고의 족보의 하나인 《문화유씨가정보》에는 친손과 외손(외손의 외손포함)을 전혀 차별하지 않고 모두 동일하게 무한정 기재하는 '자손보'의 형태를 띠고 있다. 먼저 이해를 위해 《가정보》의 첫 면의 기재사항을 소개하면 다음 〈표 10〉과 같다.

〈표 10〉 《文化柳氏嘉靖譜》의 첫 면

一代 始祖柳車達	七代 柳公權												天
二代 子柳孝金	八代 女尹威												子柳彦沉
三代 子柳金奐	九代 子尹克敏												子柳淳
四代 子柳盧一	十一代 子尹敦	女許珙					女崔澄				子柳旱雲无後	子柳成庇	
五代 子柳寶春	十代 女宮克諧	子許程	子許平	子許冠	女金賆	女金恂	子崔冲	女金皸	女朴延	女許珙	子柳溏	子柳湜	子柳玗
六代 子柳寵	子呂平富	見地	見地	見地	見地	見宙	見洪	見荒		見荒	見荒	見日	見昃

위의 《가정보》 기록을 살펴볼 때 우리는 곧바로 다음과 같은 사실을 알 수 있다.

첫째, 문화유씨의 친손은 조선 후기의 족보와는 달리 사위나 외손과 마찬가지로 반드시 그 성을 기재하였다.

둘째, 아들과 딸(딸은 언제나 사위이름으로 기재한다)의 기재순위는 출생 순위 즉 연령순이다. 조선 후기의 족보에서 보는 바와 같이 출생 순위에 관계없이 언제나 아들을 먼저 기재하는 소위 '先男後女'의 방식은 이 족보에서는 사용하지 않고 있다.

셋째, 문화유씨 성을 가진 문화유씨의 친손뿐만 아니라 문화유씨의 외손과 그 외아들까지도 모두 기재하였다. 만일 친손을 19대손까지 기재한다면 외손도 마찬가지로 19대손까지 모두 기재하였다. 이렇게 볼 때《문화유씨

〈표 11〉 文化柳氏와 李滉과의 혈연관계

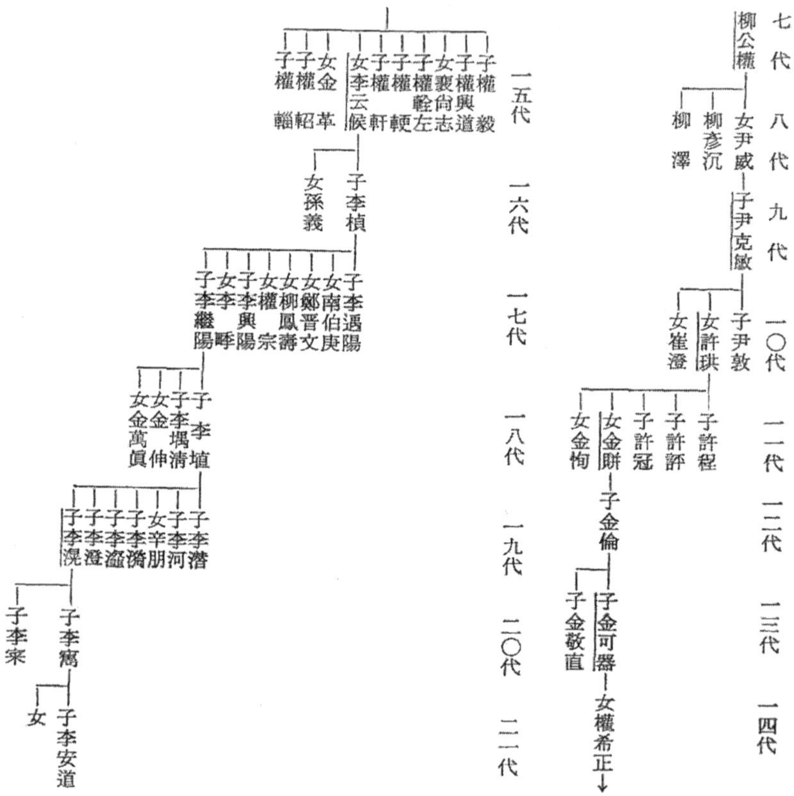

가정보》는 친손뿐 아니라 외손도 모두 포함하여 기재하는 자손보의 성격을 가지고 있다고 볼 수 있다.

예컨대《문화유씨 가정보》에는 문화유씨 7대손인 柳公權과 退溪 李滉과의 계보관계가 앞의 〈표 11〉과 같이 나타나 있다. 즉 문화유씨 7대손인 유공권의 외손이 尹克敏이고, 윤극민의 外孫婿가 金賆이며, 그의 친손이 金可器이다. 김가기의 외손서가 李云候인데 이황은 그의 玄孫이다.

이와 같이 16세기 중엽의 족보가 친손과 외손을 차별하지 않고 모두 끝까지 기록하고 있었다는 사실은 비단 문화유씨의 경우뿐만 아니라 15세기에 발간된 안동권씨의 족보와 전의이씨의 족보 등에서도 동일한 방식으로 자손을 수록하였다고 후세에 편찬된 각각의 족보 서문에서 밝히고 있는 점으로 미루어 당시의 일반화된 족보 기록방법이었을 것으로 생각된다.

이처럼 족보를 친손과 외손을 차별하지 않고 무한정 기재하던 시대에서 17세기에 들어오면서 일부 동족의 경우 외손 수록의 범위를 3대로 한정하였고 그 후에는 사위의 이름만을 기재하는 형태로 수록방식이 변화하였다.

조선 초기의 족보에 아들과 딸을 기재하는 순서는 앞의 〈표 3〉에서 살펴본《분재기》의 자녀 기재방식과 마찬가지로 출생 순서에 따른 기재방식을 따르고 있었다. 그러나 조선 후기로 내려갈수록 연령에 관계없이 아들을 먼저 기재하고 딸(婿)을 나중에 기재하는 방식으로 변화하게 되었다.

즉 다음 〈표 12〉에서 보여주듯이 족보의 자녀 기재방법이 출생 순위를 강조하던 것에서 '선남후녀'의 아들을 중시하는 방식으로 변화하는 시기는 18세기에서 18세기 후반에 이르고 있다. 그런데 바로 이 때는 앞에서 살펴본 외손범위의 축소시기와 거의 동일하게 일치하고 있다.

그렇다면 족보의 자녀 기재방식에서 '선남후녀'의 방식과 연령순으로 기재하는 방식이 갖는 차이는 어떤 의미를 갖는 것일까. 족보에서 자녀를 연령순으로 기재하는 것은 인륜의 질서를 존중하기 때문이고, '선남후녀'의 방식은 본가 즉 동족원을 보다 존중함을 나타낸다.[37] 바꾸어 말하면 족보에서 선

37) 《文化柳氏族譜》(1803).
《龍仁李氏族譜》(1732).

〈표 12〉 족보에서의 남녀의 기재방식

族　譜	出生順位	先男後女
南陽洪氏		1716
潘南朴氏	1683, 1706	
陽城李氏	1459	1773
延安金氏	1719	1765
青松沈氏	1653	1712
平山申氏		1636
仁同張氏		1769
達城徐氏	1702	1815
大邱徐氏		1775
龍仁李氏	1732	
同福吳氏	1712	1793
綾城具氏		1787
慶州金氏		1784
豊壤趙氏	1731	1760
淸風金氏	1750	1857
杞溪兪氏		1704
南原尹氏	1706	
固城李氏		1633
眞城朴氏	1600	
淸州李氏	1657	
文化柳氏	1562	1639
安東金氏	1719	1790

남후녀의 방식을 취하기 시작한 시기에 와서야 사람들은 本宗의 중요성을 인식하고 그들과의 유대를 강화하기 시작했다는 것을 의미한다.

결국 조선 초기의 족보는 친손과 외손을 차별하지 않고 모두 성을 기재하며 무한정 수록하고 있었고 족보의 기재방법에 있어 인륜의 질서를 본종의 중요성보다 강조하여 출생 순위에 따라 수록한 것으로 특징지을 수 있다. 이러한 기재방식의 족보는 동성동본집단 성원만을 존중·강조하는 씨족의 기록, 즉 '씨족보'가 아니라 자손의 기재, 즉 한 공통조상의 내외자손을 모두 기록하는 '자손보'의 성격이 뚜렷하다고 말할 수 있을 것이다.

5) 종법제도와 친족

이상에서 우리는 조선 초기의 다양한 가족제도와 가족구성에 대하여 살펴보았다. 이번에는 과연 조선 초기사회에서 종법제도가 확립될 수 있었는가 하는 점과 만일 종법제도가 정착되지 못하였다면 그 때의 사회의 친족은 어떤 종류의 사람들로 구성되어 있었는가 하는 점을 중심으로 고찰해 보고 자 한다.

(1) 조선 초기의 종법제도

宗法이란 宗子의 법을 의미하며 이 때 宗이란 종족의 제사를 공동으로 하는 신분의 사람이며 여기에는 大宗과 小宗의 구별이 있다. 한편 宗族이란 同姓同祖 즉 동종의 남계 혈연집단을 가리킨다. 대종은 한 종족에 오직 하나만 있을 뿐이고 百世에 이르더라도 변함이 없는데 반하여 소종은 대종의 지파로서 특정인을 중심으로 하여 상대적으로 정해지는 개념으로 5복제의 상복관계와 표리관계에 있다. 그리하여 고조부에서 4세를 한정하는 '繼高祖小宗', 증조를 중심으로 한 '繼曾祖小宗', 조부를 중심으로 하는 '繼祖父小宗', 부를 중심으로 한 '繼父小宗'등 4가지 소종으로 구분된다.

이상의 종·종족·대종·소종의 존재는 ①가계·제사·상속 등에서 자신→부→조부→증조부→고조부 또는 자신→아들→손자→증손→현손의 부계 직계 자손이나 부계의 직계조상만을 강조하고 ②부계친 조상 위주의 제사와 상복 제도만이 중요시되고 ③입양에서는 반드시 동종의 지자를 昭穆의 순서에 맞 쳐 입양할 것이 요구되며 ④상속에 있어 사위나 외손 등이 아들이나 친손자에 비해 차등적 위치에서는 사회에서만 가능하다.

한국의 친족조직에서 부계 혈연자만의 조직이나 집단을 나타내는 용어로 일반적으로 사용되는 것은 바로 '씨족'이다. 이 씨족은 종법제의 바탕 위에 형성된 부계 혈연집단을 가리키는 것이다. 그러나 이 씨족의 용어 이외에도 이미 널리 알려진 바와 같이 門中·宗中·宗族·宗契와 族中·門黨·門

稧·同宗契 등의 용어가 사용되기도 한다.

이러한 씨족의 형성시기를 고찰하기 위하여는 먼저 한국사회의 씨족의 기초적 성격을 명확히 하는 작업이 필요할 것이다. 한국의 씨족은 ①부계의 공동조상의 제사를 위하여 조직된 집단이며 ②구체적으로는 4대조의 입장에서 보면 아들·손자·증손·현손의 집단이며, 4대손의 입장에서 보면 형제·사촌·6촌·8촌·백부·숙부·당숙·재당숙·증조부·재종조부·종증조부의 집단인데 사위와 외손은 제외된다. ③아들과 딸이 모두 없는 경우는 물론이거니와 설사 딸이 있더라도 아들이 없으면 아들과 항렬이 같은 동성동본의 자를 입양하여 혈족집단의 순수성을 보장하는데, 이 입양이야말로 씨족의 성원을 충원시키는 機制이다. ④동성의 양자로 하여금 제사를 담당하게 한다.

대체로 이와 같은 특성이 한국의 씨족 내지는 종족의 기초적인 성격이라고 할 수 있다. 이러한 점을 염두에 두고 한국사회에 부계 혈연자의 집단 즉 종법제도를 통한 씨족집단의 형성이 과연 조선 초기사회에 존재할 수 있었는가 살펴보기로 하자.

일반적으로 학계에서는 삼국시대 이전에 이미 씨족이 존재하였다고 이해하여 왔다. 그러나 앞에서 살펴본 바와 같은 씨족의 기초적 의의를 생각해볼 때 우리나라의 씨족의 형성은 조선 초기가 아닌 후기에 와서야 가능하였던 것으로 이해하여야 할 것이다. 앞에서 살펴본 혼인 거주규칙과 그로 인한 가족유형의 측면, 상속제도와 양자제도의 관점, 상·제제도나 족보에 수록한 자손의 종류 등의 관점에서 보아 조선 초기사회에는 씨족집단이 결코 형성되었을 리가 없다. 즉,

①서류부가혼과 가족유형의 관점에서 조선 초기에는 씨족 혹은 종법제도가 존재할 수 없다. 출가한 딸과 사위, 그리고 그 사이에서 낳은 외손이 오랫동안 함께 거주하면서 생활을 하게 되는 '양변적 방계가족'의 형태에서는 이들을 제쳐놓고 따로 사는 아들과 친손만의 집단을 형성할 수 없는 것이다.

② 종법제도가 존재하려면 재산의 상속대상을 종족 즉 아들과 친손에만 한정함으로써 그들만의 집단인 씨족의 결속과 유지를 위한 경제적 토대를 마련하고 장남우대·딸차별의 상속형태를 취하여야 하는데, 조선 초기사회

에서는 자녀 균분상속의 형태를 취하였으므로 씨족이나 종법제가 자리잡을 수 있는 경제적 토대가 마련되어 있지 않았다.

③ 시체를 매장하고 《주자가례》에 따른 유교식 가묘제사를 지냄으로써 형성되고 결속되는 씨족집단은 불교식 화장제도를 실시하고 제사를 아들과 딸이 함께 윤회하거나 분할하여 지내도록 하는 사회여건 속에서는 형성되지 않는다.

④ 씨족집단은 남아출산과 입양을 통한 성원의 끊임없는 충원과정이 이루어져야만 존재하고 유지될 수 있는 것이다. 또한 이 때의 입양대상자의 선정은 혈족집단의 순수성을 보장하고 위계를 확립하기 위해 동종지자를 소목의 원리에 따라 입양하여야 한다. 그런데 이미 살펴본 바와 같이 조선 초기 사회에서는 양자제도가 존재하지 않고 아들이 없으면 딸과 외손, 혹은 심지어 누이의 외손에까지 자신의 제사를 부탁하는 사회적 관행이 이루어지고 있었다. 따라서 이와 같은 충원과정이 결여된 씨족집단은 존재할 수 없었던 것이다.

⑤ 족보의 관점에서도 씨족은 존재할 수 없었다. 씨족의 성원임을 확인할 수 있는 근거로써 부계 혈연자손과 공통조상과의 계보관계 및 그들 자손 상호간의 친소관계를 밝히는 기능을 족보가 담당하는 조선 후기사회의 '씨족보'와는 달리 조선 초기사회의 족보는 친손과 외손의 차별이 없는 '자손보'적 성격만을 갖고 있다. 이리하여 족보에 수록된 자손의 종류도 친손은 물론 외손·외손의 외손·외손의 외손의 외손 등이 무한정 수록되고 있다. 따라서 족보에 기재된 사람들이 씨족을 구성할 수 없었다는 사실을 분명히 알 수 있다.

또한 조선 초기의 족보에 기재되는 자녀의 순위가 인륜의 질서를 존중하여 아들과 딸을 구별하지 않고 다만 연령순서에 입각하여 작성하는 출생순위 방식을 취하고 있는 점은 후기의 족보가 본종의 중요함을 강조하고 아들을 연령에 관계없이 딸보다 먼저 기재하는 '선남후녀'의 방식을 취하고 있는 것과는 차이가 있다. 다시 말해 출생순위 방식으로 족보를 기재하는 시기에는 본종의 중요성이 인식되지 않았던 것이다. 따라서 이와 같은 배경 하에서는 씨족집단은 물론 종법제도 또한 결코 존재 할 수 없는 것이다.

조선 초기사회에 종법제의 씨족집단이 존재하지 못했다는 점은 《조선왕조실록》의 다음과 같은 기록에 의해서도 알 수 있다.

① 詳定所에서 啓文을 올려 말하기를 '외조부모와 처부모의 服이 모두 소공에 불과하여 편치 않으니 1개월의 복을 청합니다'고 하였다. 임금이 말하기를 '우리의 풍속이 중국과 달라 親迎의 예를 거행하지 않으니 혹은 외가에서 길러지고 혹은 처부의 집에서 장성하여 은의가 매우 돈독하다'라고 하였다(《世宗實錄》 권 48, 세종 12년 7월 경오).

② 우리 나라의 풍속은 처가에서 자라니 처부모 보기를 오히려 자기 부모처럼 하고 처부모 또한 그 사위보기를 오히려 자기 아들처럼 한다(《成宗實錄》 권 206, 성종 18년 8월 계유).

③ 우리 나라의 풍속에 남자가 여자의 집으로 가니 이성 친족의 은의의 분별이 동성과 차이가 없다. 할아버지가 계시면 종형제들이 한집에서 길러지고 증조부가 계시면 재종형제들이 한집에서 길러지니 어려서부터 장성하기까지 서로를 일컬어 형제라 하고 서로를 일컬어 祖孫이라 하니 그 은애가 어찌 동성의 친족과 다르리오(《成宗實錄》 권 10, 성종 2년 5월 임진).

④ 무릇 자손에게 유서를 남기거나 훈계하는 글을 남기는 것, 혹은 노비와 전택을 나누는 것은 모두 한집을 다스리는 것이다. 만일 아들과 딸이 있는 사람에게 또 繼姓子孫이 있고 외손이 있으면, 그 뜻이 어찌 아들과 딸을 구별하고 외손과 계성자손과 구별하겠는가. 조부모·부모의 마음으로 이를 보면 곧 처음에는 내외의 구별이 없고 그리하여 자녀에게 균등한 것이다(《成宗實錄》 권 228, 성종 20년 5월 계미).

⑤ 우리 동방의 典章文物은 모두 중국을 본받았으나 오직 혼인의 예만은 옛 풍속을 숭상하여 양으로서 음을 따르니 남자가 여자의 집으로 가서 아들을 낳아 손에 이르고 외가에서 자라게 되니 사람들이 本宗의 중함을 모르더라(《太宗實錄》 권 27, 태종 14년 정월 기묘).

⑥ 우리 나라의 풍속에는 大小宗制度가 없다(《世宗實錄》 권 41, 세종 10년 9월 계해).

⑦ 오늘날 세상 풍속에 비록 아들이 없더라도 외손이 있으면 남의 아들을 빌리는 사람이 없다(《世宗實錄》 권 97, 세종 24년 8월 신축).

위의 사료에 따르면 조선 초기에는 친영의 예를 거행하지 않고 사위와 외손이 처가나 외가에서 자라나며(사료 ①~③,⑤) 처가를 자기 집으로 삼고 처부모를 자신의 부모처럼 섬기고(사료 ②) 처부모 또한 사위를 마치 자신의 아들처럼 대하였다는 것을 알 수 있다(사료 ②). 또 부모를 임종할 때에 유서를 남기거나 아들과 딸, 친손(繼姓之孫)과 외손에 재산을 상속할 때에 차별을 두지 않았으며(사료 ④) 제사도 아들이 없어도 양자를 들이지 않고 딸이나 외손으로 하여금 받들게 하니(사료 ③,⑦) 조선 초기에는 대소종의 제도가 없었음을 알 수 있다(사료 ⑥).

이와 같이 사위와 외손이 장기간 장인·장모와 생활을 하고 아들이 따로 나가 있는 '서류부가'의 사회에서는 사위와 외손을 배제하고 아들과 친손만의 집단을 형성할 수 없으며 외조부의 품 안에서 장성한 외손의 입장에서도 길러준 외조부를 무시하고 자신의 친조부만을 중시하는 부계계보의 존중관념을 가질 수 없는 것이다. 결국 조선 초기사회에서는 《조선왕조실록》의 기록에서 명백히 지적하고 있듯이 종법제와 씨족집단이 존재하지 않았던 것이다.

(2) 조선 초기 친족구성

앞에서 우리는 조선 초기사회의 종법제 및 씨족제도의 존재가 불가능하였음을 여러 근거를 들어 살펴보았다. 다음에는 관점을 바꾸어 그렇다면 당시의 친족집단은 어떤 성격의 사람들로 구성되고 있었는가에 대하여 살펴보자.

조선 초기의 친족구성을 파악하기 위하여는 당시 사람들의 생활 속에서 실제로 사용되던 친족용어를 분석함으로써 효과적인 접근이 가능할 것이다. 그러나 조선 초기의 일상생활에 관한 기록이 희소하므로 조선 중기인 17세기 초의 자료를 통해 조선 초기의 친족구성의 일단을 살펴볼 수밖에 없다. 누차 언급한 바와 같이 조선 초기와 17세기 중엽까지의 조선 중기사회는 가족제도의 여러 측면에서 거의 동일한 특성을 나타내고 있음으로 두 시기의 친족구성의 모습도 거의 동일하였을 것이기 때문이다.

17세기 초까지는 남편과 처가 동등한 위치에 서서 남편의 부계친·이성친(모계친)이나 처쪽의 부계친이나 이성친을 모두 '族'이라는 용어로 지칭한 듯하다. 예컨대 조선시대의 입양기록인 《繼後謄錄》[38] 중 최초 기록인 1618

38) 《繼後謄錄》은 광해군 10년(1618)부터 철종 14년(1863)까지 약 245년간 예조

년의 입양기록에는 모두 51건의 입양사실이 기록되고 있는데 혈족이건 인척이건 또는 동성친족이든 이성친족이든 간에 구별하지 않고 이들 모두를 '족'이라는 용어로 파악하고 있다. 바꾸어 말하면 혈연관계나 인척관계의 여부에 구별 없이 모두 '족'이라는 용어로 이들을 지칭하고 있다.

그러나 이 '족'이라는 용어는 조선 후기에는 다만 부계 친족, 즉 同姓者 만을 지칭하는 용어로 그 사용법이 달라졌다. 따라서 조선 초기의 친족과 조선 후기의 친족 중 '족'의 용어로 표현될 수 있는 범주는 커다란 차이를 보이고 있다.

한편 1627년《계후등록》의 입양기록에는 '족'이라는 용어 대신 '兩邊門族'·'兩邊族親'이라는 친족용어가 등장하고 있다. 이 때 사용되는 '족친' 과 '문족'의 용어도 이미 살펴본 '족'과 마찬가지로 혈연친(즉 부계친·모계친)과 인척을 구별하지 않고 모두 지칭하는 용어로 사용되고 있다.

그러나 18세기 이후에 나타나는 '족'이나 '諸族'은 '문족'과 함께 동성 자 즉 부계친만을 의미한다. 18세기 이후에는 입양할 때 논의의 대상자가 부 계 친족으로 한정되는 경향이 있었으므로 입양을 협의하는 대상자로서의 '제족'이나 '문족'이 부계친만을 지칭하는 것으로 변화하였음이 명백하다.

이상의 고찰에서 알 수 있는 바와 같이 '족'·'문족'·'족친'의 용어로 포괄되는 친족원의 범위에는 부계친과 모계친은 물론 인척(처계친)도 포함되는 특성을 보인다. 조선 초기의 친족 혹은 친족집단은 바로 이러한 부계가 아닌 친족원과 처계친까지도 포함하며 조선 후기의 부계혈연자들만의 집단 을 의미하는 '문족'이나 '족'의 존재는 찾아볼 수 없는 것이다.[39]

조선왕조는 왕조교체의 정당성을 입증하기 위한 방안으로 새로운 통치이념인 유교적 이상에 따른 국가의 건설을 추구하였다. 그 목적의 일환으로 특히 강조된 것이 바로 유교적 가족질서이고 이것을 조선사회의 제반 가족제도에서 관철시키려는 노력이 행해졌다.

유교적 가족질서로의 재편성 작업은 당시까지도 강력하게 남아 있었던 불교

에 입양을 신청하여 허락받은 입양자에 관한 법제 기록이다.

39) 논리전개의 편의상 때에 따라서는 동일한 자료가 각각 婚姻規則과 宗法制度, 養子制度와 宗法制度, 家族類型과 宗法制度에 인용되었음을 부기하여 둔다.

이념 기반을 둔 전통적인 가족제도에 의하여 많은 장애를 경험하게 되었다. 예컨대 불교적 이념에 따라 고려시대는 물론 조선 초기까지도 喪葬制에 있어 시신을 화장하고 불사에서 僧齋를 올리는 제사관행이 널리 시행되고 있었다. 따라서 억불숭유의 정책에 의해 불교의식에 따른 상·장제와 제사의 거행을 강력히 규제하고자 하는 국가권력과 당시의 보편적 관행 사이에는 첨예한 대립이 있었다.

또한 전통적 가족제도의 측면에서 볼 때 고려시대는 물론 당시까지도 지속되고 있던 장기간에 걸친 '婿留婦家'풍습은 유교적 가족제도의 근본원리가 되는 嫡系主義와 종법질서가 조선 초기사회에 수용·정착될 수 있는 여지를 배제하였던 것이다.

이와 같은 사정은 바로 당시 조선 초기 가족제도의 거의 모든 측면에서 유교적 이념에 따른 가족에 관한 법적 규정과 현실적 가족생활이 모순·괴리되는 현상으로 구체화되었다. 이러한 점을 염두에 두고 법제가 아닌 실제의 측면에서 조선 초기 가족제도의 내용을 정리해 보면 다음과 같다.

첫째, 조선 초기에는 지배적 양반계급에서 조차 동성혼(동성동본혼)의 사례가 발견되고 있다.

둘째, 조선 초기에는 일부다처혼이 상당한 정도로 행해지고 있었으며 부녀자의 재혼도 서인에서 사대부계급에 이르기까지 일반화되고 있었다.

셋째, 혼인 거주규칙의 측면에서 보아 조선 초기에는 고려시대와 같이 장기간에 걸친 '서류부가'의 형태를 취하고 있었다. 이와 같은 서류부가의 형태는 사위(딸)와 외손을 친손이나 아들에 못지않게 중요한 친족원으로 인식시키는 결과를 초래하였다.

넷째, 장기간에 걸친 서류부가는 장인과 장모·기혼여식부부와 그들의 자녀(즉 외손)로 구성되는 '양변적 방계가족'을 조선 초기의 이상적 가족유형으로 간주하게끔 하였다.

다섯째, 장기간의 서류부가는 자신의 노후를 봉양하는 사위(딸)와 외손을 아들이나 친손과 차별하지 않고 재산을 균분상속하게 함은 물론, 아들이 없더라도 딸이나 외손이 있으면 양자를 들이지 않고 그 딸이나 외손에게 자신의 봉사를 의탁하게 하였다.

여섯째, 조선 초기에는 국가권력의 강력한 규제 속에도 고려시대로부터 계속 이어져온 화장과 승재와 같은 불교식 제사가 상당한 정도로 잔존하였으며, 자녀간의 균분상속에 대응하여 부모의 제사를 딸과 아들이 분할하거나 윤회하는 것이 일반화되고 있었다.

일곱째, 조선 초기의 족보는 후기의 예에서 보는 것처럼 부계의 친족원들만을 기록하는 '씨족보'의 성격이 아니라 친손과 마찬가지로 외손·외손의 외손·외손의 외손의 외손 등도 무한정 기록하는 '자손보'의 성격을 가지고 있다.

여덟째, 족보에서의 자녀기재의 순서도 남계혈족을 존중하는 '선남후녀'의 방식이 아닌 인륜의 질서를 강조하는 기재방법을 취하고 있었다.

이상의 여러 측면에서 가족제도의 특성을 종합해 볼 때 조선 초기사회에는 종법질서가 수용되고 동성자인 부계친족만의 조직이 존재할 수 있는 사회적 기반이 결여되고 있었다고 하겠다.

〈崔在錫〉

2. 의식주 생활

1) 의생활

(1) 조선 초기 복식문화의 역사적 배경

고려와 조선의 왕조 교체는 선양의 성격을 띤 무혈혁명에 불과했으므로 초기의 모든 제도는 고려의 유제를 따르면서 점차적으로 국내외 정세를 감안하여 자주적인 성격을 띠어 갔다. 따라서 개국 초부터 실시된 五禮儀는 고려시대에 5례를 운영한 경험의 토대 위에 《古今詳定禮》가 참고되었고, 《高麗史》 五禮와 기본구조가 동일하였다.[1)]

고려 공민왕의 背元向明 정책으로 약 1세기에 걸친 원과의 관계가 정리되

1) 李範稷, 《韓國中世禮思想研究》(一潮閣, 1991), 229쪽.

기 시작하여, 우왕 13년(1387)에는 胡服 착용을 금하고 명제를 따르도록 하였다.[2] 공민왕 19년(1370) 명 태조로부터 받은 왕과 왕비·백관의 관복 일습은 명제에 비해 2등급 낮은 2등체강 원칙을 따른 것인데 이 제도는 그대로 조선으로 계승되었다. 중국은 강등된 관복제도를 시행토록 강요함으로써 중원의 천자로 군림하는 명분을 삼았다. 그리고 이를 준용한 조선은 대외적으로는 대륙의 인정을 받는 외교정책의 수단으로, 대내적으로는 왕조의 권위를 세우는 통치수단으로 이용하였다.

그러나 원과의 장기간 접촉으로 양국 문화는 지대한 영향을 주고받았으며 이러한 특성을 지닌 여말의 유습은 조선조로 전래되었다. 원나라 복식의 이름을 차용한 천릭[또는 철릭, 帖裏]·더그레[褡襬]·돕지[단추 ; 開禁]·쿠리매 등이 있으며, 고려의 실물자료로 유일하게 보존되어 있는 白紵袍[3]와 그 형태 및 깃·등바대의 특이한 재봉법까지 동일한 유물이 조선 초기의 복식에서 보이고 있다.

조선왕조는 개국 초 고려 말의 정치와 사회의 혼란을 재정립하고 왕권교체의 명분과 왕권의 위상을 내세우는 방편으로 유교를 적극적으로 수용하였으며 이는 태조의 즉위교서에도 반영되었다. 즉 관혼상제는 국가의 법도이므로 경전 및 고금의 관행을 참작하여 인륜을 두텁게 하고 풍습을 바로 잡는 규범을 만들도록 지시하였는데[4] 이는 《朱子家禮》를 기본으로 한 것이었다.

관혼상제는 곧 四禮로서 가족집단의 의례를 다룬 가례이며, 이 가례가 국초에 강조된 것은 유교문화 이념을 가족단위의 사회계층까지 영향력을 확대하려는 정치적 의지를 시사한 것이었다.[5]

이와 같이 유교는 개국 초부터 치국의 이념으로 수용되어 국가의 질서를 유지하는데 정책적으로 반영되었다. 이는 새 왕조를 성립시킨 집권사대부의 대부분이 신진 유학자들이었기 때문에 새로운 학풍을 중앙집권적 지배체제를 확립하기 위한 수단으로 이용한 것이다. 이들은 우선적으로 사회신분 체제의 정비 및 재편성 작업을 추진하여 양반·중인·양인·천인의 4신분으로 분류

---

2) 《高麗史》 권 72, 志 26, 輿服 1, 冠服.
3) 〈瑞山文殊寺金銅如來坐像腹藏遺物〉(東國大 博物館 所藏).
4) 《太祖實錄》 권 1, 태조 원년 7월 정미.
5) 李範稷, 앞의 책, 176~177쪽.

하여 사회적 지위를 세습적으로 고정되게 하였다.[6] 따라서 엄격한 신분제도는 복식 구조에 반영되었다.

이러한 기본이념을 바탕으로 국초 창업과 수성에 필요한 국가제도를 마련함에 있어 전문적인 예학자와 정치운영에 참가한 실권자들의 협의기구로 태종 때에는 '儀禮詳定所'를 두어 국정 전반에 걸친 자문을 받도록 하였고 예제운영에 필요한 예서가 반포되었다. 또 조선조 왕실의 정치적 명분과 권위가 정립되는 시점에서 성종조 정치운영을 반영한《經國大典》과《國朝五禮儀》는 국가의 법전으로 공식 행사에 이용되었다.

각종 의례를 실행할 때 의례복은 필수적으로 갖추어야 될 조건이었으므로, 태종은 예복과 상복의 중요성을 강조하여 의례복을 전담하는 '冠服色'을 설치하고 구체적인 내용들을 논의하도록 지시하였다.[7] 이는 곧 명나라 冠服類를 체강원칙에 따라 수용한 것이며 일반인의 경우에도 관혼상제 의례 복에 이를 채용토록 하였다. 이처럼 예학의 수용에 따라 명나라의 袍服이 의례복으로 제도화되었으나 예복 속의 받침옷은 상·하계급 모두가 우리의 전통복식을 착용하는 2중 복식구조를 나타내었다. 이는 신라 진덕왕 2년(648) 당제의 수용 이후 공통된 제도로 우리 복식사에 나타나는 한 특징으로 지적되고 있다.

한편 세종 때에는 각종 예서의 편찬작업 기틀이 마련되었고 의례복의 기준이 확립됨과 동시에 정치·경제·사회·문화 전반에 걸쳐 안정기를 맞아 개국 이후 최초의 황금기를 이룩하였다. 또 우리글의 보급으로 저고리[赤古里]·치마[赤亇]·바지[把持]·겯마기[裌隔音]·액주름[腋注音·腋皺衣] 등 전통 복식에 대한 우리글 표기가 한자를 차용하여 시도되었고[8] 왕실에서도 請賜冠服으로 전래되는 왕비의 법복인 翟衣를 국속제 長衫과 병행하는가 하면,[9] 연산군때에는 관복(團領)에 부착하는 흉배제도를 명나라 제도와 상관없이 猪·鹿·鵝·鴈 등의 문양을 사용하도록 지시하였다.[10]

---

6) 申解淳,〈社會身分〉(《韓國史論》3, 국사편찬위원회, 1975), 129쪽.
7)《太宗實錄》권 31, 태종 16년 원년 병오.
8)《世宗實錄》권 7, 세종 2년 9월 무인·권 111, 세종 28년 3월 갑오.
9)《國朝五禮儀序例》권 5, 凶禮.
10)《燕山君日記》권 60, 연산군 11년 11월 갑진.

또한 직물산업 분야에 있어서도 적극적인 시책이 마련되어 다양한 종류의 직물이 생산되었다. 고려 말에 전래된 목화씨의 재배 성공으로 조선은 국초부터 의료산업의 기반을 갖추게 되어[11] 의료보급은 물론 솜을 이용한 봉제법과 교직의 제직이 활발하게 이루어졌다. 이와 함께 고급 필단의 제직도 태종 16년 '段子織造色'을 설치하여 시도되었고,[12] 연산군 때에는 더욱 적극적으로 시행되었다. 제직기술을 인가마다 전습케 하고 이의 사용을 허락하였으므로 일시적으로 수요가 늘어 공급이 달리게 되었다. 그 결과 여복 圓衫감으로 관복을 지어 입고 조정에 나아가 당시 조정에는 반 이상이 이러한 옷차림이었다고 하니[13] 당시의 상황이 짐작된다. 물론 최고급 의료인 織金緞의 제직도 가능하였는데[14] 이러한 제도를 반영한 실물자료가 출토 복식에서 발견되고 있어[15] 당시 기록의 진실성을 확인할 수 있으며, 아울러 연산군 때의 화려한 복식 문화의 모습을 직접 살필 수도 있게 되었다.

그러나 연산군 이후의 각종 사화는 정치 질서의 문란과 사회 질서의 파괴를 초래하여 혼란이 계속되었고, 설상가상으로 일본의 명분없는 출병으로 임진왜란이 발발하여 조선왕조는 극심한 시련기를 맞게 되었다. 임진왜란은 조선의 역사 흐름을 양분할 정도로 많은 변화를 가져왔으며 복식구조 역시 전·후기로 이 분화하였다.

전기의 복식구조는 남복의 경우 단령·답호·철리·직령·장의·액주름의 포류와 바지·저고리류이며, 여복은 장의와 다양한 형태의 저고리류·치마·속바지이다. 따라서 남복은 포복이 다양하여 바지·저고리는 내의 역할에 그치는데 비해 여복은 반대로 포복 장의와 다양한 형태의 화려하게 장식된 저고리류가 겉옷 역할을 하는 특징을 나타내었다. 이와 같은 사실은 임란전 사망한 사람들의 묘에서 출토된 복식 수백 점을 분석한 결과이며[16] 또한 거의 모든 출토복식이 수의가 아닌 墓主의 평상시 복장이므로 조선 초기의 실물

---

11) 高承濟, 〈綿業〉(《한국사》 10, 국사편찬위원회, 1974), 321쪽.
12) 《太宗實錄》 권 31, 태종 16년 5월 기해.
13) 《燕山君日記》 권 58, 연산군 11년 6월 병인.
14) 《燕山君日記》 권 55, 연산군 10년 8월 신유.
15) 〈南陽洪氏 出土服飾〉(檀國大 民俗博物館 所藏).
16) 朴聖實, 《朝鮮前期 出土服飾硏究》(世宗大 博士學位論文, 1992).

자료가 전무한 상황에서 중요한 사료가 되고 있다.

임진왜란을 고비로 트임이 있는 氅衣·中致莫 등의 편안한 복식이 등장하며, 동일한 복식이라도 깃모양, 무의 형태에 있어 과장된 부분이 축소되고 單團領이 겹옷으로, 여복 저고리가 단소화되는 등의 다양한 변화를 가져왔다.

(2) 조선 초기 복식구조

가. 왕실 복식

왕실 복식은 왕과 왕비를 비롯하여 왕세자·왕세자빈·후궁·왕자·왕녀와 그 배우자 등 왕족들의 복식이 포함된다. 역대 국왕이 즉위할 때 명나라로부터 고명과 함께 사여되는 왕의 冕服과 왕비의 적의와 같은 관복류는 왕권의 상징과 직결되는 복식으로, 왕세자용 관복과도 차등을 두어 국왕의 표신으로 이용하였다. 그러나 常服 및 便服은 기본적으로 동일한 복식구조였으며 착용자의 신분과 의식 종류에 따라 옷감·색깔·부속제구·장식 등에 차이를 두었다.

또한 왕과 왕비의 복식류는 통칭 衣襨라 하여 바지·저고리를 鳳池·동의대(왕용)·소고의(왕비용)로 지칭하는 등 동일한 복식이라도 명칭을 달리하여 엄격히 구분하였다. 그리고 단령·원삼 등 왕실 평상복은 일반인의 대례복으로 허용되기도 하였다.

가) 왕 복

왕복에는 대례복과 조복·상복이 있다. 대례복은 면류관 면복·조복은 遠遊冠·絳紗袍, 상복은 翼善冠·袞龍袍 등으로 크게 구별되며 유사시 戰笠과 戎服, 연거시에 편복을 착용한다.

(가) 면 복

冕旒冠(平天冠)과 袞服을 면복이라 하며 朝覲 및 奉祀服으로서 종묘·사직·선농 등 吉禮 때의 제복으로, 正朝·冬至·朝賀·受冊·納妃 등 嘉禮 때와 祔廟·大斂 등 凶禮 때의 법복으로 착용되었다.

면류관의 장식과 곤복의 章紋은 등급이 있어, 황제는 12류면류관·12장복이나 親王制는 9류면류관·9장복이어서 조선조 역대 군왕은 이에 해당하였다. 태종 3년(1403) 명나라로부터 9장면복 일습을 사여 받은 것이 최초이

며,[17] 이는 고려 공민왕 19년(1370) 제도와 동일하였다.[18]

그 내용을 보면 香皀皺紗九旒平天冠 1頂·九章絹地紗袞服 1套內 : 深靑粧花袞服 1件·白素中單 1件·薰色粧花前後裳 1件·同蔽膝 1件·同錦綬 1件·同佩玉 1副·紅白大帶 1條·玉圭 1枝·大紅紵絲舃 1雙·大紅素綾緜襪 1雙이었다. 이는 명나라의 永樂制를 따른 것으로 구체적 내용은《국조오례의》에 반영되었다.[19] 9장면복은 다음의 〈그림 1〉과 같이 圭·冕·衣·裳·大帶·中單·佩玉·後綬·方心曲領·蔽膝·襪·舃으로 구성되며 왕세자용은 8류면·7장복이었다.

규는 행례할 때 손에 잡는 의식용 제구로 청옥으로 하며 길이 9촌이다. 면은 면류관을 말하며, 겉과 속을 각각 玄繒·纁繒으로 싸고 넓이 8촌, 길이 1척 6촌에 前圓後方으로 만든다. 금선으로 장식하고 전후 9줄이며 구슬을 한 줄에 9개씩 5색으로 꿰는데 朱·白·蒼·黃·黑 순으로 9촌 길이로 하며 양 옆에 玉瑱을 달아 充耳로 사용한다. 金簪으로 고정시키며 아래로 자주와 붉은 빛의 끈이 있다. 왕세자는 8류면에 주·백·창의 3색을 사용한다.

의는 겉옷을 말하며, 현증으로 만들고 양쪽 어깨에 용, 등에 산, 소맷부리 바깥에 火·華虫·宗彝 순으로 5장문을 陽事 의미로 그려 장식한다. 왕세자는 3장문으로 불·화충·종이로 한다. 상은 앞이 3폭, 뒤 4폭의 의식용 주름치마로, 3번 염색을 거친 훈증으로 만든다. 주위에 선을 두르고 전면에 藻·粉米·黼·黻의 4장문을 쌍으로 하여 陰事의 의미로 수놓아 장식한다.

대대는 의식용의 띠로서 緋·白羅로 한다. 중단은 玄衣 속에 입는 직령의 포로서, 백라로 만들고 주위를 청색비단으로 선을 두르며 깃 좌우로 불 무늬를 11개 그린다. 패는 패옥이며, 옷을 갖춘 뒤 양 옆에 다는 의식용 제구로서 5줄의 옥구슬이 있으며 사이에 대·소 玉版이 있다. 아래에 小綬로 장식되며 보행할 때에 옥 부딪치는 소리로 행동의 규제를 나타낸 것이다.

수는 후수이며 옷을 갖춘뒤 후면에 부착한다. 紅花錦의 화려한 비단을 사용하였고 위에 双金環이, 아래에 綱綬가 있다. 방심곡령은 현의 깃 위에 덧

17)《太宗實錄》권 6, 태종 3년 10일 신미.
18)《高麗史》권 72, 志 26, 輿服 1.
19)《國朝五禮儀序例》권 1, 吉禮 祭服圖說.

〈그림 1〉 《國朝五禮儀序例》 九章冕服

붙이는 제구로서 백라로 만든다. 폐슬은 현의 전면에 부착되며, 훈증으로 하여 4장문을 상과 같이한다. 말은 비단으로 만든 버선이며, 석은 비단으로 만든 신발이다. 이와 같이 면복은 장문의 장식이 특징이며 9장문을 사용하여 9장복이라고도 하는데, 각 장문은 최고 통치자의 권위를 상징적으로 표현한 것이다. 9장문 가운데 산은 천하 진정의 의미, 용은 신비한 능력, 화충은 꿩 모양으로 아름다움, 불은 번영, 종이는 제례시 제기로서 효도를 나타내며, 술잔에 그려진 호랑이와 원숭이는 용맹성과 지혜로움을 상징한다. 조는 수초로 맑고 깨끗함, 분미는 쌀의 형태로 백성의 양식, 보는 도끼날 형태로 바른 결단, 불은 중생 선도의 의미 등 군왕의 덕목을 표현한 것인데, 세종 때에는 사여 받은 면복을 모조하여 제작하기도 하였다.[20]

(나) 강사포

원유관 강사포는 국왕의 陪臣朝賀服으로서 종묘·사직 등 길례, 조하·납비·책례·조현 등 가례, 그리고 흉례 때 소렴에 착용되며 규·원유관·의·상·중단·대대·패·수·폐슬·말·석으로 구성된다. 따라서 관과 의를 제외하면 면복 제구와 동일하나 장문이 없는 것이 다르다(〈그림 2〉 참조).

〈그림 2〉 《國朝五禮儀序例》 遠遊冠服

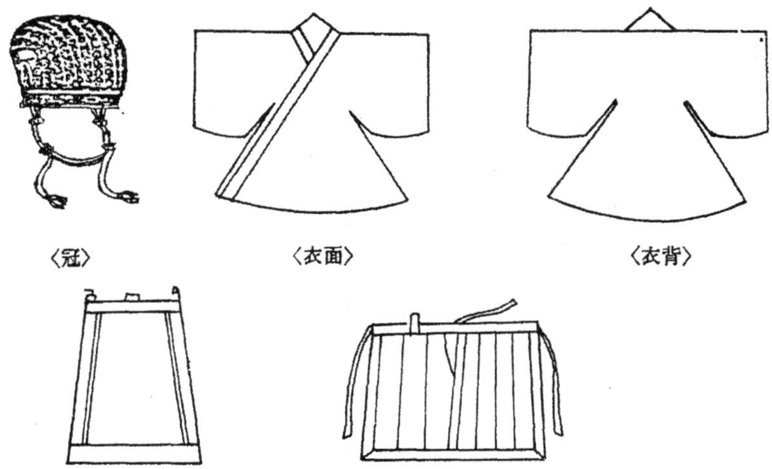

〈冠〉 〈衣面〉 〈衣背〉

〈蔽膝〉 〈裳〉

20) 《文宗實錄》 권 3, 문종 즉위년 3월 정미.

강사포는 세종 20년(1438) 조선의 요청에 의해 처음으로 사여되었으며[21] 구체적 내용은《국조오례의》에 언급되어 있는데 9량 원유관복으로 제도화되었다.[22] 이 이후의 반사기록은 없으며 강사포 일습을 마련하는데 필요한 재료들을 무역하여 국내에서 제작하였다.[23]

(다) 곤룡포

익선관 곤룡포는 국왕의 평상 집무복으로, 깃모양이 둥글어 圓領이라고도 하여 옥대와 皂鹿皮靴로 일습을 갖추는데 양어깨·가슴·등에 五爪龍補를 달며 왕세자는 四爪龍補를 달아 구분하였다.[24] 곤룡포에는 답호와 철리를 함께 착용하는데, 이는 곤룡포를 벗으면 융복차림이 되어 유사시를 대비하는 정신적인 무장이었으며 백관의 경우도 동일하였다.

세종 26년(1444) 면복과 함께 상복 3벌을 사여 받았으나, 항상 주청에 의 지하지 않고 옷감을 사여 받거나 무역해서 제작하기도 하였다. 사여된 내용은 紵紗大紅織金袞龍暗花骨朶雲袍·青暗花褡褸·黑綠暗花帖裏·紗大紅織金 袞龍暗花骨朶雲袍·青暗花褡褸·鸚哥綠花帖裏·羅大紅織金袞龍袍·青素褡褸·柳青素帖裏이다.[25] 이것들을 살펴보면 4계절용이 골고루 배려되었음을 알 수 있는데 황제의 황포와 달리 친왕제는 홍포였다.

(라) 편복류

평상시의 복식제도를 따라 새로 마련하는 襲衣(壽衣) 일습은 당시의 복식구조를 잘 반영하고 있다.

다음의 〈표 1〉에 나타난 염습의를 보면 대례복을 제외하고는 왕실·민서가 유사한 복식구조임을 알 수 있으며, 염습의 내용 또한 수량의 차이를 보일 뿐이다.

斂儀에서 表衣를 포함한 散衣·斂衣는 평상복을 이용하여 표의 및 보공용으로 사용한 것으로, 출토복식의 대부분은 이를 말한다. 상의류로는 과두·

21)《世宗實錄》권 83, 세종 20년 10월 을묘.
22)《國朝五禮儀序例》권 2, 嘉禮 冠服圖說.
23)《世宗實錄》권 78, 세종 19년 8월 기유.
24)《世宗實錄》권 125, 세종 31년 9월 기묘.
25)《世宗實錄》권 103, 세종 26년 3월 병자.

〈표 1〉 왕실 및 민서의 斂襲衣 비교

구 분	國朝五禮儀				喪禮備要	
	왕	왕비	남	여	남	여
襲衣	大帶 袞龍袍 褡頀 帖裏 羅圓領 褡頀 帖裏 紅紵絲圓領 褡頀 帖裏 白綃裹肚 白綃汗衫 白綃袴 白綃襪 襲衣 9稱	大帶 長衫 衣裳類 汗衫	大帶 黑團領 褡頀 帖裏 裹肚 汗衫 袴 襲衣 5稱 (5품.이상) 襲衣 3稱 (5품 이하)		大帶 幅巾 深衣 (圓領・直領衣) 褡頀 袍襖 汗衫 裹肚 袴 單袴 靭帛 襪 履	圓衫 (蒙頭衣) (長襖子) 袍襖 裳
小斂衣	絳紗袍一襲 散衣(復衣復衾) 斂衣 19稱		圓領 散衣 斂衣 19稱		上衣 (團領・直領類) 散衣 (雜衣 袍襖類)	
大斂衣	冕服一襲 散衣(袷衣袷衾) 斂衣 90稱	本朝 命服	圓領 散衣 斂衣 30稱		上衣 (同小斂條) 散衣	

한삼이 있고, 하의류로는 바지가 전통적인 기본복식이며, 이외에 액주름(腋注音), 직령의 등의 편복포도 포함되었을 것으로 보여진다.26)

나) 왕비복

왕비복은 왕의 면복과 같이 청사관복제인 적의와 단삼이 있고 그 외에 가

26) 임란 이후 기록인 역대《嘉禮都監儀軌》에 王의 腋注音이 있고 直領 가운데 冠服用도 포함되어 있을 뿐 아니라 單圓領의 내의로 사용할 수 있고, 조선 전기의 출토복식에서 발견되고 있어 문헌기록은 없으나 가능할 것으로 확신된다.

례할 때 왕비는 예복으로, 세자빈 · 군부인의 命服으로 착용되는 露衣와 親蠶服인 鞠衣가 있다. 이 밖에 국속제 장삼 및 편복용 장의와 다양한 종류의 저고리류, 하의류로 치마 · 속바지 · 말군이 있다.

선조의 왕비 懿仁王后(1555~1600)와 계비 仁穆王后(1584~1632)의 염습의대 일습[27]은 당시의 복제를 반영한 구체적인 기록이어서 왕비의 복식구조를 분명히 보여주고 있다. 두 왕비의 염습의대는 평상 착용되었던 의대류와 보공용으로 특수제작된 소형의 보공의대 및 새로 마련한 습의(수의) 일습으로 모두 500여 건이 넘는 방대한 양이다.[28]

의인왕후는 선조 2년(1569) 왕비로 책봉되어 임진왜란 직후에 승하하였으며, 인목왕후는 의인왕후 승하 2년 뒤인 선조 35년(1602) 책봉되었다. 두 왕비의 염습의대는 동일한 복식구조를 나타내고 있으며, 특히 의인왕후의 경우 임진왜란 이전의 복식구조를 잘 반영하고 있다. 의인왕후의 염습의를 살펴보면, 포류로는 장삼 · 장의 · 도포 · 첨리가 나타나는데 그 중 도포와 첨리는 보공품으로 선조의 의대이다. 그리고 상의류로는 肩亇只 · 赤古里 · 赤衫 · 汗衫이, 그리고 하의류로는 赤亇[치마] · 袴 · 抹袴 등이 있다. 그런데 인목왕후의 염습의를 의인왕후의 경우와 비교해 보면, 포류에 的衣와 露衣가, 상의류에서는 唐衣 · 小串衣 · 背巨里 · 長古衣가 새로 추가되고, 肩亇只를 腋亇只로 표기하였다. 하의류에서는 鳳池만이 새로 추가되었다. 이 중 노의에는 金圓紋 장식이 있고 小串衣 · 赤古里 일부에 金線緞도 사용하였다. 그리고 당의를 비롯 唐串衣 · 唐汗衫 등 '唐'字가 들어간 옷에 흉배를 가식하였고 上赤亇에는 스란[膝襴]을 하였다.

(가) 대삼 · 단삼

大衫은 褙子와 霞帔를 갖춘 翟衣(的衣)制로써 명나라 조정은 상복 단삼과 일습으로 계속 반사하였는데 이는 국왕 면복과 함께 보내오거나 왕비 책봉

27) 《懿仁王后 殯殿 · 魂殿都監儀軌》(1600년), 《仁穆王后 殯殿 · 魂殿都監儀軌》(1632년). 한편, 본 의궤는 표지명이 《中宗妃 端敬王后復位祔廟都監儀軌》로 오기되어 있었으나 필자의 확인으로 정정되었다.
朴聖實, 〈殯殿都監儀軌에 나타난 服飾硏究(1)〉(《服飾》16, 韓國服飾學會, 1991), 45쪽.

28) 朴聖實, 위의 책, 75~94쪽.

할 때에는 단독으로 보내오기도 하였다.

적의는 황후 및 命婦의 관복으로 冠飾, 衣色, 翟紋의 배열, 부속제구 등에 구분이 있었다.

태종 3년을 시작으로 문종 즉위년부터 선조 36년(1603)까지는 상복과 함께 일습으로 珠翠七翟冠·大紅紵紗大衫·福靑紵絲綉圈金翟鷄褙子·靑線羅綵綉圈金翟鷄霞帔·鈒花金墜子·象牙笏·大紅織金雲肩海棠四秀花紵絲團衫·翠藍暗花紵絲襖, 柘枝緣暗花紵絲裙 등이 각각 하나씩 사여되었다. 다만 예종대 이후에는 대홍 단삼은 녹색으로, 남색 저고리는 홍색으로, 녹색 치마는 청색으로 바뀌었다.[29]

이것은 공민왕 19년 명나라 孝慈皇后로부터 사여된 9등 적의가 아닌 대삼제였으나 적의로 사용되었고,[30] 국왕 면복의 친왕제보다 한 등급 낮은 군왕비 제도를 따른 것이었다.[31] 이는 가례와 길례할 때 착용되었으며 적관·대삼·배자·하피·금추자·홀 등으로 구성되어 후반기 적의제도와 차이를 보인다.

단삼은 곧 원삼으로서 직금단을 사용하여 화려하게 만들어진 것이었는데, 이는 현종조 좌의정 李端夏夫人 綠團衫이나[32] 英親王(李垠)妃 紅圓衫을[33] 연상케 한다.

(나) 장 삼

長衫은 왕비를 비롯 세자빈·상궁·나인에 이르기까지 옷감의 종류와 색깔, 장식 등을 구분하여 다양하게 착용하였다. 국혼 때에는 다홍 필단에 남초로 안을 받치고 흰색으로 끝동(苔袖)과 동정을 달았으며, 앞뒤에 흉배를 달아 사용하였다.[34] 그리고 국상 때는 服玩제구 중 왕 면복에 대응하는 본조 命服을 장삼으로 이용, 적의제구 일습으로 갖추어 사용하였으며[35] 상복에도 사용하였다.[36]

---

29) 朴聖實, 〈翟衣制度의 變遷硏究〉(《服飾》 9, 1985).
30) 《國朝五禮儀》 권 3, 嘉禮.
31) 柳喜卿, 《韓國服飾史硏究》(梨花女大出版部, 1980), 441쪽.
　　高光林, 《韓國의 冠服》(和成社, 1990), 120쪽.
32) 文化財管理局, 〈重要民俗資料(下)〉(《文化財大觀》, 1986), 22쪽.
33) 宮中遺物展示館 소장품.
34) 《昭顯世子 嘉禮都監儀軌》.
35) 《國朝五禮儀》 권 7, 凶禮.
36) 《世宗實錄》 권 111, 세종 28년 3월 갑오.

〈그림 3〉 《孝宗妃 仁宣王后 國葬都監儀軌》命服(服玩秩)

〈裳〉

〈長衫〉

〈繡甫老〉

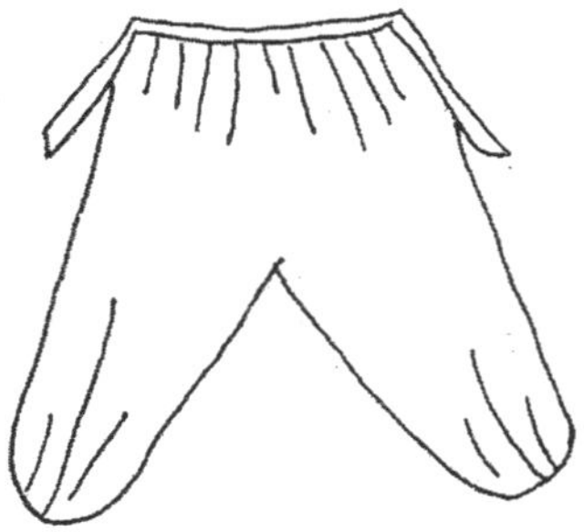

〈襪裙〉

따라서 장삼은 국혼 때에 착용하는 적의 다음으로 화려한 중국제 노의를 제치고 국속제로 제도화하여 사용하였다. 여기에서 자주적 의지를 강조한 왕조의 정책을 엿볼 수 있다.

위의 〈그림 3〉에 보여지듯 服玩秩은 세종 2년(1420) 태종비 국상 때의 遷尊儀式에 마련된 의대 내용과 유사하다. 즉 粉紅綾裌長衫·紫的段子裌隔音·粉紅段子繡甫老·紅段子赤古里·白綃汗衫·藍羅裌赤亇·白綾裌襪裙 등으로서, 저고리·치마·겯막음 등 우리 옷의 명칭이 처음 보인다. 저고리는 《樂學軌範》女妓服飾圖說 가운데 깃과 섶·끝동 부분이 분명한 형태로 나타나 있다. 겯막음[裌隔音]은 곧 옆막음의 의미로, 양옆이 트인 장저고리와 구분한 옆이 막힌 형태를 뜻하며 腋亇只·肩亇只·肩莫伊 등으로 기록된 독립된 상의였으나 조선 말기에는 腋間의 부분명칭으로 비하되었다.

繡甫老는《악학궤범》에 장식된 裳으로 도식화되어 있고,《元史》輿服志에 따르면 甫老·富里가 상의 의미이므로 몽고어에서 유래된 것으로 보기도 한다.[37] 襪裙은 기마용 통 넓은 바지이며 왕실 및 양반가 부인의 필수품이었고 왕실용은 스란을 부착하여 화려하게 꾸몄다.

(다) 노 의

露衣는 다홍 필단에 남 끝동을 달고 전체에 雙鳳雲紋의 소형 원문 315개를 부금하여 장식한 화려한 예복으로서 가례 때에 착용되었다.[38] 세자빈·군부인의 경우 命服으로 사용되기도 하였는데 남자 원령과 유사한 외출복으로 속대가 없다고 하였다.[39] 또한 이는 고려 말부터 일반 부녀자의 외출복으로 착용되어 조선 초까지 이어졌는데 이는 왕실용과는 차이가 있었을 것으로 짐작된다.

〈그림 4〉 鞠 衣

《欽定四庫全書 三禮圖》

(라) 국 의

국의는 양잠 장려시책의 일환으로 궁중 후원에 친잠단을 만들어 왕비가 친히 누에치는 시범을 보이는 親蠶禮를 거행할 때 착용하는 예복을 말한다(〈그림〉 참조).《親蠶儀軌》에 따르면 친잠례에 대한 논의는 태종 때부터 있었으나 성종조에 정식으로 거행되어 선조이전까지 시행되었다가 영조 43년(1767)에는 거국적인 행사로 재현되었다.

국의는 황후 6복 중 하나로 무늬없이 황색 비단으로 만들었는데, 황색은 중앙의 의미뿐 아니라 뽕나무 잎색을 취한 것이었다.[40] 왕비의 국의는 성종 8년(1477) 처음 제정되었고, 동 24년(1493)에는 명부 조잠복을 아청으로 하였으며

37) 金東旭,《增補 韓國服飾史研究》(亞細亞文化社, 1979) 17쪽.
38)《仁祖莊烈王后 嘉禮都監儀軌》·《仁穆王后 殯殿都監儀軌》참조.
39)《世宗實錄》권 20, 세조 6년 4월 을묘·권 44, 세조 13년 10월 갑인.
40)《欽定四庫全書》三禮圖集注 권 2.

採桑할 때에 왕비는 5조로서 황후 3조보다 한 등급 낮춘 것이었다.[41] 중국에서도 국의제도는 왕조에 따라 변화되었는데 명나라의 황후는 홍색으로 하여 상복이 되었고 군왕비는 청색으로 하여 예복이 되었다.[42] 이를 수용하여 국속제로 사용한 조선에서는 선조 계비인 인목왕후 가례 때에 적의로 오인되기도 하였다.[43]

(마) 편복류

왕의 경우와 마찬가지로 일반인과 기본적인 복식구조는 동일하였다. 長衣는 세속 장옷으로서 당시에는 쓰개류가 아닌 유일한 편복포였으며, 선조비 염습의대 중에도 솜·누비·겹옷 등 계절별로 나타난다. 이는 일반인의 무덤에서 출토된 복식에서도 확인되고 있다. 이외에 唐衣·小串衣·赤亇只(肩亇只)·저고리·회장저고리·적삼과 속저고리용 한삼 등 다양한 상의류와 치마·속바지류·말군 등으로 일습을 갖추고, 쓰개류로는 耳掩과 汝火가 있었다.

나. 백관 복식

가) 관복류

백관 관복은 朝服·祭服·公服·常服으르 대별되며 이는 국초부터 활발하게 논의되어 시행되기 시작하였다. 태조 2년 정초부터 실행될 제도를 규정하였는데, 이는 고려 우왕 때에 사여된 공복제도를 습용한 것으로 보이며 명의 홍무제도를 따른 것이었다.[44] 계속해서 태종 16년(1416) 정월 冠服色을 설치하여 적극적으로 관복을 제정하기 시작하였다. 그 결과 3월에는 조복과 제복제도를 정하였는데, 2등체강 원칙을 따른 것으로 고려 공민왕 19년(1370)에 사여된 제도와 동일하였다. 거듭된 논의과정을 거쳐 세종 8년(1426) 관복제도의 완성을 보아[45] 오례의에 상정시켰으며 증보하여 성종 때에《經國

---

41) 朴聖實, 〈親蠶禮와 親蠶服에 관한 연구〉(《단국대 민속박물관 제5회 학술세미나연구지》, 1987).

42)《大明會典》권 60, 禮部 18.

43)《宣祖實錄》권 152, 선조 35년 7월.

44) 金東旭, 앞의 책, 252~253쪽.

45)《世宗實錄》권 31, 세종 8년 2월.

大典》으로 법제화되었다.

조복은 동지·정조·가례·책례·탄일 등의 경사에 착용하였으며, 梁冠·衣·中單·蔽膝·裳·綬·大帶·笏·佩玉·襪·鞋로 구성되고 부속제구로 등위를 가린다(〈그림 5〉 참조). 제복은 종묘 사직 등에 제례를 행할 때 착용하였으며 조복제도와 흡사하나, 관과 의를 달리하며 방심곡령이 추가된다. 공복은 삭망·조하·사은·복명 때 착용되는데 단령에 幞頭·帶(革帶)·靴로 구성되며 옷의 색과 부속제구로 계급을 구분한다.

상복은 평상시 집무복으로서 단령에 사모·대·화로 구성된다. 상복에는 흉배를 달아 직위를 구분하였는데, 흉배제도는 단종 2년(1456) 명제를 따라 명나라 3품복을 조선의 1품복으로 수용하였으며 당상관에 적용하였다. 대군이 기린, 도통사가 사자, 제군이 白澤, 문관 1품이 공작, 2품이 雲鴈, 3품이 白鷴, 무관 1·2품이 虎豹, 3품이 熊羆, 대사헌은 해태로 하였다.[46] 그러나 연산군 11년(1505)에는 명제와 달리 1품부터 9품까지 돼지·사슴·거위·기러기 등의 문양을 사용하여 시행토록 하였는데[47] 이는 자주적 정책이 반영된 것이었다.

부속제구 가운데 대는 조복의 경우 1품은 犀帶, 정2품 鈒金帶, 종2품 素金帶, 4품 素銀帶, 5품에서 8품은 黑角帶이며 제복과 상복은 조복과 같다. 공복 1품은 조복과 같고 2품·3품은 荔枝金帶, 종3품에서 8품까지는 흑각대로 하였다.

私服에는 당상관 紅條兒, 당하관 靑條兒로 구분하였다. 홀은 조복·제복·공복에 사용하였는데 4품까지 상아를 그 이하는 목홀을 하였다. 패옥은 조·제복에 사용하였고 당상관 燔靑玉, 당하관 燔白玉을 공통적으로 사용하였다. 버선은 조·제복에 모두 백포를 사용하였고 신발은 조·제복에 흑피혜, 공복에는 흑피화로, 그리고 상복에는 挾金靴를 착용하였다.

나) 편복류

團領·褡𧞤(답호)·帖裏(또는 天翼)는 남자의 대표적 포복류로서 외래적인 요소이나 長衣·腋皺衣[액주름]·直領 등은 국속제로서 왕 이하 사서인의 편

46) 《端宗實錄》 권 12, 단종 2년 12월 병술.
47) 《燕山君日記》 권 60, 연산군 11년 11월 갑진.

〈그림 5〉 《國朝五禮儀序例》 文武官冠服

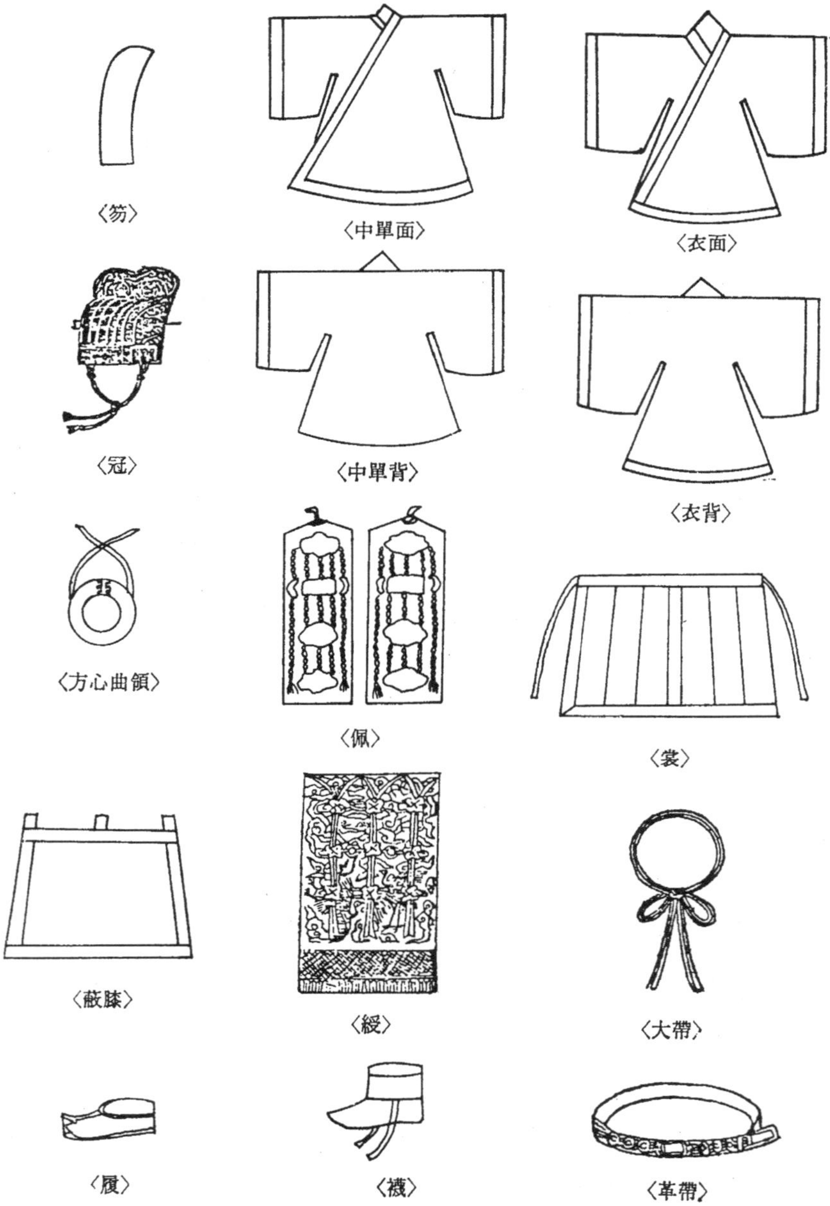

복으로 착용되었다. 한편 서인·각사제원·隊長·隊副·외방의 日守·양반·공상·천예는 단령을 금하는 대신 첩리·액주름·직령을 착용토록 논의하여[48] 하급관리의 집무복으로도 착용하였다.

한편 유교의 수용으로 의관을 중시하게 되어 편복용 관모류가 발달하게 되었다. 平涼子 계열의 패랭이·초립·흑립·전립·백립 등과 방갓·삿갓이 대표적인 입자였으며, 특히 중국 유학자들의 이름으로 명명된 東坡冠·程子冠 등이 사대부들 사이에 유행되었다.[49] 초립의 경우 流品朝士·衣冠子弟는 頂竹 30에 平竹 14 이하, 양인·천인은 각각 15와 7 이하로 대나무 사용을 제한하여 그 지위·신분을 구분하였다.

다. 일반 복식

우리의 전통 복식구조는 일반 복식에 잘 나타나 있다. 바지·저고리와 치마·저고리의 남녀 기본복식과, 의례용·편복용 포복이 더해진 것으로 이러한 구조가 상고 이래로 현재까지 전승되고 있음은 복식사의 한 특징으로 지

〈표 2〉 임란전 出土服飾의 분묘내용

내용 / 차례	묘 주 명	연 대	분묘형태	성 별	소 장 처
1	贈領議政 丁應斗墓出土服飾	남 : 1508~1572 여 : 1509~1580	합장	남·여	단대민속박물관
2	折衝將軍 碧珍李氏墓出土服飾	?~1585	단장	남	경북대박물관
3	李彦雄및子婦墓出土服飾 (重要民俗資料第114號)	중종조~ 선조조 추정	단장	남 1 여 1	단대민속박물관
4	兵曹參議 洪係江墓出土服飾	1500년대 전후 추정	합장	남·여	단대민속박물관
5	令人陽川許氏墓出土服飾	1550년대 전후 추정	단장	여	단대민속박물관
6	宣傳官 金涵墓出土服飾 (重要民俗資料第209號)	1568~1598	단장	남	단대민속박물관

48) 《世宗實錄》 권 112, 세종 28년 5월 임진.
49) 姜淳弟, 《우리冠帽의 始末에 關한 硏究》(서울女大 博士學位論文, 1992).

적 되고 있다.

의례용 복식은 왕실 이하 백관들의 관복류로서 착용자의 신분과 의식에 따라 구분되는 制服으로 중국과 請賜관계로 이루어진 외래적인 요소이나 이를 제외한 전통 복식구조는 왕실 이하 민서가 동일하였으며 의복의 재료와 색, 부분장식에 차등을 두었다.

이 항에서는 임란전에 사망한 사람들의 무덤에서 출토된 복식 실물자료를 중심으로 구체적인 형태를 고찰하고자 한다. 분묘내용은 앞의 〈표 2〉와 같고 이외에 현령 李季胤(1431~1489)의 묘에서 출토된 복식을 추가하였다.[50]

가) 남 복

앞에서 설명한 바와 같이 원령(또는단령)·답호·철리·과두·한삼·고(單袴·袂袴)·말 등의 일습은 왕실 이하 대부·사서인의 복제였다. 이외에 직령·액주름·장의 등은 옷감의 차이를 두어 편복으로 착용하였다.

역대 왕조는 紗羅綾緞 등 고급 필단과 細紵布 등 고급 의복재료의 사용을 제한하여 상·하 계급을 구분하는 척도로 이용하였다. 세종은 3품 이하 관원에게 능라를 금하였고 저마포의 경우 1품부터 양반자제까지는 12승 이하로, 공상인·천인 등은 8승 이하로 제한하였다.[51] 그러나 세속에서 사치가 거듭되자 성종조에는 왕의 진상 의대는 10~11승, 帖裏裳은 14폭으로 하고 사대부는 10승 13폭, 서인은 8~9승 12폭으로 구분하였다.[52] 그리고 대소 관원의 表衣는 길이를 땅에서 앞 3촌·뒤 2촌 떨어지게 하고, 소매 길이는 손을 지나 다시 팔꿈치에 이르도록 하며 넓이 1척, 부리 7촌으로 하였고, 서민의 표의 길이는 앞 4촌·뒤 3촌으로 관리용보다 짧게 하였고 소매 길이를 손에서 6촌, 넓이 8촌으로 하여 관원보다 짧고 좁게 하여 차이를 두었다.[53] 이상과 같은 규제 내용은 상·하 복제를 구분한 대표적인 경우이다. 앞이 짧고 뒤가 긴 양식은 온양박물관 소장 佛腹藏遺物(1302년) 紫衣에서도 확인된 고려조의 유습이다. 이것은 출토된 복식에 잘 나타나 있는데 丁應斗의 묘에서는 철리

50) 朴聖實, 〈廣州郡 突馬面 杤栗里出土 全州李氏 義安大君 襄昭公派 遺物小考〉(《韓國服飾》 11, 1993) 참조.

51) 《世宗實錄》 권 51, 세종 13년 정월 계사·권 43, 세종 11년 2월 신사.

52) 《成宗實錄》 권 13, 성종 2년 12월 임신·권 138, 성종 13년 정월 기미.

53) 《增補文獻備考》 권 79, 禮考 26, 章服 1.

와 장의를 제외한 모든 포류가 발견되고 있어 문헌과 일치하고 있다. 그러나 유물에 따라서는 이러한 양식을 취하지 않은 경우도 가끔 발견되고 있다.

(가) 단 령

團領은 깃 모양이 둥글어 붙여진 옷이름으로 圓領으로도 불린다. 雲(寶)紋緞·白紵布·綿紬交織 등 사계절용 직물이 고루 사용되었으나 모두 홑으로 바느질된 單衣이다.

길이는 앞이 짧고 뒤가 길며 깃 넓이가 좁고 깃 파임이 적다. 소매 넓이는 진동과 유사한 筒袖形으로 長袖이다. 양옆의 넓은 무는 각각 크고 작은 주름으로 처리하고 위를 하향으로 접었는데 이는 명나라의 것과는 반대 양식으로서 成化·弘治(1465~1505) 연간의 명나라 조정에서 '高麗樣'으로 유행되기도 하였으며[54] 《악학궤범》 관복도에서도 확인되고 있다.

고름은 자색 명주로 한 쌍 혹은 한 개가 고리식으로 연결되었으며 좁고 짧아 끈의 형식을 취하고 있다. 홑옷이므로 어깨·등·양겨드랑이 아래에 바대를 내어 힘받이로 사용하였는데 특히 ♡형 등바대는 동국대 박물관에 소장된 白紵袍와 같은 형태인 점이 흥미롭다.

정응두의 묘에서 출토된 단령에 부착된 상태로 발견된 織金孔雀胸背(〈사진 1〉 참조)는 당시 문헌기록에는 나타나지 않으나, 柳根(1549~1627)·黃愼(1562~1617)·李遺(1557~1633)·李山海(1539~1609) 등의 초상화에서도 유사한 형태가 보이고 있다.[55]

(나) 답 호

褡褸는 半臂衣로서[56] 원나라 옷이름이며[57] 후반기 戰服을 말한다. 단령·철릭와 함께 일습으로 출토되는 直領交衽半袖袍는 곧 답호를 말한 것으로, 직령깃과 반소매를 제외하고는 단령과 같은 양식이다. 단령의 속옷으로 또는 철릭의 겉옷으로 착용되었다(〈사진 1〉 참조).

雲紋緞·生紬·明紬·唐草花紋紗·白紵布 등을 사용하여 홑 또는 겹옷으로 바느질 하였는데, 홑옷 봉재법은 단령·철릭와 같다. 깃 넓이가 넓고 중심

---

54) 周錫保《中國古代服飾史》(中國戲劇出版社, 1983), 402쪽.
55) 李康七,《韓國名人肖像畫大鑑》(探求堂, 1972), 30~36쪽.
56)《國朝五禮儀》권 7, 凶禮.
57) 周錫保, 앞의 책, 355쪽.

에 봉재선이 있는 2중깃의 형태로서, 이는 安珦像이나[58] 元 世祖像과[59] 같은 모습으로 되어 있어 주목된다. 일명 '더그레' 라고도 하였는데[60] 왕실에서는 '加文刺'로 표기하였으며 이는 '더할 加 글월 文 어그러질 刺' 의 이두식 표기를 따른 것이었다.[61]

(다) 첩 리

몽고어 '텔릭'의 차용어로서[62] 한자를 빌어 帖(Tie) 裏(Li)로 표기한 것이며 우리글은 '텰릭'으로 기록하였고[63] 임란후에는 天翼으로 되었다.

첩리는 衣와 裳으로 별도 재단하여 봉재된 직령포로서, 반소매·긴소매를 겸용할 수 있는 편리한 복식이다. 출토복식 중 가장 많은 양을 차지하고 있으며 시류에 따라 의·상 길이의 비례, 치마폭과 2중 소매처리 방법이 달라지는 양상을 띠고 있다. 포류 가운데 길이가 가장 짧고 치마가 넓어 활동할 때에 편리한 복식으로 왕실 이하 서인까지 두루 착용하였다.

운문단·운문사·당초연화문사·수파문사·명주·백저포 등을 사용하여, 홑·겹·누비·솜 등 4계절에 맞게 골고루 바느질되어 있다. 경우에 따라 솜 대신 楮注紙를 사용하기도 하였다. 특히 洪係江 묘지의 출토복식 중 답호와 첩리에는 여복용으로 쓰이는 당초연화문의 비단을 유일하게 사용하였다.

조선 초의 첩리는 衣長裳短形으로 소매는 통수형 긴소매이며 치마폭은 명주 11~14폭(1폭은 32~37㎝)이다. 임란 전에는 의·상 길이가 같고 소매는 양쪽 모두 긴소매이거나 반소매이며, 반소매인 경우 긴소매를 따로 만들어 자색 맺음단추로 연결하도록 함으로써 경우에 따라 긴소매로 착용할 수 있게 배려하였다. 소매 넓이도 통수형이 주류를 이루나 누비나 솜을 넣어 방한복으로 착용할 때는 소매통을 좁게 하였으며 반대로 하절용은 넓게 처리하였다. 치

58) 中央日報社 編,《韓國의 美-人物畫-》(1985), 94쪽.

59) 周錫保, 앞의 책, 359쪽.

60)《朴通事諺解》上 ;《老乞大·朴通事諺解》(亞細亞文化社, 1973), 54쪽.

61) 劉頌玉,〈昭顯世子嘉禮都監儀軌〉(《朝鮮王朝宮中儀軌服飾》, 所學社, 1991), 154쪽.

62) 리득춘,《조선어휘사》(연변대학출판부, 1987), 78~79쪽.
스미야바탈 교수談(단국대 몽골어과)

63) 高麗歌謠《鄭石歌》에 '텰릭'이 있고《朴通事諺解》에도 '텰릭'으로 표기하였다.

마 폭은 필단이면 8~9폭(1폭은 58~66cm)이며, 명주는 13~14폭(1폭은 36~38cm)으로 하였는데 과다한 치마폭은 논란의 대상이 되었다. 5m가 넘는 넓은 치마는 0.2cm 내외의 잔주름으로 전체를 수놓듯 처리하였고, 유물 가운데는 잔주름 위로 5cm 전후의 큰 주름을 치마 전체에 잡았던 흔적이 보이기도 한다.

2중깃과 자색 쌍고름은 직령포류와 동일하나 고리식이 아닌 박음질로 처리된 고름에는 부착부위를 금선단으로 장식한 유물도 발견된다. 동정이 있거나 흔적만 남아있는 경우도 있다. ♡형 등바대를 비롯, 홑옷의 봉재법은 동일하다. 홑단령 밑에는 답호·철리 순서로 입고 의식에 참석하는데 이를 일컬어 '古道帖裏'라 하였으며, 유고시 백관들이 공복만 벗으면 옷을 갈아 입는 번거로움 없이 융복으로 대용할 수도 있고[64] 한편으로는 평화시에도 비상시를 대비한다는 정신적인 무장의 단면이기도 하다.

(라) 직 령

直領衣라고도 하며 直領交袵 긴소매의 포로서 반소매를 제외하고 답호와 같은 형이다(〈사진 1〉 참조). 이것은 과장된 무의 형태로 衣撒直領이라 명명되기도 하였다.[65] 유물 대부분이 명주로 된 솜옷으로써 단령의 속옷으로 또는 하급관리의 관복으로 착용되었다. 임란을 고비로 겹단령으로 변화되면서 직령은 홑단령의 안감용으로 비하되어 독립된 직령은 점차 사라져 극히 일부에서 나타난다.

(마) 액주름

腋注音衣·腋皺衣라고도 하며, 겨드랑이 아래에 주름이 있어 명명된 옷으로 직령교임포이다(〈사진 1〉 참조). 명주·목면·저포를 사용하여 홑·겹·누비·솜 등 4계절용으로 만들었으며 유물 중에는 소매를 철리와 같이 반소매·긴소매 겸용으로 처리한 것, 공복용과 같이 앞이 짧고 뒤가 길게 된 것, 길이를 짧게하여 긴 上衣形으로 만든 것 등 다양한 형태를 보이고 있다. 따라서 이것은 하급관리의 집무복으로, 또는 일반 서민들의 편복포로 착용되었

64) 《增補文獻備考》 권 79, 禮考 26, 章服 1.
65) 《宣祖修正實錄》 권 8, 선조 7년 11월 신미.
《老乞大諺解》下 ; 《老乞大·朴通事諺解》(亞細亞文化社, 1973), 216쪽.

〈사진 1〉 忠靖公丁應斗墓 出土服飾

〈圓領〉

〈孔雀胸背〉

〈搭䕶〉

〈帖裏〉

〈直領〉

〈腋注音〉

〈裹肚〉

〈裌袴〉

음을 알 수 있다.

(바) 장 의

長衣는 여자용 장의와 동일한 형태로서 임란 중 사망한 金涵과 李彦雄 등 남자분묘에서 출토되었다. 소화문단·명주·무명을 사용하여 누비와 솜옷으로 만들어 방한용으로 착용하였다.

직령교임포로서 안길과 겉길이 동일한 형태로 좌우 대칭을 이루고 겨드랑이에 소형 삼각무가 있으며 소매 끝에 끝동이 있고 섶이 2중으로 처리되어 있다.

(사) 과두·한삼·겹고·단고·말

저고리와 바지류·버선을 말하며 홑바지(單袴)·홑저고리(汗衫)는 속속옷이며, 그 위에 겹저고리(裹肚)와 겹바지(裌袴)를 입는다. 과두는 염습제구 중 배를 싸는 과두(裹肚)와 머리를 싸는 과두(裹頭)가 있어 혼돈되고 있으나, 여기에서 과두는 겹 또는 솜저고리 형태의 상의류를 말하며 이는 《老乞大諺解》에서도 속옷류로 설명되어 있고 남복에는 저고리 호칭으로 사용된 예를 볼 수 없다.

명주·목면·저포 등의 흰색을 사용하여 홑·겹·누비·솜 등으로 만들어 4계절용이 있다.

바지 형태는 전래되는 형태와 같으며(〈사진 1〉 참조), 저고리 경우는 당시 목판깃 형태의 여자 옷과 달리 현재의 겉깃모양은 남자의 저고리에서 처음 나타나므로 둥근깃 형태가 남자 저고리에서 시작되었음을 알 수 있다.

〈그림 6〉 碧珍李氏 方領 (단위 : cm)

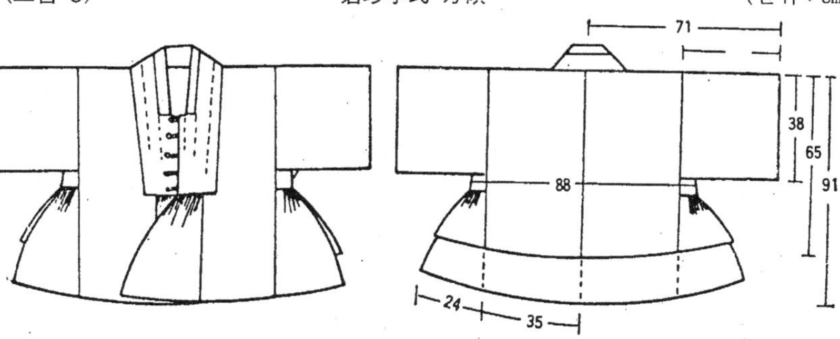

〈앞〉 〈뒤〉

이외에 貂皮를 넣어 방한용으로 만든 對衿形 상의류인 貂皮虛胸 또는 鼠皮襖子가 있었는데[66] 이는 女服 好袖(胡袖)와 같이 앞이 빈 의미의 대금형으로서 '쿠리매'라고도 하였으며 몽고복 '쿨머'에서 전래된 것으로[67] 이는 후에 마고자 또는 (털)배자로 변형된 것으로 보인다. 앞의 〈그림 6〉과 같이 출토복식 중 碧珍李氏方領은 이와 유사한 제도를 보여준다.

나) 여 복

조선 초 유교적 사회제도 하에서 신분에 따른 복식구조가 마련되어 유품관 부인은 남편의 관직에 따라 봉작되었고 그 외에 서민부녀·종비·기녀 등은 그에 준하는 제도를 허용 받아 상하 계급의 질서를 유지토록 하였다.

국초부터 활발하게 논의되었던 백관복 개정으로 여복 논의도 거듭되었으나 태종 연간의 기록은 한결같이 의관 법도가 모두 중국제인데 여자들의 옷만은 본속을 따르고 있음을 강조하고 있다.[68] 이는 명나라 관복류인 포류가 왕실에 집중되었을 뿐 세속에서 성행되지 않음을 지적한 것으로 보이는데 부녀자의 손끝에서 이뤄지는 옷의 제작 과정으로 미루어 볼 때 보수성이 강한 여인들의 마음을 느낄 수 있다.

그러나 한편으로는 고려시대부터 일반인사이에 착용되었던 중국제 노의가 조선 초에도 성행되어 본속제 장삼과 함께 규제대상에 포함되기도 하였다.

태종 12년(1412) 여복의 개정을 논의할 때 사헌부의 상소 내용에는 露衣·襖·裙·笠帽는 尊者의 복제이나 천한 여인까지도 착용하고 있어 상하 분별이 어려워졌으므로, 5품 이상의 正妻에게만 허용하고 그 이하는 노의를 불허하고 장삼으로 대용토록 하였다. 또한 從婢에게는 오·군을 불허하고 입모는 저포만 사용하되 襜의 길이도 주인의 반으로 제한토록 하였으나 지켜지지 않자 궁녀와 上妓 이외의 서인부녀·종비·천예는 紬와 저포로 만든 蒙頭衣를 입고 사라단자와 같은 고급비단으로 만든 입모·말군은 불허하도록 상소하였다.[69]

66) 《成宗實錄》 권 46, 성종 5년 8월 신축·권 50, 성종 5년 12월 경자.
67) 《蒙語類解》 上, 服飾.
68) 《太宗實錄》 권 14, 태종 7년 4월·권 23, 태종 12년 6월·권 28, 태종 14년 10월.
69) 《太宗實錄》 권 23, 태종 12년 6월 정묘.

이러한 복식구조는 왕실과 큰 차이가 없는데 세조 6년(1460) 4일의 순종비 가례 때에 納徵物目에서 확인되고 있다.[70] 명복용으로 大紅段子露衣·鴉青段子大衣·金背肩花大紅段子長衫·大紅金線段子帶·笠·纓子蓋頭前後面紗具頰裏 일습과 紅金線·藍金線·紫段·草綠段·草綠紬·鴨頭綠紬·紫紬·藍綾의 小襖子와 大紅段·黃段·大紅紬·黃紬의 好袖小襖子, 白綃·白紬衫·綃廣汗衫 등 상의류와 紫段·草綠段·紫紬·草綠紬·藍綃·藍間色紬의 襦裙, 草綠段·藍段·紫紬裌裙·白段裌襪裙·生綃單襪裙·白紬裌袴·白紬單袴 등이 나오므로 노의·장삼·오·군·말군·입모는 당시 복식의 기본구조였음을 알 수 있다.

그러나 金圓紋을 장식하는 노의와 흉배를 부착하는 장삼은 일반용과 차이가 있는 것이었다. 오는 저고리류, 군은 치마를 말하며 부녀자들 사이에서 여자들의 옷 중 가장 귀하게 취급되었다.[71] 이는 원래 왕비에게 관복을 사여할 때 상복에 포함된 것이며 중국제 고급 필단으로 화려하게 만든 것이므로 일부 상류층에서도 유행된 것으로 보인다. 출토복식 중 南陽洪氏配位 및 淸州韓氏의 스란치마는 명대의 스란치마와 동일한 형태임이 주목되고 있다.[72]

오는 小襖子·短襖子·好袖小襖子·小串衣·短赤古里 등으로 명명되었고 호수소오자는 대금형의 특수한 상의를 말한 것이다. 금선단을 비롯한 고급 직물을 사용하여 화려하게 만들어 세인의 관심을 끌었고, 이들의 유행은 사치를 조장하게 되어 금제를 내렸으나 대상이 규방에 있는 부녀자였기 때문에 체벌에 어려움이 있었다.[73] 출토복 상의류도 금선단을 비롯 고급 필단의 사용이 많아 규정대로 시행되지 않았음을 알 수 있으며 당시 의생활의 화려한 모습을 나타내고 있다. 치마에도 15·16폭에 이르는 넓은 치마를 반가용 13폭, 서인을 12폭으로 제한하였으며[74] 한때 명에서는 '馬尾裙'이라 하여 넓은 폭에 풍성한 주름치마가 유행되기도 하였다.[75]

70) 《世祖實錄》 권 20, 세조 6년 4월 을묘.
71) 《太宗實錄》 권 17, 태종 9년 3월.
72) 王宇淸, 《中華服飾圖錄》(世界地理, 1984), 171쪽.
73) 《文宗實錄》 권 7, 문종 원년 4월 신사.
74) 《成宗實錄》 권 13, 성종 2년 12월 임신·권 14, 성종 3년 정월 기미.
75) 周錫保, 앞의 책, 424쪽.

〈그림 7〉《樂學軌範》襪裙

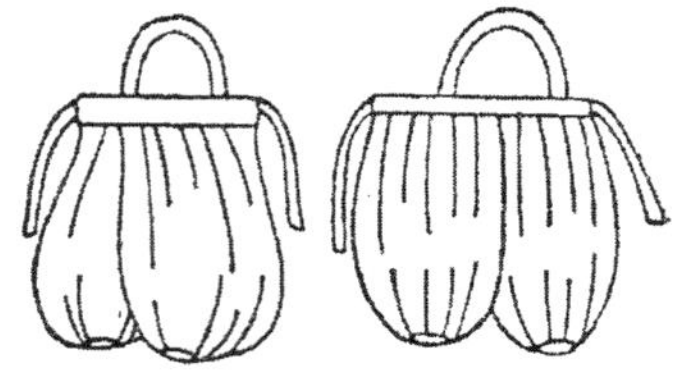

입모는 青綃女笠으로서 蓋頭를 말한 것이며, 이는 고려 蒙首의 유제로 여기에 圓笠이 들어가 羅火笠－羅兀笠－羅兀로 변형된 것이다.[76]

말군은 기마용 겉바지로서 고려조의 유제이다. 국초 迎接都監使 趙肅生의 처가 말군없이 외출하였다가 기녀로 오인되어 희롱을 당한 사실에서[77] 반가 부녀들이 보편적으로 입었음을 알 수 있다.

고는 속바지류로서 裏衣 또는 襯衣라고도 하여 바느질 방법에 따라 솜·겹·홑으로 계절에 맞게 만들었다. 속곳·단속곳 등 후기의 호칭은 우리말 표기로서 裏衣－속옷－속곳으로, 單裏衣－단속옷－단속곳으로 불려진 것이다.

그 밖에도 포류로 蒙頭衣와 長衣가 있다. 몽두의는 本國背子라 하였듯이[78] 대금형 표의인데 조선 말기 무녀용 몽두리가 대금형으로 된 포복인 것과 무관하지 않은 것으로 보인다. 장의는 남자용과 같은 양식으로서 화문단, 명주 등을 사용하여 솜 또는 누비로 하였다. 선조비의 염습의대 중에도 겹·누비·솜의 장의가 있어 왕실 및 일반 부녀자가 방한용으로 착용하였음을 알 수 있으며 이는 후반기에는 장옷이 되어 쓰개류로 변화되었다.

그리고 또 부녀자의 사치품으로 貂裘가 있었다. 나이 젊은 부녀자뿐 아니라 수십 명 모임에 이를 입지 않은 자가 한 사람도 없어 초구가 없으면 부끄럽게 여길 정도로[79] 유행하였는데 전래되는 유품 중 이북지방의 털배자 또는 갖저고리와 유관한 형태로 짐작된다.

출토복식 실물은 장의·다양한 상의류·치마·속옷류이며 이를 종합하면 다음과 같다. 장의는 남자용과 동일하여 남녀용 구분이 어려우나 남자보다 적은 치수이다. 陽川許氏(〈사진 2-①〉 참조)·羅州丁氏配位에서 출토되었으며 화문단·화문초·명주를 사용하였고 有紋緞은 솜옷으로, 명주는 누비로 하였다.

76) 柳喜卿, 앞의 책, 427쪽.
77)《世祖實錄》권 8, 세조 3년 6월 임인.
78)《世宗實錄》권 111, 세종 28년 3월 갑오.
79)《成宗實錄》권 55, 성종 6년 5월 경신.

〈그림 8〉 조선 전기 저고리류 부분도 ·(단위 : cm)

종류	부분도 / 길이	옆	깃섶	소매
短 저고리형	41			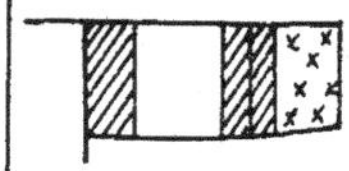
	48	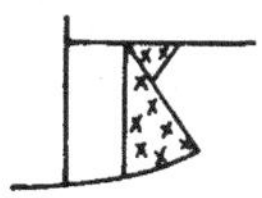		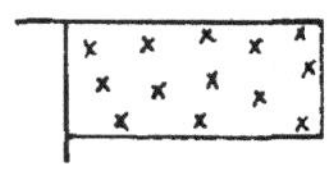
	51	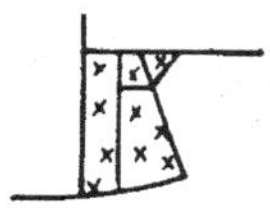		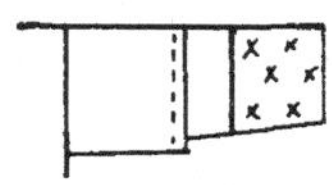
	65	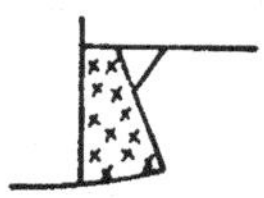		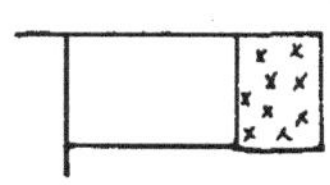
中 저고리형	60	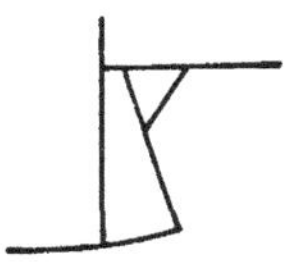	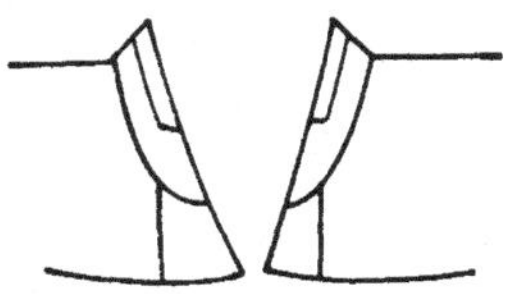	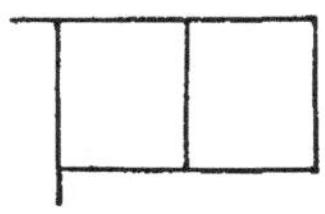
	64	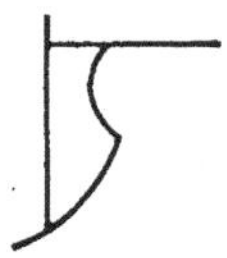	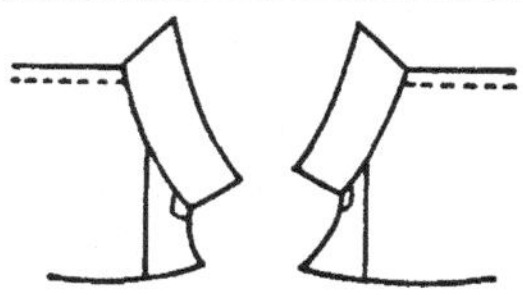	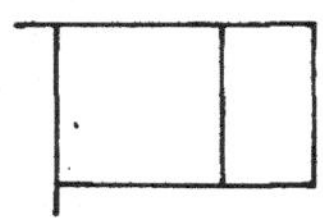
	65	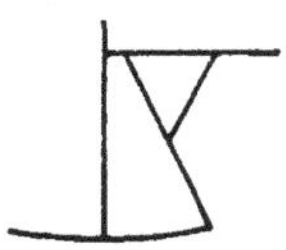	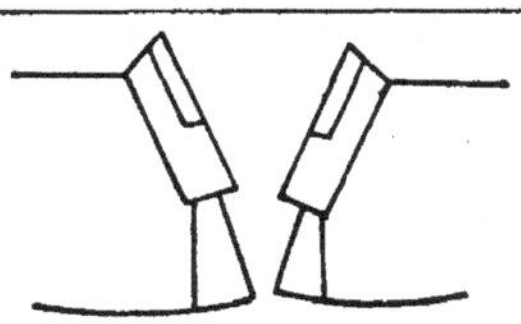	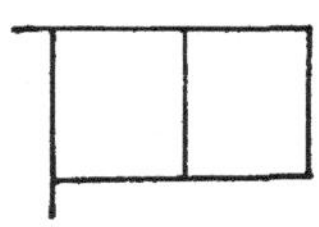
	67~71	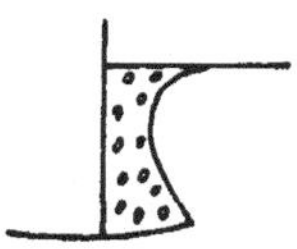		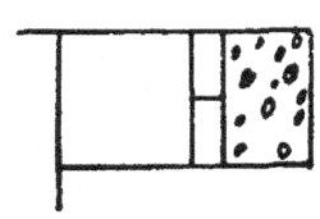

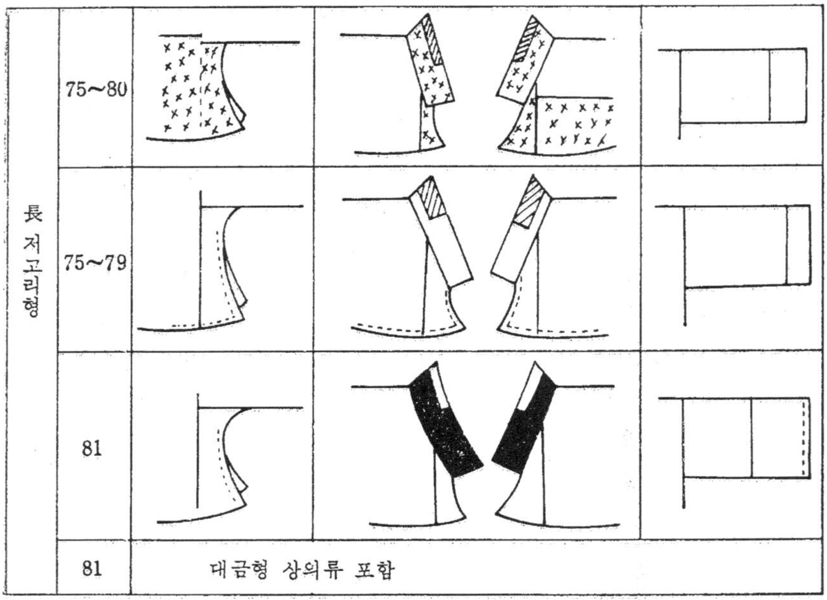

세조 2년(1456) 3월 梁誠之가 상소문에서 여자들이 장의를 즐겨 입어 남자모양과 같으니 금하자고 한 사실에서 남녀공용임을 알 수 있다.

선조비 염습의대를 비롯한 전기 문헌에는 다양한 형태의 상의류가 기록되어 있는데, 출토된 복식에도 세분된 실물이 보이고 있다.

조선 전기의 상의류는 길이에 따라 3종류로 나누었으며 저고리길이 40~60cm를 단저고리형, 60~70cm 전후를 중저고리형, 80cm전후를 장저고리형으로 구분하여 그 특징을 〈그림 8〉로 표시해 보았다.

동정과 고름은 부착된 상태거나 흔적이 있는데 고름은 자색 명주로 길이 25cm내외에 넓이는 2.5~3.0cm로 만들었고 모두 목판깃이며 당코깃 형태는 나타나지 않는다.

단저고리는 모든 상의류 가운데 가장 짧은 형태이나 품은 80cm전후로 가장 넓으며 따라서 소매길이가 짧게 되어 있다(〈사진 2-②〉 참조). 화문단·운문단·공단 등 고급 필단에 금선 단으로 부분장식 하였으며, 섶장식을 제외하면 현재 삼회장저고리와 유사하다. 여자옷 중 가장 화려한 형태이며 저고리품이 장저고리보다도 넓어 겉옷용 덧저고리로 착용되었을 확률이 매우 높다. 위의 〈그림 8〉 가운데 ×형 장식은 금선단 사용부분이다.

중저고리는 양옆이 막혀 있으며 명주·모시를 사용한 장식 없는 민저고리 및 단저고리형과 유사하나 필단(자색)으로 장식하고 규모가 다소 큰 형태의 장식저고리가 포함된다(〈사진 2-③〉 참조). 민저고리 중 칼깃형이 처음 나타나며 이는 명주로 된 솜저고리로서 품과 화장이 큰 남자용 저고리이다. 이 중에 필단장식 저고리는 문헌에 보이는 옆을 막은 腋亇只(肩亇只)로 추정되는 유물이다. 액간의 형태가 2종류로 나타나고 있다.

장저고리는 양옆이 트인 형태로서 길이가 길어 구성상 트임은 필수조건이다(〈사진 2-④〉 참조). 금선단을 비롯 화문단·운문단·공단·명주 등을 다양하게 사용하여 솜·누비·겹옷으로 처리되어 있다. 금선단 장식 저고리는 저고리길 아래 부분 전체를 장식한 특이한 형태로써 화장 또한 길어 의식용임을 알 수 있다. 이외에 전체를 필단으로 한 것, 명주에 솜을 넣어 방한용으로 하면서 깃만 자색으로 처리한 것 등 다양한 형태로 미루어 후대의 당의형을 찾을 수 있다.

대금형 저고리는 "好袖卽鶴紬虛基胸"이라[80] 하였듯이 好袖(胡袖)로써 송대 반소매 對衿의 上衣인 貉紬에서 전래된 것이다[81] 간편함을 따라 남·여 모두 착용하였는데 원대 여복 가운데 鶴袖襖兒와[82] 유사한 제도로서 몽골어로 '쿠리매'라 하였다.[83] 따라서 이는 고려조부터 착용된 제도임을 알 수 있다.

치마는 花紋寶緞(牧丹·蓮花)을 비롯하여 명주·저포 등을 사용하여 홑·겹·누비·솜 등 계절용으로 만들어졌다. 필단치마는 9폭(1폭은 61~62cm), 명주·모시치마는 12폭(1폭은 37cm내외)으로 되어 있다(〈사진 2-⑦〉 참조). 치마 길이는 73~130cm로 다양하며 주름은 3.0cm내외의 넓은 주름으로 처리하였고 오른쪽에 주름이 없는 점으로 미루어 안자락임을 알 수 있다. 따라서 오른쪽 여밈이 주류를 이루고 있어 구전되는 반가용 왼쪽여밈 방법과 반대의 현상을 보이고 있다.

---

80) 《世祖實錄》 권 20, 세조 6년 4월 을묘.
81) 周錫保, 앞의 책, 254쪽.
82) 沈從文, 《中國古代服飾硏究》(商務印書館, 1981), 370쪽.
83) 《蒙語類解》 上, 服飾.

〈사진 2〉 조선 초기 저고리와 치마 유형(분묘출토의상)

① 〈陽川許氏 長衣〉

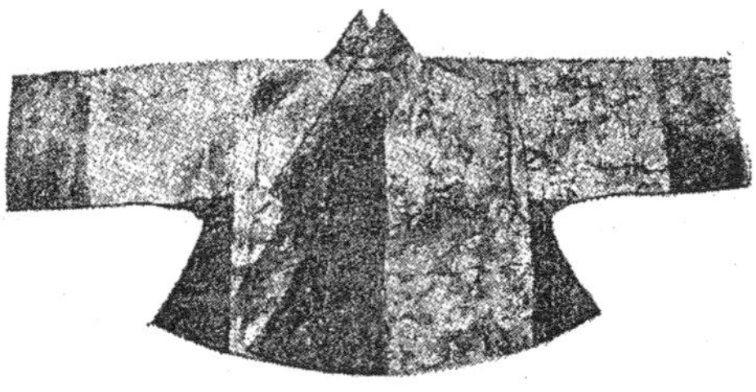

② 〈清州韓氏 短赤古里〉

③ 〈清州韓氏 中赤古里〉

④ 〈清州韓氏 長赤古里〉

⑤ 〈洪係江 配位 膝襴裳〉

⑥ 〈洪係江 配位 비단치마〉

⑦ 〈洪係江 配位 모시치마〉

⑧ 〈洪係江 配位 속치마〉

2건의 스란치마는(〈사진 2-⑤와 ⑥〉 참조) 織金童子葡萄紋緞스란이 중심에는 넓게 아래에는 좁게 달려 있으며 길이가 130cm 정도에 이른다. 그리고 중심 윗부분에 덧주름을 잡아 보행에 편리하도록 하였다. 동일인의 모시치마 길이는 98cm로서 평상용과 예복용의 차이가 현격하게 드러난다.

속바지류는 전래되는 바지·단속곳 형태와 유사한 모양이며 명주·무명·모시·베 등을 사용하여 홑·누비·솜옷으로 되어 있다(〈사진 2-⑧〉 참조). 속옷류는 남자의 내관 속에서 발견되는 경우가 종종 나타나고 있어 당시 葬俗의 일면을 볼 수 있다. 특이한 것은 솜을 두껍게 넣어 방한용으로 된 속바지는 한쪽 가랭이를 2중으로 처리한 점인데, 기능적 과학적 방법으로 이것이 각기 다른 여러 분묘에서 발견되고 있어 당시 유행된 속옷의 형태가 확인되고 있다.

〈朴聖實〉

2) 식 생 활

조선시대는 우리 나라 식생활 문화의 과학성이 높아지고 그 문화 규범이 정비되는 시기이다. 즉 농서와 지리지의 간행, 동판 인쇄술의 발전, 도량형의 고정, 의·약학의 연구 등 과학적인 정책이 추진되었다. 이러한 환경에서 고추·호박·고구마·감자 등 남방식품을 도입하여 재배에 성공하고, 각 지방의 산출식품이 파악되었다. 그 밖에 일상 식사에 있어 식품구성의 원칙이 성립되고 식기와 용구의 용량 기준, 약재를 이용한 양생음식의 개발 등 식생활이 향상되었다. 온돌의 보급으로 식사양식이 좌식으로 일원화되고 분청 백자의 창안과 사기소의 확충, 놋그릇의 제조 보급과 식기와 용구의 기준이 마련되었다. 이러한 발전은 우리 나라 식생활의 근세적인 발전상의 하나이다.

(1) 조선 초기 주요식품

가. 곡류와 채소·과일

조선 초기에 재배된 곡류에 대하여는 15세기에 간행된 《衿陽雜錄》의 기록을 통해 알 수 있다. 우선 벼의 품종은 早稻·次早稻·晩稻로 나뉘어져 총27종에 이르고 있고, 수수 4종·조 16종·피 5종·보리 4종·밀 2종·콩 7종·깨 3종 등과 이 밖에 동부·광장두·완두·메밀 등이 있다. 특히 벼의 품종에 대하여는 중기 이후에 간행된 徐有榘의 《杏浦志》에는 총 69종이나 수록되어 있어 그 동안 많은 벼의 품종이 개발된 것을 알 수 있다.[1] 《금양잡록》에 기록된 벼의 품종을 살펴보면 다음과 같다.

《금양잡록》에 수록된 벼의 품종

메벼-조 도 : 구황되오리·자채·저광

차조도 : 애우리(일명 송어자채)·왜자·쇠노되오리·황금자

만 도 : 사노리·쇼되오리·거문사로리·사노리(앞의 사노리와 다름)·쇠노리·고새사노리·늣왜자·동아노리·우득산도(두이라)·흰검부기·문검부기·동솔가리·령산되오리·고새눈거미·다다기(어반미)·보리산도 (밭벼)

찰벼-쇠노찰·다다기찰·구령찰·찰산도(밭벼)

또 조선 초기에 이용되던 채소의 종류는 《需雲雜方》[2]·《屠門大嚼》[3]·《閨壺是議方》[4]에서 찾아볼 수 있다. 고려시대부터 있던 무·순무·가지·오이·동아·연근·박·배추·아욱·부추·상추·순채·마늘·파·생강·소산류·토란·마·죽순과 산갓·거여목 등이 있다. 그리고 버섯으로 표고버섯·석이버섯 등을 들고 있다. 《증보산림경제》 권 6에는 "여러 가지 봄나물은 독이 없으니 먹어도 좋다"고 하며 평소에 먹기 좋은 것을 들고 있다. 그 품목 중 우리에게 지금도 익숙한 것을 들면 냉이·물망이·다복쑥·비름·산갓·고잣바기·메꽃·회초리·고사리·달래·돌나물·물쑥 등이고, 이외에도 10여 종이 수록되어 있다. 따라서 일찍부터 산야의 자생나물을 식용하였음을 알 수 있다. 그 후 임란 전·후기에 고추와 호박이 도입되고, 18세기 중엽에 고구마를, 19세기 중엽에 감자를 도입하여 재배에 성공하였다.

1) 李春寧, 《韓國農學史》(民音社, 1989), 225~228쪽.
2) 《需雲雜方》은 金綏(1481~1552)가 편찬하였다.
3) 《屠門大嚼》은 許筠(1569~1618)의 저술이다.
4) 《閨壺是議方-음식디미방》은 嶺南의 巨儒 載寧李氏 存齋의 자당 張夫人(1598~1680) 수기이다.

한편, 《도문대작》에는 각 지방에서 나오는 명물을 수록하였는데, 그 중 과일에 대한 기록은 다음과 같다.

> 밤과 황률(말린 밤)의 경우, 상주에는 껍질이 저절로 벗겨지는 작은 알밤이 있고, 밀양·지리산 근교의 것이 좋다. 대추는 비교적 널리 산출되는 것이나, 보은 일대의 것이 크고 달다. 감·연시·곶감은 온양산 早紅柹, 남양산 角柹, 지리산 烏柹가 명물이다. 배는 강릉의 천사리, 죽선의 금색리, 평안도의 현리, 함경도 석왕자의 홍리가 명물이며, 복숭아의 경우, 삼척의 자두는 주먹만큼 크며, 춘천·홍천에는 황도가 많고, 전주 일대의 승도가 맛이 좋다. 반도도 좋았는데 근일에 없어졌다. 귤은 동정귤·금귤·청귤·산귤·유자·감자·유감 등 제주산이 많고 맛도 좋다.

그런데 조선시대의 귤 산출에 관해서 《목민심서》 봉공 6조에서는 남해 일대에 많던 귤나무가 근 10년 이래에 없어지고 4~5수뿐인데, 진상의 의무를 무리하게 강요하였으므로 견딜 수 없어 후추를 귤나무에 박아 시들도록 하였다는 사실을 수록하고 있다. 수박은 고려 말 洪茶丘가 중국에서 씨앗을 가져와 개성에서 재배하기 시작한 것인데, 충주지역의 것이 가장 좋고, 참외는 의주의 것이 씨가 적고 좋다고 하였다.

이 밖에도 《증보산림경제》에는 호도·앵두·산딸기·포도·건포도·오얏·살구·살구씨·능금·사과·마름·으름·석류·모과·개암·연밥·죽실·치자·매실·오미자·구기자·복숭아씨 등에 대한 기록이 있다.

나. 어패류와 육류 및 기타 식품

우리 나라 삼면의 바다와 각 지방의 여러 강에는 옛날부터 어종이 많아서 좋은 식량원의 구실을 하였다. 1530년에 출간된 《신증동국여지승람》의 각 지방 토산조에 수록된 어패류의 품목은 생선류가 51종·조개류 16종·해조류 12종·기타 수산동물 15종이다. 그 중 기록의 빈도수가 5회 이상인 것을 지방별로 적으면 다음 〈표 1〉과 같다.[5]

그리고 패류와 갑각류는 생굴·전복·홍합·조개·토하·긴맛(죽합)·살

---

5) 朴九秉, 〈韓國漁業技術史〉(《韓國文化史大系》 Ⅲ, 高麗大 民族文化硏究所, 1968), 110~115쪽.

〈표 1〉 조선 초기 지방별 어획 생선 현황

종류 / 지역	바 다 생 선	민 물 생 선
경 기 도	조기·농어·홍어·준치·누치	숭어·쏘가리·웅어·붕어·은어
충 청 도	조기·농어·뱅어·상어·청어·삼치·홍어·민어·준치·누치·칼치	숭어·붕어·웅어·전어·은어
경 상 도	대구어·청어·홍어·황어·상어·조기·농어·광어·전어·방어·고등어·연어	은어·붕어·숭어·송어·잉어·웅어
전 라 도	조기·준치·칼치·병어·농어	숭어·은어·붕어·웅어
황 해 도	누치·청어	숭어·붕어·은어
강 원 도	누치·열모기·고등어·황어·광어 대구어·방어·연어	은어·쏘가리·송어·숭어
함 경 도	연어·방어·삼치·황어·고등어·청어·대구어·홍어·광어·빙어·열모기·명태	은어·숭어
평 안 도	홍어·열모기·조기·농어·상어·민어·준치·광어·밴댕이	숭어·은어·쏘가리

조개·소라·모시조개·대합조개·감합·앵무라(소라의 일종)·회세합·소합·담채합(조개의 일종)·게·해삼·낙지·오징어·문어·곤쟁이·해다리·대하·새우·자해·백하·중하·청해 등 다양하였다.

또 각종 어패류의 젓갈과 건물은 산지로부터 상인을 통하여 각 지방으로 수송될 수 있었다. 그 중 경상우도에서 말린 전복을 꽃처럼 저며 花鰒이라 하였다.

해조류는 미역(常藿·粉藿·絲藿·早藿)·김·참가사리·황각·우무·다시마·파래·탑사마·청각·우무가사리 등이 식용되었다.

일찍부터 소는 농작을 위한 동력으로 이용했으므로 함부로 식용에 소비하지 않았다. 따라서 돼지·염소·닭·오리·거위 등을 식용에 쓰고, 이외에도 노루·사슴·산돼지 등 산짐승을 잡아 식용으로 썼다. 평안도·함경도지방의 노루·산돼지·사슴 등이 명물이었으며, 산짐승 고기요리로는 웅장(곰의 발을 삶은 것)과 녹설요리가 회양·신의주·희천 등 산악지대의 별미음식이었다. 그 중 웅장요리법은 《음식디미방》·《규합총서》와 같은 사대부 가정의 부인 수기에 상술되어 있다. 수조육류를 말린 肉脯가 즐겨 쓰였으며, 그 중 노루·산돼지·사슴을 말린 것이 명물이어서 진상품목이었다.6)

한편 제향이나 사신 영접 등에 대비하여 典牲署에서는 황소 3마리·검은소 28마리·양 60마리·염소 14마리·돼지 330마리를 길렀다.7)

(2) 일상식의 관행

우리 나라 상용식사의 기본형은 밥과 반찬으로 구성되었으며 이를 밥상차림, 즉 반상이라 한다. 밥상차림이 상용식사의 기본으로 형성된 것은 삼국시대 후기부터이다. 삼국시대 비로소 미곡 중심의 농업국으로 생활이 정착되어 쌀이 주식의 기본이 되고, 장·김치·젓갈과 같은 발효식품이 만들어지고 무쇠솥을 사용하여 밥을 짓게 됨으로써 가능하게 되었던 것이다. 이러한 전통이 이후 우리 나라의 풍토와 생활 환경과 어우러져 오늘날까지 이어질 수 있게 되었다.

가장 간단한 밥상차림은 밥과 국이나 찌개, 김치를 기본으로 하고 여기에 나물·생채·조림(또는 구이)을 갖추어 3첩반상이 되며 이외에 전·마른반찬·회 등의 첨가 여부에 따라 5첩·7첩·9첩반상이 된다. 이처럼 반찬 수에 따라 첩의 수가 바뀌기는 하지만 한 상에 같은 식품, 같은 조리법이 중복되지 않게 하여 밥맛과 영양상의 균형을 이루게 한 지혜를 엿볼 수 있다. 밥상차림에 대한 이러한 타당성은 오랫동안의 체험과 요구가 저변을 이루어 정착 되어온 것이며 식품구성의 원칙은 조선 초기 향약자생의 연구환경에서 제고 된 것으로 볼 수 있다. 《동의보감》 잡병편 권 1, 용약조에서는 "우선 음식으로 병을 다스리고 그 다음에 약을 쓴다"고 하였고, 권 4, 내상조에서는 "올바른 식사와 약의 성질을 알면 병을 물리칠 수 있다"고 강조하고 있다. 이와 같이 강조된 '약식동의'의 관점은, 일상식사의 음식구성 원칙으로 반영되어

6) 尹瑞石, 《三訂增補韓國食品史硏究》(新光出版社, 1992), 142쪽.

7) 《萬機要覽》 財用篇 1, 各貢 宣惠廳 57頁 典牲署.

뿌리내린 것이다. 이것은 전래 식생활에 함축된, 간과할 수 없는 요소로 생각된다.

반상기는 밥상을 꾸미는데 필요한 식기의 한 벌을 말한다. 조선시대 반상기의 소재는 사기제품과 놋제품이 쓰였다. 반상기의 한 벌은 밥그릇·국그릇·숭늉그릇·종지·김치보·조치보(찌개그릇)·쟁첩(반찬그릇)으로 이루어진다. 남자용 밥그릇은 직선형의 주발형이고, 여자용 밥그릇은 곡선의 발이 형이며, 전래 반상기의 용량은 1인분을 기준으로 표준화된 것이다.

그리고 우리 나라의 밥상은 신분에 상관없이 누구에게나 외상으로 대접하는 것이 원칙이었다. 반상기의 용량이 1인분 기준으로 되어 있다는 것은 바로 밥상의 외상 접대의 원칙을 실증하는 것이다. 이러한 관행은 상용식사가 개인의 건강 보존을 위한 필수 요소임으로 누구에게나 필요량을 먹게 하려는 데서 근거한 것으로 보인다. 따라서 존장주의에 비롯한 관행이라는 견해는 문화에 내재하는 타당성을 간과한 것이다.

주거양식이 온돌로 정착됨에 따라 식사양식도 좌식으로 일원화되었다. 고려시대도 일부 지방에 구들 설비가 있었지만, 조선 초기에 이르면 구들의 설비가 관청·사찰을 위시하여 남쪽지방에까지 확대되어 겨울에 따뜻하게 지내고 여름에 시원하게 지내는 주거의 이중요소가 정착되기에 이른다. 이는 우리 나라 기후에 어울린 주거문화가 정착된 것이며, 식사양식도 좌식으로 전환되었다. 관청이나 사찰의 온돌 설비가 확대된 것이 15세기 초 무렵으로 보이며,[8] 온돌의 확대, 유기제품 식기의 사용, 좌식형 상(床)의 사용은 일련의 구조적인 요소이므로, 식사양식이 좌식으로 변하여 일원화되는 것도 대체로 같은 때라 하겠다.

고려의 상차림의 일부를《고려도경》잡속조에서 보면, 객관에서 조석식사를 대접할 때 상탁에 음식을 담은 小俎(쟁반 같은 것)를 놓고 의자에 앉아 식사를 하였다. 음식을 담은 소조의 수를 손님의 신분에 따라서 2조에서 3조·5조 등으로 증가시켰으며, 신분이 낮은 손님에게는 좌식상으로 연상(두레상)을 차렸다.[9] 그러나 조선시대에 들어와 좌식형 상을 사용하게 되면서

8) 申榮勳,《韓國의 살림집》(悅話堂, 1983), 120~124쪽.

9)《高麗圖經》권 28, 供張 1, 丹漆俎·黑漆俎.

한상에 음식을 모아 차렸으며, 다만 7첩 이상이 되면 모양은 동일하지만 본상보다 작은 것을 곁에 놓고 전골이나 반주·주전자 등을 놓았으며, 이것을 곁상이라 하였다.

한편 제례는 사가에서도 높은 상에 입식형 차림으로 진설하였으며, 이것은 尙古的인 관행이었다. 궁중의 연회도 입식차림으로 계속하였다.

(3) 조선 초기의 주요음식

조선초기 가정에서 만든 음식의 종류와 방법에 대하여는《수운잡방》과《규곤시의방-음식디미방》을 통해 알 수 있다. 두 책 모두 경상도 사대부 집안의 수기이고 수록 항목이 제한되어 있기는 하지만 그 시대 가정음식의 일단을 알 수 있는 바, 이를 근거로 당시 국수와 만두·떡 및 발효식품의 내용에 대하여 살펴보기로 하자.

가. 국수와 만두·떡·한과

우리 나라의 국수요리는 본래 정규 식사용 음식이 아니라 잔치음식 또는 별식이었다. 전통국수는 메밀국수이며, 고려시대에는 사원에서 제면업을 하여 시판하였다. 조선 초기 국수의 종류로는 메밀국수(메밀 5되에 거피해서 불룬 녹두 1국자를 섞어 빻아서 만든 국수)·녹말국수(일명 시면 : 밀가루 7홉으로 쑨 죽에 녹두녹말 2되를 섞어 만든 국수)·별착면(밀가루와 녹두녹말을 동량으로한 것) 난면(밀가루에 달걀을 섞어 반죽한 칼국수)·차면(메밀가루와 밀가루를 섞어 만든 칼국수) 등이 있다. 이들 국수요리의 국물은 모두 꿩고기 국물을 사용하였다. 이외에 녹두나화와 착면이 있다. 녹두나화는 녹말가루를 물에 풀어 중탕하여 만든 국수를 볶은 참깨즙 국물에 말고, 착면은 녹두 녹말만을 물에 풀어 중탕하여 만든 국수를 오미자국(오미자즙에 꿀을 탄 것)에 띄운 것인데, 이들은 모두 주안상(술상)에 대접한 요리였다.

만두의 경우, 만두피는 메밀가루로 하였으며 만두속은 삶아 으깬 무·양념한 꿩고기·잣·호도·표고버섯·오이 등으로 만들었다. 만두는 생강즙을 가미한 초간장에 찍어 먹었다. 한편 대만두라는 것이 있어《해동역사》권 19 조선연의조에 그 모양과 먹는 법에 대하여 기술되어 있다. 즉 "잔치 끝 무렵

대만두 한 그릇이 나온다. 대만두 그릇에는 은제의 뚜껑이 덮여져 있는데 한 대신이 칼로 대만두의 껍질을 배 가르듯이 자르면 그 속에 한 입에 먹을 수 있는 호도 알만한 소만두가 가득 들어 있다"고 하였다. 이처럼 정교한 국수와 만두 조리법을 통하여 조선 초기의 잔치음식의 격조를 알 수 있다.

떡은 역사가 깊은 토착음식으로 밥문화가 정착되기 이전에는 떡을 상용식으로 하였다. 밥이 상용된 이후로 떡은 의례용・선물용・별식으로 보다 다양하고 격조있게 발달하였다. 조선시대 문헌에 나타나는 떡은 200여 종으로 가장 보편적인 음식임을 알 수 있다.[10] 《규곤시의방》에는 조선 초기의 떡으로 잡과편・밤설기・증편・빈자떡・섭산자 등에 관한 요리법이 기술되어 있는데 이는 특별한 떡만을 수록하고 보편적인 것은 생략했기 때문이라 여겨진다. 잡과편은 찹쌀가루 반죽을 썰어 삶아 곶감・대추・밤・잣을 두들겨 부수어 무친 것이며, 밤설기는 밤가루와 멥쌀가루를 꿀물에 내려 찐 것이다. 석이편은 멥쌀과 찹쌀가루에 석이버섯을 다져 버무린 후 잣가루를 층층으로 얹혀 찐 것이다. 증편은 좋은 쌀가루를 술로 반죽해 부풀려 찐 것이며, 이때에 쓰는 술은 별도로 빚어 사용하였다. 한편 빈자떡(빈대떡)은 오늘날은 안주요리이지만 본래는 떡이었다. 거피한 녹두를 갈아서 번철에서 사이에 꿀팥소를 놓고 아래위의 두 장이 포개지도록 지져 만들었다. 섭산자는 더덕의 쓴맛을 우려내고 두들겨 찹쌀가루를 무친 후 기름에 지져 꿀에 재운 것이다.

한과(조과)는 잔치・제사 등에 쓰는 의례음식이다. 조과의 역사는 삼국시대까지 거슬러 올라갈 수 있으나 논증하기는 어렵다. 고려시대에는 차와 한과로 차린 다과상으로 빈객을 접대하는 것이 일정한 양식이 되어 성행하였다. 그러나 조선시대에는 《대전회통》 형전 금제에 "헌수・혼인・제향 이외에 유밀과를 사용하는 자는 장 60에 처한다"고 한 것으로 보아 성행할 수는 없었다고 여겨진다. 이는 유밀과의 재료인 찹쌀・밀가루・꿀・기름 등이 귀한 재료였기 때문이다. 《규곤시의방》에는 연약과 약과・중박겨[中朴桂]・강정 및 빙사과 등의 조과류 조리법이 기술되어 있다. 이 밖에 다식・박산・앵도 편 등을 만드는 법도 수록되어 있으며 이상 살펴본 떡과 한과의 조리법은 현재에도 그대로 이어져 오고 있는 것들이다.

10) 尹瑞石, 《한국의 음식용어》(民音社, 1991), 313~344쪽.

나. 찬물요리

생선으로 만든 요리로서 어전 · 어만두 · 해삼 다루는 법 · 대합(회) · 와각 탕(조개탕) · 생전복 다루는 법 · 게젓 담는 법 · 약게짓 · 별탕(자라탕) · 붕어찜 · 대구껍질누루미 등이 있다.

그리고 수조육류 요리로는 생치침채 · 생치잔지히 · 생치지히 · 별미(족편) · 양숙편 · 족탕 · 연계찜 · 웅장(곰발 요리) · 야제육 · 가제육 · 개장 · 개장고기누르미 · 개장국누르미 · 개장찜 · 누렁이 삶는 법 · 개장 고는 법 · 석류탕 · 숭어만두 · 수증계 (닭찜의 하나) · 질긴고기 삶는 법 · 고기 말리는 법 · 고기 말리고 오래두는 법 · 해삼과 전복 말리는 법 · 연어알 · 참새 · 닭 굽는법 · 양 복는 법 · 계란탕 등이 있다.

채소요리로는 동아누르미 · 동아선 · 동아돈채 · 동아적 · 가지누르미 · 가지찜 · 오이찜 · 오이화채 · 연근채 · 연근전 · 포채 · 순탕 · 잡채 등이 있었다.

한편 채소 저장하는 법도 발달하여 건강법(생강 말리는 법) · 수박 간수하는 법 · 동아 간수하는 법 · 동아 담는 법 · 가지 간수하는 법 · 고사리 담는 법 · 마늘 담는 법 · 비철의 나물 간수하는 법 등이 소개되어 있다.

다. 발효식품

발효식품은 인간이 자연의 섭리를 수용한 예지의 결과이다. 우리 나라는 육류나 어패류의 공급이 계절과 지역에 따라서 제한이 컸으며, 채소를 엄동중에 얻을 수가 없다. 그러므로 그것을 저장할 기술이 필요했다. 밥은 맛이나 영양 양면으로 염분과 기타 식품의 균형 섭취가 필요하다. 따라서 콩으로 장류를 가공하고, 어패류로 젓갈을 가공하여 단백질 공급원으로 상용하였으며, 채소의 발효식품으로서 김치를 발달시켰다.[11] 조선 전기의 문헌에 있는 김치는 다음의 〈표 2〉와 같다.

우리 나라의 술은 곡주가 전통술이다. 상고시대로부터 술 빚는 솜씨가 뛰어 났으며, 누룩으로 빚은 술과 맥아로 삭힌 감주의 두 계열이 정착되어 계속 발전해 왔다. 조선 초기에 이르면 멥쌀술뿐 아니라 찹쌀로 빚은 술이 많

---

11) 黃慧性, 《'閨壼是議方' 해설》(韓國印書出版社, 1980).

〈표 9〉 조선전기 김치 종목과 재료

김치구분	김 치 명	재 료	
		주 재 료	양 념
나박김치	무침채(土邑沈菜)	무 · 소금물	
동치미형	물오이저(水瓜菹)	오이 · 소금물	산초 · 백두웅(할미꽃)
	꿩저(雉菹)	꿩 · 오이지	생강 · 천초
신 건 지	오이저(不老瓜菹)	오이 · 소금 · 물	식초 · 백두웅
짠 지 형	늙은오이저(老瓜菹)	늙은오이 · 소금 · 물	
	가지저(茄菹)	가지 · 소금 · 물	산초 · 백두웅
	토란줄기담기(土卵莖沈造)	토란줄기 · 소금 · 물	
	파침채(蔥沈菜)	파 · 소금	
	동아담기(沈冬瓜久藏)	동아 · 소금	
석 박 지	무침채(靑郊沈菜)	무 · 소금 · 물향채	
소박이형	머위침채(沈白菜)	머위 · 소금 · 물	
	메밀줄기담기(沈木麥)	메밀줄기 · 소금 · 물	
장아찌형	조가자(糟茄子)	가지 · 소금	백두옹
	가지즙저(汁茄菹) I	가지 · 즙장	
	가지즙저(汁茄菹) II	가지 · 甘醬 또는 末醬	
	오이즙저(汁瓜菹)	오이 · 甘醬 또는 末醬	
	동가개채(過冬芥菜)	동아 · 소금 · 장기름 · 겨자가루	
	무개채	무 · 소금 · 장기름 · 겨자가루	
	모혁점이법(毛革占伊法)	가지 · 장	기름 · 식초 · 마늘
	향과저(香瓜菹)	노장대과 · 간장	생강 · 마늘 · 향수유 · 호초

* 《수운잡방》(1481~1552) 참조

김치구분	김 치 명	재 료	
		주 재 료	양 념
나박김치	산갓침채	산갓 · 따뜻한 물(무염지임)	
동치미형	생치침채법 I	삶은꿩 · 오이지	
	생치침채법 II	소금물	
	나박김치		

신 건 지 짠 지 형	생치짠지히 생치지히 오이지	오이지 · 생치 오이지 · 생치	천초 · 기름 · 호초 간장 · 기름
	동아담는법 고사리담는법 마늘담는법	동아 · 소금 고사리 · 소금 마늘 · 소금	천초

* 《음식디미방》(1598~1680) 참조

아 지고, 重釀法이 많아진다. 한편 고려 후기에 도입된 증류주(소주)가 더욱 선호되고, 발전하여 일본 · 중국으로 소주가 수출되었다.[12]

(4) 구황식품

농업국은 수재와 가뭄 등 자연 재해로 흉년이 들면 국민이 기근에 빠지는 일이 많다. 이에 대비하여 국가에서는 여러 가지 구황책을 마련하였는데, 그 한 예가 명종 9년(1554)의 《救荒撮要》의 간행이다. 그런데 이 《구황촬요》는 이미 나온 세종 때의 《救荒辟穀方》에서 중요한 것을 모으고 보완한 것이다.

《구황촬요》에 기술된 구황식물로는 산야에서 자생하는 식용 식물을 많이 이용하였는데 총 851종이며, 그 중 근래에까지 이용된 것이 304종에 이른다. 특히 《목민심서》의 진황 6조에 "산야의 식물을 먹는다 해도 소금이 있어야함으로, 소금을 비치해야 한다"고 강조하고 있으며, 《구황촬요》에도 속성장 · 잡물장 등의 장 담그는 법이 수록되어 있다.[13]

또 다른 구황식품으로는 솔잎과 느릅나무잎이 이용되었다. 특히 솔잎은 구황에 가장 좋은 것이라 한다. 이용법으로 느릅나무즙 · 콩가루 혹은 날콩을 불리어 몇 알을 섞어 죽을 끓이거나, 솔잎을 쪄서 찧어 말린 가루 · 느릅나무즙 · 쌀가루 등으로 죽을 쑤기도 하고 또는 떡을 만들거나 섞어서 미수가루로 만들어 이용하였다.

---

12) 張智鉉, 〈韓國의 술－그 歷史와 文化－〉(《韓國食文化學會志》 4-3, 1989), 272~273쪽.

13) 구황식품에 대해서는 尹瑞石, 〈救荒飮食〉(《韓國民俗大觀》 2, 高麗大 民族文化研究所, 1980), 516~526쪽 참조.

이 밖에도 반숙이라도 된 메밀·마·상수리·칡뿌리·메밀꽃·黃蠟·삼씨·쑥 등을 위시하여 여러 가지 들나물·산나물 등이 이용되었다. 황랍(밀랍)은 대추·행인·복령 등과 함께 환을 만들어 식용하고, 삼씨는 검은콩을 섞어 찹쌀죽으로 뭉쳐 환을 만들어 두고 쓰는데 '劉景先服黑豆法'이라 한다.

〈尹瑞石〉

3) 주생활

(1) 취락의 입지조건

조선 초기에는 전시대의 취향과 마찬가지로 산골짜기나 산기슭에 집 짓고 사는 것을 선호하였다. 개울과 넓은 들이 내려다보이면 더욱 좋은 터전이 라고 여겼다.

산기슭이나 산골의 집들은 뒷산을 배경으로 삼고 흐르는 내를 내려다 보도록 지었는데, 이는 생활에 요긴한 것들이 산과 들과 내에서 얻어지기 때문이다. 갖추어져 있어야 地利를 얻었다고 좋아한 것이다. 그런데 이 때와 지리란 물질에 국한되는 것이 아니다. 산하가 일깨워 주는 인격 함양을 통한 삶의 의지와 환희도 수반한 것이다. 사람은 자연의 섭리를 통하여 우주의 운행을 감지하고 삶의 精髓와 함께 修身을 체득해 가기 때문이다.

산은 山谷間에 사는 사람에게는 절대적이다. 산의 형세와 계절 변화에서 아름다움을 익혔고 그것을 잠재의식화 하였다. 누대에 걸쳐 형성된 아름다움에 대한 잠재의식은 필요할 때면 자극에 따라 아름다움을 표출하였다. 그 결과 특별한 기능을 훈련받지 않은 사람들끼리 지은 집이나, 짓고 보면 뒷산의 소담한 형상을 닮은 초가지붕이 되었다. 이는 곧 저절로 우러나오는 아름다움의 표현인 것이다. 그런 흐름은 기와집에도 이어져 용마루의 천연스러운 포물선, 처마의 곡선 등 다른 나라의 지붕에서는 볼 수 없는 모습을 이루고 있는 것이다.

산천의 정수가 새로 태어난 아이들에게 투여된다고 믿고 소위 명당에서는 이러한 정기가 더욱 효험이 있다고 여겨왔다 그래서 鎭山 아래에 한 마을이 이룩되면 이른바 名基가 배태되었다고들 말한다.

형국이 아주 넓어 광활하고 水運이 알맞으며 토지가 비옥하면 개국한 새 나라의 국운이 번성하리라 믿고 도성이 들어서고 궁실을 지었다. 도성 안에도 살림집을 짓고, 排設의 방도에 따라 도로가 개설되고 백성들이 살 수 있는 구역이 할당된다. 알맞게 솟아오른 언덕에 의지하여 집들이 들어서는데 그런 자리가 마땅하지 않으면 藏風의 곳이거나 得水의 지역에 터전을 잡기도 하였다. 조선 초에 새로 도읍한 한양의 경우도 대략 그와 같았다. 이는 고려의 개경도 마찬가지였고 그 이전의 다른 시대의 도성에서도 볼 수 있었던 경향이었다.

(2) 조선 초기 살림집의 모습

아직도 조선 초에 경영한 살림집들이 향리에 더러 잔존해 있다. 이 집들은 매우 개성이 강하여서 같은 형태의 집은 단 한 채도 없다. 안동의 河回마을에서 볼 수 있듯 제각기 특성을 지녀 이웃에 있더라도 같지가 않다. 유씨의 집성촌이 된 마을 중심부에 謙庵 柳雲龍(1539~1601)이 사는 養眞堂과 西厓 柳成龍(1542~1607)의 忠孝堂이 있다. 같은 사상과 식견을 지녔던 선비이며 형제인데도 이웃한 두 집은 포치나 구조에서 완연히 다르다. 이들의 집은 이웃 마을의 養素堂이나 낙동강가의 유명한 臨淸閣(보물 제182호)이나 義城金氏宗宅(보물 제450호)과 다르고 조선 초기의 유명한 학자 晦齋가 산 良洞의 香壇(보물 제412호)·觀稼亭(보물 제442호)·無忝堂(보물 제411호)과도 다르며 醴泉의 權氏宗家(보물 제457호)나 孟思誠 古佛의 거처이었던 孟氏杏壇(사적 제109호) 및 최근에 임진왜란 이전에 창건되었다고 알려진 경주군 기북면 덕동의 四友堂 등과도 다른 특성을 지니고 있다.

이들 현존하는 집이 옛 집의 유형을 다 망라하고 있다고 말하기는 어렵다. 비록 오늘에는 볼 수 없게 되고 말았지만 옛날에는 널리 분포되어 있던 집들도 있었을 것이다.

태조의 선조인 翼祖가 어려운 난국에서 짓고 살던 집을 《太祖實錄》은 "흙

구덩이를 파고 들어가 살 수 있게 한 집(陶穴而居)"이라고 표현하였다.[1)]

이런 집이 어떤 형태의 것인지는 지금 당장 알기는 어렵지만, 움집과는 다른 듯하다. 일종의 혈거인 듯한데 바위를 파낸 것이 아니라 흙의 언덕이나 벼랑을 파서 만든 집으로 보인다. 춘천의 鳳蟻山에서 선사시대의 혈거유적이 발견된 바 있었는데 이는 풍화된 바위 벼랑을 파내어 만든 것이었다. 아직 흙을 파서 만든 예는 모르고 있는데 중국에서는 황토고원 일대에서 흙의 벼랑을 파서 만든 窯洞이라는 유형의 혈거를 볼 수 있으며, 지금도 수없이 많은 요동이 남아 있다. 흙구덩이를 파서 만든 집, 지금에 와서는 볼 수 없게 된 하나의 유형이라고 할 수 있다.

한편 초막에 살기도 하였다. 세종 때에 수구문 밖에서 체포된 명화적들도 초막에서 살고 있었다. 정착하기 어려운 사람들이 기거하던 뜸집이다. 산골짜기에서는 굴피(樺皮)를 덮은 집도 지었다.[2)] 지금도 굴피집을 볼 수 있다. 또 이웃에서는 너와집도 발견되는데 굴피나 너와는 귀틀집의 지붕으로 잇는 것이 보통이다. 이런 현상을 하나의 추세로 보면 옛날에 있었던 집이 오늘에 잔형을 남겼다고 할 수 있다. 흙과 돌을 써서 벽체를 이룬 토담집과 기둥 세우고 벽을 친 토벽집과 마루를 높게 설치한 오두막집 등도 여러 지역에 분포되어 있었다.[3)]

이 시기의 향리의 보편적인 집은 농사짓는 일을 업으로 하는 사람들이 사는 소박한 것이었다. 안채만으로 보금자리를 틀 수밖에 없는 가난한 사람도 있었겠지만 대부분은 안채에다 헛간채나 외양간채·측간 등 부수되는 시설을 갖추었고 유교적인 관습에 유의하는 이들은 대문간채·중문간채 등과 사랑채도 구비하려 애를 썼다. 예의를 전제로 한 집으로써 내외하는 요긴한 시설을 갖추려는 흔적을 알 수 있다.

시골집들은 주변에서 쉽게 얻어지는 자료를 활용하는 지혜로 조영되는 것이 보통이었다. 지붕도 산에서 거두어 온 알맞은 풀을 잇는 방안이 채택되었다. 나락을 추수하고 남은 짚으로 이엉을 잇는 방식도 발달하였다. 가벼운

1) 《太祖實錄》 권 1, 총서.
2) 《世宗實錄》 권 40, 세종 10년 6월 경인.
3) 申榮勳, 《한국의 살림집》(悅話堂, 1983), 82~133쪽.

재료로 지붕을 잇게 됨에 따라 집의 몸체를 이루는 기둥과 도리, 보와 서까래들을 가늘게 써서 가볍게 짓는 방법을 이룩하였다. 이에 비하면 기와를 덮는 기와집은 그 무게를 지탱하기 위하여 體木을 후하게 하며 둔중하게 지어야 하였다. 그러나 기와지붕은 草材로 설비한 지붕에 비하여 월등히 수명이 길어 관리하기가 쉽고 화재 등의 재해를 예방하는데 유리하며 보기에도 장중하여 누구에게나 선망의 대상이었다. 도시에서는 기와집 짓기를 장려하기도 하였고 別瓦窯를 개설하는 등 기와 보급에 힘쓰기도 하였다.

기와집과 초가가 한 울타리 안에 공존하기도 하였다. 경제적인 능력 등으로 보아 능히 기와집을 지을 수 있는데도 일부러 초가를 짓고 사는 사람들도 있었다. 그러나 비록 시대는 조금 뒤지지만 草廬 李惟泰(1607~1684)의 경우처럼 많은 선비들은 기와집을 선호한 것으로 보인다.[4] 귀양살이를 하면서 평생 지어보지 못한 자기의 집을 구상해 본 그는 언젠가 고향에 돌아가면 짓고 싶은 집을 문집에 묘사해 놓았다. 그의 기술에 따라 배치도를 그려보면 다음 〈그림 1〉과 같다.

태조가 한양에 도성을 건설할 때는 물론 세종 때에 이르러서도 성내에는 초가가 즐비하였다. 세종 13년(1431) 3월에 興福寺 남쪽 민가 84채가 불에 타자,[5] 왕은 재목을 분급하고 '병오년의 예'에 따라 복구해 주라고 명하였다.[6]

이 때의 병오년은 바로 세종 8년이다. 당시 잦은 불로 근심하고 있던 차에[7] 2월 보름날 午時에 북풍이 크게 일어나고 仁順府의 노비 집에서 불이 났다. 이 불은 삽시간에 중부의 인가 1,630호·남부의 350호·동부의 190호를 태우고 京市署와 행랑 160칸도 태워 버렸다.[8] 그런데 이튿날 또 典獄署에 근무하는 鄭連의 집에서 불이나 전옥서 건물과 행각 8칸이 타고

4) 成俔은《慵齋叢話》에 정승의 자리에 있으면서도 초려에 산 사람으로 夏亭선생을 들고 있다(成俔,《慵齋叢話》권 4).
5)《世宗實錄》권 51, 세종 13년 정월 갑오.
6)《世宗實錄》권 51, 세종 13년 4월 을미.
7)《世宗實錄》권 31, 세종 6년 2월 병자.
8)《世宗實錄》권 31, 세종 8년 2월 기묘.

〈그림 1〉 《초려집》에 서술된 이상형의 집 평면도

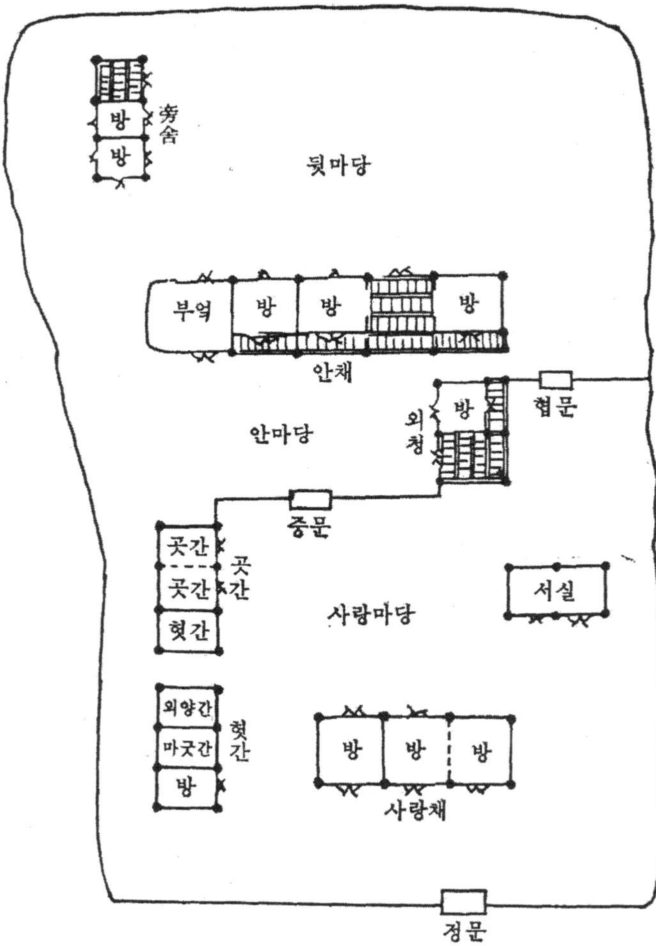

동행랑과 여염집 200여 채를 태우는 등 이틀 동안의 불로 민가 2,370호가 소실되고 말았다. 당시 도성의 5부 민호가 약 16,900호[9]이었으므로 약 7분의 1에 해당하는 여염집이 타버린 셈이다. 건국 이래 조선왕조가 겪은 최대의

9) 예컨대 세종 10년에 한성부에서 收單한 경성 5부의 16,921호, 인구는 13,328인이었다.

재해였다.

세종은 즉각 피해상황을 조사하게 하고 사람마다 쌀 한 섬씩을 나누어 주고 죽은 자는 장사지내고 다친 사람은 치료해 주었다. 19일에는 재목을, 20일에는 쌀 300섬을 배급하고, 21일부터는 자원자와 부역하는 인부들로 집의 복구작업을 하게 하였다.10)

이 화재를 계기로 세종은 곧 禁火都監을 보강하여11) 불이 났을 때 조직적으로 대처하는 예방조치에도 주력하였다. 또 기와 잇기를 장려하여 도성내의 집들은 차츰 기와집으로 바뀌게 되었다.

도성내의 집들은 설정된 도로망에 따라 가로를 경계로 삼고 집을 짓는 것이 원칙이었다. 한성부로부터 대지 사용권을 받은 백성들은 분급 받은 대지를 모두 사용한 넓은 집을 짓고자 하였으므로 대지 경계선을 집의 외곽선으로 삼는 방안이 모색되었다. 그 결과 행랑채와 담장을 경계선상에 짓는 ㅁ자형이나 '트인 ㅁ자형'으로 조명하는 것이 일반적인 추세였다.

넓은 대지를 차지한 상류의 제택에서도 외곽에 행각을 짓거나 담장을 쌓아 넓은 안마당을 만들었다. 정침과 외당·사랑·별당·정자·외양간·측간·마구간·헛간·잿간 그리고 반빗간 등 부속건물들을 적절히 포치하여 모양나게 짓는 방안이 강구되었다.

능력이 있으면 이웃집을 병합하든지 해서 대지를 확장하고 큰 규모의 집을 짓기도 하였다. 한 예로 개국공신 李叔蕃은 그의 위세를 이용하여 대로를 침범하면서까지 집을 지었는데, 이 때문에 동대문에서 서대문에 이르는 대로가 굽어 나가야 하는 일까지 벌어지게 되었다 한다. 이 밖에도 왕자나 공주·옹주의 집들이 궁성만큼이나 장대하게 경영되어서 지탄을 받는 사례도 있었다. 반면 가난한 사람들은 산기슭으로 올라가 집을 지었다. 이는 그만큼 성내의 대지가 부족하였기 때문이다.

가난한 이들이 모여 사는 곳으로 유명한 남산골은 작은 집들이 다닥다닥 들어서 있었으므로 굳이 도로망을 설정할 필요도 없이 집 사이로 저절로 생긴 골목으로 만족하였다.

---

10) 《世宗實錄》 권 31, 세종 8년 2월 기묘·경진·계미·갑신·을유·기축 참조.
11) 《世宗實錄》 권 31, 세종 8년 3월 경인.

(3) 살림집의 구조와 생활

가. 산골짜기집의 구조와 생활

깊은 산골에 사는 사람들은 자연의 재해에 견딜만한 집을 지었다. 산림이 무성한 고장에서는 흔한 목재로 귀틀집을 지었다. 편이의 방안이기도 하였지만 많은 눈이 지붕 위에 쌓여도 그 하중을 지탱할 수 있다는 장점이 있었기 때문이기도 하다.

눈이 많거나 비바람이 심하면 몸체 앞뒤로 툇간을 덧달고 벽을 쳐서 피해를 막았다. 이는 산골뿐만 아니라 섬이나 해안지방에서도 마찬가지였다. 더운 고장에서는 개방적인 집을 지었지만 그렇더라도 산곡간에서는 추운 지방과 마찬가지로 폐쇄성이 강한 겹집을 짓는 것이 보통이다.

수렵 등 산야에서 민첩하게 활동하는 사람들은 신발을 단단히 신는다. 행건 치고 감발하므로 신발 벗기가 용이하지 않다. 따라서 쉽게 벗고 신을 수 있는 생활을 하는 사람들의 집과 같은 구조일 수가 없다. 제주도 산간의 牧者의 집인 막살이집의 바닥은 맨바닥이었다. 신발 벗기 어려운 점이 고려되었다고 하겠다. 비록 이 구조는 최근세의 것이긴 하지만 조선 초기라고 해서 크게 다르지는 않았을 듯싶다.

춥거나 기후의 여건으로 겹집을 짓고 사는 경우에는 정지간을 아주 넓게 설정하기도 한다. 외양간·방아실·곳간과 헛간까지 실내에 구비하는데 정지간의 바닥도 맨바닥이다. 주부들이 온갖 작업을 하는 장소이기도 하여서 외부와의 연계를 고려하고 그렇게 마감하는 것이 적절하였다. 또 눈이 많이 와서 바깥출입이 여의치 못할 때에도 작업을 계속할 수 있는 공간의 준비이기도 하였다. 정지간에는 宿火·화덕·아궁이·부뚜막·코쿨·神事를 위 해 마련한 시설도 있었다.

산곡이나 섬 또는 평탄치 못한 여건 하에서 짓는 집은 주변에서 얻을 수 있는 건축용재를 써서 마을 사람들이 협동하여 짓는데 지붕은 풀이나 나무 굴피 혹은 너와(紅松材, 板石材) 등으로 잇는 일이 일반적이었다.

그리고 살림에 필요한 선반이나 시렁 혹은 횃대, 등자들은 주변에서 얻은 재료를 적절히 가공하여 이용하였다. 이처럼 산골짜기의 집들은 자연을 세밀히 살필 수 있는 자세를 통해 얻은 것들을 알맞게 다듬어 이용하였다.

나. 농촌의 집 구조와 생활

일년 치 식량을 확보하기 위하여 파종하고 모를 내고, 추수하여 타작하는 등 쉴 사이 없이 바쁜 농부들의 집에는 마루가 없다. 대신 맨바닥의 토방 또는 봉당이 있는데 이는 신발 신은 채로 드나들게 하려는 배려에서였다. 농부들은 이 봉당에서 갈무리하거나 비를 피해서 하는 작업 등을 하였다. 대개 죽담 위에 설치된 봉당은 마루가 생략되었을 뿐이지 차지하는 위치나 공간 기능은 마루나 대청의 구실을 그대로 하였다.

客舍의 殿牌(또는 闕牌)를 모신 정전도 마루를 깔지 않고 方塼을 부설하기도 한다. 壁大廳이라 부르는데,[12] 살림집의 봉당이 맨바닥인 점에서 보면 훨씬 고급스러운 치장이다. 방전은 민무늬이기도 하고 연화나 보상화로 무늬를 놓아 장식하기도 한다. 무늬 있는 방전은 주로 절의 金堂에 사용하였는데 이러한 경향은 조선 초까지 유지되었다. 임진왜란을 겪은 뒤로 방전 위로 마루가 깔리기 시작하며, 無爲寺 極樂殿의 예에서도 볼 수 있다.[13] 이후 살림집의 봉당에도 마루가 깔리기 시작하여 오늘에 이르게 되어 이제는 숨은 고장 아니고는 봉당집을 보기 어렵게 되었다.

봉당집은 토담으로 짓는 집에서 흔히 본다. 이런 집은 대부분 소박하며 전문가에 의해 지어지는 경우가 드물고 대개 이웃 주민들이 협동하여 짓는다. 이러한 소박한 모습은 후대에 조성한 예에서도 그대로 이어졌다. 하회마을에 있는 봉당집처럼 방 한 칸에 투덕투덕한 벽, 그리고 지붕 아래의 공간이 다 열려 있는데 맨바닥이 전부이다. 특히 마당에서 훨씬 높게 맨바닥의 토방이 조성되어 있어 그 용도를 분명히 보여주고 있다.

---

12) 여러 고을의 邑誌 宮室條에는 객사의 형상을 설명하는 귀절에 '벽대청'이 보인다.

13) 무위사 극락전에는 지금도 방전이 깔렸고 그 위로 임시로 시설한 마루가 설치되어 있다. 1957년도에 해체 수리할 때엔 고정한 마루가 방전 위로 덧깔려 있었다(申榮勳, 〈寺院建築〉, 《國寶》 9, 藝耕産業, 1985, 참조).

풍속도 등을 통해 보여지듯 밥을 먹을 때도 봉당에서 신발 신은 채 먹었다. 그리고 방은 잠을 자는 장소로 요긴하였다.

지붕은 대부분 초가이다. 초가삼간이라 하면 보통 안채를 지칭한다. 그러나 농사짓는 집에서는 안채만으로는 부족하다. 재를 모으거나 농기구들을 말끔히 씻어 가지런히 두었다가 다시 쓸 수 있게 보관하는 시설로 헛간이 있다. 좌우와 앞쪽은 터놓고 뒷쪽에만 벽체를 쳐 잿간이라 하였다. 잿간은 한편에 부춛돌을 놓아 측간을 설치하기도 한다.

측간을 2층처럼 만들어 층층다리로 올라가 일을 보면 아궁이에서 거두어 온 재나 깔아놓은 풀과 함께 퇴비로 이용한다. 물론 아래층에도 문이 있어 퇴비를 꺼내기 좋도록 하였다. 또 외양간은 소가 쉬는 장소이나 호랑이와 같은 큰 짐승들로부터 소를 보호하여 주는 기능도 지녔다. 그 밖에 돼지우리와 닭장도 시골집의 구조 가운데 하나인데, 특히 돼지우리를 멋지게 짓고 여러 마리를 키우는 것이 개성지방의 풍속이었다.

노적가리를 쌓을 형편은 못되어도 곡식을 저장할 곡간은 있어야 한다. 그만도 못한 처지이면 뒤주를 만들어 낟알을 저장하였다. 뒤주는 가을에 가득하게 채워 두었다가 필요한 만큼 꺼내다 쓰도록 시설되어 있다.

형편이 좋으면 말을 키울 마구간이나 달구지나 수레를 넣어 두는 수레간도 있다. 사인교나 말안장 등을 넣어둘 마판도 시설된다. 일하는 匠人의 집이라면 일간도 있다.

이런 시설이 갖추어진 집도 초가삼간이라 부른다. 대소의 차이와 넉넉하냐 부족하냐의 차이는 있었지만 초가삼간이 결코 적거나 단순한 집은 아니었다. 당당한 초가는 구조도 장중하여서 기와로 바꾸어 이면 곧 기와집이 될 만하였다. 우물과 수채시설도 있고 장독대도 있다. 둘레에 담장을 쌓아 짐승들의 접근을 방지하였다.

그런데 동네에 낙향한 지식인들이 경영한 집 또는 別墅(또는 別業)나 墓幕 같은 것이 있으면 지방 토호들의 집은 이에 자극 받아 더욱 충실해지게 된다.

향리의 제택에도 정자를 부설하였다. 울타리 안에 짓기도 하나 경치가 뛰어난 자리를 골라 조영한다. 외딴 곳에 지은 정자에는 廚舍를 부설하여 수발들 수 있게 마련하였다. 논둑에 茅亭을, 밭둑에 원두막을 세운다. 이것들 은 생활의 활력소가 된다. 이런 점에서는 도시의 집들에 비하여 더 활기찬 기운이 시골집과 살림에 넘쳐흘렀다고 할 수 있다.

다. 도시의 집 구조와 생활

세종 8년(1426)에 큰 화재를 당하고 재건의 공역이 시행되긴 하였지만 지지부진하여 세종 11년이 되어도 아직도 열 채 중 일곱, 여덟 채는 초가였다.[14] 別瓦窯를 개설해 힘써 기와집 짓기를 독려한 결과 세종 후기부터는 집들이 기와집으로 바뀌어 도성내는 기와집이 즐비하게 되었다. 그런 기와집들이 사회의 안정과 경제 능력의 향상에 힘입어 차츰 장대한 집의 구조로 바뀌어 갔다.[15] 대군과 공주·옹주와 군과 종친들이 앞장 서 점점 장중하고 사치스럽게 집을 지으니 성종대에 이르면 家舍定制를 어긴다 하여 자주 탄핵의 대상이 되기도 하였다.[16]

중종 때도 마찬가지였다. 연산군에 의하여 흐트러진 기강이 어느 정도 쇄신되긴 하였지만 집을 크고 화사하게 지으려는 경향은 억제되지 않아 묘당에서 자주 논의가 일어났다.[17]

크게 지으려는 추세는 상류사회에 국한된 것이 아니었다. 성종조에 이르러서는 서민과 천민계층에서까지도 능력껏 규모있는 집을 지었다.[18] 이런 추세는 약간 후대이긴 하지만 2층의 건물을 살림집으로 짓기까지 하였다.[19]

국가에서 정한 기준이 있었기 때문에 그에 넘치는 것이 지적의 대상이 되었다. 세종 때는 詳定所를 열고 모든 제도를 정비하면서 家舍定制도 마련하였다. 세종 13년에 반포된 가사정제에 의하면, 대군의 집 크기는 60칸,

---

14) 《世宗實錄》 권 45, 세종 11년 9월 계유.
15) 《世宗實錄》 권 95, 세종 24년 2월 병자.
16) 《成宗實錄》 권 10, 성종 2년 6월 기유·권 55, 성종 6년 5월 기미·권 91, 성종 9년 4월 을묘·권 264, 성종 23년 4월 신유.
17) 《中宗實錄》 권 16, 중종 7년 6월 병오·권 21, 중종 10년 2월 병오·중종 10년 윤 4월 경신·갑자·정축·갑신·병신.
18) 《成宗實錄》 권 10, 성종 2년 6월 기유.
19) 한 예로 현종 5년에 興平尉는 二層閣을 집안에 지었다.

임금의 친형제·군·공주·옹주 50칸, 2품 이상의 벼슬아치 40칸, 3품 이하 30칸, 서민 10칸의 규모를 넘을 수 없게 하였다. 아울러 주춧돌 외에는 다듬은 돌을 쓸 수 없고 굴도리집에 花栱을 하지 못하며 眞彩로 加漆할 수 없다고 하였다.[20] 규모가 장대한 집에서는 주춧돌뿐만 아니라 기단의 장대석이나 담장의 무사석까지도 다듬은 돌을 설치하기도 하였으므로[21] 좀더 구체적인 규정을 명문화할 필요가 있었던 것이었다.

세종 22년(1440) 예조에서는 間閣의 척수까지를 정한 새 법령을 공포하여[22] 正寢과 翼廊의 보의 길이를 10척, 기둥 높이를 13척으로 하였다. 세종 31년 정월에 보의 길이 10척은 너무 짧고, 13척 기둥 높이는 지나치게 길다 하여 다시 보완 개정하려는 논의가 대두되어 그 이외의 부분까지도 다시 보완하여 개정하겠다고 아뢰기도 하였다.[23]

예종은 원년(1469)에 《經國大典》에 만세지법으로 家舍制限令을 실었는데, 성종은 법령 중에 불합리한 부분이 있다는 생각에서 동 9년(1478) 재차 개정하도록 하였다.[24] 이후로는 개정의 기사가 보이지 않으므로 후대에까지도 이때에 정하여진 법령이 지속되었다고 보아도 좋을 듯싶다.

세 번에 걸쳐 개정된 가사정제 법령을 통해 당시 제택의 형상을 살펴볼 수가 있는데 세종 때의 기사와 성종 때의 내용을 비교하여 보면 다음의 〈표 1〉과 같다.

이 〈표 1〉에서 대군의 집을 주목해 보면 '60칸내 樓 10칸'이 허용되어 있다. 여기의 누는 따로 세운 건물로 이해된다. 그런데 성종 9년에는 "전후퇴합하여 12칸"이라 하였다. 이는 누가 대청과 치환되는 것인가 아닌가 하는 의문을 갖게 한다.

또 세종 때에 正寢이라 불린 것이 성종 때는 正房이라 하였다. 구들 들인 온돌방이라 하면 정침이라는 개념과는 맞지 않는 것 같다. 따라서 두 시대에 어떤 변화가 있었던 것이 아닌가 생각된다. 그리고 세종 31년의 대군

20) 《世宗實錄》 권 51, 세종 13년 정월 정축.
21) 《世宗實錄》 권 57, 세종 14년 8월 무자.
22) 《世宗實錄》 권 90, 세종 22년 7월 정묘.
23) 《世宗實錄》 권 123, 세종 31년 정월 정미
24) 《成宗實錄》 권 95, 성종 9년 8월 신해.

〈표 1〉 가사정제 비교일람표

(단위는 營造尺)

신분별 / 시대별	세종 22년	세종 31년	성종 9년
大君	60칸내 樓 10칸 正寢 翼廊 洑長 10척 行長 11척 柱高 13척	60칸내 樓 10칸 正寢 翼廊 西廳 內樓 內庫 每間長 11척 每間前後退並 18척 退柱 11척	60칸 正房 翼廊 西廳 寢樓 並前後退 12칸 高柱長 13척 過梁長 20척 脊梁長 11척
	其餘間閣 栿長 9척 行長 10척 柱高 12척 樓高 18척	斜廊 行廊 長 10척 長 9.5척 廣 9.5척 廣 9척 柱 9척 柱 9척 (斜廊엔 遮陽이 있다)	其餘間閣 柱長 9척 梁長 10척 脊梁長 10척 樓柱長 15척
君・公主	50칸내 樓 8칸 正寢 翼廊 栿長 10척 行長 11척 柱高 13척	50칸내 樓 8칸 正寢 翼廊 西廳 內樓 內庫 間長 10척 間廣 17척 退柱 10척	50칸 正房 翼廊 別室 並前後退 9칸 高柱長 12척 過梁長 19척 脊梁長 10척
	其餘間閣 梁長 9척 行長 10척 柱高 12척 樓高 18척	斜廊 行廊 長 9척 長 9척 廣 8.5척 廣 8.5척 柱 8.5척 柱 8.5척 (斜廊엔 遮陽이 있다)	其餘間閣 柱長 9척 梁長 9척 脊梁長 10척 樓柱長 14척
翁主・宗親 2품 이상	40칸내 樓 8칸 正寢 翼廊 栿長 9척	40칸 正寢 翼廊 西廳 內樓 內庫 每間長 9척	40칸 正房 翼廊 並前後退 6칸 高柱長 11척

	行長 10척 柱高 12척	每間前後退並 16척 退柱 9척	過梁長 18척 脊梁長 10척
	其餘間閣 栿長 8척 行長 9척 柱高 7.5척 樓高 13척	斜廊 行廊 長 8.5척 長 8.5척 廣 8척 廣 8척 柱 8척 柱 8척 (斜廊엔 遮陽이 있다)	其餘間賂 柱長 8척 梁長 8척 脊梁長 9척 樓柱高 13척
二品以下	30칸내 樓 5칸 2품 이상과 동일	30칸내 樓 5칸 2품 이상과 동일	30칸 並前後退 6칸
庶人	10칸내 樓 3칸 間閣 栿長 7척 行長 8척 柱高 7척 樓高 12척	10칸내 樓 3칸 間閣 長 8척 廣 7.5척 柱 10.5척	10칸 其他間閣 柱長 8척 脊梁長 9척 樓柱長 11척

*《王朝實錄》기사의 순서를 약간 변동시켰으나 전체 내용에는 차이가 없다.

집 구조로 정침·익랑 서청·내루·내고와 차양 있는 사랑채, 그리고 행랑채들이 있다. 이들이 과연 어떤 모습으로 제택을 이루고 있었는지 궁금하다.

이를 위하여 그가 일가를 이룬 뒤 궁 밖에 지은 집도 자신이 성장했던 궁의 침전류와 흡사하였으리라는 것과 또 현존하는 침전류가 전시대를 계승한 것이라 보고 당시 대군의 제택도를 다음 〈그림 2〉와 같이 그려보았다.

물론 수없이 많았을 역대의 대군의 집들이 똑 같았을리 없겠으나 다음에 그려진 제택과 같은 경우도 있었으리라 여겨진다. 이 〈그림 2〉에서는 '60칸내 누 10칸'의 누 10칸을 별도로 조성한 건물로 보았고, 경내에 내외당이 별설되었으리란 점을 태종의 부부별실 거처의 하명을 참작하고 지은 집으로 구상한 것이다.[25]

경내에는 부속 건물이 더 있었을 것이며, 실제로 태조의 따님 淑愼翁主의 집에도 여러 부속물이 있었다.

……집 지었다. 몸체 2칸에 전후퇴 설치, 기와를 이었고 동편에 덧이어 지은 1칸이 또 있는데 역시 기와지붕이다. 초가 이은 廚房이 3칸이고, 庫房은 3칸인데 전후퇴가 달렸고 초가이다. 樓上庫 초가 이은 2칸 규모, 내사랑 4칸도 초가,

25)《太宗實錄》권 5, 태종 3년 5월 계묘.

〈그림 2〉 조선 초기 대군의 제택도

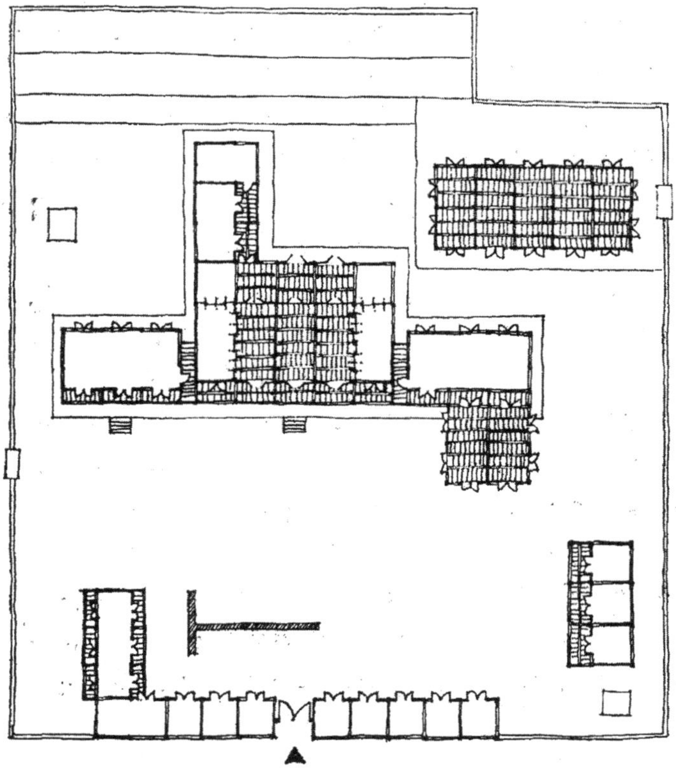

西房 2칸도 전후퇴 달린 초가, 南廳 3칸에도 전후퇴가 있고 초가, 또 다른 누상고가 있는데 기와 이은 3칸 등으로 합계 24칸이었다(秦弘燮, 〈淑愼翁主家垈〉《韓國美術史資料集成 (3)》, 一志社, 1991).

여기에 열거된 이 외의 부속건물들이 더 있었던 것이므로 경내는 즐비하였을 것이다.

담장의 경우, 향리에서는 생울이나 바자울을 치기도 하나 대처에서는 맞담 쌓는 것이 일반적이었다. 맞담은 여러 가지 자재로 다양하게 조성되었을 것으로 아이들 머리통만한 山石을 주워 쓰기도 하고, 때로는 그만한 크기로 다듬은 돌을 쓰기도 하였다. 사고석 담장은 宮牆에도 쓴다. 기와 깨어진 것을 활용하여 무늬 놓아 쌓기도 한다. 무늬 베푸는 데는 전돌이 제일이다. 반반전으로 담벼락을 만들고 거기에 여러 가지 무늬를 조형하는데 면회의 기법을 써서 아름답게 치장하는 것이 보통이다. 이 장엄법은 팔작지붕의 거대한 삼각상 合閣을 꾸미는 데도 활용된다.[26)]

이런 담장 이외에도 거푸집을 안팎에 대고 판축해서 만드는 土墻도 있다. 흙을 사용하면 빗물에 약하여 머리에 이엉으로 마름 엮어 草盖하기도 하고 기와를 이어 마감하기도 한다. 궁장을 본떠서 담장 위에 서까래를 걸고 개판을 덮어 기와지붕의 최고급으로 꾸민 경우도 있다.

우물가에 여러 가지 살림살이들이 있다. 돌확(돌절구)도 있고 빨래돌, 설거지 하는 긴 돌도 있다. 풍수지리설에 따라 집안에 우물을 파지 못한 경우에는 드므(넓적하게 생긴 독)를 두고 물을 길어다 붓기도 한다.

연못도 있는데 자연스럽게 윤곽을 정리하기도 하나 네모 반듯하게 연당을 만들거나 화강석을 다듬어 호안을 정리하기도 한다. 물이 섬 주변을 돌면서 순환하여 물이 썩지 않도록 연못 가운데 섬을 만들기도 한다.

샘의 물을 인수하여 연당에 흘러들게도 한다. 샘의 우물들과 귓대 이어지는 홈통과 연당의 石漏槽까지를 화강석으로 단정히 다듬어 설치하기도 한다.

장독대를 설치하고 뒷동산 산자락 끝에 花階를 쌓는데 나무와 꽃도 가꾸며 괴석을 쌓거나, 때로는 鶴을 박제하여 곳곳에 배설하고 仙境을 꾸민 경우도 있다.

굴뚝은 통나무의 속을 파 연통을 만들기도 하고 오지로 구어 만들기도 하며 흙과 돌을 써서 쌓기도 하였다. 그 중에 반반전으로 무늬 놓아가며 축조한 것이 으뜸이었다 꽃담처럼 面灰해서 한층 더 아름답게 만들거나 石假山을 쌓고[27)] 나무를 심어 운치를 더하는 수준 높은 집도 있었다.

(4) 살림집의 개선

도시에서는 마음 먹는 대로 넓은 땅을 차지하여 집을 짓기 어려웠다. 더

26) 申榮勳 · 曺正鉉, 《韓屋의 建築陶藝와 무늬》(技文堂, 1989).

27) 秦弘燮, 《韓國美術史資料集成(3)》(一志社, 1991), 31~35쪽 石假山記 참조.

구나 도성안에서는 국가에서 정하여 분급하는 토지에만 집을 지었음으로 한계가 있었다.

한양에 도성을 정하자 아직 개성에 머물러 있었던 有司는 신도시의 대지를 개경의 예에 따라 넉넉하게 나눌 셈으로 1품에게 60負를 주고 그 이하의 신료들에게도 조금씩 줄여줄 작정을 하였다. 그러나 막상 도성안의 넓이를 측량하니 500결 정도에 불과하여 고려시대의 개경처럼 넉넉히 나눌 형편이 못되었다. 이에 다시 정하여 정1품에게 35부를 주고 조금씩 깎아 백성에게는 10부씩을 주기로 정하였지만[28] 수요에 미달하였다. 남산으로 올라가는 집도[29] 생겨났고 경복궁 뒤쪽의 산능선에도 집들이 들어섰다. 그러나 풍수지리설로 볼 때 이것은 큰 일에 속하여서 성종 때에는 이 집들을 철거하였는데, 대상에 든 집이 199채나 되었다.[30]

이처럼 대지가 부족하였지만 군주는 아랑 곳 하지 않아, 세조 때는 창덕궁 후원이 좁다고 민가 73채를 철거하고 궁장을 퇴축하였다. 또 刊經都監이 민가에 너무 가까워 불이 나면 잘 옮겨 붙을 염려가 있다고 해서 23채를 철거했다.[31] 또 좁은 마당을 넓히려고 도로를 점유하여 반듯하던 길이 좁아지고 구불어지게 되었다. 평평하고 곧게 회복되어야 한다고 논의가 분분하였으나 성취되기는 어려웠다.[32] 가난한 백성들은 몰래 부자에게 집을 팔고 동네를 떠나면 부잣집은 슬그머니 그 집까지를 담장에 넣어 터를 넓히곤 하였다.

그에 비하면 향리는 여유가 있었다. 입향 시조는 좋은 터를 골라 자리를 잡아 자손이 번성하면서 여러 채의 집이 들어서고 차츰 마을의 기틀이 잡혀갔다. 이처럼 입향 시조의 식견으로 마을 구성이 의도되기도 하고 후손들에 의하여 주도되기도 하였다.

양지바른 자리에 터전을 잡고 집을 짓는다. 도시에서는 도로에 연관되야 한다는 제약으로 좌향에 전념할 수 없긴 하였으나 그래도 되도록이면 이상으로 하는 방향으로 설정하도록 노력하였다. 西舍宅이니 동사택이니 하는 이

28) 《太祖實錄》 권 7, 태조 4년 정월 기유.
29) 《太宗實錄》 권 21, 태종 11년 6월 신묘.
30) 《成宗實錄》 권 125, 성종. 12년 정월 갑오.
31) 《世祖實錄》 권 27, 세조 8년 정월 을축.
32) 《太宗實錄》 권 13, 태종 7년 4월 갑진.

론을 계발하고 적절하게 적응하도록 합리화하였다. 동대문에 남향집이면 삼대를 두고 적선해야 비로소 차지할 수 있다는 덕담을 듣는다. 입향 시조는 이상적인 터를 자유스럽게 차지할 수 있었다. 그래서 문중이 번성하게 되었다고들 말한다.

남향집의 개념은 지금과 달랐다. 지금은 기거하는 방이 남향하고 집의 중심이 되지만 옛날에는 안채의 대청이 남향의 중심이었다. 오히려 안방은 동향하는 것이 보통이다.

시대에 따라 숭상하는 방향이 달라, 동쪽을 으뜸으로 치던 시절도 있었다. 조선 초기에는 군주만이 남향할 권리를 향유한다고 해서 살림집은 피하는 미덕을 지니기도 하였다. 그러나 세월이 지나면서 완화되어서 중종 때에 이르면 남향하는 살림집이 훨씬 많아졌다.[33]

볕이 종일 드는 남향한 대청은 할머니, 어머니와 딸이나 며느리가 하루의 일과를 보내는 곳이다. 신분이 귀할수록 마당에 내려서지 않는다는 불문율은 대청을 지휘하는 처소로 삼게 하였다. 대청은 음식을 장만하고 의복을 만지거나 제작하며 크고 작은 일이 진행되는 장소이다. 크고 작은 잔치가 벌어지고 제사 때에는 문중 사람들이 모여드는 집회소이며 혼인의 초례청이 차려지기도 한다. 이처럼 대청은 다양한 의례를 치르는 곳이므로 번성하는 집안이면 넓어야 하였다. 많은 식구들이 참여할 수 있게 하려는 의도이다. 6칸 대청이면 규모가 크다고 하였다.

산기슭에 자리잡거나 처마가 깊은 집은 시원하지만 다닥다닥 붙은 도시와 집은 무더우므로, 다락집을 짓거나 內樓를 만들어 시원하게 하였다. 이를 涼廳이라 부르는데 대군과 2품 이상의 집에는 내루·서청 등이 있다.

성종 9년(1478) 집의 규모를 정한 규정에 정방·익랑·서청과 함께 寢樓가 있는데 이는 세종 22년(1440)과 31년의 조항에는 보이지 않는 것이다. 어떤 구조인지는 확실하지 않으나 태조가 개경의 壽昌宮에 기거할 때 서침실을 헐고 그 자리에 2층 건물을 짓고 침전으로 사용하였다는 기록과[34] 세자

33) 李墍는 그의 저서인 《松窩雜說》에서 초기에는 남향한 집이 적었으나 중종대 이후로 늘어 났다고 하였다.

34) 《太祖實錄》 권 5, 태조 3년 정월 임인.

가 무더운 여름 지낼 일을 생각하고 선공감이 태조에게 아뢰지 않고 짓다가 들 켜서 헐린 경우처럼 2층 침실로 이해된다.[35] 태조는 여름에 東凉廳에서 사 람을 접견하곤 하였다. 이는 서쪽 2층 침실과는 또다른 구조이다. 양청도 시원한 곳이지만 2층전은 그보다 더 본격적인 피서를 위한 건물이었다고 할 수 있다.

대군집의 누침은 2층 건물은 아니고 양청에 해당되는 것이 아닌가 해석된 다. 현존하는 시골의 제택류에서 양청에 해당하는 부분이 조영된 예를 볼 수 있다. 또 안동의 養眞堂처럼 다락집형의 건물을 짓고 살기도 하였다.

이들의 구조는 마루(대청)가 위주로 된다. 지금도 대부분의 정침에 넓은 대 청이 있는 까닭도 양청과의 연관이 있는 것이 아닌가 여겨진다.

앞의 〈표 1〉에서 살폈듯이 세종 때의 정침을 성종 때에는 정방이라 하였는 데 이는 성종 때에 이르러 온돌이 많이 보급되어 집의 일부만이 아니라 그 밖 의 다른 방에도 온돌시설을 할 정도로 일반화되기 시작한 것이 아닌가 싶다. 세종 때에는 《救荒撮要》에서 보이듯 온돌은 병자 치료에 좋은 장소라고 설명 될 정도였는데 이는 일부에만 시설되었다는 암시가 되기 도 한다.

구들 들인 방의 전파가 급속히 진척되는 계기가 어떤 것이었는지 분명하 지 않다. 그러나 세월이 흐르면서 전국으로 보급되어, 임진왜란 이후 복구 공사에 따라 재건된 관아건물에는 양청과 함께 燠室(온돌방)이 있었음을 강 조한 기록들[36]이 보인다.

민간에서도 마찬가지로 眉巖 柳希春(1513~1577)의 《眉巖日記》에 집을 지 으면서 구들 놓은 온돌에 대하여 기록하고 있다. 따라서 그가 살았던 시기 에 이미 온돌 보급이 상당히 진전되어 있었다고 보여진다.[37]

구들은 지독한 추위를 견디는 데는 더 할 나위 없는 난방시설이었다. 기 원전부터 발달하기 시작하여 북쪽으로부터 남쪽으로 차차 옮겨져 마침내 제 주도에까지 보급되었다.

---

35) 申榮勳, 〈朝鮮朝 凉廳考〉(《건축역사연구》 1, 1992).

36) 《新增東國輿地勝覽》에 경상도 일원 주요건물 재건 때에 씌여진 상량문에는 양청과 욱실을 구비하였다는 점을 주의 깊게 서술해 놓았다.

37) 李鎬冽, 〈十六世紀士大夫家 客廳造營事例硏究〉(《건축역사연구》 2, 1992).

구들과 마루는 이질적인 성격을 지녔다. 즉 구들은 폐쇄적이나 마루는 개방적이다. 이와 같은 이질적인 두 요소가 교묘하게 연합된 것이 바로 '한옥'이다. 다른 나라에서는 다시 볼 수 없는 독특한 형태인 것이다. 두 요소의 연합은 4계절이 분명한 강역의 풍토에 의하여 촉진되었으며 쾌적하게 살겠다는 의지의 완성이기도 하다.

한옥은 큰 건물을 분할하여 칸막이하고 기능을 부여하여 적당히 사는 집의 유형과는 다르다. 기능에 따라 제각기 한 채씩 건물을 지었음으로 '一室一棟制'라고 한다. 효율적이면서도 예의를 갖출 수 있게 하여서 문화생활에 적합하였다. 남녀·노소에 따라 제각기 향유하는 전유 공간이 설정되어 심리적으로나 신체적으로 쾌적하였다.

집은 여러 대에 걸쳐 거주하는 처소로서, 낳고 성장하고 임종하는 그런 곳이다. 또 여러 사람이 모여 살고 온갖 일이 집에서 생겨나고 이루어졌으므로, 통과의례에 합당하게 순화되며 쾌적한 여건의 조성과 즐거운 생활의 지속을 위한 이상형의 집을 마련해 갔던 것이다.

〈申榮勳〉

Ⅲ. 구제제도와 그 기구

1. 진휼제도

2. 의료제도

Ⅲ. 구제제도와 그 기구

1. 진휼제도

1) 진휼정책

(1) 재해상황

옛부터 災害는 자연적인 것과 인위적인 것으로 나누는데, 水災·旱災·風災·虫災·火災·疾疫 등 자연적 재해는 사람의 능력으로는 막기가 어려웠다. 그 실태를 보면 대체로 수재에는 풍재가 겹쳐 일어나고, 한재에는 충재가 뒤따랐다. 그리고 화재는 일부 지방에 국한되기 때문에 대처하기가 쉬운 편이고, 질역은 많은 사망자를 내지만 연속적으로 발생하는 것이 아니라 진제하기에 어렵지 않은 것이었다.

그러나 수재나 한재와 같은 자연적 재해는 농업 위주의 사회에서는 凶荒과 飢饉으로 연결되는 것이 하나의 방정식처럼 되어 왔다.

이 같은 자연재해는 필연적으로 많은 기민을 발생케 하는데, 그들의 대부분은 국가의 적극적인 진휼정책에 힘입어 구제되었다. 그러나 흉황이 너무 심해서 기민이 충분한 구제를 받지 못할 경우에는 그들은 목숨을 구하기 위해 고향을 떠나 각 지역을 떠도는 거지[丐乞] 신세가 되거나 일부는 굶주림에 시달리다가 마침내 부황이 나서 죽거나 질병에 결려 죽기도 하였다.

보다 구체적인 조선 초기의 자연재해 상황을 살피기 위해 세종 때에 발생한 지역별 자연재해에 대한 기록을 토대로 설명해 보기로 하자.[1] 우선 세종 때

1) 이 글은 金鎭鳳의 〈賑恤制度〉(《서울六百年史》 1, 1977) 및 〈朝鮮 世宗朝의 賑恤政策에 관한 연구 Ⅰ·Ⅱ〉(《論文集》 17·19, 忠北大, 1979·1980)를 참고

에 발생한 재해 종류와 피해지역을 표로 정리하면 다음 〈표 1〉과 같다.

〈표 1〉 세종대의 재해 상황

시 기	재 해	재 해 지 역
즉위년 (1418)	수 재	江原·咸吉·平安·黃海·慶尙·京畿
	한 재	忠淸
2년 (1420)	한 재	全羅
3년 (1421)	수 재	江原·漢城
4년 (1422)	한 재	忠淸·江原·京畿·全羅·平安·黃海·咸吉·慶尙
5년 (1423)	한 재	咸吉·平安·慶尙·江原·京畿·忠淸·黃海·開城
10년 (1428)	수 재	咸吉
	화 재	江原
18년 (1436)	한 재	京畿·忠淸·慶尙·全羅·江原
19년 (1437)	수 재	慶尙
29년 (1447)	수 재	平安
	충 재	平安·忠淸·黃海·咸吉·全羅·京畿·開城
	여 역	漢城 및 諸道

위의 〈표 1〉을 통해 알 수 있듯이 자연재해는 해마다 연속적으로, 또는 간헐적으로 발생하는 경우도 있고, 때에 따라서는 전국적으로 혹은 지역적으로 일어나기도 하였다. 그러므로 그 피해 상황은 연속적이냐 간헐적이냐 또는 전국적이냐 지역적이냐에 따라 차이가 나게 마련이다.

그런데 수재와 한재가 발생하면 대개는 秋穀(米豆類)이 익지 않기 때문에 다음해 봄에 기민이 발생하는 것이 일반적인 현상이었다. 실제로 세종 즉위년(1418)에 발생한 수재와 한재로 인하여 그 이듬해 발생한 기민은 186,000여 명이었다.[2] 그 가운데 특히 한재가 발생했던 충청도의 기민은 전체 기민의 60%가 넘는 120,249명으로 중부지방 수재지역인 경기·황해·강원도의 기

하여 작성되었으므로 별도의 주를 달지 않았다.

2) 이 기민의 수는 세종 원년 중부지방 4개도 즉 충청·경기·황해·강원도에서 발생한 기민의 수로, 같은 세종 즉위년 재해지역인 경상·함길·평안도의 기민 수는 사료의 부재로 포함되어 있지 않다. 따라서 세종 원년 전국의 기민은 186,000여 명보다 많았을 것이 분명하다.

민에 비해 훨씬 많다. 따라서 한재가 수재보다 그 피해가 컸다는 사실을 추측할 수 있다.

또 세종 4년(1422) 재해지역 가운데 강원·경기·황해·평안도 기민의 수는 약 59,000명이었다. 이 해의 재해는 한재이고 전국 8개 도가 모두 피해지역이었으나 주로 夏穀(麥類)에 영향을 끼쳤기 때문에 추곡 때의 그것보다는 피해가 가벼웠다고 생각된다. 그리고 이 기민 수의 조사 시기도 예년의 春期와 달리 秋期인 7~9월이다.

(2) 일반대책

조선시대에는 자연재해가 발생하여 흉황이 들면 賑貸·賑恤·施食·救療·喪葬 등 연례적인 대책을 시행하였다. 진대는 가난한 백성에게 창고의 곡물을 대여하는 것으로 추수 후에 환납할 수 있는 것이고, 진휼은 기민에게 식량 또는 鹽醬·衣布 등을 가지고 진제하는 것으로 회수할 수 없는 것이다. 시식은 기아민을 일정한 장소에 모아 놓고 밥이나 죽을 먹여 응급·구제하는 것이다. 그리고 구료는 기아로 말미암은 노약자나 질병자를 모아서 치료하는 것이며, 상장은 연고 없는 사망자를 국가에서 직접 매장해 주는 것이다.

가. 진 대

원래 '賑'은 흉황일 때 기민에게 식량을 지급하는 것을 말하고, '貸'는 농민에게 춘궁기에 곡식을 대여했다가 추수기에 회수하는 것을 의미한다. 조선 왕조는 고려의 제도를 답습해 국초부터 호조의 版籍司에서 이를 담당하였다.

태종 17년(1417)전국의 대여곡은 米·雜穀이 82만석이었는데[3] 세종 5년(1423)에는 진대의 효율을 높이기 위하여 義倉穀을 보첨케 하고 朱子社倉耗米法에 따라 대여곡 1석에 3승의 耗를 보태어 수납케 했으며 5월까지의 진대곡은 총 409,000여 석이었으나 연속되는 재해로 이 1년간의 전국 還上(米·豆·雜穀)의 분급 총수량은 1,198,589석이라 하였으니[4] 막대한 수량이었음을 알 수 있다. 여기에서 다시 세종 27년(1445)의 기민 호수는 총 217,000

3) 《太宗實錄》 권 34, 태종 17년 7월 계유 右代言 河演上書.

4) 《世宗實錄》 권 23, 세종 6년 3월 경진 戶曹啓.

호에 진대곡은 2,738,000석이었다.

이처럼 의창곡은 해마다 증가되지만 일단 빈민에게 대여된 곡물은 환수되지 않고, 진대해야 할 수량은 점차 늘어나서 조정에서는 그 대책을 세우기에 여념이 없었다. 그리하여 마침내 진휼과 진대의 방법을 구별해서 등급 밖의 빈민을 제외하고는 모두 진대하기로 규정하기에 이르렀다.

세종 30년에도 진대한 곡물은 환수되지 않는데도 불구하고 다시 진대곡의 청구는 증가하였으므로, 호조에서는 이를 사정해서 대여하였다. 이렇게 해서 진대곡은 해마다 증가하는 반면에 軍資穀은 감축되고 있었다. 그러므로 이런 문제를 타개하기 위해서 종래의 진대 상황을 정밀 조사하여 기본곡을 義倉에 가급하고, 지방관에게 그 책임을 지워 매월 진대 상황 및 그 수량을 호조에 보고케 하며, 만약 태만하거나 부정행위가 있을 때에는 죄를 묻기로 하였다. 그러나 의창곡의 가급문제는 후에도 간혹 논의되기는 하였지 만 세종 때와 같은 적극적인 대책은 볼 수가 없다.5)

나. 진 휼

진휼은 식량을 주로 하고 염·장·의·포 등의 현물이나 혹은 돈을 지급하며 기민의 급박한 기아상태를 해제하는 것이다. 세종 원년에는 흉황과 기근을 구제하기 위해서는 수령이 전심으로 진휼해야 하므로, 각 도의 관찰사와 수령관이 분담해 검찰한 결과를 매월 말 조정에 보고케 하여 그것으로 상벌의 기준을 삼도록 했으며, 또 조정의 관리를 파견·조사하여 단 한 사람의 기사자가 발견되어도 무거운 죄로 다스리게 하였다. 그런데 이 같은 국왕의 유시는 세종시대에만도 수시로 내려졌다.

세종 원년 5월에는 중부지방 4개 도의 기민 수, 진휼곡 수, 진휼장 수가 보고되고 있는데 충청·경기·황해·강원도의 기민 수는 186,000여 명에 진휼곡은 약 15,000석, 진휼장 수는 1,616석이었다.

기민의 진휼 기한은 새 곡물이 익어 기아상태가 완전히 해소될 때까지로 정하는 것이 상례이다. 그리고 기민 1인에게 1일간 지급되는 진휼곡의 수량은 일정하지 않았다. 세종 6년 정월에 시행된 강원도 각 관 기민의 진제

5) 《世宗實錄》 권 120, 세종 30년 4월 정축.

규식에는, 15세 이상은 1일에 米 4홉·豆 3홉·醬 3홉, 11세~15세는 미 2홉·두 2홉·장 0.5홉, 2세~10세는 미 2홉·장 0.5홉씩을 지급키로 하였으며, 다른 도에서도 이것을 따르도록 하고 있다.

그리고 점차 심각한 사회문제로 등장한 진휼사업을 효과적으로 운용하기 위해서 각 도에 賑濟敬差官을 분견하였는데, 세종 4년에는 전국에 12명의 朝官을, 5년에는 4명, 16년에는 5명, 17년에는 4명, 27년에는 1명의 경차관을 내보내어 진휼사업을 독려하게 하였다.

조정에서 세종 27년 2월 경기도 경차관에게 내린 賑恤事目의 내용은 다음과 같다. ①기민 중 나이가 많거나 병이 들어 관아에 나와 환자[還上]를 직접 받아갈 수 없는 사람은 가져다 줄 것, ②수령이 앞서 환자를 虛錄한 것을 보충하기 위하여 진제할 때 그 수량을 줄이는가를 상세히 살필 것, ③봄철이니 모자라는 진제미를 보충하기 위해서 산채 등을 많이 캐어 섞어 먹도록 할 것, ④여러 날 굶주린 사람에게 漿水를 마시게 하면 즉사하므로, 먼저 粥水를 식혀서 천천히 먹여 허기를 면하게 한 뒤에 밥을 줄 것, ⑤飢流民은 그들이 머물고 있는 곳에 진제장을 설치 구휼하고, 농사철이 되면 각기 원적지로 돌려보낼 것, ⑥행정구역상 본관과 거리가 먼 곳의 기민은 가까운 고을에 나가 진제미를 받아가게 할 것, ⑦깊은 산골과 외떨어진 곳의 기민을 먼저 고찰할 것, ⑧진휼사업에 진력하지 않는 監考·色掌은 즉시 論決하고, 수령은 보고한 뒤에 죄를 줄 것 등이었다.

한편 흉황과는 다른 인위적 재해가 발생했을 경우에도 진휼대책을 세웠다. 세종 11년 3월 도성의 가옥 40여 호가 화재를 입었을 때, 또 17년 정월 강원도 강릉부의 민가가 화재를 당했을 때에도 각각 진휼곡을 지급하였다.

다. 시 식

기류민에게는 먹을 것과 잠잘 곳이 필요하다. 따라서 이들에게는 특별 구급책인 施食을 베풀어야 하는 것이다.

세종대에는 기류민의 발생을 막기 위하여 關津의 요로에 파수인을 세우기도 하고, 각 고을에 방호소를 설치해 이를 막기도 했으나 근본적인 대책이 없는 한 근절될 수는 없었다.

세종 4년(1422) 12월 失農州郡에는 모두 진제장을 설치케 하였다. 그런데 이 해에는 북부 4개도에 기근이 심해서 풍년이 든 전라·경상도에 流移하는 자가 많았지만 조정에서 이를 묵인했기 때문에 기사자는 적었다. 동 19년 정월에는 중·남부 5개도에 기류민이 발생하여 각 도마다 두 세 곳에 진제장을 설치해서 관찰사의 책임 아래 구제케 하였다.

그리고 국왕은 특히 충청도의 심한 기근을 우려해서 都巡問賑恤使와 종사관을 임명 파송하면서 다음과 같은 진휼사목을 지시하였다. ①기근이 심한 지방에 진제장을 따로 설치해서 米粥·黃角·菜藿등의 물자를 지급하고, 식견이 있는 자나 승도를 뽑아 그 업무를 담당케 한다. ②기류민의 동사를 막기 위해 土宇를 설치하고 衣單者·老幼者·病者 등을 입거시켜 구료한다. ③유이민의 집을 부수거나 그들의 밀·보리를 뽑지 못하도록 이웃 마을에 看守 금지케 한다. ④凍餒者·餓死者를 즉시 보고치 않는 감고·색장은 죄를 주고, 제대로 구료치 않아 죽게 한 수령은 죄를 물어 降職還任하되 구황에 공이 있는 자는 加資한다. ⑤구황이 절박한데 조건이 미진하면 우선 편의대로 시행하고 보고한다는 등이었다.

세종 24년 정월에는 황해도에, 이듬해 정월에는 강원도 嶺西 각 관에 진제장을 설치 운영케 하였다. 또 같은 해 12월에는 북부 4개도 관찰사에게 유시하여 진제장에 토우를 지어 溫暖에 힘써서 동뇌를 막게 하였다.[6]

한편 세종 5년 3월에는 城底 10리의 비농민과 각 도 移來飢民 270명을 진제했으며, 동 17년 4월에는 경중 5부와 성저 10리의 식량이 떨어진 사람과 기류민을 동서활인원으로 보내어 구휼케 하였다. 이듬해 가을에는 각 지방 기류민 1,000여 명을 수용키 위해 普濟院·梨泰院에 진제장을 설치했으며, 한성부 낭청 3인을 뽑아 업무를 분장시켰다.

세종 5년 10월, 전국적인 흉황으로 풍년이 든 전라도에는 각 도에서 많은 기민이 모여들었는데, 다른 도의 기류민 수를 집계해 보면 충청도가 가 장 많은 2,394명이고 다음 경상도 1,455명, 강원도 1,000여 명의 순서로 전체 약 5,800여 명이다.

---

6)《世宗實錄》권 102, 세종 25년 12월 갑오.

다음으로는 기류민의 棄兒가 큰 사회문제로 대두되었다. 그리하여 세종 4년 11월에는 수령과 驛丞에게 명해서 기아를 직접 감독하여 기르게 했으며, 동 17년 9월에는 기아의 부모를 推鞫하는 한편 사실을 보고치 않은 관리도 처벌하겠다고 하였다. 또 동 18년·19년·26년에도 기류민이 버린 각 지방의 기아를 里正의 책임으로 부양자를 정해 주게 하고, 관청에서는 그들에게 식량과 의복을 지급케 하였다.

그런데 각 진제장의 급식 때, 허기진 기민이 뜨거운 죽을 급하게 퍼먹고 몇 발자국을 걷지 못하고 땅에 쓰러져 죽는 일이 많았다. 이에 조정에서는 중국의 '何長者救飢法'을 채택하여 기민의 사망을 막고자 했다. '하장자구기법'이란 원나라 사람 何敬德이 大德 11년(1307) 杭州의 기민들을 구제하였던 방법인데, 그는 이웃의 기민들이 관청에서 끓여 주는 뜨거운 죽을 급히 먹고 100명 가운데 한 사람도 살아 남지 못하였다는 사실을 알고 전날 밤에 미리 죽을 쑤어 큰 독에 담아 두었다가 이튿날 아침에 그 식은 죽을 기민에 게 먹였더니 죽는 사람이 하나도 없었다는[7] 데서 유래한 것이다.

라. 구 료

救療란 질병에 걸린 백성을 맡아 치료하는 것이다. 한성부에는 서민층의 구료기관으로 活人院이 있는데 기근이 심한 해일수록 그 활동이 활발해지기 마련이었다.

세종 17년 8월에는 동서활인원에 병자가 많아 기민이 安接할 수가 없으므로 근처에 다른 처소를 만들어 혼잡을 피하게 했으며, 9월에는 경중의 노비 중 병자와 경외 거지를 모두 활인원에 수용 구료케 하였다. 또 같은 왕 19년 2월에는 보제원·이태원 진제장의 기민 중 질병자를 모두 활인원으로 보내게 되어 있는데, 진제장 관리자는 기민이 조금만 아파도 곧 활인원으로 보냈으나 활인원에서는 질병자가 너무 많아 치료를 제대로 할 수 없었기 때문에 사망자는 증가하였다. 그러므로 진제장 곁에 임시로 떳집을 지어 기병자를 옮겨 놓고서, 巫女 등으로 하여금 전심 구료케 하였다.

세종 26년(1444) 3월에는 한성부에 명하여 지방에서 올라온 기류민을 모두

---

7) 《世宗實錄》 권 84, 세종 21년 3월 병인 議政府據戶曹呈啓.

한곳에 모이게 하면 질병에 걸릴 우려가 있으므로 동서활인원과 진제장에 분산시켜 진제하고, 병에 걸린 사람은 격리시켜 놓고 한성부 낭청과 5부 관리로 하여금 나누어 구료케 하였다.8)

한편 세종 4년에는 都城赴役軍人의 경우 귀로에 병에 걸리는 사람이 많았기 때문에 수령과 역승은 그 경내의 병든 군인을 藥餌·粥飯으로 구료케 하거나, 病屋 10여 칸을 짓고 승도로 하여금 약이·염장·죽미를 지급해 구료하였다.

이와는 달리 동 11년 4월에는 각 도의 열병에 걸린 민호는 그 수령의 책임 아래 醫生과 巫覡에게 구료하고, 활인원의 예에 따라 1일에 미 1되를 지급케 하였다. 마찬가지로 동 21년 2월 황해도의 질병자 238명에게도 약제를 보내어 구료하였다.

마. 상 장

喪葬은 연고자 없는 사망자나 기아와 질병으로 죽은 빈민의 시체를 국가에서 매장해 주는 것을 말한다.

태종 10년(1410) 4월 司諫院의 건의에 따라 도성의 시체를 매장하는 문제가 결정 시행되었다. 그것은 埋置院이란 임시기구를 설치하여 죽은 사람의 집 근처 10가가 시체를 매장하고, 그 경비는 주인이나 혹은 10가가 공동 부담하며, 이에 협력치 않는 사람은 조사 적발해서 죄를 주기로 한 것이었다. 이것은 그 무렵 한성부내에서 시체를 길거리나 혹은 溝巷에 내다 버리기 때문에 왕도를 깨끗이 하기 위해서였다.9)

세종 17년 9월, 국왕은 예조와 한성부에 명해서 활인원에서 구료 중 사망한 경중 노비는 그 본가에서 관을 마련해 매장하고, 경외 기류민은 관을 관급해서 매장한 다음 표목을 세우고 장부에 기록해 두었다가 뒷날의 증빙으로 삼게 하였다. 또 동 19년 2월에도 활인원의 기민 병사자는 모두 관을 관급해서 매장케 하였다.

한편 기사자나 병사자뿐만 아니라 수재나 화재로 사망한 경우에도 그 정

---

8) 《世宗實錄》 권 103, 세종 26년 3월 병인·무술.

9) 《太宗實錄》 권 19, 태종 10년 4월 갑진.

상에 따라 진제하였다. 세종 3년 6월, 큰 비로 도성의 민가 75호가 漂沒하고 익사자가 많이 발생하자 왕은 호조에 명하여 그 부모처자에게 부의를 내려주었다. 이듬해 5월에는 평안도 博川·嘉山·定州 등지의 큰 수재로 표몰한 민가에 곡식을 내려주어 진휼케 하였다.

그리고 동 13년 정월 국왕은 濟州를 왕래하다가 익사한 자에 대한 致賻法이 없음을 알고 그 입법을 명하기도 하였다. 또한 동 16년 3월에는 '外方掩骼埋胔糾察法'을 제정하였다. 이에 따라 예조에서는 드러난 雜骨은 각 관 수령이 差人으로 하여금 수습 매장한 다음 표목을 세우게 했으며, 그 결과를 매월 말에 관찰사에게 보고하면, 관찰사는 엄격하게 고찰한 뒤 연말마다 예조에 보고하게 하였다.

(3) 특별대책

국가에서는 진휼의 성과를 높이기 위해 연례적인 일반대책 외에 응급적인 특별대책을 강구 시행하였다. 그것은 곧 糧穀節約·賑穀補充·勞役中斷·救荒食物備蓄 등이었다.

첫째, 양곡 절약은 일상 생활에 긴요하지 않은 소비나 경비의 지출을 감축하는 것을 말한다. 이 방법으로는 금주, 연회의 停罷, 또는 녹봉의 감소가 있다.

조선 초기의 금주령 실시상황을 보면, 정종대 1년·태종대 9년·세종대 6년·세조대 1년 및 성종대 3년으로 모두 20년 동안 실시되었다.[10]

금주령의 내용은 흉황으로 기민이 발생하면 궁내의 供上 祭享과 빈객용 외에는 공사의 술 사용을 금단함으로써 전국적으로 막대한 양의 곡물이 절약되었을 것이다.

그리고 세종 즉위년(1418) 9월에는 외방에 신설한 敎導의 廩給을 정파하였다. 동 19년(1437) 정월에는 관료의 봉록을 감액하였는데, 그 내용은 1~2품은 減豆 3석, 3~6품은 減豆 2석, 7품 이하는 減豆 1석이며 綿紬(明紬)·正布·銅鐵 등은 모두 감하였다.

---

10) 이 통계는 《朝鮮王朝實錄》 태조~성종기사를 조사한 결과이다.

둘째, 진곡 보충의 방법으로 세종 19년 정월, 국왕은 승지들과 과전의 감축방안을 논의한 끝에, 晋陽大君 瑈 등 대군의 과전 300결 중 50결을 감하고, 駙馬 延昌君 安孟聃의 과전 250결 중 30결을 감축케 하였다. 이것을 계기로 대군의 과전은 250결, 제군의 과전은 180결을 넘지 못하게 규정되었다.

그리고 경기도에서는 관곡이 부족해 부호의 私蓄 잡곡 11,000석 이상 자는 1년 용도 외의 것은 본관의 分貸例에 따라 환자로 분급하고 풍년을 기다려 수령이 독려 수납해서 私穀主人에게 돌려주게 하였다.

이와는 달리 기근에 대한 효과적 구제책의 한 방안으로 예조의 진언에 따라 기민 친족의 적극적인 救賑을 촉구하는 공문을 중외에 보내어, 친족간에 기근자가 있을 때 구제치 않는 자는 그 죄를 묻고 반면 적극적으로 진제하는 자에게는 상을 내리게 하였다.

셋째, 노역 중단은 위의 두 가지 대책처럼 적극적이고 효과적인 특별대책은 아니었지만 그런대로 기근을 극복하기 위한 방안의 하나로 시행되었다. 세종 5년(1423) 2월, 황해도내 실농한 각관의 各司 皂隷·補充軍·別軍·螺匠·守公 등은 早穀(麥類)이 익을 때까지 입번을 면제하여 주었다. 동 17년 2월에도 역시 황해도 지방의 기근으로 보리가 익을 때까지를 기한으로 정하여 京役人을 돌려보냈다. 동 19년 정월에는 전국적으로 흉황이 심했기 때문에 모든 공사 영선을 금지시켰다. 그리고 동 26년 윤 7월, 흉황이 심한 경기·충청·황해도 각 관의 齋郎·樂工·武工 등을 4번으로 나누어 1번을 쉬게 하였다.

한편 세종 5년 9월, 평안도내 기근이 심한 각관의 향교 생도들을 이듬해 추수 때까지 방학하도록 하였다. 이듬해 정월에는 경기·황해도의 실농지역 향교 생도들은 조곡이 익을 때까지 방학하게 하고, 그 교관도 본가로 돌려보냈다. 또 동 21년 10월에는 충청도 실농 각 관의 향교 생도들도 방학에 들어가게 되었다.

넷째, 구황식물 비축은 흉황이 심해서 구제하기 어려운 경우에 다시 논의 시행된 방안이었다. 조정에서는 심각한 기근에 대비키 위해 곡물이 아닌 식물(植物 중 可食物)을 채취해 비축하게 하였다. 구체적으로 세종 원년 8월부터 전국적인 발생한 한재·풍수재에 대비해서 橡實(상수리와 도토리)·黃角(청각과에 속하며 빛깔이 누런 해초)·豆藿(팥잎·콩잎) 등 사람이 먹을 수 있는 모든 초목·뿌리·꽃잎·해초 등을 각 지방의 손실경차관으로 하여금 예축케 하였다.

세종 16년 2월, 경상도 진제경차관은 구황식물로는 상실이 제일이고, 그 다음이 소나무껍질이므로 소나무의 금벌령을 완화해서 기민을 구제하자고 건의하였다. 동 18년 12월에는 倭通事 尹仁甫와 尹仁紹가 구황방안으로 일본인이 상식하는 葛根(칡뿌리)과 蕨根(고사리)을 구황식물로 사용하면 성과가 있을 것이라고 건의하니 이에 국왕은 윤인보를 경상도, 윤인소를 전라·충청도에 각각 파견해 그 채취법을 가르치게 하였다.

이 밖에도 세종 6년 8월에는 구황식물로 大戶는 60석, 中戶는 40석, 小戶는 20석, 殘戶는 10석으로 정수를 규정하되, 상실을 우선적으로 비축케 하였다. 또한 동 16년 4월 왕은 외방의 각 관에서는 풍년이나 흉년을 가리지 않고 구황식물을 다량 비축함으로써, 민력의 노고가 큰 반면에 그 식물은 못먹게 되는 경우가 많다고 지적하고, 호조에 명하여 앞으로는 흉황의 정도에 맞추어 적절한 수량을 채취·비축케 하였다.

한편 세종은 '經驗賑濟方'을 실농한 각도에 두루 유시케 하였다. 이것은 경험을 통해서 알게 된 효과적인 구황방법인데, 그 내용은 苦梗末 1수저·雜菜 1줌·장과 소금 각 1수저를 섞어 끓이면, 이것으로 1인의 기근을 충분히 구제할 수 있다는 것이다.

그리고 특이한 구황식물로 동 18년 윤 6월에는 菁根(무)의 栽植을 권장하고 있다. 국왕은 "청근이 구황에 크게 유리하여 옛 사람이 이르기를 1畝를 심어서 1,000명을 구제할 수 있다고 했는데, 이것이 어찌 근거 없는 말이겠는가"라고 하면서 그 재식 방안을 의논해 올리라고 하였다. 이에 따라 앞으로는 각 관의 수령에게 명하여, 무를 심는 것이 구황에 크게 이롭다는 점을 농민에게 적극 권유해서, 봄에는 그 씨를 채취케 하고, 가을에는 되도록 많이 심게 하는 것을 항규로 정하였다.[11]

---

11) 《世宗實錄》 권 73, 세종 18년 윤 6월 계사.

2) 진휼기구

조선시대의 진휼기구는 크게 둘로 구분되는데, 그 하나는 倉制, 즉 곡물을 저장 보관하면서 기민을 구제하는 곳이요, 다른 하나는 救療所, 즉 질병자를 치료하고 병사자를 매장하는 곳이다. 그리고 이와 같은 기구들은 사업의 성격에 따라 상설기구 또는 임시기구로 구분된다.

진휼기구로서의 창제는 常平倉·義倉·社倉이 있다. 상평창은 한성과 일부 시가지에 설치 운영되었고, 의창은 지방 각 관에 설치된 읍창이며, 사창은 각 마을에 설치되어 의창의 보급적인 성격을 띠었다. 이들 3창은 필요할 때만 사무를 보고 평상시에는 쉬는 상태에 있었기 때문에 관청의 자리에 오르지 못했으며, 그 주요 관원은 대개가 겸직이었다.

백성을 구료하는 기구로는 惠民署와 活人署가 있었으며, 그 중에서 기민의 질병을 전담 치료하는 곳이 활인서였다. 그 밖에 救荒廳은 진휼사업을 총괄하는 기구이고, 賑濟場은 기민·거지 중에서 구급을 요하는 사람을 먹여 주는 임시기구였다.

(1) 구황청

조선시대에 기민의 구제사업을 맡아보던 기구로서 상평창곡과 의창곡을 관장하였다. 태종 5년(1405)에는 이 사업을 호조에서 관장케 했으며, 세종 때에 이르러 처음으로 구황청이란 전담기구를 설치하였다. 그런데 중종 때에 와서는 賑恤廳으로 개칭되었다.

(2) 상평창

고려시대의 제도를 답습한 것으로, 세조 3년(1457)에 설치되었으며, 처음에는 경기 5站의 供需를 전관케 하였다. 관원은 郎廳 1인을 蔭官으로 임명하였다. 《經國大典》에 "경외에 상평창을 설치하여 곡물이 귀하면 값을 올려 포를 사들이고, 곡물이 천하면 값을 내려 포를 내어다 판다"고 하였다. 이것으로 미루어 보면 상평창의 설치 운영은 물가조절이 주목적이었으며,

부수적인 업무로 진휼사업에 관여했던 것이다. 그러나 상평창의 활용은 한성과 그 밖의 몇몇 도시에 그쳤고, 전국적인 규모로 널리 설립·운영되지 못하였다. 중종 때에 진휼청이 설치되어 많은 資穀이 공급되고, 상평창이 진휼청과 같은 건물을 사용하며 그 관원도 두 기구의 일을 겸무하게 되어 그 기능은 일시 강화되었으나, 중기로 내려오면서 여러 가지 폐단이 발생하여 인조 때에 폐지되었다.[12]

(3) 의 창

평시에 곡물을 비축했다가 흉년이 들었을 때 가난한 백성에게 대여해 생업에 종사케 하거나 기민을 구제하던 진휼기구이다. 조선은 태조 원년(1392)에 고려의 제도를 답습하여 의창을 설치 운영하였다. 그 기원은 고구려 故國川王 때의 賑貸法이라 하며, 고려에서는 태조가 黑倉을 설치했고 성종 5년(986)에 義倉으로 개칭 확대되었다. 《경국대전》에 "軍資倉은 別倉을 설치하여 잡곡을 많이 비축했다가 춘궁기에 백성에게 대여하고 추수기에 그 본 수 만 받아들인다"라고 규정하였다. 그러나 뒤에는 대여 업무의 수수료와 자연 소모량 등의 원곡 손실을 보완하기 위하여 10% 정도의 이식을 징수하게 되었다.

조선 초기의 의창은 그 범위가 전국적으로 확대되고 운영도 활발하였다. 그러나 각 군현에 설치된 의창의 원곡의 확보가 어렵게 되자 문종 2년(1452)에 별도로 사창을 설치하기에 이르렀다. 그러나 의창의 본래 목적과는 달리 점차 만연되어 가는 폐단을 막을 수가 없게 되어 중종 20년(1525)에는 이를 폐지하고 그 사업을 진휼청에 통합하였다.[13]

(4) 사 창

지방 각 군현의 마을에 설치된 곡물 대여기구이다. 농민에 대한 진휼기구라는 면에서는 의창과 같은 성격이나 의창이 관설의 진휼기구인데 반하여 사창은 마을을 기반으로 한 민간 자치적 성격을 띤 진휼기구이다.

---

12) 《經國大典》 권 2, 戶典 常平倉.
13) 《經國大典》 권 2, 戶典 軍資倉.

우리 나라에서 사창이 처음 설치된 것은 세종 30년(1448) 경상도 대구군의 시험적인 실시였다. 이것이 문종 원년(1451)에 이르러 경상도 각 군현의 사창 설치의 규정이 마련됨에 따라 결실을 보게 되었으며, 점차 전국으로 확산되었다. 이렇게 설치된 사창은 원곡을 대여해 이식을 취함으로써 처음에는 어느 정도의 원곡의 감소를 막을 수 있었으나, 뒤에는 취식에 중점을 두게 되어 점차 진휼기구가 아닌 국가적 고리대기관으로 전락해 갔다.

어렵게 설치된 사창은 전국적으로 시행된 지 얼마 안되어 서서히 폐지론이 대두하게 되었다. 그 원인은 기대와는 달리 진휼기구가 아닌 대여기관으로 변질되고, 또 그 원곡이 관리 소홀로 더욱 감소되었기 때문이다. 그리하여 성종 원년(1470)에 이르러 시행된 지 20년만에 호조의 제의에 따라 혁파되고 말았다. 그러나 사창이 폐지된 뒤에도 뚜렷한 대응책이나 기존 진휼기구의 성과가 없자 16세기 이후에도 이 제도의 부활논의는 계속되었다.

(5) 혜민서

조선시대 서민의 질병을 치료하고 醫女를 교습하는 진휼기구이다. 태조 원년, 고려의 제도를 답습하여 惠民局을 설치했으며 세조 12년(1466)에 혜민서로 개칭되었다. 그 위치는 남부 太平坊이었다.

관원은 다른 관원이 겸임하는 提調 1인을 비롯해서 主簿(종6품)·醫學敎授(종6품)·直長(종7품)·奉事(종8품)·醫學訓導(정9품) 각 1인과 參奉(종9품) 4인이 있었다. 그 중에서 채용시험 최고 득점자 1인과 直長 이상의 관원 중 1인은 久任員이고 나머지는 遞兒職이었다.

(6) 활인서

조선시대 한성의 질병자를 무료로 치료해 주던 진휼기구이다. 태조 원년에 동·서대비원 2개 기구를 설치한 데서 비롯되며, 태종 14년(1414)에 이를 동서활인원이라 하였고 세조 13년(1467) 東西活人署로 개칭하였다. 이 기구도 조선 중기 이후에는 유명무실한 존재가 되었다. 동부활인서의 위치는 현 서울 성북구 돈암동이고, 서부활인서는 현 서울 마포구 아현동에 있었다. 그리고 관원은 別提(종6품)·參奉(종9품) 등이 있었다.

(7) 진제장

조선시대 한성부에서 설치 운영한 급한 飢餓者의 구제기구이다. 이 곳에서는 기아자에 대한 특별 구급책으로 시식하는 것이 그 본래의 임무였다. 조선 초부터 상설 진제장에 준하는 것으로 서대문 밖의 홍제원·동대문 밖의 보제원·남대문 밖의 이태원 등 3곳이 설치되어 있었다. 그런데 이들 진제장은 기류민이 발생해야 비로소 활동을 전개하게 되었다.

한성부에서는 이 밖에도 임시 진제장을 사원이나 다른 곳에 설치해서 그 때의 상황에 따른 대책을 세워 나갔다. 그리고 이들 진제장의 운영은 주로 한성부 낭청과 5부의 관원이 맡아 보았다. 또 각 지방에도 이와 같은 임시 진제장이 설치 운영되었다.

〈金鎭鳳〉

2. 의료제도

조선 초기의 의료제도는 개국 당시에는 고려의 것을 그대로 답습하였으나, 태종에서 성종 때까지 개편과 정비를 거듭하여 고려시대보다 훨씬 확충된 제도를 갖추게 되었다. 즉 三醫司는 물론 濟生院과 東西活人院(活人署)의 기능을 정비·강화하였고, 의정부·육조·종친부·충훈부·도총부 등 각사에도 의원을 배치하였으며, 경성 5부와 성균관에도 月令醫를 파견하였다. 또 한전옥서에는 獄醫를, 삼군에는 軍醫를, 그리고 수군영에는 海道醫員을 배정하였고, 각 계수관마다 醫院을 설치하여 지방민의 치료를 담당하게 하였는데, 지방민에 대한 구료는 각 도에 파견된 審藥·醫學敎援와 지방의 의생이 모두 함께 담당하였다.[1)]

한편 의약활인법을 제정하여 의원을 발탁하였고, 우수한 의원을 보다 많이 양성하기 위해 의원과 의생의 교육을 강화하였으며, 세종 때에는 醫書

---

1) 三醫司는 처음에는 典醫監·惠民局·濟生院을 지칭하는 것이었으나, 세조 때 제생원이 혜민국에 합속된 뒤로는 內醫院·典醫監·惠民署를 지칭하는 것이다.

習讀官制를 신설하여 양반 자제에게도 의학을 공부하도록 권장하였다. 우리나라에서는 고려시대에도 外科醫·鍼灸醫·獸醫 등 전문의가 존재하였지만, 조선시대에는 세종대부터 침구의 등 전문의를 양성하였다. 따라서 조선 초기에 침구의·瘰癧醫·治腫醫(외과의) 등이 전문의로서 각 醫司에 배치되어 활동함으로써 의술의 전문화에 큰 진전이 있었다. 선초에 편찬된 여러 우수한 의학서적도 이러한 의학의 학문적·기술적·발전을 토대로 한 것이다. 특히《鄕藥集成方》과《醫方類聚》는 조선 초기 의학의 결정이라 할 수 있는 것이다.

고려시대부터 개발과 보급을 위해 노력해 온 향약은 조선 초기, 특히 세종대에 이를 위한 적극적인 정책을 시행함으로써 큰 발전을 이룩하였다. 즉 전국의 향약 재배의 실태를 조사하고, 그 채취 시기와 방법 및 乾正法 등을 하달하였으며, 중국에 의원을 파견하여 약성을 감별하기도 하였다. 그리고 학문적으로 향약을 연구·개발하기 위해《鄕藥濟生集成方》·《鄕藥採取月令》·《鄕藥集成方》등 우수한 의서를 편찬하였다.

태종대에는 한국 의학사상 최초로 의녀제도를 창설하여 부녀자의 질병을 돌보게 하였다. 의녀제도의 실시는 부녀자의 질병을 치료할 수 있었다는 것 이외에 비록 官婢 출신이기는 하였지만, 여성의 사회참여라는 점에서 매우 중요한 의의를 지니는 것이었으며, 이후 産婆라는 새로운 여성 직업인이 탄생하여 사회에 기여한 것 또한 매우 흥미있는 일이라 하겠다. 여성의 사회참여는 생각도 할 수 없었던 당시에 이들의 활동이 지니고 있는 의미는 매우 큰 것이었다. 이와 같이 조선 초기의 의학은 학문적으로나 기술적으로 크게 발달하여 한국 의학의 기초를 마련하였으며, 의료제도 또한 전보다 더욱 발전하여 국민에 대한 의료혜택의 폭을 확대함으로써 조선시대 의료제도의 기반을 조성하였던 것이다.

1) 의료시책

醫療制度는 愛民·恤民의 왕도정치를 실현하기 위해 위정자들에 의해 부단히 추진되어 왔다. 조선시대에는 왕권의 확립을 이룩한 태종대부터 백성들의 질병 치료를 위해 여러 가지 시책이 마련되었다.

(1) 의학교육의 강화

의료의 혜택을 고루 미치게 하기 위해서 가장 중요하고도 시급한 일은 의원의 확보였다. 따라서 태조 2년(1393) 6학의 하나로 의학을 설치하여 양가의 자제에게 의학교육을 시켰고, 태종 6년(1406) 10학을 설치하고 提調官을 두어 의학교육을 강화하였다.[2] 태종은 9년 2월 의정부의 건의로 '醫藥活人法'을 제정하였는데,[3] 이것은 의업출신자를 전의감의 權知와 제생원·혜민국의 별좌로 삼아 의업에 정진토록 한 것이다.

세종은 儒醫를 삼의사에 겸직시켜 의학교육과 의술을 兼治하도록 하였으며,[4] 세조 때에는 80명의 의생가운데 50명은 전의감에, 30명은 혜민서에 속하게 하여 교육을 강화하였다.[5] 그러나 양반이 의술을 천시하여 의학에 정진하는 자가 많지 않았기 때문에 국가의 의도와는 달리 큰 성과가 없었다. 세조가 친히 《醫藥論》[6]을 저술하여 任元濬으로 하여금 주해를 부쳐 인쇄 반포케 한 것도 의학교육을 권장하기 위한 것이었다.

세조는 또 의원이 의서 읽는 것을 유생의 예에 의하여 매달 삭망에 親講토록 하였으며,[7] 성종은 생도를 독려하기 위해 각사 제주로 하여금 매달 고강하여 성적이 나쁜 자는 직첩을 회수하고 해당 관사의 서리로 임명하였다가 능통한 뒤에 복귀토록 하는[8] 등 의학교육을 강화하였다. 또한 유능한 자는 특별 서용하거나 품계에 따라 副提調·兼敎授의 칭호를 주도록 하였고 특출한 자는 서얼을 막론하고 내의원에 입속을 허락하는 등 의학교육과 의술보급에 많은 노력을 경주하였다.[9]

이러한 의학교육은 의생뿐만 아니라 현직 의관에게도 실시하였기 때문에

---

2) 《太祖實錄》 권 4, 태조 2년 10월 기해.
《太宗實錄》 권 12, 태종 6년 11월 신미.
3) 《太宗實錄》 권 17,태종 9년 2월 경진.
4) 《經國大典》 권 3, 禮典 生徒.
5) 《世宗實錄》 권 65, 세종 16년 7월 경자.
6) 《世祖實錄》 권 31, 세조 9년 12월 신해.
7) 《世祖實錄》 권 37, 세조 11년 11월 신미.
8) 《成宗實錄》 권 16, 성종 2년 3월 경술.
《經國大典》 권 3, 禮典 奬勸.
9) 孫弘烈, 《韓國中世의 醫療制度研究》(修書院, 1988), 202~203쪽.

의학과 의술의 학문적·기술적 발전은 물론 국가가 필요로 하는 의원 확보에도 기여하였던 것이다. 세종은 의술을 보급하고 의원의 자질을 높이는 한편 의원을 양성하기 위하여 醫書習讀法을 제정하였다. 이 법은 의생과 유생 중에서 총민한 자를 뽑아 습독관으로 삼고 의학을 교육하여 특출한 자에게는 동반직을 제수하도록 하는 것이었다.[10]

이 의서습독법은 세종 때에는 크게 활용되지 못한 듯하다. 그러나 단종·세조·성종대에 습독관에 대한 勸懲法을 여러 차례에 걸쳐 제정·강화하여 교육을 장려하고, 관직(주로 遞兒職)을 내의원과 전의감에 증설하여 이들을 격려하였으며, 습독관 출신은 현직을 제수받더라도 내의원직을 겸하도록 함으로써 유능한 의원을 확보하려고 노력하였다.[11]

또한 문신들에게도 의학을 장려, 유의가 많이 배출되었기 때문에 이들이 의원들과 함께 선초에 의서를 편찬할 수 있었던 것이다. 따라서 선초에는 의학지식의 보급은 물론 의원도 많이 양성하였고, 이러한 의학의 학문적·기술적 발전은 조선시대 의학의 발달에 중요한 전기를 마련하게 됨으로써 우리나라의 의학발전의 기초를 확립하게 되었던 것이다.

의학교육은 지방에서도 실시되었다. 즉 태조 2년 全羅道按廉使 金希善의 건의에 의해 매 계수관마다 의원을 설치하고, 양반 자제를 뽑아 교육을 시키게 한 것이 시초였다.[12] 그후 태종·세종대에 土官이 설치된 지역에 醫學院·司醫局·掌醫局 등을 설치하여 의생교육과 치료를 담당하게 하였다.[13] 그리고 세조·성종대에는 지방의생의 정원을 정해 敎諭로 하여금 이들의 교육을 전담케 하였다.

그러나 각 도에 1명씩 파견된 교유가 여러 고을의 의생을 제대로 교육할 수는 없었다. 뿐만 아니라 교유와 의생은 교육에만 전념할 수 없었다. 그것은 이들이 지방민의 치료와 약재의 채취도 담당했기 때문이었다. 또 지방 의생은 의술이 미숙하여 치료에도 문제가 있었기 때문에 세종은 3의사에 醫

10) 《端宗實錄》 권 13, 단종 3년 정월 신미.
11) 孫弘烈, 앞의 책, 205~210쪽
12) 《太祖實錄》 권 3, 태조 2년 정월 을해,
13) 孫弘烈, 앞의 책, 211~212쪽 참조.

生房을 설치, 이들을 재교육시켜 시험에 응하게 하였다.[14] 그리고 성종대에는 지방 의생 중 총민한 자를 5년에 한 번씩 34명을 뽑아 올려 전의감과 혜민서에 분속시켜 교육함으로써[15] 의원 양성에 노력하였다.

이와 같이 개국 초부터 의원 양성에 노력한 것은 의원의 수가 절대 부족하여 자주 발생하는 전염병과 일반 병자를 모두 치료할 수 없었기 때문이었다. 특히 지방 의생의 교육에 특별한 대책이 계속 강구된 것은 중앙에는 활인원·혜민국·제생원 등이 있었으나, 지방에는 계수관마다 의원이 겨우 1개소씩 설치되어 있거나, 토관이 설치된 지역에 의학원·사의국 등이 설치되어 있지만 치료는 주로 의생이 담당하였으므로 지방민의 구료에 어려움이 많았기 때문이었다.

(2) 의녀제도의 창설

醫女制度는 조선 초에 새로 설치된 것이다. 당시 이 제도가 생기게 된 이유는 성리학의 영향으로 남녀의 구별이 어느 때보다도 더 엄격해져서, 양가의 부녀자들이 男醫에게 진찰받기를 꺼려하여 치료도 받아보지 못하고 죽는 경우가 종종 있었기 때문이었다. 이에 태종 6년(1406) 3월 濟生院知事 許衜의 건의로 의녀제도를 신설하고, 童女에게 의술을 가르침으로써 의녀가 생겨나게 되었던 것이다.[16] 그런데 교육대상이 모두 관비들이어서 학문의 기초가 전혀 없는 데다가 그 수도 매우 적었기 때문에(처음에는 7명이었다가 17명으로 증원되었음) 의녀교육은 의생교육보다 더욱 어려웠고, 따라서 成才者도 그만큼 적었다.

이에 세종은 醫女訓導官의 勤慢과 의녀의 習業을 예조와 승정원으로 하여금 늘 고찰하도록 하여 의녀교육에 주력하였다. 그런데 그 때까지의 의녀는 모두 중앙에 있는 각사의 관비들이어서 의술을 익힌 후 그 활동무대는 대개 서울이었다. 따라서 세종 5년(1423) 허도의 건의에 따라 각도 계수관의 관비 중 총명한 자를 뽑아 이들에게 침구와 조제법을 가르쳐 다 배운 후 본거지에

---

14) 《世宗實錄》 권 28, 세종 7년 5월 임신.
15) 《大典續錄》 권 3, 禮典 獎勸.
16) 《太宗實錄》 권 11, 태종 6년 3월 병오.

가서 그 지역의 부녀를 치료하게 함으로써 지방에까지 의료시혜의 폭을 확대하였다.[17]

세종은 그 후 지방 의녀의 수를 대폭 늘렸는데, 이것은 의료의 혜택이 전국에 미치도록 하려는 정책적인 배려였지만, 그 동안 지방에서 의녀의 활동이 상당한 효과를 거두고 있었기 때문이기도 하였다. 이렇게 관비는 국가에 소속되어 있기 때문에 마음대로 선발이 가능했다. 또 천민이었으므로 남의에게서 교육을 받는 데 문제가 없었으며, 국가에서 지정하는 곳이면 어느 곳이든지 가서 의료행위를 할 수 있었으므로 이들에게 의학교육을 시키게 된 것이 아닌가 한다.

의녀도 당당한 의사로서 치료행위를 했음에도 뒤에는 醫妓라 하여 기녀와 같은 대우를 받게 된 것은 이들이 원래 관비출신이었기 때문이었다. 이들에게도 교육은 철저히 시켰지만, 원래 학문적인 기초가 부족하였기 때문에 주로 의학의 기초적이며 필수적인 과목과 산부인과에 관한 것이 교육되었다. 처음에는 《脈經》과 침구법이 교수되었고(태종 6년 3월), 뒤에 조제법이 추가되었으며(세종 5년 11월), 세종 12년(1430) 12월부터는 매월 《産書》를 고강하게 하는 등 교수과목이 점차 추가되었다.

이렇게 의녀교육을 하는 동안 세조 때는 권징법이 마련되고,[18] 성종 때는 勸課條目이 마련되어[19] 교육이 더욱 강화되었다. 그 권과조목에서 의녀를 3등급으로 나누어 內醫(2명)·看病醫(20명)·初學醫라 하였다. 이 중 내의는 의술을 익혀 대내에 출입하면서 의원으로 활동하는 자이고, 간병의는 공부하면서 치료도 겸하는 자이며, 초학의는 교육받은 지 얼마 안 되는 초보자를 말한다. 이들의 수업연한은 3년 이상이었고, 만 40세가 되도록 1方에도 불통하는 자는 本役에 환송하였다.

이렇게 중앙에서 활동하던 의녀 이외에 의술을 익혀 본처에 배치된 의녀는 대체로 의원을 보좌하며 치료를 하여 현대의 간호원과 같은 역할을 하였다. 또한 의녀는 침구뿐만 아니라 산부인과 교육도 특별히 받았기 때문에 산파

17) 《世宗實錄》 권 22, 세종 5년 11월 을사.
18) 《世祖實錄》 권 30, 세조 9년 5월 경술.
19) 《成宗實錄》 권 89, 성종 9년 2월 기유.

의 기능도 가지고 있어서 뒤에는 독립된 직업인으로서의 산파가 나타나게 되었다. 조선 초기의 의녀는 의술에 뛰어난 자도 적었고, 그 수도 많지 않았으나 치료와 간병 그리고 산파로서의 기능도 가지고 있었기 때문에, 특히 부녀자에 대한 의료시혜라는 면에 있어서 매우 중요한 자리를 차지하고 있었다. 이 의녀제도는 조선 초에 실시한 의료시책 중 의료혜택을 부녀자에게까지 확대시킨 제도라는 점에서 특히 중요한 의미를 갖는 것이었다.

(3) 향약의 개발과 보급

鄕藥이라 하는 것은 중국약재(唐藥)에 대한 국산약재를 지칭하는 말이다. 고려 중기 이후 국산약재가 많이 개발·보급되면서 이것이 주로 질병치료에 이용되었고, 이에 따라《三和子鄕藥方》·《鄕藥惠民經驗方》·《鄕藥古方》등의 향약서가 간행되었다. 이와 같이 국산약재가 많이 이용된 것은 그것이 풍토와 인체에 적합할 뿐만 아니라 쉽게 채취할 수 있고, 또 가격도 저렴하기 때문이었다.

향약은 이와 같이 여러 이점이 있어서, 태조 때에 이미 계수관마다 의원을 설치하고 여기에 採藥丁夫를 두어 약재를 채취해 이것으로 치료하도록 지시함으로써 향약의 보급이 실시되었고, 세종대에는 더욱 확대되었다. 특히 세종은 향약에 관심이 많아 세종 16년 약재의 채취법과 건정법을 지방수령에게 하달하였다. 다시 21년 4월에는 모든 향약을 재배하도록 하고 자생약재는 계절에 따라 채취하여 구료하도록 하되 약재의 재배·채취의 다소·시약의 근만을 헌사에서 점검토록 지시하는 등 향약의 관리에 더욱 철저를 기하였다.[20]

또한 동왕 30년(1448) 정월에는 제도 감사에게 명하여 향약의 채취시기와 건정을 법에 따라 해서 약성을 잃지 말게 하고, 상납할 때는 채취자의 관직·성명·일시 및 약명을 적어 올리도록 하는 등[21] 향약의 개발과 보급에 노력하였다. 뿐만 아니라 세종은 국산약재의 약성과 약효를 중국산과 비교해서 이용하기 위해 遣明使 편에 의관을 보내 약재를 가지고 가서 감별하도록 하였다. 즉 동왕 5년 3월 盧重禮 등을 명나라에 보내 국산약재 62종을

20)《世宗實錄》권 63, 세종 16년 정월 무신·권 85, 세종 21년 4월 병오.

21)《世宗實錄》권 119, 세종 30년 정월 을미.

비교하여 약성이 다른 14종을 찾아내어 그 중 새 약재 6종을 발견하였고. 약성이 다른 8종은 사용을 금지시켰다.[22)]

그 후에도 이러한 약재의 감별을 계속하여 향약 개발에 노력하였다. 또한 국산약재를 이용할 수 없는 것은 사행 때마다 의원을 보내 중국약재를 구입케 하였는데, 중국약재는 국산약재의 약성과 약효를 판별하여 사용하는데 많이 이용되었던 것이다. 세종은 또 향약을 보급하고 이를 효과 있게 이용하기 위해 노중례에게 명하여 동왕 13년《향약채취월령》을 편찬·간행하였다.[23)] 이 책은 월별로 채취해야 할 약재를 기록한 것으로서, 이는 보다 완벽하게 향약을 이용하기 위해서였다. 향약의 개발과 보급으로 구하기 쉽고 값싼 약을 이용하여 보다 많은 환자를 구하게 된 것은 물론 이러한 정책은 우리 나라 의학 발달의 자주적 기초를 마련하는데 크게 기여하였던 것이다.

(4) 의서의 편찬

조선 초기는 한국 역사상 의학이 가장 발달했던 시기로서, 특히 세종·세조·성종의 의학에 대한 지대한 관심은 한국 의학의 획기적 발전을 이룩하였다. 향약의 개발·보급과 함께 진행된 의서의 편찬은 의학과 의술의 발전은 물론 의료혜택을 전국에 고루 미치게 하는 데 크게 기여하였다. 의학의 발전을 위해서는 무엇보다도 학문적 업적이 토대가 되어야 하며, 이러한 학문적 성과를 토대로 의료시책이 마련되고 추진될 때 비로소 그 정책은 성공을 거둘 수가 있는 것이다.

조선은 태조 이래 역대 국왕들의 관심으로 중앙의 의료기구가 정비되고, 지방에 의원이 설치되었기 때문에 진료와 교육을 위한 의서의 필요성에 따라 많은 의서가 편찬되었다. 특히 향약에 대한 관심과 이를 이용한 치료법의 개발로 괄목할 만한 향약서가 찬술되었는데, 조선 최초의 향약서는《향약제생집성방》이었다. 이 책은 고려 말기에 절찬된 여러 향약서를 참고로 하여 편찬한 것으로 세종 때에 편찬된《향약집성방》의 모체가 된 것이다. 그 다음에 편찬된 것은《향약채취월령》으로 국내에서 생산되는 약재의 약명·

22)《世宗實錄》권 19, 세종 5년 3월 계모.

23) 三木榮,《朝鮮醫籍考》(中外醫事新報社, 1935), 4쪽 尹淮跋文 참조.

산지·맛·특성 및 건정법을 월별로 기록하여 향약의 이용도를 높이려 한 것이다.

현존하는 조선 최고의 향약서는《향약집성방》이다. 兪孝通·盧重禮·朴允德 등이 왕명에 의해 편찬한 것으로 세종 15년에 85권으로 완성한 것이다. 이 책은 우리 나라의 고유 의서와 중국 의서 등을 참고하여 편찬한 것으로서, 조선 초기의 향약에 대한 지식을 알려주는 거의 유일한 서적이며, 또한 본초 학사상 진귀한 가치를 지니고 있는 문헌이다. 이 책의 편찬은 우리 나라 본 초학의 기초를 마련한 것으로 한국과학사에 빛나는 문화 업적으로 평가되어야 할 것이다.[24)]

다음 종합의서 중 최고의 업적은《의방유취》의 편찬이다. 이 책은 중국과 국내 의서 153종을 참고로 집현전의 학자와 의관이 3년간의 연구 끝에 완성한 것이다. 세종 27년의 이 책은 양으로나 질적으로나 동양의학의 결정이라 할 수 있으며, 또한 이 책은 의서의 方文을 단순히 수집·나열한 것이 아니라 당시 조선 의학의 학문적 발전을 토대로 재편성한 것이기 때문에 세계에 과시할 수 있는 위대한 업적인 것이다.[25)]

이 외에《産書》(撰者不明)·《胎産要錄》(盧重禮)·《鍼灸擇日編集》(全循義·金義孫)·《瘡疹集》(任元濬) 등 전문의서와 구급방·수의서·식품서 등의 편찬으로 다방면에 걸쳐 의학이 발달되었다. 이러한 의서의 편찬도 조선 초에 입안하여 시행한 의료정책의 결과로 나타난 것이라 하겠다.

(5) 전문의의 양성

조선 초에는 의학의 발달과 새로운 의료정책의 시행으로 전문의가 나타나게 되었다. 그 최초의 전문의는 침구의로서 세종 15년(1433) 전의감 제주 黃子厚가 鍼灸專門法의 설치를 건의하였고[26)] 5년 후인 세종 20년에 침구전문생 3명을 서용하여 3의사에 배치하는 것으로써 시작되었다.[27)] 그러나 이

24) 孫弘烈, 〈麗末·鮮初 醫書의 編纂과 刊行〉(《한국과학사학회지》 11-1, 1989), 44~45 쪽.

25) 金斗鍾,《韓國醫學史》(探求堂, 1979), 221~226쪽.

26)《世宗實錄》 권 60, 세종 15년 6월 임오.

27)《世宗實錄》 권 80, 세종 20년 3월 경자.

침구전문법은 세조 때까지 치폐를 거듭하다가, 성종 3년(1472) 이 법을 특별히 설치하여 四孟朔 取才 때에 과목을 나누어 시험함으로써 침구전문의 제가 성립되었다.[28]

다른 전문의로는 나력의가 있었다. 이것은 연주창(주로 결핵성이었을 것임)을 전문으로 치료하는 의원으로서 제생원에 속해 있었는데,[29] 뒤에 제생원이 혜민국에 합속되었을 때 혜민국에 前銜·權知와 나력의 권지가 69명이나 있었던 것으로 보아 전문의로서의 나력의가 존재했음을 알 수 있다. 끝으로 외과의인 치종의가 있었다. 이것은 종기를 전문으로 치료하는 의원으로 선조 때는 治腫廳까지 설치되기도 하였다.[30] 이 외에 각종 전문의서가 편찬된 것으로 보아 산부인과·안과·치과·소아과 등의 전문의도 있었을 것이나 상고할 만한 자료가 없다.

조선 초에는 의료기구의 기능을 강화하고 의료시혜의 폭을 넓히는 과정에서 의정부를 비롯하여 6조·종친부·충훈부·도총부에 의원이 배속되었고, 사역원·형조·전옥서·군기감·훈련관·의금부·성균관 등과 경성 5부에 월령의가 파견되어 관리·죄수·유생 및 민간의 치료를 담당하였다.[31] 또한 각급 군부대와 군영에 군의(수군영에는 해도의원)가 배속되어 군인의 질병을 치료하였으나, 그 중 해도의원은 세종 6년에 설치되었다가 동 18년에 폐지되었다.[32]

조선 초기의 의료시책은 건국 초라는 어려움에도 불구하고 3의사를 확대·개편하고, 지방에는 의원을 설치하였으며 의녀제도를 창설하고 향약을 개발·보급하여 질병 퇴치에 노력하는 등 큰 성과를 이루었다. 특히 세종대에는 전문의를 양성하고 정부내 각 기관에 의원을 배치하였으며 월령의제를 실시하는 등 획기적인 의료정책을 실시하였다. 또한《향약집성방》·《의방유취》등 한국 의학을 대표하는 의서를 편찬함으로써 우리 나라의 의학 발전

---

28)《成宗實錄》권 16, 성종 3년 3월 경술.

29)《世宗實錄》권 62, 세종 15년 11월 계묘.

30)《經國大典》권 3, 禮典 奬勵.
《大典後續錄》권 4, 兵典 遞兒.
《增補文獻備考》권 223, 職官考 10, 典醫監 附 治腫廳.

31) 孫弘烈, 위의 책, 189~191쪽.

32) 孫弘烈, 위의 책, 191~193쪽.

에 큰 전기를 마련하는 한편 한국 의학의 자주적 발전의 토대를 이룩하였던 것 이다.

2) 의료기구

조선 초기의 의료기구로는 중앙에 내의원 · 전의감 · 혜민국 · 제생원 · 활인원 등이 있었고, 지방에는 의원 · 의학원 · 사의국 · 장의국 · 의국 등을 설치하여 민간의 질병을 담당하였는데, 이러한 기구의 설치연혁 · 관제 · 기능 등 을 간략히 살펴보고자 한다.

(1) 3의사

三醫司는 본래 전의감 · 혜민국 · 제생원을 지칭하는 것이었으나 제생원이 혜민국에 합속한 뒤로는 내의원 · 전의감 · 혜민국을 지칭하는 것이다. 그리고 여기에 활인서를 추가하여 四醫司라고도 한다.

가. 내의원

內醫院은 고려의 尙藥局을 계승한 것으로서, 조선 초기에 內藥房 또는 藥房이라 하던 것을 세종 25년 이조의 건의로 내의원이라 개칭하고 정원 16명을 두었다.[33] 그 후 문종과 세조 때에 일부가 개편되고, 성종 때에 그 직제가 완성되었는데, 그 조직은 正 · 僉正 · 判官 · 主簿 각 1명, 直長 3명, 奉事 · 副奉事 각 2명, 參奉 1명 등 정원이 12명이었다.[34] 그 외에 도제주(겸관, 정1품) · 제주(겸관, 종1품 이하) · 부제주(승지겸임, 정3품) 각 1명과 별좌 12명을 두어 내의원의 업무를 지휘 · 보좌하게 하였다.

내의원은 국왕을 비롯한 왕족의 치료와 어약의 조제가 그 임무였지만, 궁중은 물론 종친 및 2품 이상 고관의 치료도 담당하였다. 내의원 의관은 왕실과 가까이 지냈기 때문에 여러 가지 특혜를 받아 불만의 대상이 되기도 했지만 의관의 자질은 3의사 중 가장 우수하였다.

---

33) 《世宗實錄》 권 100, 세종 25년 6월 무술.
34) 《經國大典》 권 1, 吏典 內醫院.

나. 전의감

典醫監은 고려의 典醫寺를 계승한 것으로, 태조 원년에 설치된 것이다. 처음 직제는 고려 문종과 충렬왕 때의 제도를 혼합하여 만든 것이었다. 그 후 태종·세종·세조대에 몇 차례의 개편을 거듭한 후 성종대에 완성되었는데 그 구성은 정·부정·첨정·판관·주부 각 1명, 의학교수·직장·봉사 각 2명, 부봉사 4명, 의학훈도 1명, 참봉 5명 등 정원이 21명이었다.[35] 이 외에 제주 2명(타관겸임)·의서습독관 30명·의학생도 50명이 속해 있었다. 이들 의관 중 주부(종6품) 이상은 모두 醫科에 합격한 자를 임명하였으나 그 이하는 생도 중에서 탁용하거나 취재에 의해 임명되었다.

전의감은 국가 의료기관의 중추적 기관으로서 朝官의 진료·賜與藥材의 관리·약재의 재배와 채취·외국약재의 구입과 판매·민질의 구료·의서편찬·의학교육·취재 등 국가의 의료사업을 모두 관장하였다. 이 중 중요한 것만 보면, 태조 2년(1393) 조관의 진료는 전의감에서 맡도록 법으로 정하였다.[36] 태종 11년(1411)에는 약재 재배를 관리하던 種藥色을 흡수하여 種藥田을 관리하였으며,[37] 세조 4년(1458)에는 주로 중국약재를 매매하던 生藥鋪를 병합하여 생약의 전매도 담당하였다.[38]

또한 淸心圓·蘇合圓·保命丹 등 구급약의 제조도 전의감의 주요 임무와 하나였다. 이와 같이 전의감은 국가의 중심 의료기구로서 모든 의료업무는 물론 의료정책의 입안과 시행까지도 주관하던 기구였다.

다. 혜민서

惠民署는 처음에는 혜민국이라 하던 것으로 고려의 惠民典藥局을 계승한 것이다. 이것은 태조 원년에 설치된 이후 그 직제는 여러 차례의 개정을 거쳐 성종 때 완성되었다. 그 구성은 주부 1명·의학교수 2명(1명은 문관이 겸임)·직장·봉사·의학훈도 각 1명·참봉 4명 등 모두 10명이 정원인 종6품 아문으로 되었다.[39]

---

35) 《經國大典》 권 1, 吏典 典醫監.
36) 《太祖實錄》 권 4, 태조 2년 11월 기사
37) 《太宗實錄》 권 21, 태종 11년 6월 임진.
38) 《世祖實錄》 권 13, 세조 4년 6월 갑술.
39) 《經國大典》 권 1, 吏典 惠民署.

혜민서는 약을 전매하고 서민을 구료하기 위해 설치된 기관이었다. 그러나 혜민서에서는 활인원과 같이 병자를 모아서 치료하는 것이 아니라 병자의 요청이 있을 때 가서 치료하거나, 활인소·한증소·구료소 등에 의원을 보내 치료를 맡게 하였으며,40) 권지 60명 중 24명을 각 사와 경성 5부의 월령의로 파견하는 등41) 중요한 의료 기구로 활약하였다.

세조 6년 제생원이 혜민국에 합속되자 기아·고아의 護養과 의녀의 교육도 담당하였다. 세종 5년(1423) 이후는 사행이 갈 때마다 의원을 보내 약재를 구입하여 전매하고, 이것을 원료로 청심원 등 구급약을 제조·판매하였으며, 뒤에 혜민서에는 전함·권지 및 나력의 권지가 모두 69명이나 속해 있으면서,42) 민간의 질병 치료를 담당하였다.

(2) 제생원

濟生院은 고려의 濟危寶와 같은 것으로 태조 6년 8월에 설치되었다.43) 제생원에는 정부에서 米布를 주어 寶를 삼도록 하였으며 그 이자로 약을 구입하여 가난한 병자를 구하게 하였다. 또 노비를 주어 이들로 사환과 채약인을 삼아 약재를 채납하여 구료에 충당하도록 하였다.44) 제생원은 병자의 치료만을 담당하던 醫司와는 달리 빈민·행려·환과고독·독질·폐질·실업민과 기아·고아 등을 치료·호양하는 기관이었다.

특히 기아와 고아는 모두 제생원에서 보호하였기 때문에 세종 17년(1435)에는 이들을 양육하기 위하여 집 3칸을 지어 院의 노비 각 1명과 良·賤 중에서 뜻이 있는 자로 하여금 구호하게 하고 급료는 埋骨僧과 같이 하도록 하였다.45) 세종은 특히 기아와 고아 보호에 관심이 많아서 기아자에 대한 적극적 수색과 기아·고아의 호양에 진력하는 한편 기아보호에 대한 조례까지

40) 《世宗實錄》 권 3, 세종 원년 2월 기축·권 18, 세종 4년 10월 병술·권 15, 세종 4년 정월 계유.

41) 《世宗實錄》 권 81, 세종 20년 5월 병오.

42) 《世祖實錄》 권 21, 세조 6년 7월 임인.

43) 《太祖實錄》 권 12, 태조 6년 8월 임인.

44) 《世宗實錄》 권 57, 세종 14년 7월 병진.

45) 《世宗實錄》 권 68, 세종 17년 6월 임술.

만들었다.46)

또 태종 6년(1406)에는 제생원 지사 허도의 건의로 의녀제도가 신설되었는데, 이 의녀에 대한 교육을 제생원에서 담당하게 되었던 것이다. 제생원은 이와 같이 병자에 대한 치료와 기아·고아의 보호, 의녀교육 등을 담당하다가 세조 6년(1460) 혜민국에 합속됨으로써 폐지되어47) 그 기능은 혜민국에 의해 유지되었다.

(3) 활인서

活人署는 고려시대의 東西大悲院으로서 조선 초에는 이를 그대로 계승하였다가 태종 14년 東西活人院으로, 세조 12년 활인서로 개칭하여 병자의 치료와 빈민의 구호를 맡았던 기관이다. 활인서의 관원은 처음에는 부사 1명·녹사 2명이었다. 그 후 태종·세종·세조대에 여러 차례의 개정을 거쳐 성종 때에 완성된 것을 보면, 별제 4명·참봉 2명 등이 동·서에 각 6명이었고, 이 외에 제주 1명, 의원 2명을 각각 더 두었다.

활인원에는 숙소·병동·한증소 등의 치료소가 부설되어 있었는데, 특히 한증소는 질병치료를 위해 매우 중시되었기 때문에 세종은 두 차례에 걸쳐 京中과 성문 밖에 한증소 5개 처를 증설하고 미·포를 내어 운영을 도왔다.48) 활인원에 수용된 기민에게는 1인당 1일에 쌀 1되씩이 지급되었고. 이 외에 病人料·汗蒸僧料·院布·종이 등이 지급되었다.49)

이 곳에는 관리와 의원 외에 승려와 무녀가 속해 있었다. 승려는 한증소의 관리승과 매골승이었다. 전자는 한증소 관리와 간병을 맡은 자이고, 후자는 사망자의 매장을 담당하던 승려로 양원에 각 8명씩 있었다.50)

활인원에 무녀가 있게 된 것은 세종 5년 예조의 건의에 의해 외방의 무녀를 추쇄하여 분속시키면서였다. 그 후 도성 내의 무녀를 성 밖으로 축출하면서 이들도 동서활인원에 보내 병자를 돌보게 하였다. 이와 같이 활인원에

---

46) 《世宗實錄》 권 80, 세종 20년 3월 갑진.
47) 《世祖實錄》 권 20, 세조 6년 5월 정유.
48) 《世宗實錄》 권 18, 세종 4년 10월 병술.
49) 孫弘烈, 앞의 책, 185~186쪽.
50) 《世宗實錄》 권 18, 세종 4년 10월 병술·권 37, 세종 9년 9월 병술.

는 관리·의원·승려·무녀 등이 속해 있으면서 도성 내의 기민과 병자를 구료하였다. 활인원은 원래 예조 소속이지만 주로 도성 내의 사람들을 구휼하였기 때문에 한성부와 사헌부의 감찰을 받기도 하였다.[51)]

(4) 지방의 의료기구

가. 의료기구의 설치와 운영

조선시대에도 지방에 의료기구가 설치되어 백성들의 질병을 치료하였다. 그러나 이러한 지방의료의 실체를 파악할 수 있는 자료가 거의 없어 그 대강만 간략하게 서술하고자 한다. 조선 최초의 지방 의료기구는 醫院이었는데, 이 의원에서는 의생을 교육하였고 교수관에게는 또 채약정부[藥夫]를 속하게 하여 약재를 채취, 이것으로 백성의 질병을 치료하게 하였다. 그런데 그것은 태조 2년(1393) 전라도안렴사 김희선의 다음과 같은 건의로부터 비롯되었다.

> 외방에는 의약에 밝은 자가 없으니 각 도에 醫學敎授 1명씩을 보내주십시오. 각 界首官마다 醫院을 설치하여 양반자제를 뽑아 생도를 삼은 다음 그 중에서 글을 알고 성품이 온후한 자를 택하여 敎導를 삼아 《鄕藥惠民經驗方》을 익히게 하되, 敎授官이 돌아다니며 교육하게 해주십시오. 또 採藥丁夫를 교수관에게 속하게 하여 때를 맞추어 약재를 채취하게 하고, 이것으로 方文대로 약을 지어두었다가 병자가 생기면 구료하도록 하소서(《太祖實錄》 권 3, 태조 2년 정월 을해).

각 도에 배치된 醫學敎諭(태종 16년 8월 이전까지는 의약교수라 하였음)는 지방의료의 중심적 존재로서 의생교육 그리고 관리와 백성의 병 치료는 물론, 약재의 채취와 건정 및 조제까지도 담당하였다. 의생은 피교육자였지만 교유를 보좌하여 민간의 질병을 치료하고 약재를 관리하는 등 지방의료의 중요한 몫을 담당하였다. 또 각 도에 1~3명씩 배치되었던 審藥도 지방민 구료의 중요한 존재였다. 한편 전염병이 유행할 때는 이들만으로는 감당할 수가 없어 3의사의 의관이 파견되어 치료하였다. 그러나 교유 혼자서 넓은 지역을 담당할 수 없었기 때문에 의생이 직접 치료하거나, 때로는 무격으로

---

51) 《世宗實錄》 권 37, 세종 9년 9월 병술.

하여금 병자를 구료하게 하고 이들의 巫稅나 잡역을 감면해 주기도 하였다.[52] 단종 즉위년(1452) 5월에는 任元濬의 건의로 諸道左右界首官이 의국을 설치하여 제약·판매하도록 함으로써[53] 지방 의료기구가 확대되었으나 그 효과는 알 수 없다. 이 외에 개성에도 대비원과 혜민국이 있었는데,[54] 그 조직이나 구료활동 등은 잘 알 수 없다.

한편 동북면과 서북면에도 태종과 세종대에 토관이 설치되면서 의료의 혜택이 미치게 되었다.[55] 이곳에 설치된 의료기구와 관원을 보면 다음의 〈표 1〉과 같다.

지방의료의 말단은 채약인으로서, 이들은 목 이상에는 5명, 도호부에 4명, 군에 3명, 현에 2명씩 배정되어 약재를 채취하였다.[56] 채취한 약재 중 상납할 것 이외의 것은 監營에서 민간의 질병을 구료하는데 사용하였고, 일부는 청심원·소합원·보명단 등을 만들어 판매하기도 하였다. 그리고 이러한 약재의 채취 및 판매와 관계되는 것으로 생각되는 藥店[57]도 있었던 것 같으나,[58] 그 실체를 파악할 수 없다.

〈표 1〉

지 역	의 료 기 구	소 속 관 원
平 壤 府	醫學院	掌醫藥 : 副使·直長
	大悲院	掌病人
永 興 府	醫 學	丞 1·助敎 2
咸 興 府	醫學院	丞 1
慶 源 府	司醫局	丞 1
寧 北 鎭	掌醫局	丞 1
鏡 城 府	醫學院	錄事
會 寧 府	掌醫局	丞 1

52) 《世宗實錄》 권 44, 세종 11년 4월 계사.

53) 《端宗實錄》 권 1, 단종 즉위년 5월 계사.

54) 《新增東國輿地勝覽》 권 4, 開城府 上, 驛院·公廨.

55) 孫弘烈, 앞의 책, 194~195쪽.

56) 《經國大典》 권 4, 兵典 雜類.

57) 藥店은 고려시대에 지방에 설치되어 있던 의료기구로 藥店正·藥店副正·藥店史 등의 鄕吏가 있어 이를 관리하였다(자세한 내용은 孫弘烈, 앞의 책, 115~116쪽 참조).

58) 《世宗實錄》 권 109, 세종 27년 7월 을유.

나. 민간의료

질병을 치료하는데 있어서 의원이 행하는 침구와 약물치료 이외에 민간요법도 많이 있었는데, 그것은 정부의 제도적 지원을 받은 한증욕·온천욕 등의 목욕치료법을 비롯하여 확실한 효과가 있는 민간의 비방 및 효력이 뛰어난 약수 등이 그러한 것이라 하겠다. 그 중 전술한 한증요법은 주로 한성에서 행하던 것이었고, 온천욕은 전국에 산재해 있는 35개소의 온천[59]을 이용한 물리요법이었다. 이러한 온천치료법은 삼국시대부터 있던 것이지만, 조선 초에 적극 개발하여 온천을 발견한 자는 포상하고 관원은 超授하였으며, 관리하는 고충 때문에 이를 숨기는 자는 처벌하는 등 온천개발에 노력하였으며 한편 온천에서 병을 치료하는 자를 위한 시설도 마련하였다.

즉 세종 9년(1427) 9월 예조의 건의에 따라 溫井 부근의 한량인과 승려 중 적당한 자를 골라서 監考를 삼아 온정수리와 병자구호를 관장케 하고, 각 온정에는 보를 세워 그 이식으로 병자에게 米豆를 공급하되 이를 감고와 색장이 전장하며, 사용하는 그릇은 관물을 공급하고 寶米의 관리와 병자 구호는 수령이 늘 고찰하되, 立寶米豆는 200석을 넘지 않게 하였다.[60] 이에 따라 각 온천은 이러한 시설을 갖추게 되었으나 여기에는 의원이 배치되지 않았기 때문에 의료기구라고는 할 수 없지만, 지방민의 질병치료에 크게 기여하였을 것으로 생각된다.

이 밖의 또 다른 민간요법도 많이 있었는데 문종 때 평안도인 金於郎의 蠱毒治療法은 매우 효과가 있는 것이었으므로 이를 전국에 알려 누구나 치료할 수 있게 하였으며[61] 淸州의 椒水, 殷栗의 鹹泉, 雲山의 약수 등도 민간요법으로 각종 질병의 치료에 크게 기여하였다. 또 약재를 목욕물에 혼용하여 목욕하는 藥浴도 많이 이용되었다.

이상과 같이 조선 초기에는 고려시대부터 있었던 의료기구를 거의 그대로 계승하여 이를 더욱·확대 정비함으로써 백성에 대한 의료시혜의 폭을 더욱 넓혔던 것이다. 특히 활인원의 기능은 고려시대보다 더욱 다양해져 도성

59) 金斗鍾, 앞의 책, 240~244쪽 도표 참조.
60) 《世宗實錄》 권 37, 세종 9년 9월 임자.
61) 《文宗實錄》 권 5, 문종 원년 정월 계축.

내의 병자를 치료함으로써, 국립 의료기구로서의 소임을 충실히 수행했던 것이다. 조선 초기에 여러 의료기구가 완벽하지는 못했지만 그 소임을 다하고자 노력했던 것은, 역대 국왕을 비롯한 위정자의 지대한 관심 때문이었다. 특히 세종은 민간의 질병 구료에 남다른 관심을 가지고 있었기 때문에 새로운 제도를 마련함은 물론, 기존 기구의 운영에 적극성을 보임으로써 조선 초기의 의료제도의 기틀을 확립하였던 것이다.

〈孫弘烈〉

집 필 자

개 요 …………………………………………………………… 이수건

Ⅰ. 인구동향과 사회신분

1. 인구동향 …………………………………………………… 이수건
2. 신분의 구분 ………………………………………………… 이범직
3. 양 반 ………………………………………………………… 이성무
4. 중 인 ………………………………………………………… 신해순
5. 양 인 ………………………………………………………… 유승원
6. 천 인 ………………………………………………………… 전형택

Ⅱ. 가족제도와 의식주 생활

1. 가족제도 …………………………………………………… 최재석
2. 의식주 생활
   1) 의생활 …………………………………………………… 박성실
   2) 식생활 …………………………………………………… 윤서석
   3) 주생활 …………………………………………………… 신영훈

Ⅲ. 구제제도와 그 기구

1. 진휼제도 …………………………………………………… 김진봉
2. 의료제도 …………………………………………………… 손홍렬

한국사 25
조선초기의 사회와 신분

편찬간행 **국사편찬위원회**

초판1쇄 2003년 11월 30일
2쇄 2013년 6월 4일

번각발행 **탐구당**

등록일 1950년 11월 1일
등록번호 서울 제 03-00993 호

주소 서울특별시 용산구 한강대로 62 나길 6
전화 (02) 3785-2211(대표)
팩스 (02) 3785-2272
홈페이지 www.tamgudang.co.kr
전자우편 tamgudang@paran.com

ISBN 978-89-8236-591-1
978-89-8236-566-9(세트)

값 16,500 원